Produire et reproduire
la francophonie en la nommant

Produire et reproduire la francophonie en la nommant

Sous la direction de
Nathalie Bélanger, Nicolas Garant,
Phyllis Dalley et Tina Desabrais

Chaires de recherche sur la francophonie canadienne

Collection Agora
Éditions Prise de parole
Sudbury 2010

Catalogage avant publication de Bibliothèque et Archives Canada

Produire et reproduire la francophonie en la nommant / sous la direction de Nathalie Bélanger ... [et al.].
(Collection Agora)

Textes présentés à un colloque tenu à l'Université d'Ottawa, 27-30 septembre 2007.
Comprend des références bibliographiques.
ISBN 978-2-89423-242-2

1. Francophonie—Congrès. I. Bélanger, Nathalie II. Collection: Collection Agora (Sudbury, Ont.)
DC33.9.P76   2009   909'.097541   C2009-906493-6

Distribution au Québec: Diffusion Prologue • 1650, boul. Lionel-Bertrand • Boisbriand (QC) J7H 1N7 • 450-434-0306

Ancrées dans le Nouvel-Ontario, les Éditions Prise de parole appuient les auteurs et les créateurs d'expression et de culture françaises au Canada, en privilégiant des œuvres de facture contemporaine.

La maison d'édition remercie le Conseil des Arts de l'Ontario, le Conseil des Arts du Canada, le Patrimoine canadien (Programme d'appui aux langues officielles et Programme d'aide au développement de l'industrie de l'édition) et la Ville du Grand Sudbury de leur appui financier.

La collection «Agora» publie des études en sciences humaines sur la francophonie, en privilégiant une perspective canadienne.
Œuvre en page de couverture: Patrice Garant, *Excavation*, 2009, huile et acrylique sur toile, 6 pieds x 4 pieds.
Conception de la page de couverture: Olivier Lasser
Mise en pages: Anik Sauvé

Copyright © Ottawa, 2010
Éditions Prise de parole
C.P. 550, Sudbury (Ontario) Canada P3E 4R2
http://pdp.recf.ca
ISBN 978-2-89423-242-2

REMERCIEMENTS

La tenue du colloque *Produire et reproduire la francophonie en la nommant*, et la publication des articles qui en sont issus, n'aurait pas connu de réussite si ce n'avait été de l'apport précieux de nombreuses personnes. Par leur implication, elles ont contribué à faire de ce projet un succès, et nous tenons à le souligner.

Nous souhaitons tout d'abord remercier Graham Fraser, commissaire aux langues officielles, d'avoir accepté de prononcer un mot lors de la soirée d'ouverture du colloque. Son allocution, «Embrasser l'envergure du fleuve francophone», a su donner le ton au colloque et alimenter des discussions passionnantes dont les chapitres qui suivent témoignent.

Nous pourrions en dire tout autant des présentations faites par nos deux conférenciers, Normand Labrie et Alexandra Jaffe, qui ont accepté de gaieté de cœur notre invitation. Nous les remercions de leur engagement.

Outre ces invités, nous nous devons de remercier les 47 présentateurs sans qui le colloque n'aurait tout simplement pas eu lieu. Leur intérêt pour la Francophonie et leurs riches communications, inspirées de divers champs de spécialisation, ont permis des dialogues fructueux et élucidants.

Dans la même veine, soulignons le travail remarquable de Rodrigue Oligny, assistant de recherche, de même que celui de Geneviève Beaulieu, professionnelle de recherche de la Chaire de recherche en éducation et francophonies, et d'Anne-Sophie Ruest-Paquette, étudiante à la maîtrise et assistante à l'Unité de recherche *Une école pour tous* de la Faculté d'éducation.

Nous aimerions enfin remercier les partenaires associés à ce projet d'envergure, soit l'Université d'Ottawa, la Faculté d'éducation, l'Unité de recherche *Une école pour tous*, la Chaire de recherche *Éducation et francophonies* et le Conseil de recherche en sciences humaines (CRSH) du Canada sans qui ce projet n'aurait pu être mené à terme.

En ce qui a trait à la publication de cet ouvrage, plus précisément, nous tenons d'abord à remercier chaleureusement les examinateurs externes, que nous ne pouvons nommer ici afin de préserver leur anonymat, d'avoir lu et commenté les textes. Leur rigueur a contribué à peaufiner les textes que vous vous apprêtez à lire. Nous les remercions grandement de nous avoir fait don de leur temps et de leur expertise.

Nous désirons également remercier Anik Sauvé pour le travail de mise en page du manuscrit.

Nous aimerions enfin remercier les Éditions Prise de parole qui ont accepté de publier cet ouvrage et qui, par le fait même, nous permettront de partager les idées articulées lors du colloque et d'assurer la continuation d'importants échanges sur la Francophonie.

Espérant ne laisser personne en reste, nous vous souhaitons une bonne lecture!

Le comité de direction,
Nathalie Bélanger
Nicolas Garant
Phyllis Dalley
Tina Desabrais

PRÉSENTATION

C'est avec grand plaisir que j'ai accepté d'écrire un mot de présentation à ce beau livre, dont les articles sont issus du colloque *Produire et reproduire la francophonie en la nommant.*

Un plaisir, car assister au colloque a été un grand plaisir; j'ai pu constater une explosion d'idées et de pistes de recherches, une collégialité entre participants, une grande interdisciplinarité et, surtout, un enthousiasme à essayer, un peu comme on essaie une nouvelle robe ou un nouveau complet, cette idée de produire la francophonie en la nommant. De belles discussions sur les mots et sur leur influence pour modeler et donner forme à cette francophonie.

J'ai accepté aussi pour souligner la contribution de cette nouvelle génération de chercheurs sur la francophonie qui assure la relève de la réflexion théorique et des recherches empiriques, base essentielle pour le développement et l'épanouissement de la francophonie. Les quatre directrices/eur de cette publication—Nathalie Bélanger, Phyllis Dalley et Nicolas Garant, ainsi que Tina Desabrais qui a tant travaillé à son édition—représentent bien cette relève et je les félicite d'avoir eu l'idée du colloque et de l'avoir mené à bien.

Et finalement, j'aimerais inviter les lecteurs à réfléchir, avec les auteurs, au pouvoir des mots, à leur beauté, à leur capacité de créer et de structurer le monde dans lequel nous vivons et que nous voulons léguer aux générations qui nous suivront.

Bonne lecture,
Caroline Andrew
Centre d'études en gouvernance
Université d'Ottawa

INTRODUCTION

Nicolas Garant

Professeur invité, École d'études politiques et Département de sociologie et d'anthropologie, Université d'Ottawa

ET

Nathalie Bélanger

Professeure agrégée, Faculté d'éducation, Université d'Ottawa

La francophonie, une réalité problématique

Comme réalité sociale, politique ou institutionnelle, la francophonie ne semble pas aller de soi. Il n'est pas rare qu'on la réduise à un simple produit de l'esprit ou à un vestige de l'époque coloniale ne trouvant pas de réelles assises au sein des sociétés concernées. L'ambition de la francophonie, au-delà du commun attachement à la langue française qu'elle sous-tend, c'est de prétendre à un projet politique ou à une réalité sociale capable de transcender les frontières nationales. À cela, s'oppose tout le réalisme du projet identitaire national, pour lequel la seule équation viable serait un État souverain, un territoire, une nation. Cette équation s'avère d'autant plus forte qu'elle s'alimente de toute la pensée moderne : depuis Machiavel et Bodin, en passant par Hobbes,

Rousseau, jusqu'à Weber et Schmitt, rares sont les penseurs qui ont osé envisager une vie politique capable de se définir par-delà le monopole de la contrainte légitime exercé par l'État national. Kant de façon utopique, Tocqueville de façon pessimiste, Ortega y Gasset de façon historique se sont aventurés sur cette voie dissonante, mais aucun des trois n'a su renverser cette tendance et nous convaincre d'envisager le dépassement de l'État-nation, et du principe d'organisation et de régulation qui s'y rattache, comme une solution de rechange viable. La communauté européenne, le devoir d'ingérence des « *French doctors* », la mondialisation, le péril écologique nous obligent certes à repenser les caractéristiques fondamentales dont s'était servi Bodin pour définir et consacrer l'inviolabilité du principe de souveraineté mais, de là à dire que ces réalités nouvelles et ces nouveaux rapports de force remettent en question ce principe et l'État-nation qui l'incarne, rien n'est moins sûr. Car plus l'État national s'ouvre sur le monde, c'est la partie visible de l'iceberg, plus l'État national réagit, à l'interne, pour accompagner et encadrer cette ouverture. De la même façon qu'on a faussement opposé, à gauche comme à droite, le capitalisme et le développement de l'État, comme si les succès du premier passaient par la limitation du second, on a tendance à opposer spontanément la mondialisation et l'autonomie de l'État. Or, comme pour le développement du capitalisme, il se peut très bien que la mondialisation puisse s'accompagner du développement et non du retrait de l'État en le forçant à réinventer ou à redéfinir son rôle, et sans que cela se traduise par un recul dans ses capacités de contrôle sociétaire.

Considérant que l'État-nation a de beaux jours devant lui, il est donc tout à fait légitime de douter de la viabilité de la francophonie comme projet politique ou culturel. En dépit de son pouvoir d'évocation, un fait demeure : la diversité que ce terme recouvre et que l'on s'emploie à célébrer est pour beaucoup une diversité d'États et de nations étatisées. Devant cet indépassable concurrent, la francophonie, comme symbole, n'est pas en mesure d'exprimer une allégeance exclusive, ni première, par rapport à l'allégeance nationale. Toujours seconde, dérivée, elle emporte une adhésion problématique, subsidiaire, et un univers de référence imprécis, inapte à mobiliser ses membres. Certes, le questionnement sur soi et sur les liens qui nous rattachent à notre unité politique perdure toujours, même pour l'unité la plus intégrée qui soit, mais le questionnement centré sur la francophonie apparaît l'être davantage, pour la simple raison que celle-ci est un produit anachronique, ou trop tardif, de la modernité, à rebours des processus de consolidation des territoires nationaux et de la monopolisation de la force qui s'en est suivie (Elias, 1975 ; Weber, 1986). À la question facile : « Être francophone, qu'est-ce que cela peut signifier ? », on ne trouve pas de cadre politique ou social de référence évident susceptible de nous inspirer une réponse manifeste. Comme l'Europe et l'Organisation des Nations unies (ONU), la francophonie véhicule un attachement, à tout le moins une solidarité, qui transcende l'unité politique nationale. C'est pourquoi elle est souvent condamnée à se réduire à un lien interétatique et, donc, à une évocation sans prise sur le réel.

La francophonie au quotidien

Pour contrer cette vision critique qui se définit fortement en référence à un cadre politique relativement bien intégré et circonscrit, on peut évidemment envisager la francophonie sous une forme moins ambitieuse, moins spectaculaire. Sans pour autant bénéficier d'une reconnaissance en bonne et due forme, celle des rencontres diplomatiques et des petits fours, cette francophonie-là aurait toutefois l'avantage d'être spontanée, en étant tout simplement plus simple, moins politique et plus près de la quotidienneté. Plus diffuse, elle aurait la capacité de s'incarner et de se réinventer chaque fois dans des lieux, des interstices, des moments et des rencontres, des mouvements qui empruntent à des processus tant endogènes qu'exogènes, métissés, avant-gardistes, bigarrés, dont la manifestation ne serait pas une simple transposition des balises et des référents établis, officiels, des espaces nationaux respectifs. À la fois en-deçà et par-delà les normes de l'État national, mais néanmoins toujours inscrite dans ce contexte national, la condition francophone serait alors indissociable des virtualités inscrites dans le fait de parler français, bien que ne s'y réduisant pas, dont l'actualisation puiserait au sein d'un répertoire beaucoup plus vaste, plus informel que celui balisé et autorisé par l'État.

En dépit de la difficulté d'associer la francophonie à une réalité politique tangible, on ne serait donc pas autorisé à la réduire à une lubie d'intellectuels. La subsidiarité et l'imprécision de l'allégeance qu'elle suscite s'avèrent, en soi, une réalité et, paradoxalement, celle-ci peut mobiliser davantage que l'allégeance manifeste. Autrement dit, savoir que l'on est francophone, sans trop savoir exactement ce que cela veut dire, peut très bien être à la source de processus de définition et de construction identitaires fort consistants. Après tout, c'est l'ambiguïté ou l'incertitude—le désenchantement et la réflexivité, diront certains—qui nourrit la quête de signification et d'attachement, et non l'évidence ou la certitude. Si la production intellectuelle de l'Autriche-Hongrie a été aussi marquante au tournant du XXe siècle, ce n'est pas en raison d'une identité clairement définie et d'une appartenance évidente. Bien au contraire, c'est l'insécurité existentielle qui a été le moteur de ce bouillonnement intellectuel. En fait, l'originalité de l'Autriche-Hongrie est précisément d'avoir fait de l'impossibilité de répondre à cette question un principe, tout en faisant de ce questionnement une priorité. Trop cynique et trop porté vers une vision phénoménologique de la vie, l'intellectuel de l'Empire des Habsbourgs a toujours senti que ce genre de questionnement ne mènerait à rien et qu'il serait vain de vouloir figer les processus évanescents du quotidien dans une essence, une identité, un esprit national. C'est donc avec une certaine ironie que cette quête fut poursuivie. Nul autre n'a mieux exprimé cette démarche paradoxale que Musil. L'ironie dont il fait preuve emporte toutefois une lourde leçon: il ne suffit pas de savoir ce que l'on cherche pour trouver ce que l'on recherche. Ou, dit autrement: il suffit souvent de chercher pour trouver ce que l'on cherche. Dans l'univers de Musil, cela donne des fonctionnaires mandatés par l'État pour définir le vrai patriotisme et la vraie Autriche à l'occasion du soixante-dixième anniversaire de l'avènement de l'empereur François-Joseph. Soucieux de damer le pion à cette Allemagne prussienne sûre d'elle-même qui s'apprête à fêter les 30 ans de règne de l'empereur Guillaume II, les bien-pensants de la cour habsbourgeoise s'interrogent et se surprennent à ne pas trouver de réponse évidente, incontestable. Mais l'intention demeure et taraude l'esprit. Une fois qu'elle est manifestée, extériorisée, on ne peut revenir en arrière. *A priori* anodine et inoffensive, cette interrogation finit par acquérir une certaine consistance. Peu à peu, elle devient tangible, officielle. De là, se met progressivement en marche un programme. De ce projet et du mouvement qui en découle, naissent des comités et, parce qu'on est bien obligé de croire que ces comités ont une raison d'exister, on finit par se convaincre de l'évidence de la chose recherchée. D'incertain, d'inexistant, le but recherché apparaît de plus en plus inévitable, condamné à advenir, ou comme le dit si bien Musil, « en passe de devenir réalité » :

> Par bonheur, ces comités faisaient de semaine en semaine de considérables progrès […] et l'on avait déjà la satisfaction de voir le mouvement de la correspondance s'accroître. Les mémoires des comités adressés au comité exécutif purent assez rapidement se référer à d'autres mémoires déjà adressés audit comité, et commencèrent à commencer par une phrase qui prenait d'une fois à l'autre plus de poids et débutait par ces mots : « En nous référant à notre lettre-référence numéro un tel et un tel, respectivement numéro tant et tant, barre de fraction… » après laquelle barre venait un nouveau chiffre, romain cette fois-ci ; et tous ces chiffres grossissaient à chaque mémoire. Cela seul donnait déjà l'impression d'une saine croissance […] Un appareil était là ; parce qu'il était là, il fallait qu'il travaille, et parce qu'il travaillait, il se mit à courir : qu'une automobile commence à rouler sur de vastes étendues, n'y aurait-il personne au volant, elle n'en fera pas moins un certain chemin, et même un chemin assez singulier et impressionnant (p. 269).

Ce que définir veut dire

Si, au quotidien, le questionnement sur ce que veut dire « être francophone » ne fait pas l'objet d'une réflexivité de tous les instants et d'un examen minutieux afin d'y apporter une réponse satisfaisante, on ne peut en dire autant des institutions, des associations, de l'État. Les enjeux auxquels ils sont confrontés les amènent souvent à devoir se poser la question et à y répondre. « Qui est francophone ? », « Qui ne l'est pas ? », « Comment le devient-on?», «Quand cesse-t-on de l'être?». Autant de questions, de réponses et de définitions qui suscitent des tensions, des désaccords, des rivalités, des réactions. Y répondre n'est jamais une sinécure. Non pas seulement parce que la question ouvre sur un gouffre existentiel («Qui suis-je?», «Qui sommes-nous?», «Où allons-nous?», «Qui devons-nous être?»), mais aussi parce que la réponse influence très souvent de façon déterminante les rapports de force au sein desquels s'inscrivent ces acteurs. Car on ne répond jamais simplement ni innocemment à ces questions. On y répond en se coupant ou en se rapprochant de l'Autre, en confortant ou en réinventant la réalité de l'Autre. On y répond en s'opposant à ceux qui proposent une définition concurrente. On y répond en cherchant à impliquer le politique ou, au contraire, en cherchant à protéger l'autonomie ou l'intégrité d'un organisme ou d'une association des visées normalisatrices de l'État. Une telle perspective, pourrait-on dire, insiste sur l'aspect rationnel, stratégique des démarches et des acteurs. Ce n'est pas l'intention de ce livre. Il s'agit plutôt de miser sur l'aspect social de la définition — son aspect «*relationnel*», dirait Elias (1975) —, qui oblige à saisir les configurations au sein desquelles ces processus de définition, de nomination, d'identification prennent leur essor et se déploient, et sur la façon dont, une fois déployées, ces définitions, ces nominations construisent la réalité. En soi, la définition n'a que peu d'intérêt. Ce n'est pas le verbe qui donne au pouvoir sa force, c'est le pouvoir qui apporte au verbe la force émanant de son évocation. Et comme le pouvoir n'est pas une substance que l'on possède, mais une propriété relationnelle, il s'agit alors d'évaluer le poids des mots et des définitions au sein des interactions pour en saisir les conséquences (Bourdieu, 1982). C'est là l'intuition centrale qui fut au fondement de ce colloque : soit la volonté d'engager, par rapport aux signes de la francophonie, un dialogue critique sur les circonstances de leur apparition, les moments de leur énonciation, les péripéties de leur réception et les imprévus de leur appropriation, afin d'éclairer des paramètres déterminants dans la production et la reproduction de la francophonie.

Les voies multiples de production de la francophonie

Comme le dit Musil, une enzyme ou un catalyseur, «c'est quelque chose qui ne fournit aucune contribution matérielle, mais qui met en branle un processus» (p. 160). La francophonie—son mystère, pourrait-on dire—est probablement de cet ordre: telle une enzyme, elle ne renvoie pas à une définition claire, à une condition ou un état explicite et circonscrit ni à une réalité politique tangible. Et pourtant, elle est bel et bien à la source d'une certaine activité et d'une production de la réalité. C'est précisément de cela qu'il est question dans cet ouvrage, auquel ont contribué 19 auteurs d'horizons et de champs disciplinaires variés. Ce collectif fait suite au colloque organisé conjointement par les Facultés d'éducation et de sciences sociales de l'Université d'Ottawa, plus particulièrement par l'Unité de recherche *Une école pour tous*, la Chaire de recherche *Éducation et francophonies* et le Centre d'études sur la gouvernance. L'objectif principal de ce colloque était de mieux comprendre comment différents processus sociaux, politiques et institutionnels contribuent à produire et reproduire la francophonie en la nommant, c'est-à-dire en la définissant, la codifiant, la normalisant. Un intérêt commun animait les 49 communications présentées dans le cadre de ce colloque: mettre en lumière et analyser l'impact des mots, des définitions, des images et des pratiques dans la construction sociale de la francophonie. C'est en fonction de trois grandes problématiques que s'est opérée cette distanciation réflexive face aux mots, aux définitions et aux pratiques de la francophonie. Et ce sont aussi ces trois grandes problématiques qui informent la structure de cet ouvrage.

La première problématique sous-tend une interrogation sur le rôle des mots, des définitions, des pratiques dans les processus d'inclusion et d'exclusion à l'œuvre au sein de la francophonie institutionnelle, organisationnelle et sociale. Cette première section s'ouvre avec le chapitre de Normand Labrie, qui traite de la construction identitaire en milieu francophone en Ontario à partir de l'analyse du discours et de l'idéologie sous-entendue de la politique d'aménagement linguistique. Gabrielle Parker, dans le chapitre «Vers une francophonie archipel», s'inspire de la métaphore de Louder et de Waddell pour décrire une francophonie archipélique définie à partir de ses caractéristiques historiques, géopolitiques, littéraires et réticulaires. Dans cette foulée, le chapitre « La francophonie aux prises avec des associations discursives », de Danielle Forget, propose une analyse du discours, des occurrences du mot *francophonie* telles qu'on les trouve dans trois journaux québécois entre 2006 et 2007. Phyllis Dalley et Anne-Sophie Ruest-Paquette retracent les débats d'intellectuels, de journalistes et de militants autour de la volonté de renommer une association francophone en Alberta et, par là, évoquent ce que veut dire, dans ce contexte, « la francophonie », « être francophone » et le rôle de l'association examinée. Christophe Traisnel et Isabelle Violette examinent les réaménagements dans les discours identitaires de militants en Acadie qui se positionnent face à la question de la diversité, du pluralisme et de l'immigration au Nouveau-Brunswick.

La deuxième problématique s'intéresse à la représentativité des définitions et des énoncés de certaines politiques ou productions institutionnelles de la francophonie et à la capacité des institutions ou organismes d'être en phase avec la réalité francophone qu'ils prétendent représenter. Cette problématique s'articule à une réflexion plus générale sur l'état et la nature de la légitimité des institutions francophones (écoles, organismes communautaires ou politiques, organismes ethnoculturels, médias, etc.). Le texte d'Alexandra Jaffe, qui s'intitule « Vivre la francophonie en Corse : reproduction et transformations dans un contexte d'élaboration d'une langue minorisée », vise, à partir d'une analyse des motions et des débats de l'Assemblée Régionale de la Corse depuis les années 80, de pratiques observées dans des écoles bilingues (françaises-corses) depuis l'an 2000 et des politiques de l'enseignement bilingue, à situer les changements et les continuités dans la pratique linguistique et dans le discours métalinguistique en Corse. Suit le texte de Pierre Foucher, intitulé « Les ayants droit : définir l'identité constitutionnelle des francophones », qui fait le point sur la portée de l'article 23 de la *Charte canadienne des droits et libertés*. À partir d'une approche phénoménologique, Nicolas Garant éclaire les voies de production institutionnelle de la francophonie en nous plongeant au cœur des transactions et des pratiques qui animent et structurent la vie du ministère de l'Éducation de l'Ontario. À partir d'une autre échelle d'investigation et d'analyse, Nathalie Bélanger et Diane Farmer s'intéressent à l'appropriation par les enfants de leur école de langue française en situation minoritaire en Ontario. Annie Pilote et Marc Molgat proposent enfin une analyse de la mobilité des jeunes dans le contexte des communautés francophones en situation minoritaire et se demandent, à partir de la lecture de discours d'organismes communautaires, si ces réalités sont comprises comme un exode, une migration ou un déplacement.

La troisième problématique s'interroge sur la réception et l'appropriation des définitions et des représentations de la francophonie et sur l'articulation entre la francophonie définie et la francophonie vécue. Cette problématique soulève la question de la mise en œuvre des politiques officielles ou institutionnelles, celle de leur emprise sur le réel et le quotidien et enfin celle de l'apport du quotidien sur la recréation du savoir et des pratiques institutionnelles. Lace Marie Brogden, dans une autoethnographie campée dans l'Ouest canadien et intitulée « À qui de droit : la dualité linguistique au sein de la francophonie », vise à complexifier nos définitions de la francophonie à travers le récit de quatre pans de son et notre (nos) histoire(s) entrelacées, hybrides et métissées. Marie LeBel retrace le rôle des intellectuels en situation minoritaire entre 1970 et 1985. Avec son chapitre « L'homme qui donnait parole à ceux qui n'en avaient pas... Saisir le brio de Dalpé à (re)produire la francophonie par la réception de la pièce *Le chien* », Tina Desabrais retrace les critiques québécoises et franco-ontariennes de la pièce en tant que moments de réception de l'œuvre de Dalpé et de production et de reproduction de la francophonie ontarienne. Dans la même veine, Mariette Théberge tente de saisir, à travers deux exemples, la critique de la pièce *Le chien* et les *États généraux des arts et de la culture dans la société acadienne du Nouveau-Brunswick* en 2007, le rapport dialogique qui existe entre l'artiste et sa communauté dans le contexte de la francophonie en situation minoritaire selon une perspective de l'étude de la créativité.

Les chapitres qui suivent présentent des exemples de représentations, de pratiques se déployant au sein de la francophonie canadienne et ailleurs dans le monde, et peuvent ainsi servir aux praticiens de différents secteurs de la société. Ces chapitres incitent à de nouveaux questionnements, présentent une panoplie de situations et d'exemples tirés de contextes variés et seront utiles pour tout chercheur en sciences sociales et humaines et en éducation qui entreprend des recherches sur la francophonie.

Premier axe

Interrogation sur le rôle des mots, des définitions, des pratiques dans les processus d'inclusion et d'exclusion à l'œuvre au sein de la francophonie

LA CONSTRUCTION IDENTITAIRE EN MILIEU FRANCOPHONE À L'ÉPREUVE DE L'ANALYSE DU DISCOURS

Normand Labrie

Vice-doyen à la recherche et aux études supérieures,
Ontario Institute for Studies in Education (OISE), Université de Toronto

Introduction

Dans les milieux de l'éducation de langue française en Ontario, la notion de construction identitaire compte désormais parmi les éléments essentiels du projet pédagogique. Dans sa façon de conceptualiser la construction identitaire, le ministère de l'Éducation de l'Ontario a instrumentalisé cette notion dans la politique d'aménagement linguistique afin de promouvoir la fixation de certains référents identitaires collectifs en particulier et de faire de ces référents identitaires des objets pédagogiques faisant partie intégrante de la formation des jeunes, de leurs évaluations et de leur succès ou au contraire de leur échec scolaire. Ma position est qu'il s'agit d'un glissement de sens majeur de la notion de construction identitaire et qu'on doit se poser des questions quant aux conséquences de cette façon prescriptive de concevoir la construction identitaire pour les jeunes et pour la société en général.

Dans cet article, je propose une conception de la construction identitaire inspirée du constructivisme social, pour ensuite me servir de cette approche conceptuelle comme grille d'analyse des principaux documents du ministère de l'Éducation de l'Ontario traitant de la construction identitaire.

À l'origine, la notion de construction identitaire repose sur une conception constructiviste des pratiques sociales mettant en jeu des référents identitaires. On est ici dans l'univers du constructivisme social (Fairclough, 2006). Dans leurs pratiques sociales, les acteurs sociaux ont recours à des référents identitaires qui sont variables dans l'espace et le temps, et selon le contexte. La construction identitaire est donc un phénomène changeant et évolutif. Considérée dans un cadre interactionnel, elle s'inscrit dans un processus de coconstruction au sein duquel les pratiques des uns sont perméables à celles des autres et les pratiques de l'individu sont situées par rapport à celles de la collectivité et inscrites dans des univers institutionnels. Parler de construction identitaire en milieu francophone suppose donc une prise en compte d'identités multiples, évolutives et parfois antagonistes mettant en jeu, du moins partiellement, l'expression de certains référents identitaires associés à la langue française.

Construction identitaire : catégorisation sociale et identités multiples

La notion de construction identitaire se distingue de celle d'identité dans la mesure où l'accent est mis sur des processus sociaux davantage que sur des caractéristiques sociales (identitaires). Les processus sociaux qui nous intéressent sont ceux par lesquels des personnes en rapport avec d'autres personnes prennent conscience de ce qui les rapproche les unes des autres et de ce qui les distingue, et manifestent leur affiliation à des groupes imaginés en fonction de caractéristiques distinctives ou, au contraire, leur dissociation par rapport à ces groupes imaginés (Anderson, 1983).

L'un des mécanismes les plus puissants opérant dans ces processus de construction identitaire est celui de la catégorisation sociale. La catégorisation sociale consiste à créer des catégories sociales en fonction de traits supposément communs à un ensemble d'individus. Il s'agit chez l'être humain d'un moyen conceptuel de classifier ses semblables à partir de traits physiques, d'habitudes culturelles, d'activités régulières, ou de tout autre facteur susceptible de se répéter d'un individu à un autre : les amateurs de hockey, les belles-mères, les petits gros, les homos, les Anglais, etc. On aura compris que tout peut servir de matériau pour la catégorisation sociale.

À travers l'activité humaine, tissée de pratiques de catégorisation sociale, des groupes sont imaginés. L'imagination de telles catégories sociales et de groupes en découlant n'est pas toujours imposée de l'extérieur. Elle peut aussi être créée de l'intérieur, affirmée, revendiquée par exemple : « Nous, les Franco-Ontariens », etc.

Ces catégories sociales et les groupes imaginés qui s'y rapportent ne sont ni finis ni exclusifs. Il y a superposition de plusieurs catégories possibles. Qu'ils fassent l'objet de catégorisation sociale ou agissent comme agents de cette catégorisation, les individus disposent d'identités multiples dans la mesure où ils peuvent se voir attribuer une panoplie de référents identitaires et sont en mesure d'activer eux-mêmes une multitude de référents identitaires. En plus de se reconnaître alternativement tantôt comme homme, tantôt comme skieur, tantôt comme enseignant, on peut aussi se considérer simultanément comme menuisier, gai, fumeur, etc.

Qu'il s'agisse de stigmates (Goffman, 1963) ou au contraire de traits valorisants, la catégorisation sociale (préexistante ou à l'œuvre) fournit les matériaux qui serviront de référents identitaires. On est ici non pas dans un univers de traits fixes, objectifs, définis, déterminés, mais dans un univers de représentations fluides, mouvantes, évolutives, sans cesse renégociées, redéfinies, imaginées à nouveau.

La catégorisation sociale fournit les ingrédients de base à la construction identitaire, qui s'appuie sur la constitution individuelle d'un répertoire de référents identitaires, sur l'activation de référents identitaires dans l'interaction et sur la fixation de référents identitaires collectifs.

La constitution individuelle d'un répertoire de référents identitaires

Selon leurs attributs physiques, leur condition sociale, leurs expériences de vie et leurs préférences, les personnes se constituent avec le temps un répertoire de référents identitaires qu'elles activent au besoin ou se voient attribuer par les autres. Les référents identitaires correspondent à des allusions aux catégories sociales en circulation, à des moyens de manifester son affiliation à l'une ou l'autre de ces catégories sociales. Au cours de sa vie, une personne accumule une multitude de référents identitaires qu'elle peut choisir d'activer ou de réprimer lorsque les circonstances s'y prêtent.

Ainsi, l'individu se constitue un répertoire de référents identitaires composé de ses référents préférés, de référents les plus souvent activés, de ceux qui servent à s'assurer d'être connu et reconnu. Certains référents identitaires jouent un rôle central à certaines étapes de la vie, pendant que d'autres occupent une position marginale. La vie faisant en sorte que la personne change et que son milieu se transforme, certains référents identitaires auparavant centraux deviennent à un autre moment insignifiants ou désuets.

L'existence d'un répertoire de référents identitaires permet à la personne d'agir de façon stratégique. Dans certaines circonstances, certains contextes, il peut être opportun de manifester son affiliation à certaines catégories sociales imaginées ; dans d'autres, il peut être préférable de s'en dissocier et de jouer sur d'autres registres (Giampapa, 2003).

La constitution d'un répertoire de référents identitaires se fait par des parcours individuels et l'accumulation de ces référents s'articule sous forme d'identités multiples (Labrie et Grimard, 2002) ou d'identités imbriquées (Byrd Clark, 2007). L'individu qui joue avec ses référents identitaires, qui négocie ses identités multiples ou imbriquées, s'engage dans des opérations de définition ou de redéfinition identitaire, d'affiliation ou de différenciation et de distinction ; il utilise simultanément des modes d'inclusion et d'exclusion (de soi et des autres).

L'activation de référents identitaires dans l'interaction

Les répertoires individuels (ou collectifs, dont il sera question plus loin) de référents identitaires constituent la base à partir de laquelle certains référents peuvent être activés par les acteurs sociaux engagés dans des interactions. La personne disposant d'un répertoire est à même d'activer certains référents identitaires dans le cadre de ses interactions avec les autres, de même que les autres sont à même d'activer certains référents identitaires qui leur sont propres ou qu'ils attribuent à l'autre.

La personne agissant comme acteur social dans une interaction donnée active des référents identitaires en particulier afin de manifester son affiliation à des catégories sociales distinctes. Elle peut de la sorte manifester sa similarité et sa solidarité avec les personnes avec lesquelles elle se trouve en interaction. Elle peut aussi se servir de tels référents identitaires pour se dissocier de tiers, tout en se solidarisant avec les personnes avec qui elle se trouve en interaction, ce qui renforce une impression d'identité commune et partagée. Elle dispose enfin de l'option d'activer des référents identitaires lui permettant de manifester sa dissociation de telles catégories sociales pour se distinguer des personnes avec qui elle interagit. Elle se construit alors dans l'interaction comme « autre », comme personne partageant des traits avec d'autres catégories sociales.

L'acteur social n'étant pas seul dans l'interaction, les autres interactants ont aussi ce pouvoir de le construire et de se construire dans l'interaction en activant également des référents identitaires ayant pour effet de mettre en valeur des points communs distincts de groupes de tiers ou, au contraire, de se dissocier à titre de titulaires de catégories sociales distinctes. Dans l'interaction, se tissent, au moyen d'un va-et-vient constant, des positionnements identitaires entre les interactants qui évoluent au fil de l'interaction et correspondent à ce que certains appellent la négociation identitaire (Giampapa, 2003 ; Byrd Clark, 2007). Les interactants négocient leurs ressemblances et leurs différences. Ils puisent dans le fonds de référents identitaires rendu disponible par les processus de catégorisation sociale préexistants qu'ils reproduisent, en même temps qu'ils poursuivent ou réinventent ces processus pour leurs propres fins, dans des termes plus ou moins originaux, plus ou moins novateurs (par exemple, ils imaginent de nouvelles catégories sociales).

La fixation de référents identitaires collectifs

De la même façon que les individus se constituent un répertoire de référents identitaires, les collectivités — ou les communautés imaginées pour reprendre l'expression d'Anderson (1983) —, s'appuient sur un répertoire de référents identitaires collectifs — construit au fil du temps, à travers les interactions — servant à se construire comme groupe partageant des traits communs ayant une certaine signification et se distinguant de groupes chez lesquels ces traits sont soit absents, soit de signification différente ou de moindre valeur.

Les référents identitaires collectifs se fixent par des processus d'affirmation identitaire au moyen desquels des groupes manifestent leurs affinités, leurs ressemblances, leur solidarité. Les membres de la communauté imaginée valorisent des référents identitaires qu'ils croient partager.

Souvent, la fixation de référents identitaires collectifs d'une communauté imaginée est imposée de l'extérieur par d'autres communautés imaginées qui, dans leurs propres processus de construction identitaire, s'appuient sur des processus de catégorisation sociale pour se distinguer en construisant l'autre sur la base de référents identitaires qu'elles lui attribuent. Ce processus est fondamental dans la création de minorités (sociales, linguistiques, etc.). La minorisation passe par la création d'un autre infériorisé, soumis à la suprématie d'un groupe dominant. La fixation des référents identitaires passe toutefois aussi par l'appropriation de référents identitaires par le groupe imaginé faisant l'objet de la catégorisation sociale comme moyen de revendiquer ses différences telles qu'elles lui sont imposées. En somme, la fixation de référents identitaires collectifs procède à divers niveaux dont l'organisation est dictée par des interactions plus ou moins aléatoires ou imprévisibles alliant l'affirmation identitaire, la catégorisation sociale par l'autre et la revendication identitaire.

La constitution d'un répertoire individuel de référents identitaires, l'activation de référents identitaires dans l'interaction et la fixation de référents identitaires collectifs sont bien sûr interreliées, avec pour base commune les processus de catégorisation sociale.

La construction identitaire selon le ministère de l'Éducation de l'Ontario

Dans cette section, sont commentés des extraits d'un communiqué du ministère de l'Éducation au sujet de la Politique d'aménagement linguistique, ainsi que des extraits tirés d'une section de ladite Politique ayant trait à l'axe d'intervention sur la construction identitaire. Ces textes publiés par le Ministère sont d'une importance majeure puisqu'ils constituent la principale prise de position officielle du Ministère à l'égard de la place de la construction identitaire dans le projet pédagogique des écoles de langue française. Les extraits originaux sont cités en italique, alors que mes commentaires sur ces extraits sont en caractères normaux.

Nous verrons, dans le déroulement de ces textes, que la construction identitaire est basée sur une définition monolithique de l'identité, au singulier. Le texte est impersonnel. L'institution s'exprime par des énoncés incontestables, de valeur universelle. Dans ces textes, l'agent est absent et ses intérêts demeurent invisibles.

Les premiers extraits sont tirés du site Web du ministère de l'Éducation de l'Ontario. La page s'intitule: «L'aménagement linguistique — Une politique au service des écoles et de la communauté de langue française de l'Ontario».

L'éducation en langue française en Ontario ne se résume pas simplement à un curriculum en français. La communauté francophone de la province compte sur ses écoles pour protéger, transmettre et mettre en valeur la culture et la langue françaises.

Dans cet extrait, on présente la communauté francophone comme monolithique, au singulier. L'existence d'une communauté francophone au singulier est posée d'emblée. Cette communauté dispose d'une culture et d'une langue, toutes deux au singulier.

Quels sont les objectifs de la Politique d'aménagement linguistique?

La Politique d'aménagement linguistique (vise à) (f)ormer des jeunes francophones responsables, compétents et forts de leur identité linguistique et culturelle.

Les objectifs de la politique linguistique sont de former des jeunes francophones ayant une identité linguistique et culturelle au singulier.

L'école de langue française a le mandat traditionnel d'éduquer en français les jeunes qui la fréquentent, autrement dit d'assurer leur formation dans cette langue. L'école de langue française a aussi le mandat de protéger, de valoriser et de transmettre la langue et la culture françaises.

En plus de son mandat éducatif, l'école de langue française a un mandat concernant la langue et la culture françaises, encore au singulier. Dans cette affirmation, l'institution scolaire se trouve justifiée de faire des efforts pour renforcer le référent identitaire collectif de nature francophone et d'intervenir sur le plan pédagogique auprès de chaque jeune pris individuellement pour lui inculquer ce référent identitaire.

L'école de langue française participe à la construction identitaire des jeunes en veillant à l'acquisition d'une bonne connaissance de la langue française et d'un sens profond des valeurs culturelles et universelles partagées par les communautés francophones d'ici et d'ailleurs. Ceci leur est essentiel pour s'affirmer et s'investir dans la communauté francophone.

L'école a un rôle à jouer dans la construction identitaire des jeunes, en leur inculquant la langue française, des valeurs partagées par des communautés francophones conçues ici au pluriel, mais ceci dans le but de s'investir dans une communauté francophone présentée comme monolithique.

Se donner une identité

La langue est l'instrument par lequel se manifeste le plus immédiatement une culture. Elle reste la pièce maîtresse de l'identité culturelle de chaque personne.

Une personne dispose d'une seule et unique identité, avec une culture unique, exprimée par la langue.

Pour que les jeunes soient forts de leur identité linguistique et culturelle, il faut leur réserver une place de choix dans un espace culturel francophone authentique et ouvert sur le monde, les brancher sur des médias et des produits culturels francophones qui reflètent leurs réalités et leurs questionnements, et les encourager à participer à des activités sportives et parascolaires en français.

Ici encore, l'objectif est de faire en sorte que les jeunes développent une identité linguistique et culturelle unique, ce qui est très différent de ce que le constructivisme social comprend par la notion de construction identitaire.

Les extraits suivants sont tirés du document *Politique d'aménagement linguistique de l'Ontario pour les écoles de langue française* (2004, p. 49-55), dont un chapitre porte spécifiquement sur la construction identitaire en tant qu'axe d'intervention.

Le domaine de l'aménagement linguistique et les axes d'intervention

L'axe de la construction identitaire

Cet axe reflète la spécificité de l'école de langue française et se rapporte donc aux interventions centrées sur l'appropriation de la culture.

La construction identitaire est le moyen par lequel l'école inculque une culture unique aux élèves.

La culture et le développement de l'identité

[...] L'école est un lieu privilégié de transmission de la culture car le passage à l'école est marqué par une importante structuration de l'identité de l'enfant et du jeune. [...] L'école de langue française sert donc de milieu privilégié d'appropriation de la culture et, bien souvent en milieu minoritaire, elle est le seul endroit qui offre un espace francophone, un milieu de vie unique aux jeunes et aux membres de la communauté.

L'école transmet la culture, encore au singulier. C'est le lieu de son appropriation. L'identité, au singulier, du jeune s'y structure.

Dans cet esprit, il devient donc impossible de dissocier culture et identité. Du fait que la culture véhicule en elle-même ce rapport à soi, aux autres et au monde, elle est le matériau qui lie la personne à son groupe d'appartenance et qui donne un sens à son identité.

La culture est indissociable de l'identité. La personne a un seul et unique groupe d'appartenance et elle donne à son identité un sens unique.

Selon Yves Frenette (2003) : « L'identité franco-ontarienne est une construction. À sa base se trouve la langue française, constamment menacée. L'identité franco-ontarienne implique la croyance en des origines et un héritage communs. Elle s'abreuve ainsi à la mémoire collective, à la tradition orale, aux écrits des historiens et des chroniqueurs, aux œuvres littéraires et artistiques. Elle se forge aussi dans le regard des autres ». Cet auteur ajoute que, paradoxalement, le bilinguisme est l'élément central de l'identité franco-ontarienne.

Les auteurs se réfèrent alors à Frenette, qui parle d'identité franco-ontarienne en tant que construction dont les matériaux sont tous associés au passé des Canadiens français de l'Ontario mais pour qui, paradoxalement, le bilinguisme est l'élément central de l'identité franco-ontarienne.

L'identité peut se refléter de différentes manières selon le groupe d'appartenance, la position sociale de ce groupe et la place que la personne y occupe. Diane Gérin-Lajoie (2003, p. 27) remarque : « Il est possible d'afficher une identité francophone au sein de son milieu familial et une identité bilingue dans son milieu de travail. Cela signifierait ainsi que les individus font des choix réfléchis en ce qui a trait à l'identité à privilégier et que ces choix vont dépendre des circonstances. Dans ce sens, une identité bilingue représenterait un phénomène stable. »

Le paradoxe évoqué par Frenette est résolu en citant Gérin-Lajoie, pour qui les jeunes francophones ont une identité francophone, mais aussi une identité bilingue, entre lesquelles ils alternent. Ici, on parle encore d'une identité au singulier, en fait, des identités qui cohabitent mais demeurent distinctes l'une de l'autre.

L'identité, selon Fasal Kanouté (2003b), possède deux dimensions importantes qui sont continuellement en équilibre et en tension. D'une part, la dimension sociale (l'identité professionnelle, de genre, ethnique, nationale, etc.) qui fait intervenir différents groupes de référence et, d'autre part, la dimension personnelle liée aux caractéristiques physiques, psychologiques, morales, juridiques, sociales et culturelles de la personne. Ces deux dimensions permettent, d'une part, à toute personne de se définir, de se présenter, de se connaître et de se faire connaître et, d'autre part, à autrui de la situer ou de la reconnaître.

L'attachement à la francophonie par la langue et la culture s'exprime donc de multiples façons quelle que soit l'identité que l'on dit posséder. Le développement de l'identité et l'expression identitaire sont des processus complexes à partir desquels il est presque impossible de décrire une seule identité franco-ontarienne. En milieu scolaire cependant, le développement de l'identité tel que sous-entendu par les cheminements personnel, interpersonnel et professionnel des domaines d'étude de la politique «Des choix qui mènent à l'action» peut être encadré par le **cheminement culturel***. Il devient le matériau pédagogique des écoles en milieu minoritaire.*

Les auteurs approfondissent cette possibilité que les jeunes aient des identités multiples. Après avoir reconnu ce fait, ils poursuivent en indiquant que le développement de l'identité (on est revenu au singulier ici) est tellement complexe qu'il est presque impossible de décrire une seule identité franco-ontarienne, c'est donc dire qu'il est possible d'y parvenir et qu'il existe un moyen de le faire, à savoir un matériau pédagogique appelé «cheminement culturel».

Le **cheminement culturel** *est caractérisé par trois étapes interreliées qui sont: l'éveil au milieu et à la réalité culturelle francophone; l'identification à un groupe par l'adoption des caractéristiques de ce groupe; l'engagement qui se reflète par l'autonomie, l'autodiscipline, la fierté d'être francophone et la participation à la vie communautaire francophone (cf. Ministère de l'Éducation et de la Formation, 1994b).*

Le cheminement culturel favorise l'appropriation de la culture du milieu environnant et permet l'ancrage dans la communauté francophone. Il contribue à développer le sens d'appartenance et à consolider l'identité du jeune. Aux différents stades de son développement, le jeune est amené à reconnaître l'importance de son patrimoine culturel. Idéalement, un cheminement culturel réussi mène à l'affirmation de soi et à l'engagement communautaire.

Le cheminement culturel permet de boucler la boucle et de revenir à cette identité monolithique et inconditionnelle. Ce cheminement est gradué, allant du niveau le moins élevé (éveil) en passant par un niveau intermédiaire (identification) pour parvenir au niveau supérieur (engagement communautaire). On a donc ici les instruments de mesure de la construction identitaire.

L'élève devrait aussi être appelé à comprendre le contexte minoritaire et à mesurer les enjeux culturels et politiques qui influent sur le développement d'une langue minoritaire (Vermès, 1996). C'est ce à quoi se réfère la notion de conscience de la langue. Cette prise de conscience, de l'ordre de la métacognition, suscite une réflexion concernant l'impact de la situation de minoritaire sur le développement de l'identité personnelle et du sentiment d'appartenance à la communauté linguistique. Elle favorise l'appropriation des outils nécessaires pour agir sur cette situation. Cette prise de conscience est grandement favorisée lorsque l'élève est régulièrement plongé dans l'action communautaire, celle-ci lui permettant de trouver sa place, de développer sa créativité et de se sentir interpellé en tant que citoyen éclairé et responsable de la construction de la société.

Comme le cheminement culturel, la conscience de la langue, encore au singulier, donne lieu à une gradation : compréhension, réflexion, appartenance, appropriation, action communautaire, cette dernière culminant pour donner un citoyen éclairé et responsable.

Conclusion

On a vu, au fil de ces extraits, comment s'opère un glissement de sens dans la définition de la construction identitaire, partant du singulier, avec une prise en compte de la tension entre l'identité au singulier et les identités au pluriel. Cette tension est cependant résolue au profit d'un retour à une définition de la construction identitaire favorisant le singulier et le monolithique, ainsi qu'une approche prescriptive permettant une gradation de la construction identitaire (réussie) allant de l'apprentissage à l'appropriation, à l'appartenance, à l'investissement, puis à l'engagement. Cette gradation ouvre la porte à la mesure de la construction identitaire pour chaque élève, ce qui constitue un projet davantage politique que pédagogique comprenant un certain nombre de dangers, le principal étant de privilégier un projet collectif poursuivi par l'institution au détriment du développement personnel, c'est-à-dire de l'émancipation, des jeunes engagés dans des processus de construction identitaire dépassant le seul référent linguistique et, dans certains cas, marqués par des processus de catégorisation sociale stigmatisants.

Références

Anderson, B. (1983), *Imagined Communities: Reflections on the Origin and Spread of Nationalism*, Londres, Verso.

Byrd Clark, J. (2007), « Discourse encounters through school experiences : The notion of *Italianità* meets the construction of *la Francité* », dans M. Mantero, *Identity and Second Language Learning: Culture, Inquiry, and Dialogic Activity in Educational Contexts*, New York, Information Age Publishing, p. 93-117.

Fairclough, N. (2006), *Language and Globalization*, Abingdon et New York, Routledge.

Giampapa, F. (2003), « Italian Canadian youth and the negotiation of identities : The discourse on *Italianità*, language and the spaces of identity », thèse de doctorat, Toronto, OISE, University of Toronto.

Goffman, E. (1963), *Stigma: Notes on the Management of Spoiled Identity*, New York, Simon and Schuster.

Labrie, N. et M. Grimard (2002), « La migration de gais et lesbiennes francophones à Toronto : de la stigmatisation à la mobilité sociale », *Marges linguistiques,* (3), p. 118-136.

Ministère de l'Éducation de l'Ontario (2007), *L'aménagement linguistique — Une politique au service des écoles et de la communauté de langue française de l'Ontario,* en ligne, consulté à http://www.edu.gov.on.ca/fre/document/policy/linguistique/guide/index.html.

Ministère de l'Éducation de l'Ontario (2004), *Politique d'aménagement linguistique de l'Ontario pour les écoles de langue française,* en ligne, consulté à http://www.edu.gov.on.ca/fre/document/policy/linguistique/linguistique.pdf.

VERS UNE FRANCOPHONIE-ARCHIPEL

Gabrielle Parker

Professeure émérite, Middlesex University, Londres

L'utilisation de l'image de l'archipel pour illustrer la francophonie n'est pas neuve. Au Canada, Dean Louder, par exemple,
qui, avec une équipe, a parcouru la Franco-Amérique et en a rendu
compte dans une géographie culturelle, a déjà comparé cette région
à un archipel (Louder, 2007). Glissant (1993), pour sa part, revendique un univers archipélique pour proposer une autre relation
entre les composantes du tout-monde et Lise Gauvin (2006),
encore récemment, évoquait « l'archipel romanesque » s'agissant du
récit francophone (p. 50-52). Si nous nous sommes attachée à développer ce thème, c'est parce qu'il offre à nos yeux une métaphore
vivante, actuelle, de la francophonie à la fois séduisante pour l'imaginaire collectif et intellectuellement satisfaisante.

Vivante et actuelle, puisque le *Manifeste des 44* (Étonnants
Voyageurs, 2007), s'appuyant en partie sur la vision poétique de
Glissant qui en est un des signataires, se réclame de la figure de
l'archipel pour proposer, ou plutôt exiger, une autre relation à la
langue française et au paysage culturel que celle que les signataires
de ce manifeste éprouvent et dénoncent comme une subordination,

un impérialisme culturel. L'avantage de l'archipel est qu'il dispense de la notion de métropole et donc peut faire l'économie d'une relation référentielle. En outre, ses frontières sont fluides et favorisent à la fois des ancrages et des réseaux multiples.

Nous avancerons encore que si la notion d'archipel est séduisante, c'est parce qu'elle est suffisamment appropriée et juste pour décrire ou figurer un concept idéologiquement réfractaire à la description et à l'analyse, celui de la francophonie. Comparaison n'est pas raison, mais il ne faut sous-estimer ni la puissance des mots ni le pouvoir performatif du langage[1]. Il ne s'agit pas de prendre ses désirs pour des réalités, mais plutôt d'examiner jusqu'à quel point leur réalisation peut être favorisée par le fait de les dire.

Dans leur préface, les auteurs de *L'atlas mondial de la francophonie* font état de «l'archipel francophone» et aussi remarquer que la représentation cartographique de la «Francophonie» (*F* majuscule dans leur texte) constitue un défi, ne serait-ce que parce qu'il existe au moins trois cartes superposées: celle de la Francophonie officielle—la plus simple à lire à leurs yeux—, une carte linguistique et enfin une carte politique et culturelle (Poissonnier et Sournia, 2006, p. 6)[2]. Cette Francophonie est donc aussi un espace à géométrie variable puisque, selon ses définitions, elle fait plus ou moins tache sur les représentations cartographiques du monde.

Une représentation cartographique révèle des pans, ou même de simples traces, parsemés sur le globe plutôt que des masses importantes. En fait, nombre de composantes de la Francophonie[3] sont elles-mêmes des archipels: ainsi, les Comores, ou Sao Tomé et Prince, archipel emboîté dans l'archipel francophone, sans parler

---

[1] L'intitulé du colloque qui a eu lieu à l'Université d'Ottawa les 27-30 septembre 2007—*Produire et reproduire la francophonie en la nommant*—allait dans ce sens; de même que celui organisé précédemment à Mayence en septembre 2006: *Constitution discursive et imaginaire de la Francophonie*.

[2] «L'archipel francophone» est le titre de ce texte; il n'est ni repris ni expliqué dans son développement. Notons aussi que le titre écrit francophonie avec un *f* minuscule, alors que les auteurs déclarent ne traiter que de la Francophonie.

[3] Nous écrivons Francophonie avec un *F* majuscule lorsque nous faisons référence à l'organisation officielle.

de l'outre-mer français, tels la Polynésie, les Caraïbes, ou encore Saint-Pierre-et-Miquelon.

La notion d'archipel du point de vue des géographes

Pour les géographes, un archipel est un ensemble d'îles relativement proches les unes des autres et dont la proximité se double le plus souvent d'une origine géologique commune. Voilà donc une définition souple et susceptible d'interprétations culturelles, puisque la proximité est relative et qu'une origine géologique commune ne constitue pas en soi une condition nécessaire ou suffisante.

La notion d'archipel connote à la fois séparation et isolement et relations et communication entre des entités éparses. L'espace francophone figure un archipel en ce sens qu'il est discontinu et clairsemé, éparpillé sur cinq continents. Toutefois, la notion d'archipel évoquée ici présuppose un lien entre ces pâtés de couleur sur la page. Ce lien pourrait nous être fourni par la définition de la francophonie proposée par Senghor il y a quelque 20 ans:

1. l'ensemble des États, des pays et des régions qui emploient le français comme langue nationale, langue de communication internationale, langue de travail ou langue de culture;
2. l'ensemble des personnes qui emploient le français dans les différentes fonctions que voilà;
3. la communauté d'esprit qui résulte de ces différents emplois (*Éthiopiques*, 1988).

La donnée singulière est donc la langue — langue en partage plutôt que langue commune — comme le confirme la *Charte de la Francophonie*: « La langue française constitue aujourd'hui un précieux héritage commun qui fonde le socle de la Francophonie, ensemble pluriel et divers » (OIF, 2005). Auquel cas, cette aire géographique où la langue ou ses diverses variétés sont parlées constitue une géographie imaginaire dessinée par l'archipel francophone.

L'archipel rend compte de communautés en flux constants, la ou les langue(s) officielle(s) devenant lieu de rencontre pour le cas, par exemple de la francophonie nord-américaine.

En fait, l'hexagone lui-même ne constitue pas une île-territoire homogène au plan linguistique, mais plutôt un archipel linguistique : *un* pays, *des* langues — les langues de France.

Bien entendu, le substrat n'est pas fait que de la langue, mais aussi d'apports alluviaux successifs charriés par le fleuve Histoire, le courant de la décolonisation, celui des indépendances ; une sédimentation assise sur un socle géologique très particulier à chacune des composantes. Mais, en outre, la dimension linguistique de la francophonie change de sens dès lors qu'elle choisit d'étendre la politique linguistique au-delà — en proposant l'adhésion à des pays qui ne sont pas francophones de par leur constitution (adhésion étendue aux pays africains lusophones, par exemple, ou encore aux pays de l'Europe de l'Est)[4] ou, au-delà encore, au travers d'alliances. Ainsi, la lettre introduisant le festival « Francoffonies » 2006 notait que :

> [...] les membres de l'aire linguistique francophone, s'ils militent contre l'uniformisation des langues en revendiquant le cordon ombilical du français qui les unit, n'en prennent pas moins le parti d'un partenariat développé avec d'autres espaces, notamment hispanophone et lusophone (dans le programme de coopération Trois Espaces Linguistiques) (TV5Monde, 2006).

L'espace francophone serait donc reconnu et voulu divers. La métaphore de l'archipel francophone convient à cet ensemble, sinon à ce « tout », qui, par le truchement d'une langue commune, reconnaît ses voies de communication et de relations. La notion d'archipel a l'avantage de tenir compte du socle géolinguistique commun, le français, mais suggère aussi des contours distincts pour chacune de ses composantes et un respect nouveau pour cette singularité.

Un tracé historique

« La généalogie francophone mêle histoire et géographie » (Rossillon, 1995, p. 3) : l'espace francophone naît ou devient

---

[4] « Parmi les 49 États et gouvernements membres de plein droit de l'OIF [...], 17 ont pour idiome officiel une langue autre que le français. Quant aux quatre États associés et aux dix États observateurs, aucun n'a le français comme langue officielle. » (Poissonnier et Sournia, 2006, p. 30). OIF est le sigle de l'Organisation internationale de la Francophonie.

archipel selon une évolution historique. Nous proposons de considérer quatre étapes de l'expansion du français et de son évolution.

À l'intérieur du royaume

Frédéric Barbe, enseignant, géographe, trace ainsi les grandes lignes de la formation territoriale de la France, État-nation qu'il décrit comme d'abord archipélagique, puis centralisateur. L'accumulation territoriale s'organise en discontinu dans le temps et dans l'espace. « C'est un archipel fluctuant, faiblement centralisé et parfois menacé dans son existence même. » Il rejoint là Cerquiglini : « Jusqu'à la fin du XIIe siècle [...] la notion de France est, si l'on ose dire, à géométrie variable. Moins qu'une réalité géographique, elle est un sentiment » (Cerquiglini, 2006, p. 178). Au contraire, la monarchie absolue va « figer » les limites extérieures et tenter une unification intérieure. Barbe (1994) poursuit : « Toutefois le maintien des frontières intérieures, tant administratives que culturelles, oblige à conserver jusqu'à la Révolution l'image de l'*Archipel royal: mon royaume, mes peuples* ». Les langues de France témoignent de cette formation originale dont les composantes affleurent en filigrane[5]. Il souligne que le contrôle du territoire est malaisé tant que les pratiques sociales et culturelles sont trop « divergentes ». « *L'aménagement du territoire* complète la *conquête* du territoire » : stratégie et ambition réalisées plus tardivement[6]. Une cartographie historique devrait donc aussi retracer l'imposition et l'expansion du français à l'intérieur des limites successives de la France, puis au-delà de ses frontières.

---

[5] Elles témoignent aussi d'expansions territoriales ultérieures. Voir le rapport officiel de Bernard Cerquiglini, alors directeur de l'Institut national de la langue française (Centre national de recherche scientifique), au ministre de l'Éducation nationale, de la Recherche et de la Technologie et à la ministre de la Culture et de la Communication, avril 1999. « Le patrimoine linguistique de la France » recense 75 langues. Parmi ces langues régionales, figurent quatre langues mélanésiennes, le tahitien, le berbère ou l'arabe dialectal, comme le basque, le breton, le catalan, le corse, etc. (Cerquiglini, 2006).

[6] Syngtame et mots soulignés dans le texte.

Les « découvertes » ; conquêtes et rivalités

La première conquête est donc intraterritoriale et se fait du Xe au XIXe siècles ; la seconde, hors hexagone, se fera simultanément à partir du XVIe siècle : la « Nouvelle-France », cette partie du continent nord-américain qui, à son apogée, en 1712 (avant le premier traité d'Utrecht), s'étendait de Terre-Neuve aux Rocheuses et de la baie d'Hudson au golfe du Mexique.

Les contours de la francophonie sont de fait tracés par son histoire, qui est celle de conquêtes territoriales et d'un impérialisme géolinguistique en concurrence avec des puissances rivales.

Si nous inversions la chronologie du modèle proposé par Barbe pour décrire la formation du territoire national français et l'appliquions à la Francophonie, nous pourrions comparer sa formation originaire à l'accumulation territoriale centre-périphérie organisée depuis la métropole par le biais de la colonisation, puis à un modèle plus « tempéré » [le mot qu'emploie Barbe] caractérisé par une construction discontinue dans le temps et dans l'espace, un archipel fluctuant, faiblement centralisé.

La concurrence entre puissances européennes s'est intensifiée aux XVIIIe et XIXe siècles. Pour Saïd (1993), l'aventure impérialiste « britannique, française et américaine » se distingue par « *a unique coherence and a special cultural centrality* » et il souligne le jeu de concurrence entre les Empires britannique et français au cours de ces deux siècles (p. xxii)[7]. Il fait remarquer que ces combats participent à la construction d'un paysage culturel dans lequel la carte impériale du monde fait partie intégrante de la trame du langage et du tissu même des pratiques culturelles[8]. Le récit de la concurrence géolinguistique souligne combien langue et impérialisme sont inextricablement liés.

Notons en passant que l'expansion territoriale voulue compacte et stratégique a été mitée par la suite sous l'effet du temps et des

---

[7] « *Between France and Britain in the late eighteenth century there were two contests : the battle for strategic gains abroad – in India, the Nile delta, the Western Hemisphere – and the battle for a triumphant nationality. Both battles contrast "Englishness" with "the French"* » (p. 83).

[8] « *[T]hreaded through, forming a vital part of the texture of linguistic and cultural practice* » (p. 83).

vicissitudes de l'histoire. C'est ainsi que Louder (Festival International de géographie de Saint-Dié-des-Vosges, 2006), citant l'un de ses interlocuteurs, compare la Franco-Amérique à un gruyère[9] et, moins prosaïquement, à un archipel.

La République des Lettres[10]

D'autre part, si la francophonie est *défense et illustration* du français et de son *rayonnement*, le phénomène existait avant l'invention du mot et était déjà reconnu comme tel. La République des Lettres, pour laquelle le latin avait d'abord été la langue vernaculaire (XIVe siècle), s'est prolongée à partir du XVIe siècle par le biais de l'usage du français. L'*intelligentsia* européenne était francophone avant la lettre, en particulier au XVIIIe siècle. Le français était la *lingua franca,* qui permettait la circulation des savoirs, correspondances, livres, journaux et idées. Au siècle des Lumières, c'était la langue de culture internationale en même temps que celle de la diplomatie (De Rivarol, 1784)[11]. Se dessine alors une géographie culturelle dont on trouve des traces chez ces écrivains et créateurs nés hors du cadre de la Francophonie qui choisissent le français (tels Emil Cioran, Andreï Makine pour l'ancienne Europe des Lumières et, au-delà, François Chen ou Ying Chen, tant d'autres aussi), mais également dans la façon dont ils sont incorporés, bon gré, mal gré, dans le discours assimilateur ; cette notion de langue élue se trouve encore dans

---

[9] «Archipel» figure dans le titre de l'ouvrage collectif cité ci-dessus (voir note supra).

[10] Concept et réseau, mais aussi titre de plusieurs périodiques, dès le XVIIe siècle. Actuellement, *La République internationale des Lettres* est le titre d'un journal fondé en mars 1994 à Paris par l'éditeur Noël Blandin, qui écrit : «Aujourd'hui, l'esprit et la sociabilité d'origine ont été remplacés par de nouvelles formes de communication médiatiques mais la notion de *République des Lettres* désigne toujours communément le monde des Livres, des Lettres, de la Culture et de la Politique». *La République des Lettres* (2007). Casanova (1999) analyse le champ littéraire mondial et dénonce la *« World Fiction »*—voir Le Bris six ans plus tôt, *infra*.

[11] Le discours s'ouvre sur ces mots: «On sent combien il est heureux pour la France que la question sur l'universalité de sa langue ait été faite par des étrangers ; elle n'aurait pu sans quelque pudeur, se la proposer elle-même.» La même fausse modestie accueillera l'initiative de la Francophonie proposée par des chefs d'États anciennement colonisés plutôt que par l'ancienne métropole. Voir Parker (2003, p. 11-33).

la politique actuelle d'offre d'adhésion à la Francophonie à des pays non francophones. La nostalgie de cette francophonie avant la lettre, paradis perdu, est évidente dans les politiques mises en place par la Francophonie pour tenter d'assurer que le choix du français demeure (soutien à la traduction ; combat pour maintenir le français langue officielle dans les organisations internationales, *inter alia*).

Pourtant, si, dans le cas de l'usage du français au XVIIIe siècle, l'effet peut avoir paru « universel » à l'élite qui en disputait, la réalité était bien moins compacte puisque cet usage ne concernait que les *intelligentsias* européennes et puisque, en France, même avant la Révolution, l'usage du français était fort clairsemé[12].

La République coloniale

Géographie et politique ont partie liée au XIXe siècle, où le savoir géographique sert concrètement la mise en valeur des colonies. Son développement coïncide avec l'expansion territoriale et avec un moment où les grandes puissances occidentales sont en compétition quant à leurs politiques d'expansion[13]. La conférence de Berlin sur l'Afrique, qui se conclut le 26 février 1885, met un terme à cette concurrence en établissant les règles du partage des dernières terres du continent qui échappent encore à la mainmise des puissances européennes. La conquête coloniale des terres « sauvages » exigeait le travail de géographe sur le terrain. Il n'est pas indifférent que ce soit un géographe, Onésime Reclus, qui ait inventé le terme *francophone*—un terme géopolitique dès sa

---

[12] Voir les rapports Barère et Grégoire dans De Certeau, Julia et Revel (1975).

[13] Voir Saïd supra, ainsi que la description qui suit : « *France's empire comprised a mass of islands in the Pacific and Indian oceans as well as the Caribbean (Madagascar, New Caledonia, Tahiti, Guadeloupe, etc.), Guiana, and all of Indochina (Annan, Cambodia, Cochin China, Laos, and Tonkin); in Africa, France seriously vied with Britain for supremacy – most of the Western half of the continent from the Mediterranean to the Equator was in French hands, as well as French Somaliland. In addition, there were Syria and Lebanon, which, like so many of France's African and Asian colonies, encroached on British routes and territories.* » (Saïd, 1993, p. 198-199). Saïd omet les comptoirs français de l'Inde – Chandernagor, Yanaon, Pondichéry, Karikal et Mahé. Le traité de restitution ne sera finalement ratifié qu'en 1962, alors que l'Inde avait obtenu son indépendance dès 1947 et que le gouvernement Nehru avait posé d'emblée le problème des possessions étrangères sur son territoire.

conception[14]. Les titres de ses ouvrages sont à eux seuls tout un programme : *France, Algérie et colonies* (1880) ; *Le plus beau royaume sous le ciel* [la France] (1899) ; *Lâchons l'Asie, prenons l'Afrique : où renaître ? et comment durer ?* (1904) ; *Le partage du monde* (1906) ; *Un grand destin commence* (1917)… Reclus (1837-1916) est un homme de terrain qui a arpenté les territoires qu'il décrit, tant en France qu'en Afrique du Nord — arpenteur-géomètre et non navigateur.

Le ton de ses ouvrages est lyrique et fait part à l'imaginaire dès le début, comme le montre la projection du sud de la France sur le littoral maghrébin dans la description typographique. Reclus n'a de cesse de démontrer que l'Afrique du Nord — et, au-delà, le continent tout entier — constitue le prolongement *naturel* des territoires situés sur la rive française de la Méditerranée[15]. Le bloc continental s'étire pour franchir une Méditerranée maillée par le tracé des lignes des méridiens qui se prolongent directement de la métropole au littoral opposé. C'est ainsi une projection entièrement « continentale » : Reclus se réfère à l'Afrique comme à une extension de l'Europe et préconise la concentration des efforts sur ce continent par réalisme stratégique pour éviter la dispersion des énergies. Dans cette pensée solide, compacte, nous trouvons l'observation de Glissant :

> Nous nous apercevons de ce qu'il y avait de continental, d'épais et qui pesait sur nous, dans les somptueuses pensées de système qui jusqu'à ce jour ont régi l'Histoire des humanités, et qui ne sont plus adéquates à nos éclatements, à nos histoires ni à nos non moins somptueuses errances. La pensée de l'archipel, des archipels, nous ouvre ses mers (Glissant, 1997, p. 31).

Les indépendances du XXe siècle ont mis fin aux visées territoriales, mais non au désir d'influence, et ce, non pas seulement sur les anciennes dépendances nouvellement élargies de leur tutelle, mais

---

[14] Voir le chapitre VI en particulier dans Reclus (1886). Cet ouvrage peut être consulté sur le site Gallica dans la Bibliothèque numérique de la Bibliothèque nationale de France.

[15] « Le méridien de Paris passe à quelques lieues à l'ouest d'Alger, et c'est vis-à-vis de Port-Vendres, la Nouvelle, Cette, Aigues-Mortes, Marseille, Toulon, Saint-Tropez, Antibes et Nice, que l'Algérie oppose à la mer, entre Maroc et Tunisie, un front rocheux… » (Reclus, 1886, p. 594-595).

aussi sur de plus vieux pays, tels la Belgique ou le Canada, comme en témoignent les interventions de Druon[16] auprès de son homologue belge, ou encore, début 2006, à Radio France Internationale, ses sarcasmes sur les «féminisations absurdes» comme celles que l'on trouve au Québec, où il se permet de juger que les Québécois s'expriment dans un «parler pittoresque[17]». Résurgence de vieux réflexes d'une pensée «continentale», ou encore tentation thalassocratique vis-à-vis du reste de l'archipel francophone.

La notion d'archipel du point de vue géopolitique

Ayant glissé de la géographie à l'histoire, et vice versa, considérons maintenant un autre domaine : le géopolitique. La Convention des Nations unies sur le droit de la mer (CNUDM) définit ainsi l'État-archipel :

> [U]n ensemble d'îles, y compris des parties d'îles, les eaux attenantes et les autres éléments naturels qui ont les uns avec les autres des rapports si étroits qu'ils forment intrinsèquement un tout géographique, économique et politique, ou qui sont historiquement considérés comme tels (Nations unies, 2006).

Là aussi, les composantes de cette notion d'État-archipel telle qu'elle est définie sont des constructions culturelles : c'est ce qui en fait l'attrait pour notre propos, qui est d'explorer l'iconicité de la métaphore de l'archipel pour représenter la francophonie.

Si la CNUDM se préoccupe de définir la notion juridique d'archipel, c'est que ces formations géographiques sont aussi des entités politiques ayant des revendications territoriales et des aspirations économiques et culturelles. S'agissant de «l'archipel francophone», nous avons avancé que ce dernier forme un «tout

---

[16] Druon, Maurice (1918-2009), secrétaire perpétuel de l'Académie française à partir de 1985 ; puis secrétaire honoraire à partir de 1999 jusqu'à sa mort.

[17] Voir, par exemple, la correspondance entre Maurice Druon, alors secrétaire perpétuel de l'Académie française, et son homologue de l'Académie royale de langue et de littérature françaises de Belgique, Jean Tordeur, citée par l'auteur lui-même (Druon, 1994, p. 91-95). Voir aussi : «Langue : Féminisation québécoise des termes : Maurice Druon jette un pavé dans la mare», Radio-Canada (2006).

géographique», sur un plan symbolique sans doute, comme nous venons de le voir, et si tant est que l'histoire fait la géographie. Qu'en serait-il des plans économique et politique?

Un tout économique?

Sur le plan économique, la Francophonie entretient des rapports étroits pour ce qui est de certains de ses membres[18]. De plus, la solidarité économique et l'aide au développement comptent parmi les raisons d'être de la Francophonie officielle depuis la création de l'Agence de coopération culturelle et technique (ACCT) en 1970 jusqu'à l'Organisation internationale de la Francophonie (OIF) en 2002. La Francophonie constitue cependant un ensemble hétérogène, comme le reconnaissait la lettre d'information de l'édition 2006 du festival Francofffonies! en notant que les pays et gouvernements membres de l'OIF:

> [...] regroupent plus de 630 millions d'individus, des plus prospères — Suisse, France, Nouveau-Brunswick, Communauté française de Belgique... — aux plus démunis, puisque 24 pays membres, de Madagascar à Haïti en passant par le Laos et Djibouti, figurent parmi les moins avancés sur l'échelle de la croissance mondiale. Ainsi, dans le domaine économique et démographique, la pluralité francophone prend-elle la forme de disparités souvent spectaculaires qui donnent tout son sens à la nécessaire solidarité de cet ensemble: le

---

[18] Les «pays du champ» en particulier: ceux du franc CFA, créé lors des accords de Bretton Woods (1944). La zone franc a été institutionnalisée en septembre 1939. Il s'agissait alors de créer un espace commercial, monétaire et financier préférentiel entre la France et ses colonies africaines. Cet espace comprend aujourd'hui 15 États africains (Bénin, Burkina Faso, Cameroun, Centrafrique, Congo, Côte d'Ivoire, Gabon, Guinée équatoriale, Mali, Niger, Sénégal, Tchad, Togo et Comores), ensemble issu de l'évolution et des transformations de l'ancien Empire colonial français mais aussi certains qui n'étaient pas des colonies françaises (Guinée équatoriale). Après l'accession à l'indépendance, la plupart des nouveaux États ont choisi de rester dans un ensemble monétaire homogène, dont le cadre institutionnel a été rénové et qui a été structuré par un système de change commun. Leurs devises sont des contre-valeurs à parité fixe avec l'euro, dont la valeur est garantie par le Trésor public français dans le cadre du traité de Maastricht.

Dans l'abréviation *CFA* se lit en filigrane un pan de l'histoire de la francophonie, puisqu'elle signifiait d'abord *colonies françaises d'Afrique* (1945-1958) et a désigné ensuite les *communautés françaises d'Afrique* avant les indépendances. Elle se réfère aujourd'hui à la Communauté financière africaine.

Luxembourg, 116 fois moins peuplé que la République démocratique du Congo, possède pourtant un revenu national brut trois fois plus important [...][19].

La figure de l'archipel évoque également des phénomènes qui s'inscrivent dans quelques espaces restreints. Scrutant l'économie mondialisée actuelle, Pierre Veltz s'intéresse aux dynamiques territoriales et propose la notion d'«économie d'archipel»: il avance que l'économie mondiale est contrôlée à partir d'un nombre restreint de métropoles reliées entre elles par des moyens de communication performants, des voies maritimes aux télécommunications. Ces métropoles apparaissent comme un archipel d'îles isolé sur une mer. Ceci pourrait fort bien figurer la Francophonie[20].

La liste des 11 villes où se sont tenus les sommets francophones, du premier en 1986 au plus récent — Paris / Versailles, Québec, Dakar, Paris / Chaillot, Maurice, Cotonou, Hanoi, Moncton, Beyrouth, Ouagadougou, Bucarest, le douzième s'étant tenu de nouveau à Québec en octobre 2008 — pourrait figurer ces «phénomènes qui s'inscrivent dans quelques espaces restreints». On pourrait peut-être y lire une hiérarchie de métropoles, mais ce sont surtout les va-et-vient et les réseaux ainsi dessinés sur le globe qui frappent, gravant dans l'imaginaire, et ce dès le premier temps, le poids de l'Occident et la dimension nord-américaine de la francophonie au-delà de la relation nord-sud et du France-Afrique. Le stylet se déplace sur la mappemonde pour tracer la présence de la francophonie dans d'autres océans et d'autres mers, pour revenir ensuite à l'hémisphère Nord et aux principaux bailleurs de fonds, puissances politiques et acteurs des

---

[19] Voir TV5 (2006).
[20] Socioéconomiste et ingénieur, Pierre Vetz s'explique dans un entretien: «Cette idée découle d'un constat en forme de paradoxe: la croissance mondiale est de plus en plus concentrée autour de très grands pôles, de régions urbaines qui constituent l'environnement des nouvelles formes de production et d'échange. Ces pôles ne sont pas seulement concurrents. Ils sont les points nodaux où s'entrecroisent des réseaux économiques et sociaux transversaux, dont les multinationales, les diasporas (asiatiques notamment) et les milieux scientifiques constituent les trames principales. C'est cette forme, à la fois dispersée et intégrée, qui enjambe les découpages nationaux, que j'appelle "l'économie d'archipel"» (Vetz, 2003; 2005).

industries culturelles. Le sommet de Bucarest (2006) révèle simultanément le déplacement de sens de la francophonie qu'illustre l'arrivée massive de pays de l'Europe de l'Est au sein de l'organisation[21].

Ces disparités économiques ont une autre conséquence: elles suscitent des mouvements migratoires dont le coût est supporté par les pays d'origine car ces flux sont à sens unique, contrairement à ce qui se passe habituellement dans un archipel. Si les flux migratoires constituent un autre trait archipélique, les défis qu'ils posent sur le plan de la santé, de la scolarisation et du développement durable s'ajoutent aux retards existants. Toutefois, faisant de nécessité vertu, la décentralisation de la coopération (Poissonnier et Sournia, 2006, p. 64-65) est un pas de plus vers une mentalité archipélique.

Un tout politique?

Pour la lettre d'introduction au festival Francofffonies! 2006 déjà évoquée:

> [la carte politique et culturelle] est marquée tout à la fois par l'hétérogénéité des gouvernements et des régimes qui la composent et par leur commune adhésion à un corpus de règles et de valeurs, dans le respect des principes universels comme des formes les plus variées d'expression de la démocratie. Exposée en 2000 dans la Déclaration de Bamako, le ralliement au «caractère indivisible des droits civils, politiques, sociaux, économiques et culturels, y compris le droit au développement» unit les francophones dans le respect de la culture démocratique et des droits de l'Homme (TV5, 2006).

Au plan politique, il y a donc fort peu de points communs entre les divers membres de la Francophonie, mais tous se réclament en principe de valeurs communes. La Francophonie ne prétend à aucune souveraineté juridique, mais se veut agissante. C'était l'ambition du président Senghor de constituer un ensemble politique avec l'appareil institutionnel adéquat qui lui donnerait les moyens d'agir—ambition qui

---

[21] «L'Afrique inquiète de la montée en puissance de l'Europe de l'Est dans la francophonie» était l'intitulé de la revue de presse de la Francophonie le 26 septembre 2006.

ne s'est réalisée que tardivement[22]. L'Organisation internationale de la Francophonie (OIF) s'est dotée d'une constitution et d'une charte. Elle se donne pour mission d'influencer le monde dans quatre domaines prioritaires : paix, démocratie et droits de l'homme ; langue française et diversité culturelle ; éducation, formation, enseignement supérieur et recherche ; solidarité et développement durable (Poissonnier et Sournia, 2006). Les sommets qu'elle organise définissent les orientations politiques et chacun, dès Versailles en 1986, a déterminé un programme spécifique. Y a-t-il un cœur, un centre de l'archipel? Pas officiellement, puisque la responsabilité pour les sommets, comme leur lieu, change tous les deux ans. Toutefois, le siège de l'OIF est à Paris.

Archipel, donc, qui se caractérise aussi par des relations réticulaires formelles et informelles au travers des nombreuses associations dans une multiplicité de domaines—de l'enseignement du français de par le monde aux organisations non gouvernementales dans le domaine de la santé ou du développement économique, ou encore les organisations de solidarité ou de pression politique. Outre ces réseaux, un certain nomadisme, comme nous l'avons vu, caractérise les relations archipéliques. Dans le cas de l'espace francophone, ces flux migratoires sont en partie gouvernés par le passé colonial (France, Belgique) et par le présent des réglementations de l'immigration—avec, en particulier, le contraste entre l'accueil proposé par le Canada et les restrictions imposées par l'Europe. Il y a pourtant, dans cette fuite des cerveaux et cet exode des compétences, un enjeu politique et culturel autant qu'économique (Poissonnier et Sournia, 2006, p. 55)[23].

---

[22] En partie pour des raisons esquissées par Senghor lui-même et qu'il a appelées «querelles de Grands Blancs» :

«Enfin, les "Grands Blancs" se sont mis d'accord, après six ans de pourparlers, non seulement entre Paris et le Québec, sans oublier Ottawa, mais aussi entre Paris et les anciens territoires ou protectorats d'Outre-Mer, devenus États indépendants. C'est dans ces conditions que fut réuni à Paris, en février 1986, le Premier Sommet francophone des Chefs d'État ou de Gouvernement [...]» (*Éthiopiques*, 1988).

[23] Ils citent le cas des Comores, dont la première communauté comorienne se trouve à Marseille (70 000—la population totale de l'Union étant de 700 000 individus) et non pas dans la capitale du pays, Moroni. Avantage pour cet archipel : les transferts financiers des Comoriens hors territoire équivalent exactement au budget de l'État comorien ; toutefois, le fait que 90 % du corps médical exerce hors du pays donne la mesure du coût de la fuite du personnel formé.

En résumé, les rapports entre les divers éléments de l'espace francophone sont suffisamment étroits pour permettre de prétendre que, tel un archipel, ils forment «un tout» aux plans géographique, économique ou politique. Les divers récits historiques participent à cette construction[24]. Force est toutefois de constater que le point de départ et de référence est l'ancienne métropole. La langue, socle commun, en provient; l'essentiel du soutien économique en dépend; enfin, c'est sa volonté politique qui lui a été nécessaire pour se réaliser. Car si les récits métropolitains rendent crédit aux chefs d'État d'anciennes colonies pour le projet francophone au lendemain des indépendances, c'est pour se défendre d'avoir pris une initiative dont les motifs auraient été suspects venant de l'ancienne puissance tutélaire. L'initiative était postcoloniale. L'ancienne métropole ayant récupéré le projet, un accomplissement postcolonial lui a été refusé.

Un archipel littéraire

Une longue histoire

La métaphore de l'archipel avait déjà été évoquée dès 1962 par Camille Bourniquel dans ce numéro marquant d'*Esprit* dont il était le codirecteur : *Le français langue vivante*. Il n'est sans doute pas fortuit que la parution de cette édition spéciale coïncide avec la dernière étape de la décolonisation. Bourniquel écrivait : «La littérature n'est-elle pas le signe excellent, la preuve irrécusable de ce destin en archipel que, faute d'un meilleur mot, nous nommons ici "francophonie"[25]?» (Bourniquel, 1962, p. 822). Si le mot *francophonie* froissait Bourniquel, c'est sans doute qu'il le

---

[24] Selon Saïd (1993), «*[N]ations themselves are narratives. The power to narrate, or to block other narratives from forming and emerging is very important to culture and imperialism, and constitutes one of the main connections between them* [...] [L]es nations elles-mêmes sont récits. Le pouvoir de raconter, ou d'empêcher l'émergence des récits des autres est très important pour la culture et l'impérialisme et constitue l'une des principales relations entre elles» (p. xiii) [notre traduction].

[25] À propos du mot *francophonie,* il ajoute : «certes n'y a-t-il pas à se féliciter outre mesure de n'avoir rien de mieux sous la main que cet hybride mal greffé qui semble cacher sous un masque quelque désordre originel!» (p. 822).

considérait comme encore empâté dans sa gangue coloniale.
Senghor (1962), lui, l'utilise sans état d'âme (p. 844)[26]. Un autre
collaborateur à ce même numéro, Léger (1962), l'évite et préfère
parler de la communauté des «parlants français» (p. 564-571).
C'est que l'épithète *francophone* restait et reste à décoloniser, au
moins dans le parler hexagonal d'aujourd'hui, où il signifie
encore «l'autre» «autre parlant français», mais surtout «autre».
En ce sens, il y a retour aux origines (continentales) du terme,
car c'est bien ainsi que Reclus entendait «francophone» puisqu'il
excluait explicitement de sa définition «les millions dont [le
français] est la langue policée». D'autre part, les Alsaciens, les
Basques, les Bretons de même que les Acadiens, les Berbères ou
les Haïtiens en faisaient partie car «destinés à rester ou à devenir
participants de notre langue» (Reclus, 1886, p. 421-423).

Ce «destin en archipel» auquel est vouée la francophonie, selon
Bourniquel, avait certainement un locus géographique et historique:
Paris. L'auteur note le rapprochement des Antillais et des Africains à
Paris (Bourniquel, 1962, p. 830). Il est vrai que c'est en français que
les futurs tenants de la négritude lirent Froebenius, qui parut en traduction en 1937. C'est en français que Senghor lut *Chaka, une épopée
bantoue,* qui devait inspirer un de ses poèmes[27]. C'est aussi à Paris que
les Antillais découvrirent Langston Hughes, W.E.B. Du Bois, ou
Claude Mac Kay. La métropole est terrain de rencontre et lieu de
passage: c'est à Paris que Césaire, avec Damas et Senghor, fonda
L'étudiant noir en 1935. Sartre, Senghor, Fanon... et autres rencontres
eurent lieu à Paris. Bourniquel cite *Légitime défense*, la revue fondée en
1932 par le poète antillais Etienne Léro, qui, selon lui, fut aussi le
premier à trouver dans le surréalisme «une arme miraculeuse, un
instrument de recherche [...]» (p. 830). Inversement, c'est en
Martinique que Breton fut ébloui par la revue *Tropiques* et rencontra
Césaire. Interrogé récemment sur le terme *francophonie,* Césaire avait

---

[26] Senghor, dans *Esprit,* mais aussi, et avec argumentaire justificatif quant à la
légitimité étymologique et grammaticale du mot, dans sa conférence prononcée à
l'Université Laval de Québec, le 2 septembre 1987, *De la Francophonie.*
[27] La traduction française d'après le livre de Thomas Mofolo, *Chaka,* écrit en
sésotho, paru en 1925, sortit en 1940.

écarté la question («Que voulez-vous, il existe. Je l'accepte. Je ne l'ai pas inventé. Je suis francophile.»), mais saisi l'occasion pour affirmer que ce qui lui importait dans cette rencontre avec la métropole où il avait poursuivi ses études n'était pas tant la question de la langue: «ce qui m'intéressait, c'était l'identité nègre». Voilà ce qu'Africains et Antillais avaient en commun, de même, au-delà de la langue, qu'avec «les anglophones, les Américains [qui] avaient déjà développé une littérature nègre» (Césaire, 2006, p. 14).

Ce pôle d'attraction opère un retour à l'envoyeur sous différentes formes. Bourniquel (1962) cite aussi Glissant: «Paris ainsi reçoit, déracine, brouille, puis éclaircit et rassure. Je sais soudain son secret: et c'est que Paris est une île, qui capte de partout et diffracte aussitôt». Bourniquel ajoute: «La vérité est tout ensemble au centre et à la périphérie» (p. 835). L'opposition centre / périphérie trahit encore une mentalité «continentale» et le fait que l'archipel était toujours conçu comme ayant un centre d'où rayonnent les lignes de communication.

Bourniquel craignait qu'on attende de ce numéro spécial consacré à la langue française une sorte de «palmarès» du *fait français* tel qu'il se manifeste dans la création littéraire: une pluralité unifiée par une seule langue (p. 822). Il souligne que c'est l'inverse qui était vrai, déjà, au début des années 60: la production littéraire en français fait ressortir les différences (p. 823). La langue définit et fonde la francophonie, mais la langue est plurielle, rappelle Glissant, quelque 30 ans plus tard, et capable d'exprimer la diversité culturelle:

> Il y a aujourd'hui plusieurs langues françaises, dont la langue permet de concevoir sur un mode nouveau l'unicité, qui ne peut plus être monologique. Si la langue est donnée d'avance, si elle prétend à vocation, elle rate l'aventure et ne *prend* pas dans le monde (Glissant, 1990, p. 134).

Bourniquel (1962) donnait deux exemples du type de malentendus qui entachent les productions francophones: «Ne voir dans ces littératures *pérégrines*, dans ces littératures *métisses* [...] que séquelle du colonialisme; ou, à l'opposé, le signe d'une fidélité qui, un jour ou l'autre, nous permettra de reprendre les cartes...[28]» (p. 824). Ces

---

[28] [Mots soulignés dans le texte.]

tendances perdurent et, de fait, ce qui était et reste à décoloniser, c'est l'idiome, qui dit la pensée continentale comme la nomme Glissant. Le français permet la mise en relation, en réseau, en connexion avec l'autre et le monde. Lien véhiculaire qui permet la communication, il n'est ou ne devrait être ni totem ni tabou.

Un archipel réticulé : les franconautes

Il semble toutefois que l'appareil officiel demeure trop « continental » dans sa nature même pour sauter le pas et s'accommoder de la notion archipélique. « La Francophonie constitue un espace géographique éclaté, mais un continent logique », affirme son secrétaire général, Abdou Diouf. « Elle rassemble des États qui partagent non seulement une langue commune, mais aussi des valeurs, sans prétendre en détenir le monopole : paix, démocratie, droits de l'homme, tolérance, justice, solidarité » (Diouf, 2003, p. 50-53). Au contraire : « La pensée archipélique est tout à l'opposé des pensées de systèmes. Elle s'accorde au tremblement de notre monde », nous dit Glissant (2005, p. 37). Il y a donc malentendu profond entre la position officielle et la liberté d'interprétation revendiquée par les francographes.

Il est peut-être plus aisé de poursuivre la notion d'un archipel francophone si l'on s'appesantit moins sur ce « socle » mythique qui fonderait chacune de ses composantes et davantage sur l'espace parsemé d'îlots francophones. En effet, le mot *archipel* vient du grec *archipelagos*, littéralement « mer principale », alors que, dans l'acception contemporaine du terme, l'accent est mis sur les îles qui le composent. C'est la mer commune qui constitue le lien, qui unifie ces terres éparses, qui définit l'appartenance, où se tracent les réseaux de communication. Les flux migratoires d'une part et les mosaïques linguistiques de l'autre participent de ces réseaux tout en les créant. Pour entendre « les rumeurs de l'Archipel » qu'évoque Confiant dans son roman *Adèle et la pacotilleuse,* il faut prêter l'oreille aux voix qui jaillissent du Tout-monde[29] (Confiant, 2005, p. 13).

---

[29] Le septième des 10 commandements de la pacotilleuse édicte : « tu vénéreras toutes les langues [...] car chacune est le domicile d'une divinité », p. 140-141.

C'est la mer qui donne lieu à une définition de l'archipel. C'est aussi la mer qui étend et étale des espaces qui, pour être « restreints », n'en sont pas moins extensibles. La « mer principale » est traversée de courants distincts avec lesquels les navigateurs expérimentés se familiarisent. Traversées, explorations mènent à la découverte de nouveaux domaines, à l'exploitation de nouveaux champs littéraires / terres nouvelles. La géographie est un espace marqué : par les géopolitiques, mais aussi par les écrivains francographes, qui laissent leurs propres inscriptions, conquérants de l'espace francophone, qu'ils colonisent à leur tour. Ainsi, le français est langue africaine à part entière après plusieurs siècles, affirme Mbembe, qui poursuit :

> La langue française est, de nos jours, davantage parlée hors de France qu'en France même. La France n'en a plus l'exclusive propriété. Le français est désormais langue au pluriel. En se déployant hors de l'Hexagone, il s'est enrichi, s'est infléchi et a pris du champ par rapport à ses origines[30].

L'archipel littéraire est fait de strates, d'errances, d'exils, fruits du hasard ou de la nécessité, choisis, forcés, assumés : explorateurs, colons, aventuriers ; déporté(e)s et banni(e)s ; esclaves et plus tard travailleurs-travailleuses lié(e)s par contrat synallagmatique ; personnes déplacées par les turbulences de l'histoire, mais aussi ceux et celles déplacé(e)s, « *translated* » au sens où l'entend Rushdie : « *borne across* » (Rushdie, 1992, p. 16), choix plus ou moins choisis de « nomades enracinés » comme l'écrit Depestre (2002).

Un archipel recomposé

Si c'est une série de prix littéraires (métropolitains) attribués à des écrivains « d'outre-France » qui semble avoir enclenché le mécanisme du *Manifeste des 44*, ce n'était pas la première fois que ces prix reconnaissaient le talent, d'où qu'il vienne et où qu'il se trouve. Dès 1921, en effet, *Batouala,* du Guyanais René Marant, recevait le prix

---

[30] « [A]u terme de plusieurs siècles d'assimilation progressive, d'appropriation, de réappropriation et de trafics, le français a fini par devenir une langue africaine à part entière. » (Mbembe, 2007, p. 2).

Goncourt. Ce n'était sans doute qu'un premier pas quelque peu effacé dans les mémoires. Peut-être parce que, 10 ans plus tard, en 1931, l'Exposition coloniale exaltait encore la grandeur civilisatrice de la France après un siècle de politique coloniale. Mais la liste d'attributions de prix à des écrivains de langue française venus d'ailleurs est toute au crédit du «Goncourt», de même, et encore mieux, celle du Goncourt des lycéens, bien plus récent. Tandis que le Grand Prix du roman de l'Académie française s'est montré plus insulaire, le Femina et le Renaudot ne sont pas en reste lorsqu'il s'agit de reconnaître les talents francographes. Le Femina a aussi fondé le prix Femina étranger (en 1985) pour récompenser des œuvres dont la langue originale n'est pas le français[31]. De fait, c'est aussi une attribution de prix extraterritoriale, pour ainsi dire, qui avait déjà inspiré un article de même veine sur la « *World Fiction* » à Le Bris, l'un des signataires et initiateurs du *Manifeste des 44*, en 1993 : le Goncourt à Chamoiseau, le Goncourt des lycéens à Eduardo Manet, et ce sur fond de prix Nobel décerné à Derek Walcott et de Booker à Ondaatje (Le Bris, 1993)[32].

L'argument des «44» oppose «périphérie» (une fois), ou «marges» (deux fois), et «centre» (six fois), mais c'est le «monde» qui est partout—une bonne vingtaine de fois, sans compter la demi-douzaine de «littérature-monde». «Francophone» apparaît deux fois nu et deux autres fois affublé de guillemets; même sort pour «francophonie», mais là les chiffres sont à multiplier par deux dans chaque cas—pas étonnant puisque ce manifeste affirme qu'elle a vécu: «La francophonie est de la lumière d'étoile morte». Qu'à cela ne tienne: «C'est à la formation d'une constellation que nous assistons».

Or, qu'est-ce qu'une constellation, sinon un archipel céleste? Ensemble d'étoiles suffisamment proches pour qu'un groupe d'observateurs donné ait décidé de les relier par des lignes imaginaires.

---

[31] Voir sur la Toile les sites de chacun de ces prix littéraires, où figure la liste des auteur(e)s récompensé(e)s depuis leur création.

[32] Bien entendu, les écrivains d'outre-France n'ont pas attendu le XXe siècle pour écrire en français ou pour être reconnus, mais le phénomène des prix littéraires qui est ici l'élément détonateur est particulièrement influent sur tout le XXe siècle.

Cependant, au centre (encore) de cette pléiade que forment les signataires, le plus gros rassemblement (une grosse moitié) se situe dans le septentrion, et plus précisément le «ciel» européen (mais deux Canadiens); un certain nombre d'ailleurs ayant migré de l'hémisphère austral vers la France ou l'Amérique du Nord. Le reste parsème une voûte clairsemée qui surplombe les Caraïbes, l'Afrique et l'Asie. Puisque les constellations servent de points de repère et guident les navigateurs, il est urgent que d'autres planètes brillent dans ces cieux-là.

«Révolution copernicienne», nous disent-t-ils. «Copernicienne, parce qu'elle révèle ce que le milieu littéraire savait déjà, sans l'admettre: le centre, ce point depuis lequel était supposée rayonner une littérature franco-française, n'est plus le centre[33].» La révolution copernicienne inaugurait un changement de référentiel: du géocentrisme à l'héliocentrisme. Dans cette remise en question, le centre est partout, l'observateur en mouvement, pris dans l'objet même qu'il étudie. Comment déterminer des positions quand chacune des planètes est en mouvement perpétuel? Quelle figure tracer sur la voûte céleste?

Un avenir...

«La langue française a quitté l'île de la Cité pour composer un archipel» (Étonnants Voyageurs, 2006), déclare Jean Rouaud, l'un des signataires du *Manifeste des 44*.

---

[33] Au sujet de la notion de «centre» et de «monde», voir le communiqué de presse de la chaîne TV5 du 30 janvier 2003: «Le 31 janvier 2003, TV5 revêt son nouvel habillage, un habillage conçu et réalisé par la société Dream On [*sic- ça ne s'invente pas*]. Si TV5 change d'habillage, c'est parce que TV5 a profondément changé: simple canal de rediffusion de programmes à sa création, TV5 est aujourd'hui devenue une chaîne de télévision à part entière, regardée dans le monde entier. Le nouvel habillage de TV5 c'est donc l'affirmation d'un esprit et d'une langue, la revendication d'une identité et d'une ligne éditoriale et la traduction visuelle de la nouvelle signature de la chaîne: TV5, "le centre du monde est partout", TV5Monde (2003).

Poissonnier et Sournia (2006) nous aident à comprendre ce choix: «*Le centre du monde est partout*". Slogan de TV5Monde, emprunté à Blaise Pascal». Sauf que c'est à Dieu que Pascal prêtait cette qualité: «Dieu est une sphère infinie, dont le centre est partout et la circonférence nulle part».

D'île en île, de continent à continent, d'une francophonie à l'autre, suscitant des navigations dans la langue, ou entre les langues (natale / coloniale; choisie / imposée par l'exil) même si la fiction reste parfois ancrée dans le pays d'origine, la francophonie littéraire constituerait cet espace transnational diffus et réticulé fait d'une multitude de noyaux dispersés que figure l'archipel.

Cette notion suscite aussi des relations nouvelles :

> [a]lors le Monde à venir sera fondé non seulement sur une éthique de la rencontre, mais également sur le partage des singularités. Il se construira sur la base d'une distinction nette entre «l'universel» et «l'en-commun». L'universel implique un rapport d'inclusion à quelque chose ou quelque entité déjà constituée. L'en-commun a pour trait essentiel la communicabilité et la partageabilité. Il présuppose un rapport de co-appartenance entre de multiples singularités. C'est à la faveur de ce partage et de cette communicabilité que nous produisons l'humanité. Cette dernière n'existe pas déjà toute faite (Mbembe, 2007, p. 5).

Nous pourrions lire ici la distinction entre la pensée continentale — «l'universel» — et la pensée archipélique — «l'en-commun» —, à naviguer et explorer à loisir, ou encore, comme le dit Mbembe citant Jean-Luc Nancy : «l'être-en-commun relève du partage» (Mbembe, 2007).

Conclusion : une nouvelle *poétique de la relation,* une éthique

Pour unifier, homogénéiser peut-être, ce qui est perçu comme hétérogénéité plus encore que diversité, la francophonie a d'abord cherché à mettre l'accent sur sa dimension culturelle et le partage de valeurs communes, valeurs souvent même censées être charriées par la langue *sui generis.* L'exigence d'une relation moins monolithique, moins intransigeante, a suscité, et ce dès les débuts de la francophonie, des propositions valorisant l'hybridité, le métissage…

Ce qui fait l'identité culturelle est la relation entre appartenances collectives et personnalité individuelle. Identités multiples, langues et cultures métissées sont la réalité du monde parlant français. Notons ces îlots, tels les Seychelles, Maurice, ou le Canada, qui sont membres à la fois du Commonwealth et de la Francophonie ; ou ceux lusophones par l'effet d'une autre colonisation, mais membres de choix de la Francophonie ; ou encore ceux où l'adhésion est un autre choix pour ces pays européens membres d'une Francophonie dans laquelle ils trouvent leur avantage.

Ce qui fait « la Francophonie », cet « immense et fragile archipel » (Borzeix, 2006, p. 12), est un ensemble de catégories auxquelles s'identifient à la fois des personnes physiques et morales : individus et collectivités. Chacune de ces entités a aussi sa personnalité, sa singularité. Cette identité francophone appartient à la fois à un moment et à un lieu donnés. Loin d'être figée, elle est fluctuante et ne saurait être stable. Elle est intériorisée différemment à travers le prisme des appartenances diverses. Il y a sans doute jeu sur les malentendus : la puissance des enjeux suffirait à expliquer ce désir. Une francophonie-archipel serait multipolarité sans hiérarchie stricte, le lien communautaire restant essentiel pour assurer la pérennité de l'entité francophone. Ce lien peut s'établir à partir d'ancrages différents et se développe à travers de nombreux réseaux. La francophonie est un volontarisme, au-delà de l'organisation politique qui la sous-tend. « Cette francophonie [...] est [...] une aspiration intellectuelle et politique. Une disposition d'esprit plus qu'une géographie des influences » (p. 12). Hors de cette adhésion volontariste, la francophonie peut-elle subsister ?

Les cartes qui permettraient de naviguer dans cet espace seraient des palimpsestes. Ainsi, pour s'en tenir à la Franco-Amérique, c'est l'ancienne Nouvelle-France, ce sont les trois îles principales — Québec, Acadie, Louisiane — et une multitude d'îlots francophones ; c'est aussi ce « gros gruyère » dont parle Louder[34] — beaucoup de trous dans la pâte ; mais c'est encore, comme le souligne Eileen Lohka au sujet du Canada, et l'on

---

[34] « *My father told it to me over beers in a bar in Manchester (N.H.) as though he were giving me an inheritance. One of my uncles, the one who'd gone to California had taken the easy northern route across Ontario and the prairies, then down the west coast lumber trails without missing a single French messe along the way. All America is riddled like Swiss cheese with pockets of French* ». (C. Blaise, *Tribal Justice*, 1975), cité dans Louder (Festival international de géographie de Saint-Dié-des-Vosges, 2006).

pourrait sans doute étendre la remarque à toute l'Amérique du Nord, «une francophonie diverse et plurielle» qui attire et accueille les diasporas haïtienne, mauricienne, francophones d'Europe, d'Afrique, des Antilles, de l'Asie du Sud-Est (Lohka, 2005)… Ces nouveaux arrivés s'ajoutant aux communautés autochtones leur donnent à la fois poids et volume tout en les diversifiant. C'est cet ensemble changeant dans ses subtilités, construction discontinue dans le temps et dans l'espace, qui pourrait présenter une métaphore nouvelle de l'espace francophone.

Il faut aussi avouer que si la métaphore de l'archipel est féconde pour signifier un espace réticulé d'échanges et de communications, elle est aussi malheureusement juste lorsqu'il s'agit d'évoquer les distances et les ruptures non seulement entre ses composantes mais aussi avec des formations semblables, causes d'ignorance et de malentendus, d'incompréhension ou d'indifférence.

En outre, force est de constater que les va-et-vient et le nomadisme sont le fait de minorités et que les grands «blocs» ou formations continentales sont parfois caractérisés par leur sédentarisme et leur incuriosité. Et si, comme nous l'avons vu, la notion «archipélique» pour dire la francophonie remonte loin, l'ancienne métropole, par une espèce de vieux réflexe, semble parfois vouloir s'arroger la place au cœur de l'archipel, peut-être même celle du centre d'une nouvelle thalassocratie.

Refuser de la nommer comme telle, est-ce effacer la francophonie ou causer sa disparition? Abdou Diouf, secrétaire général de l'OIF, le craint, qui accuse les 44 d'être ses fossoyeurs (*Le Monde*, 2007). Pourtant, si, comme nous l'avons avancé, il y a eu des francophonies avant la lettre, une francophonie pourrait-elle subsister *post mortem*? Innommée?

Ambiguïté et inquiétude pérennes sont les caractéristiques de la f/Francophonie, mais aussi les mobiles essentiels de la quête.

Glissant (1990) propose une réconciliation:

> Parlons à la France, non pas pour la combattre, ni pour en être les servants, ni pour en être les appointés, mais pour lui dire d'une seule voix que nous allons entreprendre autre chose. Expliquons-lui aussi que la norme de sa

langue serait bientôt caduque [...] si la langue ne courait pas les hasards du monde. Et que nous l'avons transmuée, cette langue, la prenant avec nous (p. 228).

Cet héritage imposé est devenu patrimoine réapproprié par ceux et celles qui sont capables de le faire fructifier. Nous conclurons avec lui :

> Mais ils sont, ceux-là qui naviguent ainsi entre deux impossibles, véritablement le sel de la diversité. Il n'est pas besoin d'intégration, pas plus que de ségrégation, pour vivre ensemble dans le monde et manger tous les mangers du monde dans un pays. Et pour continuer pourtant d'être en relation d'obscurité avec le pays d'où tu viens. L'écartèlement, l'impossible, c'est vous-même qui le faites, qui le créez (p. 325).

Il s'agit donc bel et bien de résorber la fracture coloniale[35]. Au-delà de la métaphore, la pensée archipélique réunit des espaces ou communautés éparpillés, disparates, parfois isolés. Elle suscite le goût du voyage, le goût d'aller à la rencontre de paysages culturels et de pratiques différents et de souscrire au tout-monde.

La notion d'archipel est féconde, porteuse de rêve et de voyages tant imaginaires que dans l'imaginaire. Et c'est sans doute dans la production littéraire francophone que s'entrecroisent le mieux les franconautes de l'archipel francophone. Il est d'ailleurs intéressant de noter que les signataires du *Manifeste des 44* viennent des 4 coins de l'espace francophone et que tant d'eux sont nomades. Nomades colporteurs, confrérie qui navigue entre les langues.

---

[35] Titre d'un ouvrage sous la direction de P. Blanchard, N. Bancel et S. Lemaire (2005). *La fracture coloniale. La société française au prisme de l'héritage colonial,* Paris, La Découverte.

Références

Blanchard, P., N. Bancel et S. Lemaire (dir.) (2005), *La fracture coloniale. La société française au prisme de l'héritage colonial*, Paris, La Découverte.

Borzeix, J. M. (2006), *Les carnets d'un francophone*, Clamecy, Bleu autour.

Casanova, P. (1999), *La République mondiale des Lettres*, Paris, Seuil.

Cerquiglini, B. (2006), *Une langue orpheline*, Paris, Minuit.

Confiant, R. (2005), *Adèle et la pacotilleuse*, Mesnil-sur-l'Estrée, Mercure de France.

De Certeau, M., D. Julia et J. Revel (1905), *Une politique de la langue. La Révolution française et les patois*, Paris, Gallimard.

De Rivarol, A. (1784), *De l'universalité de la langue française : discours qui a remporté le prix de l'Académie de Berlin*, Berlin et Paris, Bailly et Dessenne.

Druon, M. (1994), *Lettre aux Français sur leur langue et leur âme*, Paris, Julliard.

Glissant, É. (1990), *Poétique de la relation*, Paris, Gallimard.

Glissant, É. (1993), *Tout-monde*, Paris, Gallimard.

Glissant, É. (1997), *Traité du Tout-monde*, Paris, Gallimard.

Glissant, É. (2005), *La cohée du lamentin, Poétique V*, Paris, Gallimard.

Louder, D.R. et E. Waddell (2007) [1983], *Du continent perdu à l'archipel retrouvé*, Québec, Presses de l'Université de Laval.

Mofolo, T. (1940) [éd. en sésotho, 1925], *Chaka, une épopée bantoue,* traduit du sésotho par Victor Ellenberger, Paris, Gallimard.

Parker, G. (2003), « The Fifth Republic and the Francophone Project », dans K. Sahli, *French in and out of France*, Oxford, Peter Lang, p. 11-33.

Poissonnier, A. et G. Sournia (2006), *L'atlas mondial de la francophonie. Du culturel au politique*, Paris, Éditions Autrement.

Reclus, O. (1886) [1880], *France, Algérie et colonies*, Paris, Hachette.

Rossillon, P. (1995) (dir.), *Atlas de la langue française*, préface de Jean-Louis Roy, Paris, Bordas.

Rushdie, S. (1992), *Imaginary Homelands. Essays and Criticism*, 1981-1991, Londres, Granta Books.

Saïd, E. W. (1993), *Culture and Imperialism*, New York, Alfred A. Knopf.

Senghor, L. S. (1964), *Éthiopiques. Œuvre poétique*, Paris, Seuil.

Vetz, P. (2005) [1996], *Mondialisation, villes et territoires : L'économie d'archipel*, Paris, PUF.

Journaux et revues

Barbe, F. (1994), «État-Nation, le modèle français», *Mappemonde*, (2), p. 44-45.

Bourniquel, C. (1962), «Distance du semblable», *Esprit*, (311), novembre 1962, numéro spécial : *Le français langue vivante*, p. 822-837.

Césaire, A. (2006), «Ma poésie est née de mon action», *Le Monde*, 17 mars 2006, supplément spécial Salon du livre 2006, p. 14.

Gauvin, L. (2006), «L'archipel romanesque», *Le magazine littéraire*, (451), mars 2006, Dossier : *2006 : année des francophonies. Défense et illustration des langues françaises*, p. 50-52.

Hugeux, Vincent (2003), «Le continent africain doit devenir une confédération», *L'Express*, 16 janvier 2003, p. 50-53.

Le Bris, M. (1993), «*World Fiction*», revue *Gulliver*, (11), été 1993.

Léger, J. M. (1962), «Une responsabilité commune. Répertoire», *Esprit*, (311), novembre 1962, numéro spécial : *Le français langue vivante*, p. 564-571.

Senghor, L. S. (1962), «Le français, langue de culture», *Esprit*, (311), novembre 1962, numéro spécial : *Le français langue vivante*, p. 837-844.

Vetz, P. (2003), *Sciences humaines*, (2), mai / juin 2003, numéro spécial : *Comprendre le monde*.

Sitographie

Barbe, F. (1994), «État-Nation, le modèle français», *Mappemonde*, 2 / 1994, p. 44-45, en ligne, consulté le 20 novembre 2006 à http:// www.mgm. fr / PUB / Mappemonde / M294 / ETATNATION.pdf.

Bibliothèque numérique de la Bibliothèque nationale de France, Recherche, *France, Algérie et colonies*, par Onésime Reclus, en ligne, consulté en mars 2006 à http:// gallica.bnf.fr / ark : / 12148 / bpt6k75061t.

Boutures / «île en île» 2001-2002 (2002), en ligne, consulté le 3 juillet 2007 à http:// www.lehman.cuny.edu / ile.en.ile / boutures / 0104 / depestre1.html.

Étonnants Voyageurs (2007), «Le Monde des livres», 16 mars 2007, *Manifeste «pour une littérature monde en français»*, en ligne, consulté le 20 mars 2007 à http:// www.etonnants-voyageurs.com / spip.php ?article1574.

Étonnants Voyageurs (2006), Programme, Bamako, en ligne, consulté le 16 mars 2007 à http:// www.etonnants-voyageurs.com / spip.php ?article1422.

Éthiopiques, Revue négro-africaine de littérature et de philosophie (50-51), nouvelle série, 2e et 3e trimestres 1988, 5(3-4), *Léopold Sédar*, «De la Francophonie», *Conférence prononcée à l'Université Laval de Québec le 2 septembre 1987*, en ligne, consulté le 26 février 2007 à http:// www. refer.sn / ethiopiques / article.php3 ?id_article=1004&artsuite=3.

Festival international de géographie de Saint-Dié-des-Vosges (2006), *Dean Louder, « La Franco-Amérique à la carte »*, en ligne, consulté le 26 février 2007 à http://fig-st-die.education.fr/actes/actes_2006/louder/La%20FrancoAm%E9rique%20%E0%20la%20carte.pdf.

Francophonie (2006), *Revue de presse*, en ligne, consulté le 26 septembre 2006 à http://www.blogg.org/blog-144-themes-francophonie_revue_de_presse-231.html.

Groupe de recherche en francophonie (2005), *Journée de la Francophonie*, en ligne, consulté le 10 juillet 2007 à http://grf.mu.refer.org/2005/archipel%20francophone%20de%20l%27Amerique%20du%20Nord/archipel%20francophone%20de%20l%27Amerique%20du%20Nord.htm.

« La République des Lettres » (2007), en ligne, consulté le 8 octobre 2007 à http://www.republique-des-lettres.fr/1628-republique-des-lettres.php.

Le Monde (20 mars 2007), *Manifeste de 44 écrivains : fossoyeurs de la Francophonie », juge Abdou Diouf*, en ligne, consulté le 20 mars 2007 à http://www.lemonde.fr/web/depeches/texte/0,14-0,39-30190587,0.html.

Mbembe, A. (2007), *Francophonie et politique du monde*, dans le blogue d'Alain Mabanckou, 24 mars 2007, p. 2, consulté le 26 mars 2007 à http://www.congopage.com/article4594.html.

Ministère de la Culture et de la Communication (2006), Délégation générale à la langue française et aux langues de France, *Langues de France, Archives*, en ligne, consulté le 9 mai 2006 à http://www.culture.gouv.fr/culture/dglf/lang-reg/rapport_cerquiglini/langues-france.html.

Nations unies, Droit international (2006), *Convention des Nations unies sur le droit de la mer, Partie IV, article 46 b)*, en ligne, consulté le 12 février 2007 à http://www.un.org/french/law/los/unclos/closindx.htm.

Organisation internationale de la Francophonie (2005), *Textes fondamentaux*, en ligne, consulté le 26 février 2007 à http://www.francophonie.org/doc/txt-reference/charte_francophonie.pdf.

Radio-Canada (2006), *Arts et spectacles*, en ligne, consulté le 15 février 2006 à http://www.radio-canada.ca/arts-spectacles/livres/2006/01/16/002-druon.asp.

TV5Monde (2006), *Francofffonies!*, en ligne, consulté le 11 octobre 2006 à http://www.francofffonies.fr/textes/lettre_n04.html.

TV5Monde (2003), *Le centre du monde est partout*, en ligne, consulté le 10 septembre 2007 à http://www.tv5.org/TV5Site/tv5monde/communiques2.php?id_communique=11.

LA FRANCOPHONIE AUX PRISES AVEC DES ASSOCIATIONS DISCURSIVES

Danielle Forget

Professeur titulaire, Université d'Ottawa

Rares sont ceux qui se posent la question de la véracité et de l'objectivité des discours, comme si ces derniers étaient le pur reflet de la réalité. Nous le savons : les discours nous renseignent, oui, sur la réalité, mais ils transmettent aussi bon nombre d'informations subsidiaires concernant qui s'exprime par ces discours, à qui ceux-ci s'adressent et quels en sont les enjeux idéologiques. Ce contexte se module en subjectivité — plus précisément, en inter-subjectivité qui en imprègne le contenu, l'auteur anticipant les attentes.

Par ailleurs, la libre circulation des discours permet au débat de s'installer sur une question et d'y avancer des points de vue différents, qu'ils soient complémentaires ou divergents. Et cette discussion concertée révèle l'ancrage sémantique et sociolinguistique d'une notion. La « francophonie » se dessinera dans le propos des textes ou dans les aléas de l'interaction verbale comme un objet à circonscrire, résultat d'un condensé de sens exprimant tout autant les acquis discursifs partagés que la difficile cohabitation avec des notions qu'elle active en contexte.

C'est ainsi que j'interprète l'orientation marquée du colloque *Produire et reproduire la francophonie en la nommant,* qui affiche dans son titre un intérêt pour le dire. Il se situe au cœur de cette problématique de l'intersubjectivité des énoncés publics et rejoint plusieurs de mes préoccupations liées à l'analyse du discours. La présente réflexion s'intègre au questionnement d'un projet de recherche sur les configurations discursives des discours sur l'identité au Québec et, particulièrement, sur la part de figuratif intervenant dans la constitution du sens[1].

Dans la modeste tâche de prolégomènes à une analyse du discours, cette étude, qui ne se veut ni quantitative ni exhaustive, se consacrera à une appréhension qualitative du positionnement sémantique et rhétorique de la notion de « francophonie » dans la circulation des discours, telle que nous les livre la presse écrite. Elle sera alimentée d'un examen systématique des occurrences du mot *francophonie* (ainsi que de ses dérivés et des autres mots afférents), ces dernières provenant surtout de trois quotidiens : *Le Devoir, Le Droit* et *La Presse* des années 2006 et 2007 jusqu'à maintenant. Je ne cherche pas à rester dans les limites d'une analyse strictement lexicologique, mais à faire apparaître les parcours cognitifs et argumentatifs qu'une telle notion mobilise dans le discours de la presse écrite. Il va sans dire que, derrière les propos journalistiques, se profileront d'autres intervenants, auxquels les premiers s'associeront ou non, faisant jouer toute la gamme de l'hétérogénéité énonciative, pour employer la terminologie d'Authier-Revuz (1982). Je fais allusion aux différents modes de rapport de parole, entre la citation mise à distance et l'endossement des points de vue sous forme de retransmission expositive ou narrative. Tout en portant sur un champ réduit,

---

[1] Ce travail est mené grâce à une subvention du Conseil de recherches en sciences humaines du Canada (CRSHC) pour un projet mené conjointement avec mon collègue, Khadiyatoulah Fall, de l'Université du Québec à Chicoutimi. Le projet s'intitule : *Métaphores et associations discursives : les stratégies de représentation de l'identité dans les débats publics au Québec.*

cette analyse devrait faire apparaître comment la francophonie est perçue dans cette portion du territoire, comment elle rejoint les intérêts de l'opinion publique et, éventuellement, conduira à mieux saisir le rôle des médias dans la diffusion de son identité, de son contenu.

La francophonie pour soi et dans le regard des autres

La « francophonie » est sollicitée en tant qu'entité de fait lorsqu'on réfère à l'usage du français comme le font des peuples et une portion de la population mondiale ; c'est aussi une entité de droit par le patrimoine culturel ainsi acquis : elle devient susceptible d'affirmation, de revendication, d'actions juridiques ; c'est en outre une entité d'allégeance par la volonté d'appartenance, de ralliement autour de cette question du maintien et de l'affirmation de l'usage du français.

Ces trois niveaux sont diversement convoqués dans les discours, y compris ceux de la presse. Loin d'être en distribution complémentaire, ils interviennent souvent par chevauchement, au risque de devenir sources de confusion. Qu'elle soit de droit ou d'allégeance, la francophonie apparaîtra dans les discours—implicitement ou explicitement—sous le signe d'un choix, d'une prise en charge. Il en va d'ailleurs ainsi de l'appartenance à tout groupe : l'individu concerné peut parler en tant que membre de ce groupe s'il en fait partie, alors que, de l'extérieur, il peut être désigné par les attributs relevant de l'appartenance, dont certains sont conditionnels à cette dernière. Ainsi, un locuteur ne prend pas toujours la parole en son nom individuel. Il peut vouloir parler au nom d'une entité plus large, le groupe (qu'il s'agisse d'une communauté, d'une association, bref d'une collectivité). C'est alors comme être social qu'il intervient. Par une appartenance reconnue à ce groupe, il se sentira investi d'une identité particulière et, dans certains cas, d'une légitimité lui permettant des assertions telles que « Nous croyons… », « En tant que membres de… nous… », etc. On peut affirmer que l'identification à un groupe suppose que l'on puisse prendre la parole en tant que membre et, éventuellement, au nom de ce groupe auquel on revendique son appartenance. Cette étude s'interrogera précisément sur cette « identité » de celui faisant partie de la francophonie, identité telle qu'elle est désignée et évaluée par l'extérieur, ou affirmée, revendiquée de l'intérieur par celui qui estime en faire partie ; dans ce dernier cas, elle sera abordée en tant que position énonciative assumée, tandis que, dans le premier cas, elle sera une identité désignée.

Rares sont les discours qui n'accordent pas une part d'empathie à la francophonie — cette notion ayant un sens dénotatif de regroupement autour de la question de l'usage du français, bien sûr, mais aussi des connotations positives qui semblent lui être attachées. En effet, comment pourrait-on s'ériger contre la francophonie ? Ne peut-on pas supposer qu'en général elle soulève les mêmes élans qu'une valeur : tout comme des mots tels liberté, humanisme, etc., celui de francophonie semble déployer une empathie communicative envers la cause du français qui rendrait presque amoral celui qui prendrait le parti de s'y opposer. Aussi, les réticences à son égard — qui sont présentes, il ne faut pas se le cacher — se feront au moyen d'une rhétorique qui embrouille les contours par une mise en question de son essence (« S'agit-il d'une "vraie" francophonie ? », se demande-t-on) ou encore, de manière plus draconienne, par le refus de nommer cette entité, une indifférence qui porte un coup encore plus dur à sa cause.

La francophonie : sa composition

L'idée de collectivité a souvent été incarnée par la nation, avec les symboles qui l'accompagnent, ce qui ne l'empêche pas de concerner des besoins plus fondamentaux :

> L'appartenance et le sentiment national naissent de cette intériorisation des connaissances, des normes et des valeurs communes. Quel que soit le concept utilisé, il s'agit de rappeler que l'homme est susceptible d'apprendre à connaître et à respecter les pratiques de la vie publique et même, plus précisément, à intérioriser l'idée qu'il existe un domaine public (Schnapper, 2003, p. 63).

Quiconque peut aussi s'y référer et tenter de saisir les limites de cet être social dont le discours se charge de donner une représentation affublée des valeurs culturelles qui prévalent dans le contexte idéologique dont il est question. Notre époque vit une renégociation des identités; la société québécoise, et canadienne en général, n'en est pas exempte, étant donné l'apport de l'immigration ces dernières années, l'élargissement des échanges et des responsabilités propulsés à l'échelle mondiale. Reste à savoir de quel type de collectivité relève la francophonie. Elle ne peut, certes, pas être comparée aux États-nations traditionnels, puisqu'elle n'est circonscrite par aucune frontière et ne saurait être associée à un territoire unique. En tant que regroupement basé sur une langue commune, elle fédère des intérêts avant tout linguistiques et mise sur l'allégeance, avec cette restriction aux allures de mise en garde qu'énonce Léger (1987):

> En vérité, l'organisation de la communauté internationale francophone eût été à la fois beaucoup plus facile et moins nécessaire hier qu'elle ne l'est aujourd'hui, qu'elle ne le sera demain. S'il est vrai qu'une langue commune peut sans doute plus que tout autre facteur favoriser le rapprochement entre peuples et autoriser la mise en place d'une coopération originale, profonde et féconde, encore faut-il que la connaissance de la langue commune soit réelle, qu'elle soit de l'ordre de l'esprit et de la sensibilité et ne se résume pas à la connaissance superficielle et utilitaire que l'on peut avoir d'une langue étrangère. La francophonie doit être d'abord un état d'esprit et elle ne peut l'être qu'à partir d'une connaissance intime, approfondie de la langue commune, qui doit être ressentie par l'ensemble de ses locuteurs comme une sorte de patrie spirituelle. Sans cela, il serait parfaitement vain de continuer à se gargariser de formules, de parler d'espace économique, d'espace technologique ou d'espace audiovisuel francophone: c'est l'existence d'un véritable espace de langue française qu'il importe d'abord de s'assurer (p. 49).

Cet espace imaginaire, au même titre que la nation, l'ethnie (Schnapper, 2003, p. 47), etc., doit aussi tenir compte des enjeux actuels, qui s'expriment à travers une mondialisation laissant des traces dans le paysage culturel. La francophonie à une époque d'éclatement des frontières se veut accueillante à la diversité, souligne Wolton (2006):

> Pas de projection dans l'avenir sans une valorisation de toutes les traditions qui ont fait la francophonie. Les trente années d'existence de l'organisation ne sont que la pointe visible d'un iceberg beaucoup plus vaste. Comme le

dit L. S. Senghor, la francophonie, c'est cet humanisme intégral qui se tisse de la terre : cette symbiose autour des «énergies dormantes» de tous les continents, de toutes les races, qui se réveillent à leur chaleur complémentaire! (p. 142-143)

La difficile conciliation de ces déterminations modèle le discours sur la francophonie. Celui qui perce à travers les médias, notamment le discours de la presse écrite qui nous intéresse dans cette étude, ne sera pas totalement exempt de ces préoccupations, comme nous le verrons. De qui est composée la francophonie ? Quels en sont les membres ? Il s'agit là d'une question légitime, d'autant plus pertinente pour une francophonie abordée en tant qu'entité de droit et entité d'allégeance, puisque l'entité de fait — qu'est l'une des acceptions de la francophonie — ne pose pas de problèmes et ne suscite pas de remises en question. C'est celle que l'on désigne avec une minuscule, alors que la Francophonie en tant que regroupement concerté à l'échelle internationale travaille encore à se définir.

La question «De qui est composée la francophonie?» est abordée de front lorsque l'on évoque, dans les journaux, le statut des pays impliqués. En effet, parmi ceux convoqués aux *Sommets francophones,* il y en a dont le statut au sein de l'organisation dérange : leur appartenance à la Francophonie est disputée du fait que le français n'y constitue pas une langue d'usage quotidien. C'est cette vision que fait valoir la journaliste Lysianne Gagnon dans un titre d'article on ne peut plus clair : «Francofolie» (2006, p. 7). Un pays comme la Roumanie, par exemple, ne possède pas de larges couches de population faisant usage du français, ce dernier étant promu par l'enseignement. La question n'est qu'effleurée dans cet article. D'autres données auraient pu faire surface et ouvrir sur un véritable débat. Attachons-nous aux enjeux du français en Roumanie. Pavel (2008) nous rappelle les faits :

Dans l'énumération des éléments qui autorisent le qualificatif de francophone, on en trouve deux auxquels la Roumanie répond parfaitement :

- le français y a été et il continue d'être l'une des principales langues de l'enseignement ;

- il doit être parlé par 7 ou 8 % de la population, alors que les statistiques indiquent pour la Roumanie un pourcentage supérieur, à savoir 27 %. Un Roumain sur quatre connaît le français.

Dans le classement des pays francophones selon le statut du français, il n'est en Roumanie ni langue officielle ni langue seconde forte, mais y a été « appris volontairement parce que les programmes des études nationales y conduisaient » (Blancpain et Reboullet, 1976, p. 7). Il s'agit de la francophonie due au « rayonnement culturel », dans laquelle la Roumanie côtoie des pays comme le Liban, le Brésil ou le Danemark (Pavel, 2008).

La parenté linguistique entre le roumain et le français a contribué à entretenir chez les Roumains l'intérêt pour cette deuxième langue, qui, dès le XIXe siècle, s'est imposée dans leur imaginaire au point de faire concurrence à la première. Malgré les avancées de l'anglais, la prépondérance du français continue de s'affirmer en Roumanie dans ce que l'auteur appelle une « lutte » :

> Le fait que nous parlons de *militantisme* en abordant la francophonie roumaine ne nous semble pas mal à propos tant que l'institution même de la Francophonie se définit, entre autres, comme « combat pour la langue française », mené en fonction de la spécificité des espaces compris dans cette « noosphère ». Par conséquent, le *militantisme* et la *diversité* sont indissociables. Mis au service de l'*unité* au sens large du terme, conférée par l'usage du français, le *militantisme* constitue l'*invariant* responsable de la place stable de la Roumanie dans le continuum linguistique représenté par la francophonie (Blancpain et Reboullet, 1976, p. 1).

Voilà autant d'aspects qui s'avèrent pertinents pour d'autres espaces nationaux ; ils sont malheureusement laissés de côté dans la presse, cette dernière se préoccupant davantage de polémique, même superficielle, plutôt que de creuser le sujet sur le plan historique, celui de l'imaginaire d'un peuple que signifie un tel investissement culturel, au moyen notamment de l'éducation. En dépit de ses lacunes documentaires, cet article de Gagnon est un cas rare où la francophonie est abordée dans son sens large et non restreint.

La presse écrite se nourrit plutôt d'autres environnements linguistiques qui reviennent fréquemment, chapeautés par des thèmes tels les minorités, les communautés culturelles, le bilinguisme, etc. :

la francophonie est affublée d'une spécification comme caractérisation (qu'il s'agisse d'épithètes, d'appositions ou d'autres adjonctions ayant pour conséquence d'en restreindre le sens) :

« minorités francophones »

et, par transitivité :

- « minorités linguistiques », « dualité linguistique », « communautés minoritaires »
- « francophones hors Québec »
- « francophonie [...] majoritaire au Québec »
- « francophonie [...] une minorité à l'échelle du continent ».

Cet environnement linguistique est plus qu'une simple restriction de la portée du sujet, au sens où, plutôt que de parler des francophones en général, on se limiterait à parler de ceux « hors Québec », des « minorités », etc. Il s'agit aussi d'attirer l'attention de destinataires en particulier ayant des intérêts marqués. En effet, les journaux ne manquent pas de particulariser l'information en ciblant des groupes de lecteurs plus spécifiquement concernés — comme c'est le cas dans la pratique journalistique qui cherche à interpeller et toucher une clientèle. S'il est vrai que la nouveauté est un moteur d'intérêt, la fidélisation d'une clientèle par dossiers interposés constitue aussi un moyen éprouvé par la presse d'établir son emprise : ici, il s'agit de rejoindre des gens déjà préoccupés par le sort des minorités, l'assimilation des communautés, l'américanisation, la mondialisation et j'en passe. Ces thèmes deviendront ce que j'appelle des *associations discursives*, au sens où ils prennent place en tant que configurations discursives reconnaissables activées par un contexte cognitif qui favorise les intersections de traits sémantiques et se les adjoint pour constituer le sens par rapprochement (Forget, 2008, p. 65).

La francophonie : ses objectifs

Tout regroupement correspond à une vision qui le justifie comme collectivité tout en le fixant. Le portrait de la francophonie dans les journaux doit être complété de ces deux dimensions, qui délimitent sa zone d'intervention et constituent le garant de son existence, à savoir ce qu'elle réclame et ce qu'elle permet d'obtenir.

En effet, le rôle de la francophonie se dessine le plus souvent comme une cause, une mission. Les objectifs ainsi transposés dans le discours prennent l'allure d'un pacte pour un accomplissement plus large que celui simplement individuel ou local, d'où l'éclatement des frontières souvent invoqué et une tension vers l'universel outrepassant les intérêts locaux :

- « notre volonté de vivre et pas juste de survivre en français » (Routhier-Boudreau, citée par Fortin, 2007, p. 3) ;
- « promouvoir l'égalité des deux langues officielles et lutter contre l'assimilation des francophones » (Bellavance, 2007, p. A6).

Ailleurs, ce sont des bases de réflexion qui composent la rencontre (1er *Sommet des communautés francophones et acadiennes*, tenu à Ottawa au début de juin 2007) :

- « renforcer la vitalité démographique des communautés francophones et acadiennes » ;
- trouver les « bases d'une collectivité reconnue et écoutée au plan national » ;
- les moyens « pour maintenir leur capacité » ;
- renforcer le lien entre le Québec et les communautés « envers une francophonie canadienne qui les engloberait tous » ;
- et une dernière question, la plus vague, sur l'apport des communautés à la francophonie mondiale et ce qu'elles peuvent en retirer.

Notons les verbes de mouvement ; ils sont abondants, ponctuant les actions d'une détermination marquée à la mesure de la force incitative. Le rôle de la francophonie n'apparaît jamais aussi clairement formulé que lorsqu'il se donne comme réaction à une menace et exprime sa volonté de contrer l'assimilation.

C'est ce qui ressort d'interventions entourant ce *Sommet des communautés francophones et acadiennes*. On y rapporte des propos d'un député néodémocrate d'Acadie-Bathurst, Yvon Godin : « Ça va montrer qu'on existe, il va y avoir un échange incroyable entre les régions du pays ». L'environnement linguistique et les inférences que l'on peut en tirer suggèrent que ceux qui ont à cœur de montrer leur existence — parce que d'autres pourraient en douter —, ce sont non pas les francophones en général mais les francophones dits « hors Québec » qui s'expriment en tant que minoritaires.

Le rôle de la francophonie est de faire entendre des voix qui, sans cette collectivité à qui on prête l'oreille, ne recevraient pas autant d'attention. L'argument rhétorique de quantité est invoqué dans ce cas et il correspond bien à l'un des avantages reconnus à la francophonie : donner du poids à la voix des revendications. La revendication qui en découle constitue aussi une affirmation politique susceptible d'engendrer des retombées pour la communauté.

La francophonie n'est pas toujours liée d'aussi près aux intérêts des communautés. Elle est invoquée dans son extension la plus large, principalement lorsqu'il est question de productions culturelles et surtout de littérature. La place qui revient à l'écrivain francophone au sein de la Francophonie est une question qui a soulevé des passions, notamment lors du Salon du livre de Paris en avril 2006. Elle se greffe sur des revendications et des dénonciations plus anciennes, cependant, qui n'ont manifestement pas trouvé de résolution. Ce n'est pas tant l'événement déclencheur qui a de l'importance comme les enjeux idéologiques qu'il soulève et la promptitude de la réplique, qui atteste les malaises et susceptibilités liés à cet espace de francophonie.

Les enjeux acceptés ou refusés d'une francophonie

La couverture médiatique fait état d'un malaise quant au statut de la littérature francophone en comparaison avec celui de la littérature française. Le Salon du livre de Paris de 2006, qui a pris pour thématique « Les littératures francophones », est la scène de maladresses qui seront dénoncées principalement sur le plan culturel. Les associations de domaines sémantiques révèlent des points de jonction entre le discours sur la francophonie et celui sur le postcolonialisme, signe des temps où tout impérialisme fait l'objet d'opprobre.

Certains textes laissent même entendre que l'appellation de « francophone » est dévalorisante. L'adjectif se trouve ainsi affublé d'un sens quasi négatif, ce qui entraîne comme réaction chez certains de préférer le bannir de leur vocabulaire. Gauvin (2007) y fait allusion au moyen d'une expression :

Le Salon du livre de Paris en 2006 avait déjà mis en avant le malaise éprouvé par des écrivains *dits* francophones [je souligne] dont les œuvres étaient marginalisées dans l'institution littéraire française... (p. F5)

Autrement dit, il ne suffit pas que des maisons d'édition françaises prennent à leur charge la publication d'ouvrages francophones pour que leur diffusion soit assurée sur une base égalitaire. Ouellette-Michalska, bien connue des milieux journalistique et littéraire, avait déjà, en 1987, fait des mises en garde du même ordre dans son essai *L'amour de la carte postale*. L'attrait pour un certain exotisme recycle des inégalités entre le centre et la périphérie, malgré la curiosité favorable à l'égard de cette dernière. L'édition française a beau se targuer d'accepter des écrivains francophones en les publiant, s'ils ne sont munis que de l'exotisme de leur position par comparaison aux écrivains français, on peut douter de l'égalité de statut au sein de l'espace francophone ainsi aménagé.

D'autres discuteront ouvertement de ce refus d'endosser la francophonie, ou du moins d'une vision de la francophonie ainsi dénoncée, ce dont rend compte l'ironie à peine voilée de Lebris, qui rejette «une certaine idée de la francophonie perçue comme un espace sur lequel la France dispenserait ses lumières au bénéfice, il faut donc le supposer, de masses encore enténébrées» (cité par Gauvin, 2007, p. F5).

Retenons que des relents de discours colonialiste peuvent durcir les positions, voire créer des malentendus. Il en est ainsi d'un manifeste endossé par 44 écrivains à travers le monde—Dany Laferrière, Jacques Godbout, Nancy Huston et Wajdi Mouawad étaient du nombre—et qui avait pour slogan «Fini la francophonie, vive la littérature-monde écrite en français![2]». Récusant les appartenances nationales trop promptes à promouvoir des modèles, à se proclamer le centre et à reléguer les autres dans l'ombre de la périphérie, ce manifeste entendait dénoncer des préjugés qui ont cours dans une certaine vision centralisatrice de la francophonie, la «francophonie franco-française» si on peut dire. Cette prise

[2] Dans le cadre du Festival Étonnants Voyageurs, Saint-Malo (France). Le manifeste a été publié dans *Le Monde* et dans *Le Devoir* du 24 mars. Voir Rioux, 2007, p. B7.

de position exprimée de manière radicale a cependant fait surgir des commentaires d'opposition, rappelant la fierté d'appartenir à la francophonie et la nécessité de s'en réclamer. En résumé, les termes *francophonie* et *francophone* reçoivent des connotations négatives par l'association discursive qui s'élabore avec d'autres domaines de sens. Ce sont des amorces de frustration ou de susceptibilité qui mettent en péril la notion de francophonie en la faisant dévier vers des zones par ailleurs chargées sémantiquement et idéologiquement comme le sont les termes *colonialisme* et *impérialisme*. Mais refuser la francophonie à cause du traitement que lui accorde la France, pour ne citer qu'elle, n'est-ce pas reconnaître le poids d'un centre et faire justement son jeu en se retirant du débat?

La France même est en discussion quant à l'insertion institutionnelle de la Francophonie. L'actuel gouvernement de Nicolas Sarkozy cédera-t-il à la tentation de la déloger du ministère des Affaires étrangères pour l'insérer dans le controversé ministère de l'Immigration et de l'Identité? Aux yeux de Dominique Wolton, cela équivaudrait à restreindre la pertinence de la francophonie au contrôle de l'immigration, une vision dépassée qui réduit la francophonie aux questions africaines[3].

D'autres enjeux se manifestent qui soulignent la position minoritaire de certaines communautés. Ces communautés fournissent à la francophonie une raison d'être par l'aide à recevoir en conséquence en même temps qu'elles cherchent à consolider leur position face à la majorité. On souligne ce que plusieurs estiment être des manquements passés du Québec à l'égard des minorités canadiennes en soutenant une position de retranchement. La décision du premier ministre Charest de faire en sorte que le Québec se manifeste au premier plan viendrait corriger ce manquement. Ainsi, un article paru dans *Le Devoir* met en perspective les propos tenus par Benoît Pelletier, alors ministre responsable des Affaires intergouvernementales canadiennes et de la Francophonie canadienne :

---

[3] Voir Rioux (2007, p. B1).

«Jamais un gouvernement au Québec n'a fait autant pour renforcer les liens entre les Québécois et les autres francophones du Canada», a dit Benoît Pelletier dans une allocution prononcée devant quelques centaines de personnes réunies au Salon rouge du Parlement. «Le Québec, qui a effectivement *réintégré le giron* de la francophonie canadienne, est là pour y rester» (Dutrisac, 2006, p. A4).

Quelques jours après, dans un autre article intitulé: «Le Québec *renoue avec la famille* francophone canadienne» (Dutrisac, 2006, p. C3), le journaliste Robert Dutrisac fait état des réactions des communautés francophones et acadienne en ces termes:

> Les communautés francophones et acadienne du Canada ont accueilli avec enthousiasme la nouvelle politique sur la francophonie canadienne du gouvernement Charest. Finie la distinction entre «eux» et «nous», se réjouissent-ils. Le Québec accepte désormais de *faire partie intégrante de la grande famille* des francophones canadiens.

Par des associations discursives à partir d'expressions comme «redevenir membre à part entière», «reconnaître qu'une communauté de destin et d'intérêts» et une francophonie «qui nous ressemble», cette vision nouvelle se départit des tendances d'exclusion («eux» / «nous») pour faire valoir l'inclusion, une notion à connotation positive qui sert d'argument en faveur de son acceptation. Ainsi le discours, à la fois politique et journalistique, mise sur l'effet de valorisation / dévalorisation d'une prise de position sur la base d'une charge idéologique véhiculée par d'autres discours. C'est en se distançant des discours d'exclusion et en participant à l'inclusion que cette vision de la francophonie maximise son capital d'adhésion. Mentionnons finalement l'article d'André Pratte intitulé «Les retrouvailles», où il se fait l'écho des exhortations lancées par M. Pelletier:

> M. Pelletier y concrétise une idée qu'il défend depuis plusieurs années: le Québec ne doit pas se contenter d'être sympathique à la lutte des francophones du reste du pays mais devenir le véritable leader de la francophonie canadienne. [...] La «Politique du Québec en matière de francophonie» est *un appel au rapprochement, aux retrouvailles* des francophones du Québec et des autres provinces (Pratte, 2006, p. A28).

Il est intéressant de considérer les termes entourant cette problématique :

- « renouer avec la famille » ;
- « réintègre le giron » ;
- « les retrouvailles ».

Le Québec fait figure d'enfant prodigue ou de délinquant qui effectuerait un retour vers le bon sens : ce sont les domaines figuratifs qui le suggèrent. Le giron, la famille sont des lieux sécurisants vers lesquels il y aurait « retour ». Les allusions à la politique québécoise sont à peine voilées : on se réjouit que la tendance souverainiste n'agite plus les esprits, semble-t-il. Est ainsi dénoncée une conception attribuée aux souverainistes selon laquelle ils faisaient passer leurs intérêts avant ceux de la « francophonie canadienne », autre syntagme prépondérant dans ces articles.

Cependant, les visions concurrentes de la francophonie au Québec, si elles sont évoquées, ne sont pas documentées. Les journaux présentent le changement de cap que constituerait la politique québécoise de Jean Charest en mentionnant brièvement les états antérieurs dont il se départit. C'est davantage la position politique qui intéresse et sa continuité dans l'approche libérale que son incidence pour la francophonie. Or, il eût été pertinent d'engager le débat ou, du moins, de lancer un dossier sur les conceptions passées et actuelles de la francophonie. On y aurait peut-être vu à quel point la position énonciative du sujet diffère dans ces deux conceptions. En effet, on peut comprendre que le Québec, en désirant faire cavalier seul dans ses affirmations au sein de la francophonie, pouvait se dire « majoritairement francophone » ou encore « peuple francophone d'Amérique du Nord », faisant travailler le poids du nombre en sa faveur. Si, dans le passé, cette vision québécoise pouvait prendre une place considérable au sein des débats, la couverture médiatique actuelle y fait mention pour s'en démarquer face à une vision concurrente, celle du Québec joignant sa voix à celles des communautés hors Québec, celle donc du Québec au sein de la francophonie canadienne. Ce faisant, les discours (ceux des politiciens ou d'organismes liés à la francophonie et ceux des journalistes) se déploient en champs lexicaux qui apposent à «francophonie» des horizons familiers composés de «minorités», «communautés», «fédération canadienne». Quant aux associations discursives—ces champs, à teneur souvent figurative, obtenus par inférences dans les textes—, elles orientent le discours tantôt vers la survivance, vers l'héroïsme d'une mission, bref, elles mettent en jeu des ensembles discursifs facilement reconnaissables. La mondialisation ne manquera pas aussi de laisser des traces dans le discours, ce que nous aborderons dans la prochaine section.

Où se trouve le renouvellement discursif?

Les médias, on peut le dire à la lumière du dépouillement de nos trois journaux de 2006-2007, consacrent somme toute peu de place à la francophonie. Cette dernière ne fait l'objet de mention que lorsqu'un événement s'y rattachant attire l'attention, ce qui lui vaut une couverture médiatique. Les commentaires et les interventions diverses sont donc fortement regroupés dans le temps et s'y trouvent pour une durée limitée. Qu'en est-il du traitement de l'information?

La presse écrite nous livre une image de la francophonie qui n'est pas exempte de mise en question, loin de là. Une bonne proportion des titres la vouent à la catastrophe («*requiem*», «les limbes»), d'autres ne manquent de la ranimer (que je résume par cette glose: «montrons que l'on existe»), mais en sous-entendant la difficulté d'exister aux yeux des autres; ailleurs, on en proclame la renaissance, le changement en faisant valoir les conditions d'un avenir prometteur. Mais, de façon récurrente, le traitement médiatique ne fait pas oublier la fragilité du statut de la francophonie comme état de fait et de la Francophonie comme organisation.

Nous avons fait ressortir des ensembles discursifs exploités dont plusieurs sont familiers. Je ne fais pas simplement allusion à des mots isolés, mais plutôt à des domaines complexes de sens. Or, ces domaines se trouvent tels quels, ailleurs dans la circulation des discours, sur la scène publique. Le discours postcolonialiste en est un, auquel venait se greffer la discussion sur la reconnaissance des littératures nationales (ou postnationales). Une variante consiste en la dénonciation d'une vision centre/périphérie, autre dichotomie reconnaissable, comme sa proche parente, inclusion/exclusion. D'autres ensembles discursifs font surgir la minorisation des communautés et leurs revendications de reconnaissance auprès d'un ensemble canadien. Ou encore les relations Québec-Canada, l'attitude autonomiste du Québec correspondant, dit-on, aux aspirations souverainistes, préjudiciables à l'ensemble canadien-français. Ainsi, la francophonie est abordée, dans la presse écrite, par jonction à des discours familiers qui confortent le lecteur dans une compréhension immédiate des enjeux, surtout lorsque ces derniers se raccrochent à l'actualité de manière incisive, provocatrice même. Justement, n'y aurait-il pas là une absence de renouvellement discursif qui dessert la Francophonie à plus ou moins long terme plus qu'elle ne la sert?

Il n'en demeure pas moins que les dérivés de «francophonie» glissent vers les termes *diversité culturelle, ouverture, partage, bilinguisme* et *dualité linguistique* et sont confondus—en l'absence de tout autre élément définitoire—dans les discours et préoccupations qui entourent ces notions sur la scène publique, délayant considérablement les visées de la francophonie dans un magma discursif indistinct et les passant dans le moule des préoccupations déjà prises en main par la trame quotidienne des rubriques journalistiques. Car c'est bien de cela qu'il s'agit: une absence de discours propre à la francophonie, telle que véhiculée par les journaux à tout le moins[4]. Ils semblent soucieux avant tout de la relier aux préoccupations et valeurs qui ont cours—façon d'afficher l'actualité du propos et de le placer dans une zone de rectitude politiquement réconfortante. Cela a pour effet pervers de la noyer dans les enjeux (bilinguisme, relations provincial/fédéral, colonialisme) qui peuvent être débattus à l'écart de la francophonie et qui ne disent pas la spécificité du mandat qu'elle s'octroie d'un commun accord. L'ignorance manifestée à l'égard des enjeux de la francophonie se vérifie aussi dans le peu d'articles qui lui sont consacrés en dehors

---

[4] Je ne soulèverai pas ici la question de savoir si ce problème origine du discours officiel de la Francophonie, étant donné qu'elle excède mon propos.

de la couverture des rassemblements publics, que la presse accepte alors de commenter sommairement.

Étant donné la place considérable qu'occupent les journaux et les médias en général auprès de l'opinion publique, se constituant en véritable pouvoir médiatique — et puisque « produire et reproduire la francophonie », c'est aussi la nommer —, il me semble que le sujet mériterait une couverture plus adéquate de la part de la presse écrite ; c'est la seule manière de trouver des échos auprès de la population, à l'échelle locale, régionale et nationale, mais aussi de fédérer des énergies à l'échelle internationale par une sensibilisation commune aux enjeux débattus.

Références

Authier-Revuz, J. (1982), «Hétérogénéité montrée et hétérogénéité constitutive: éléments pour une approche de l'autre dans le discours», *DRLAV Revue de linguistique*, (26), p. 91-151.

Bellavance, J. D. (2007), «Stéphane Dion se pose en champion du bilinguisme», *La Presse*, 2 juin 2007, p. A6.

Blancpain, M. et A. Reboullet (dir.) (1976), *Une langue: le français aujourd'hui dans le monde*, Paris, Hachette.

Dutrisac, R. (2006), «Le Québec renoue avec la famille francophone canadienne», *Le Devoir*, 11 novembre 2006, p. C3.

Dutrisac, R. (2006), «Jean Charest et Benoît Pelletier présentent la nouvelle politique québécoise. Le Québec réintègre le giron de la francophonie canadienne», *Le Devoir*, 8 novembre 2006, p. A4.

Forget, D. (2005/2006), «L'identité en mutation», *Recherches sémiotiques/Semiotic Inquiry (RSSI)*, 25(3) (2005)/26(1) (2006), p. 59-72.

Fortin, K. (2007), «Les francophones hors Québec préparent leur prochaine décennie d'action», *La presse canadienne*, 1er juin 2007, p. 3.

Gagnon, L. (2006), «La francofolie», *La Presse*, 7 octobre 2006, cahier PLUS, p. 7.

Gauvin, L. (2007), «Le malentendu francophone», *Le Devoir*, 2 juin 2007, p. F5.

Léger, J. M. (1987), *La francophonie: grand dessein, grande ambiguïté*, Montréal, Hurtubise HMH.

Ouellette-Michalska, M. (1987), *L'amour de la carte postale. Impérialisme culturel et différence*, Montréal, Québec/Amérique.

Pavel, M. (à paraître), «Unité et diversité militantes de la francophonie roumaine», communication présentée au colloque *La francophonie et la nouvelle identité européenne*, dans *Journées de la francophonie*, XIIe édition, Iasi, Roumanie, 29-31 mars 2007, à paraître dans les actes de ce colloque.

Pratte, A. (2006), «Les retrouvailles», *La Presse*, 8 novembre 2006, p. A28.

Rioux, C. (2007), «La francophonie dans les limbes?», *Le Devoir*, 22 mai 2007, p. B1.

Rioux, C. (2007), «*Requiem* pour la francophonie?», *Le Devoir*, 31 mai 2007, p. B7.

Schnapper, D. (2003), *La communauté des citoyens. Sur l'idée moderne de nation*, Paris, Gallimard.

Wolton, D. (2006), *Demain la francophonie*, Paris, Flammarion.

(RE)NOMMER L'ASSOCIATION CANADIENNE-FRANÇAISE DE L'ALBERTA :
UN DÉBAT ENTRE L'HOMOGÉNÉITÉ ET LE FRACTIONNEMENT IDENTITAIRE[1]

PHYLLIS DALLEY PH.D.

PROFESSEURE ADJOINTE, UNIVERSITÉ D'OTTAWA

ET

ANNE-SOPHIE RUEST-PAQUETTE

DOCTORANTE, UNIVERSITÉ D'OTTAWA (CANADA)

Statistique Canada a noté une baisse de la force démographique des communautés francophones et acadiennes du Canada à la suite du recensement de 2006. Seules l'Alberta et l'Ontario ont vu une augmentation de leur population francophone (Statistique Canada, 2007, p. 15). Alors que cette augmentation peut sembler normale pour l'Ontario, dont les frontières de l'est

---

[1] Phyllis Dalley est la chercheure principale de cette étude, qui s'inscrit dans un projet de recherche plus large financé par le Conseil de recherches en sciences humaines et sociales du Canada. Nous aimerions remercier les assistantes à la recherche en Alberta, notamment Lisette Trottier, qui nous a acheminé l'ensemble des données pertinentes à la réalisation de cet article.

longent celles du Québec, province où le français occupe une position majoritaire, la situation albertaine, où seulement 2 % de la population se dit francophone[2], exige de plus amples explications. L'Alberta est une province en plein essor économique en raison de sa richesse pétrolière. Elle a un besoin continuel de main-d'œuvre tant qualifiée que non qualifiée. Une diminution des stocks de poissons dans l'Atlantique, une crise dans le bois d'œuvre ainsi que le taux de chômage élevé dans les autres provinces canadiennes sont autant de raisons qui ont poussé des francophones à se déplacer de l'Est du pays vers l'Alberta. Parmi eux, se trouvent des Canadiens de naissance et des immigrants arrivés au Canada depuis les 20 dernières années et originaires d'un des pays de la francophonie mondiale.

Cet article s'intéresse aux enjeux de ce mouvement des populations, notamment en ce qui concerne l'identité et les relations de pouvoir en Alberta francophone. Il est le produit d'une étude affiliée à un projet ethnographique plus large portant sur l'identité et la diversité en milieux scolaire et communautaire. Dans le cadre de ce texte, notre attention portera plus particulièrement sur le débat entourant le changement de nom de l'Association canadienne-française de l'Alberta (ACFA), organe sociopolitique des francophones de la province depuis le 12 juillet 1926[3], à titre de manifestation d'un changement social. Ce conflit met en évidence deux idéologies dont l'une est centrée sur l'homogénéité identitaire et l'autre sur le fractionnement identitaire des francophones en Alberta. Malgré qu'elles adoptent chacune une position distincte, toutes deux se fondent sur un discours normatif. D'autant plus qu'elles maintiennent chacune un silence à l'endroit de l'étiquette «Franco-Albertain». Par ailleurs, nous verrons que la controverse se rapportant au changement de nom de l'ACFA évoque le besoin ou la possibilité de modifier l'appellation «canadienne-

---

[2] *Ibid.*, p. 15.
[3] Association canadienne-française de l'Alberta, *Historique de l'Association canadienne-française de l'Alberta;* [en ligne] http://www.acfa.ab.ca/historique_acfa. asp, consulté le 14 mai 2008.

française[4]» et donc le besoin ou la possibilité, voire le pouvoir, de redéfinir le «Nous» de l'Alberta francophone.

Dans la première partie de cet article, nous étayons l'importance de l'événement de nomination comme expression concrète d'une lutte idéologique entre les partisans du changement de nom (les Franco-Albertains d'origine) et ceux qui s'y opposent (les francophones d'origines diverses ou ceux qui prétendent parler pour eux). Suivront un regard sur la distribution du pouvoir francophone en Alberta avant l'essor du débat en question ainsi que l'analyse d'articles et de lettres à l'éditeur tirés du seul journal hebdomadaire de langue française de la province: *Le Franco*[5]. Finalement, nous discuterons des significations idéologiques du débat concernant le nom de l'ACFA.

Le pouvoir de nommer qui nous sommes

À la suite de l'étude de l'appropriation en guise de référent identitaire du nom scientifique attribué à une formation géologique par une population considérée jusqu'alors pauvre et rustre, Petrzelka (2004) conclut: «*Movement of these resources [knowledge and scientific name] has contributed to ideological consequences primarily a shaping of place identity and an altering of the traditional power position*» (p. 398). En passant de «*hill people*» (montagnards) ou «*hillbillys*» (pécares ou péquenots) à «*Loess Hill people*», cette population a modifié la représentation qu'elle et les autres se font

---

[4] Selon le Grand dictionnaire terminologique de l'Office québécois de la langue française, lorsqu'il est présenté sous forme d'adjectif, le terme *canadien-français* s'écrit en lettres minuscules et avec un trait d'union. Lorsqu'il désigne une personne de langue française au Canada, il s'écrit comme suit: «Canadien français». Or, puisqu'il s'agit d'un article qui traite du pouvoir de nomination, nous avons choisi de ne pas employer l'expression [*sic*] afin de souligner les prétendues fautes d'orthographe ou de grammaire repérées dans les extraits cités. Nous sommes d'avis que cela contribuerait à stigmatiser les auteurs et leur usage de la langue française et acceptons que nous n'ayons ni le pouvoir ni la prétention de juger ce qui correspond ou non à un français dit «correct».

[5] Puisque ces extraits sont tous, à quelques exceptions près, tirés du journal *Le Franco*, nous avons jugé qu'il n'était pas nécessaire de répéter au fil des citations le nom de l'auteur ou de la personne cité(e). La date de parution ainsi que le numéro de page de tout extrait cité seront alors inscrits dans une note infrapaginale.

d'elle. À cet effet, plusieurs auteurs dénotent la relation entre le choix ou l'imposition d'un nom ou d'une étiquette et l'identité ou l'image qu'il ou elle projette[6]. Dalal (1998, p. 190), cité dans l'article de Bledin, définit l'identité comme étant «*a name of a category and… a sense of belonging to a name… a phenomenon that is embedded in a network of social interactions and relations*» (Bledin, p. 481). Pour sa part, Bakhtine (1977) suggère que:

> L'idéologie en tant que telle ne saurait être expliquée en termes de racines supra- ou infra-humaines. Sa place réelle est dans ce matériau social particulier de signes créés par l'homme. Sa spécificité est précisément dans ce fait qu'elle se situe entre des individus organisés, qu'elle est le moyen de leur communication (p. 29).

Il stipule également: «Cet aspect sémiotique et ce rôle continu de la communication sociale comme facteur conditionnant n'apparaissent nulle part plus clairement et plus complètement que dans le langage» (p. 31). Ainsi constitués dans l'interaction, les identités et leur signifiant (le nom) sont porteurs d'idéologie et sources de possibilités et de contraintes. Les noms négociés entre deux locuteurs ou groupes de locuteurs ont alors non seulement une portée en ce qui a trait à leurs interactions mutuelles, mais aussi auprès de tous les autres locuteurs avec lesquels ils auront l'occasion d'interagir (Malt et Sloman, 2004).

Les membres d'une même communauté détiennent donc un pouvoir de dénomination significatif. En Alberta, «Canadien français» et «Franco-Albertain» sont des référents à contenu idéologique. Le débat en relation au nom de l'ACFA met en exergue l'infusion d'un nouveau contenu idéologique au terme *francophone*, un référent du domaine de la linguistique qui se rapporte à une personne parlant français. Alors que *Francophone* (avec lettre majuscule) n'est pas encore apparu dans la langue écrite, le nom commun arbore de plus en plus un sens identitaire.

---

[6] Bledin (2004), Belmont (2005), Frankel (2004), Howarth (2002, 2006), Petrzelka (2004), Roberts (1999) et Treadwell (2003).

Le mot sera toujours l'*indicateur* le plus sensible de toutes les transformations sociales, même là où elles ne font encore que poindre, où elles n'ont pas encore pris forme, là où elles n'ont pas encore ouvert la voie à des systèmes idéologiques structurés et bien formés. (Bakhtin, 1977, p. 38)

Il n'est pas ici question de l'ajout ou de l'invention de mots nouveaux, mais du changement progressif de types sémiotiques : les mots circulent dans la société et, ce faisant, deviennent chargés de sens divers. Pensons, par exemple, au mot *intégrer*, qui signifie généralement l'action de faire partie d'un tout : « intégrer un groupe ». Il peut également servir d'insulte lorsque émis par un jeune immigrant à l'intention d'un autre : « Va te faire intégrer[7] ». Les mots ont donc différents sens, voire de nouveaux sens, selon le contexte dans lequel ils sont prononcés et le locuteur qui en fait usage :

En réalité, ce ne sont pas des mots que nous prononçons ou entendons, ce sont des vérités ou des mensonges, des choses bonnes ou mauvaises, importantes ou triviales, agréables ou désagréables, etc. *Le mot est toujours chargé d'un contenu ou d'un sens idéologique ou événementiel.* (Bakhtine, 1977, p. 102)

Plus encore, le pouvoir du mot ne se limite pas à la réflexion de la réalité, mais s'étend à la réfraction du réel. Autrement dit, on lui accorde un sens en vue de représenter la réalité ainsi que de catégoriser et de reclasser les objets, les phénomènes, les situations et les personnes. En ce sens, il est à l'origine même des représentations sociales, lesquelles influencent et constituent à leur tour les pratiques sociales qui contribuent à nommer, à construire ou à démolir les identités (Howarth, 2006, p. 65-86).

De son côté, Bourdieu (1996) insiste sur l'importance particulière de l'action de nommer à titre d'action créatrice : « Nommer, on le sait, c'est faire voir, c'est créer, porter à l'existence » (p. 19). Ce pouvoir appartient à tout acteur social, mais seule une autorité reconnue comme étant légitime par le groupe dominant a le pouvoir de nommer officiellement et ainsi d'intégrer le nom et son signifiant dans le discours dominant :

---

[7] Philippe Quentin, communication personnelle, Montpellier, France.

Il n'est pas d'agent social qui ne prétende, dans la mesure de ses moyens, à ce pouvoir de nommer et de faire le monde en le nommant: ragots, calomnies, médisances, insultes, éloges, accusations, critiques, polémiques, louanges, ne sont que la petite monnaie quotidienne des actes solennels et collectifs de nomination, célébrations ou condamnations, qui incombent aux autorités universellement reconnues. (Bourdieu, 1982, p. 99-100)

On peut ainsi affirmer que le débat dont il est question dans cet article concerne non seulement le nom de l'ACFA, mais également l'autorité de nommer et le pouvoir de définir le projet de société qui aura préséance en Alberta francophone. De son côté, Gust (2005) affirme que « *not naming is actually a form of naming, given that the practice of naming is so fundamental to any system of intelligible communication currently available in our culture* » (p. 149). Il nous faudra donc nous pencher sur l'absence du terme *Franco-Albertain* dans la discussion entourant le changement de nom de l'ACFA.

Dans un autre ordre d'idées, le langage ou la communication sociale perd de son potentiel conditionnant lorsqu'il devient possible de remettre en question le contenu idéologique que lui confère le groupe dominant, c'est-à-dire à l'occasion de crises sociales capables de susciter une prise de conscience. À cet effet, Erikson (1963, p. 274), cité dans Bledin (2004, p. 477), soutient que « *we begin to conceptualize matters of identity at the very time in history when they become a problem* ». Le mouvement de populations de langue française vers l'Alberta constitue un tel moment historique.

Il est significatif que le débat auquel nous nous intéressons se focalise sur le nom d'un organe sociopolitique. Ce conflit correspond à la concrétisation d'une crise plus large concernant la structure d'un monde social, y inclus la délimitation de son centre et de sa périphérie. Afin de comprendre la portée de cet affrontement, il importe de mettre d'abord en lumière l'état de ce monde avant l'avènement de la controverse à l'endroit du nom de l'ACFA.

Contexte de l'étude

Comme l'ensemble des communautés francophones et acadiennes du Canada, celle de l'Alberta a passé par deux changements de nom dans son histoire récente. D'abord canadienne-française, elle est devenue franco-albertaine avec la prise en charge des institutions francophones par des laïcs professionnels et en raison de leur participation grandissante dans la politique provinciale. Alors qu'un argument de type évolutionniste — on évolue vers quelque chose de mieux — peut être présenté en faveur de tels changements, il est source de tensions et laisse dans son sillage des gagnants et des perdants (Heller, 2002). En ce sens, il s'agit d'une lutte pour le pouvoir de se dire, de se nommer et de se positionner dans une hiérarchie sociale. Le débat sur le changement de nom de l'ACFA s'inscrit dans la continuité d'une telle lutte.

La polémique entourant le changement de nom de l'ACFA n'est pas la première en son genre depuis le début des mouvements de population que connaît actuellement l'Alberta. En 1992, la Cour suprême du Canada a reconnu le droit constitutionnel des communautés francophones et acadiennes à la gestion de leurs écoles. S'en est suivi un débat de société en Alberta concernant le nom que porterait le nouveau système scolaire de l'Alberta francophone : parlerions-nous d'écoles et de conseils scolaires francophones ou franco-albertains ? Dans le cadre d'un entretien mené en 2002, l'un des principaux artisans de cette consultation explique :

> Tu verras que dans ce document (sur l'éducation en langue française) on n'emploie pas le terme *Franco-Albertain* JAMAIS parce que ça faite aussi état d'un très grand débat et le jour où ça fait un très grand débat j'ai pas dormi cette nuit-là / parce que toute mon intérieur était déchiré torturé / parce que moi qui travaillais depuis 50 ans à donner une place aux Franco-Albertains c'était plus aux Franco-Albertains qu'il fallait que je donne la place / fallait que je donne la place aux francophones vivant en Alberta.

Il est clair ici que parler d'écoles « francophones » ne faisait pas consensus et qu'il y a, en effet, eu des gagnants et des perdants dans cette lutte pour le pouvoir de nommer ces institutions. Afin de comprendre l'importance du différend, il faut savoir que l'école est, pour plusieurs francophones en Alberta, la seule institution publique où le français est une langue d'usage légitime. À ce propos et à l'occasion du conflit entourant le changement de nom de l'ACFA, Luc Pinon de Cold Lake fait remarquer que :

> Le terme *français* doit être atteint du sida ou de la petite vérole tant il est honni, tant on a peur qu'il veuille uniquement dire *qui vient de France*. Ainsi, francophone signifie *qui parle français*. Mais la peur est telle qu'on est rendus, par exemple, avec des écoles francophones. Je savais déjà que les murs ont des oreilles, j'apprends qu'ils ont également une langue. La langue française ? Non, la langue francophone[8].

Renommer l'ACFA, au même titre que nommer les institutions scolaires, est donc équivalent à faire valoir, pour reprendre l'expression de Bourdieu, qui est légitime et qui l'est moins, voire pas du tout, dans la communauté.

Le débat

À son assemblée annuelle en 2005, le conseil d'administration de l'ACFA soumet la proposition de remplacer le nom *Association canadienne-française de l'Alberta* par celui *d'Association des communautés francophones de l'Alberta*. À première vue, l'antagonisme qui s'ensuit dans les pages du *Franco* semble, d'une part, provenir du désir d'adopter un nom capable d'inclure tous les francophones de la province, notamment les immigrants et les migrants, et, d'autre part, découler de la remise en question de l'emploi du terme *Canadien français* à titre d'étiquette identitaire inclusive. Cependant, il est impossible de nier que la lutte pour le pouvoir de renommer l'ACFA est à l'image d'un conflit de plus grande envergure, particulièrement en ce qui a trait au pouvoir de nomination et de représentation de tous les francophones de la province. Il s'agit, pour ainsi dire, d'un débat identitaire, social et politique. Cet affrontement met en scène deux groupes qui tendent chacun à développer un discours normatif pour justifier leur position, soit l'un en faveur du *statu quo* et l'autre en faveur du changement.

---

[8] Luc Pinon, semaine du 26 mai au 1er juin 2006, p. 4.

On assiste, d'un côté, à la marginalisation accrue du terme *Canadien français*: on infuse à ce référent une connotation historique, le vidant, par le fait même, de tout son pouvoir de nomination d'un peuple d'actualité. En ce sens, ceux qui se disent Canadiens français n'ont plus une identité légitime:

> Je me sens affaibli. Moi, Canadien français, qui écrivait mon identité avec une majuscule, je la perds dans *francophone*. Face au groupe dominant, comment justifier qu'un groupe de *phones* ait plus de droits qu'un autre[9].

À cet effet, Alain Nogue, cité dans une chronique d'Étienne Alary, soutient que «La notion de "Canadiens-français" est désuète. Aujourd'hui, on a des gens d'un peu partout. C'est donc pour être inclusif que cette proposition [de changer le nom de l'ACFA] a été amenée[10]». Donald Michaud, tel que cité dans une chronique d'Étienne Alary, ajoute: «Le terme *canadien-français* est un peu vieilli. Les gens ne s'identifient pas ou ne s'identifient plus à ce terme[11]». Puis, on explique que:

> Une association «canadienne-française» représente un peuple et une époque qui n'englobent plus toute la population francophone en Alberta. Mais une «association de communautés francophones» inclut les personnes qui s'identifient comme «canadiennes-françaises»[12].

Certains ont tendance, comme le fait le lecteur cité ci-dessous, à blâmer les défenseurs du *statu quo* sous prétexte qu'ils veulent imposer une certaine «conformité»:

> Pour *Le petit Robert*, un Canadien français est un Acadien ou un Québécois qui parle franco-canadien. La connotation ethnique est apparente; et la question de la conformité canadienne-française pourrait rapidement faire surface[13].

Or, l'argument utilisé en faveur du changement de nom est lui-même tiré d'un discours plus largement autorisé, ce qui donne

---

[9] Luc Pinon, semaine du 26 mai au 1er juin 2006, p. 4.
[10] Alain Nogue, semaine du 21 au 27 octobre 2005, p. 1.
[11] Donald Michaud, semaine du 7 au 13 avril 2006, p. 1.
[12] Association canadienne-française de l'Alberta, *Tournée de consultation de l'ACFA en région*, Alberta, ACFA, 2006, p. 16.
[13] Paulin Mulatris, semaine du 21 au 27 avril 2006, p. 5.

ainsi l'impression qu'il est empreint d'une plus grande objectivité et bénéficie d'un statut normatif. À cet effet, Paulin Mulatris emprunte une définition du référent *Canadien français* qui est tirée d'un dictionnaire de la France, cédant ainsi le pouvoir de nomination à une autorité extérieure au peuple qui s'y identifie. Il nie par ce fait même l'existence des Canadiens français qui ne se disent ni québécois ni acadiens, dont plusieurs veulent, dans le cadre de ce débat, conserver le nom «Association canadienne-française de l'Alberta». En effet, jusqu'au début des années 60, les Canadiens de langue française étaient considérés Canadiens français peu importe la date de leur arrivée au pays et leur province d'installation[14].

Pour sa part, Luc Pinon, partisan du *statu quo*, met en exergue le rapport conditionnant entre le nom *Association des communautés francophones de l'Alberta* et la fragmentation grandissante de l'identité franco-canadienne:

> Canadiens Français, rentrons chez nous. La bataille est perdue. Les Québécois ne sont plus des Canadiens Français. Les Acadiens ne s'y sont jamais identifiés. J'ai le goût de pléonasmer. On se subdivise maintenant en sous-groupes de phones provinciaux et territoriaux. Les francos par-ci et les francos par-là. Les francophones donnent un nouveau sens à l'expression diviser pour régner (heureusement que Stephen Harper est là pour nous défendre[15])[16].

Cependant, le mot *francophone* en tant qu'identifiant plaît à plusieurs. Georges Bahaya, directeur du Centre d'accueil et d'établissement d'Edmonton, et dont les propos sont cités dans une chronique d'Étienne Alary, explique: «Je me reconnais comme francophone. Je dois me situer quelque part dans cette organisation et je ne suis pas Canadien-français[17]». Au mois de mai de l'année suivante, ce même lecteur, cité dans une chronique de Julie Fortier, ajoute:

---

[14] La population acadienne des provinces maritimes fait exception à cette règle, mais l'élaboration de cette distinction dépasse les limites de cet article.

[15] Stephen Harper est présentement le premier ministre du Canada. On considère généralement qu'il est défavorable au maintien des droits acquis des francophones.

[16] Luc Pinon, semaine du 26 mai au 1er juin 2006, p. 4.

[17] Georges Bahaya, semaine du 21 au 27 octobre 2005, p. 1.

Tous les jours, nous recevons [au Centre d'accueil et d'établissement] des gens de partout. Quand on leur présente la carte d'adhésion, il y a une grande réticence. Il faut comprendre et accepter qu'il y a des gens qui ne peuvent pas se sentir comme Canadiens français[18].

Quatorze lecteurs précisent également que «compte tenu du contexte social actuel, nous soutenons toujours que le nom *Association canadienne-française de l'Alberta* ne reflète plus la communauté pour laquelle cet organisme est le porte-parole officiel[19]».

Rappelons que les mots reflètent et réfractent la réalité sociale. Les lecteurs cités ci-dessus invoquent le changement de nom en raison de ce qu'ils perçoivent comme étant le potentiel réflexif des mots choisis, alors que M. Pinon, défenseur du *statu quo*, entrevoit la possibilité d'une transformation de la réalité, ici la perte d'une identité, comme conséquence des mots adoptés. Toutefois, il y en a d'autres qui voient cette transformation d'un œil plus positif : le changement de nom favoriserait davantage l'établissement d'une population immigrante au sein de la francophonie albertaine. La modification du nom de l'ACFA est ici justifiée à partir d'un discours totalisant pancanadien : la survie des communautés francophones et acadiennes du Canada dépend de leur capacité d'intégration de nouveaux immigrants. Puisque de tels discours sont généralement véhiculés parmi les groupes dominants d'une société, il n'est pas surprenant de constater que les interlocuteurs qui s'y réfèrent occupent eux-mêmes des positions de pouvoir décisionnel au sein de l'Alberta francophone.

On justifie donc l'emploi de l'expression *communautés francophones* en fonction du besoin d'intégrer les immigrants et migrants francophones de la province, notamment en raison des enjeux se rapportant au multiculturalisme canadien. Si bien que «[Denis Tardif, directeur du Secrétariat francophone de l'Alberta], a d'ailleurs souligné que toutes les communautés francophones du Canada s'organisaient désormais autour du dossier de l'immigration[20]».

---

[18] Georges Bahaya, semaine du 26 mai au 1er juin 2006, p. 1.
[19] Semaine du 29 septembre au 5 octobre 2006, p. 4.
[20] Chroniqueur inconnu, semaine du 25 février au 3 mars 2005, p. 2.

Ainsi, « Le changement de nom est le premier geste à poser pour faire en sorte qu'ils (les migrants et les immigrants) ne se sentent pas exclus[21] ». Pour sa part, Jean Johnson, président de l'ACFA et cité dans une chronique d'Étienne Alary, explique :

> Aujourd'hui, la communauté est davantage multiculturelle, que ce soit au niveau international ou pancanadien. Alors, lorsque nous parlons d'une association des communautés, nous voulons que les communautés francophones (présentes en Alberta) se retrouvent, que ce soit la communauté rwandaise, haïtienne, congolaise, acadienne, québécoise ou autre[22].

Nous reviendrons plus loin sur l'omission catégorique, ici comme ailleurs, de l'identifiant *Franco-Albertain*.

M. Mulatris, universitaire, demande, pour sa part, s'il faut :

> [...] confiner la mission de l'ACFA au niveau de ceux qui se définissent comme Canadiens français ? Que ferait-on alors des données statistiques qui démontrent l'importance de l'immigration et des migrations dans la vitalité du fait francophone et des institutions francophones au Canada[23].

Bien que M. Mulatris et M. Bahaya, tous deux d'origine immigrante, participent activement au débat de l'heure, M. Mulatris estime parallèlement que :

> Présenter ce même débat comme une préoccupation destinée à faire plaisir aux migrants ou immigrants d'origine ethnoculturelle me paraît faire fausse route. Notons d'abord que la plupart de ceux-ci sont tellement préoccupés par des soucis d'ordre professionnel ou de re-scolarisation involontaire tardive que ce débat semble loin de les mobiliser ou même de les intéresser. Une telle argumentation est de nature à conduire à des interprétations abusives et à stigmatiser les nouveaux immigrants (surtout lorsqu'il est passagèrement fait mention des Congolais), voire à désorienter ceux que la discussion intéresse. Non pas qu'il faille blâmer ceux qui, de part et d'autre, soulèvent cette question mais plutôt admettre que ce débat trouve sa justification au-delà des individus, dans la dimension multiculturelle du Canada[24].

---

[21] Reed Gauthier, cité dans une chronique d'Étienne Alary, semaine du 7 au 13 avril 2006, p. 1.
[22] Jean Johnson, semaine du 30 septembre au 6 octobre 2005, p. 1.
[23] Paulin Mulatris, semaine du 21 au 27 avril 2006, p. 5.
[24] Paulin Mulatris, semaine du 21 au 27 avril 2006, p. 5.

M. Mulatris fait ici reposer le bien-fondé du changement de nom sur deux autorités généralement reconnues par la population canadienne : Statistique Canada et le gouvernement fédéral lui-même. Au fait, l'ensemble du discours sur le multiculturalisme et les communautés francophones et acadiennes est justifié à partir de ces mêmes données statistiques et des politiques du gouvernement fédéral[25].

En revanche, Luc Pinon situe la source du débat ailleurs que chez les immigrants. De ce fait, on pourrait lire dans ses commentaires une critique du discours pancanadien :

> Les immigrants ne nous ont jamais demandé de nous identifier différemment… eh bien, nous allons penser pour eux. Ils se sentiront chez eux, car désormais, au Canada, nous sommes tous des *phones* […] En terminant, voici le slogan pour nos vainqueurs. Un slogan rassembleur porteur de paix et d'amour dans un beau nivellement. ENSEMBLE, NOUS AURONS DU PHONE[26].

Alors que M. Pinon ne spécifie pas l'autorité détenant le pouvoir de nomination, Guy Généreux, cité dans une chronique d'Étienne Alary, suggère ceci :

> Ce ne sont peut-être pas les immigrants francophones qui sont les plus difficiles à convaincre de s'identifier comme Canadiens. Ce sont plutôt les migrants, les Québécois et les Acadiens, qui ne s'identifient plus comme des Canadiens français depuis plusieurs années[27].

En tout et partout, on revendique le changement de nom et de l'image de l'ACFA :

> Pour que l'ACFA provinciale puisse bien représenter chaque individu francophone en Alberta et respecter ses propres valeurs d'ouverture et

[25] Voir Jedwab, J. (2002). *L'immigration et l'épanouissement des communautés de langue officielle au Canada : politiques, démographie et identité*, Canada, rapport de recherche menée pour le compte du Commissariat aux langues officielles, en ligne, consulté le 15 avril 2008 à http://www.ocol-clo.gc.ca/html/stu_etu_imm_022002_f.php#SOMM ; Fédération des communautés francophones et acadienne du Canada (2001). *Outil de discussion de la tournée du Groupe de travail*, en ligne, consulté le 15 avril 2008 à http://www.fcfa.ca/media_uploads/pdf/160.pdf.

[26] Luc Pinon, semaine du 26 mai au 1er juin 2006, p. 4.

[27] Guy Généreux, semaine du 7 au 13 avril 2006, p. 1.

d'inclusivité, elle doit s'assurer que son nom et son image sont inclusifs, dignes à la fois de son histoire et de sa diversité, et respectueux envers tous et chacun qui veulent y adhérer[28].

Quoique M. Mulatris nous invite à contextualiser le débat au sein du multiculturalisme canadien, on cherche plutôt à individualiser l'identité des Franco-Albertains au profit d'une identité de groupe. On peut alors penser que l'organe politique des Franco-Albertains est en voie de dépolitisation, laquelle se manifeste au cœur d'une confrontation entre la solidarité homogénéisante et la fragmentation de la francophonie albertaine :

> Aujourd'hui, il est difficile d'imaginer une francophonie albertaine homogène. La migration de Québécois, d'Acadiens et de Franco-Ontariens du Canada, ainsi que l'arrivée en Alberta de francophones du monde entier renouvellent constamment la population et les institutions des francophones, spécialement dans les communautés urbaines comme Edmonton et Calgary. La francophonie est croissante et dynamique. Et les racines franco-albertaines et canadiennes-françaises demeurent très fortes et fondamentales à la province[29].

Là où le discours des tenants du changement de nom propose un argument en faveur de la différenciation des identités, les tenants du *statu quo* y opposent un argument, tout aussi normatif, en faveur d'une identité commune : l'identité canadienne-française. Certaines personnes qui contestent le changement de nom cherchent à faire valoir la valeur sociohistorique et politique du terme *Canadien français* dans l'expérience du peuple franco-albertain. Plusieurs ne se cachent pas de vouloir imposer ce que M. Mulatris a nommé la conformité canadienne-française. À cet effet, Julie Cadieux, membre de l'ACFA à Rivière-la-Paix, demande : « Ne sommes-nous pas en train de banaliser le travail de nos ancêtres francophones canadiens au profit d'un mot à la mode comme communauté, mot qui est aseptisé, qui ne vise personne et qui veut englober tout le monde[30] ? » Pour sa part, Marie Marchand, membre actif de l'ACFA à Saint-Paul, s'exprime avec candeur sur ce sujet :

---

[28] Association canadienne-française de l'Alberta, *op. cit.*, p. 15.
[29] Association canadienne-française de l'Alberta, *op. cit.*, p. 14.
[30] Julie Cadieux, semaine du 7 au 13 avril 2006, p. 5.

Le court historique de l'ACFA présenté lors des assemblées annuelles des régionales de l'ACFA oublie de mentionner que les gens qui ont fondé l'ACFA en 1925, étaient des gens du Québec et des Québécois des États-Unis, venus dans l'Ouest canadien. Ils se considéraient Canadiens français de l'Alberta. Nous en sommes les fiers descendants. Il y a un vieux dicton qui dit : « Qui prend mari, prend pays ». Ici on doit dire, « Prends pays, prends ce qu'il t'offre, comme il te l'offre ». Nous les Canadiens français de l'Ouest, nous sommes toujours trop généreux en cédant à celui-ci et à celui-là[31].

Par ailleurs, certains lecteurs clament un rapprochement entre l'identité canadienne ainsi que linguistique et l'identité canadienne-française : tout Canadien francophone est un Canadien français. À cet égard, Michel Lehodey, nommé dans une chronique de Julie Fortier, considère que l'identité canadienne-française est une identité canadienne quintessencielle :

> Le directeur général de l'ACFA, Joël F. Lavoie, qui animait cette soirée, a répondu du tac au tac que le terme *canadien-français* ne le représentait pas nécessairement, ce qui a, peu après, fait bondir Michel Lehodey, trouvant honteux qu'on veuille renier cette identité canadienne[32].

Pour sa part, Albina Brousseau, citée dans une chronique d'Étienne Alary, explique : « En changeant le nom, j'ai peur qu'on perde le sens originel de l'Association. Ceux qui viennent de l'extérieur, ils deviendront Canadiens[33] ». Ce que dit cette lectrice désigne une autre tendance selon laquelle on réduit le terme *Canadien français* à ce qu'il évoque sur le plan de la géographie et de la langue. Selon cette perspective, on s'appuie sur le bon sens commun afin de nommer l'autre en lui attribuant l'identité canadienne-française sous prétexte qu'il parle français et habite le Canada.

Lyne Lemieux, citée dans une chronique d'Étienne Alary, affirme, par exemple : « À partir du moment où tu vis au Canada et que tu parles français, tu deviens Canadien français. Pourquoi vouloir

---

[31] Marie Marchand, semaine du 28 avril au 4 mai 2006, p. 4.
[32] Julie Fortier, semaine du 26 mai au 1er juin 2006, p. 1.
[33] Albina Brousseau, semaine du 7 au 13 avril 2006, p. 1.

enlever le mot canadien[34]». À ce propos, Julie Cadieux demande : «Est-ce que c'est utopique de ma part de croire que les immigrants qui déménagent au Canada veulent devenir Canadiens ? Pourquoi alors ne se sentiraient-ils pas concernés par le nom d'une association qui est canadienne ?[35]» Michel Lehodey, cité dans une chronique d'Étienne Alary, est du même avis : «On veut changer de nom pour quelques petits groupes de personnes qui vont devenir, un jour, des Canadiens[36]». Il en va de même pour Louise Reidy, citée dans une chronique d'Étienne Alary, qui stipule : «On est tous des Canadiens français, cela ne change rien si tu viens du Congo ou d'ailleurs dans le monde[37]».

Il s'agit ici d'un discours normatif en ce sens qu'il y a normalisation de critères arbitraires : la langue et le lieu. La question de l'exclusion de l'identifiant *Franco-Albertain*, faisant lui aussi référence à une langue et à un lieu, se pose ici. Jean Johnson précise justement que l'ACFA n'est pas une association canadienne, mais «une association albertaine, même si un nombre élevé de nos membres sont de fiers Canadiens français[38]». Or, si une Association canadienne-française de l'Alberta n'est pas suffisamment albertaine, une association franco-albertaine le serait certainement. Parmi toutes les suggestions documentées dans *Le Franco*, seule Madeleine Cormier fait mention de l'identifiant *Franco-Albertain* :

> La population a changé, elle s'est enrichie de FRANÇAIS, de FRANCO-PHONES de pays étrangers. Le caractère d'Association se sentait-il mué en celui de collectivité FRANCO-ALBERTAINE DE L'ALBERTA (CFAA) ? Ce qui ferait le point, ou sommes-nous rendus à une maturité de FRAN-COPHONIE ALBERTAINE DE L'ALBERTA[39] ?

Par contre, l'emploi de l'expression «maturité de francophonie albertaine de l'Alberta» suggère que la «collectivité franco-albertaine» ne serait qu'un titre transitoire, qu'un pas de plus pour s'éloigner du

---

[34] Lyne Lemieux, semaine du 7 au 13 avril 2006, p. 1.
[35] Julie Cadieux, semaine du 7 au 13 avril 2006, p. 5.
[36] Michel Lehodey, semaine du 31 mars au 6 avril 2006, p. 1.
[37] Louise Reidy, semaine du 7 au 13 avril 2006, p. 1.
[38] Jean Johnson, semaine du 14 au 20 avril 2006, p. 5.
[39] Madeleine Cormier, semaine du 5 au 11 mai 2006.

référent *Canadien français* en vue d'évoluer vers l'idéal que représente la « francophonie albertaine ».

Discussion

À la conclusion du débat, les membres de l'ACFA ont voté pour le maintien du nom original : Association canadienne-française de l'Alberta. Les interventions soumises à cet effet de la part des lecteurs au journal *Le Franco* entre 2005 et 2007 permettent néanmoins de percevoir un changement de société en cours. Effectivement, comme le constate George Bahaya, plusieurs francophones de la province, surtout des nouveaux arrivants de l'Est du pays ou de l'étranger, ne sont pas membres en règle de l'ACFA. Ils n'ont donc pas le droit de vote sur cette question. D'autant plus que les personnes en faveur du changement de nom sont plus souvent qu'autrement issues d'une élite francophone et donc dotées d'une plus grande autorité nominale.

De plus, le débat a permis à plusieurs de nommer ou de renommer la francophonie albertaine sur l'espace public. En effet, Bourdieu (1996) et Bahktin (1977) sont d'avis que les mots ont un pouvoir de réfraction ou de modification de la société. Lorsque ces mots sont prononcés (écrits) publiquement et donc accessibles à l'ensemble d'une communauté, ce pouvoir se voit accentué. On peut également faire état de l'avènement d'un discours normatif à l'endroit des « communautés francophones de l'Alberta » qui s'inscrit dans un discours pancanadien alors que l'espace occupé par celui à l'intention des « Canadien français » est fortement rétréci. Bien que le changement soit manifestement entamé, nous n'en connaissons pas encore l'aboutissement. Le silence catégorique à l'endroit d'un discours entourant l'identifiant *Franco-Albertain* nous semble significatif puisqu'il s'agissait, jusqu'à présent, d'un discours identitaire dominant. L'établissement du nouveau discours « communautés francophones » annonce un certain déplacement de ce discours. D'autant plus que l'absence d'un échange à l'intention de l'identifiant *Franco-Albertain* témoigne de sa force sur le terrain. Les personnes qui adoptent l'étiquette identitaire

«Franco-Albertain» sont généralement membres de l'ACFA, ce qui suggère qu'elles ont été des participantes actives dans la décision de modifier ou non le nom de cette association.

Malgré que l'absence générale du terme *Franco-Albertain* pourrait s'expliquer par un désir de maintenir le sigle ACFA (Association des communautés francophones de l'Alberta), force est de constater qu'il aurait pu être adopté sans menacer l'acronyme en question si l'on avait, par exemple, considéré l'appellation *Association de la collectivité franco-albertaine*. D'autant plus que le mot *collectivité* peut inclure plusieurs communautés. Il est cependant permis de croire que, puisque l'identifiant *Franco-Albertain* n'était pas un élément du nom à maintenir ou à modifier, il n'y avait tout simplement pas lieu de le mentionner. Par contre, nous sommes d'avis que ce silence témoigne plutôt du positionnement de la population qui se dit (et qui est généralement reconnue comme étant) franco-albertaine: elle n'est ni «vieillie» ni venue d'ailleurs et n'a pas, en ce sens, à réclamer sa légitimité de présence, l'essentiel de l'*establishment* francophone en Alberta étant issu de ses rangs. Elle occupe donc une position de pouvoir. L'analyse des données d'observation et d'entrevues amassées dans le cadre du projet de recherche plus large permettra d'éclairer cette question.

Ainsi, alors qu'il est possible de croire que le discours en faveur du changement de nom de l'ACFA cherche à remplacer l'identité canadienne-française par celle de francophone, on remarque aussi que d'autres voudraient imposer l'identité canadienne-française à ceux qui se disent simplement francophones au Canada ou, plus précisément, en Alberta. Le va-et-vient des arguments lancés en faveur et à l'encontre du changement de nom de l'ACFA laisse transparaître une lutte pour le pouvoir de nomination. L'absence de référence à l'identité franco-albertaine dans ce débat est un élément incontournable dans l'analyse de la distribution de ce pouvoir.

Références

Association canadienne-française de l'Alberta (2008), *Historique de l'Association canadienne-française de l'Alberta,* en ligne, consulté le 14 mai 2008 à http://www.acfa.ab.ca/historique_acfa.asp.

Association canadienne-française de l'Alberta (2006), *Tournée de consultation de l'ACFA en région,* Alberta, ACFA.

Bakhtin, M. (1977) [1929], *Le marxisme et la philosophie du langage : essai d'application de la méthode sociologique en linguistique,* traduit du russe par M. Yaguello, Paris, Minuit.

Belmont, B. S. (2005), « Naming rites : An Association's name-change initiative re-energizes members and reshapes its public image », *Association Management,* 57(2), p. 53.

Bledin, K. (2004), « What's in a name ? Foulkes, identity and the social unconscious », *Group Analysis,* 37(4), p. 477-489.

Bourdieu, P. (1996), *Sur la télévision : suivi de L'emprise du journalisme,* Paris, Liber.

Bourdieu, P. (1982), *Ce que parler veut dire. L'économie des échanges linguistiques,* Paris, Fayard.

Fédération des communautés francophones et acadienne du Canada (2001), *Outil de discussion de la tournée du Groupe de travail,* en ligne, consulté le 15 avril 2008 à http://www.fcfa.ca/media_uploads/pdf/160.pdf.

Frankel, A. (2004), « The new science of naming : Forget made-up words and quirky nonsense. When choosing an identity for a company or a product, simple and straightforward are back in style », *Business, 2.0* 5(11), p. 53-55.

Gust, S.W. (2005), « A performance of identity : Reflections upon auto-methods », Doctor of Philosophy, Illinois, Southern Illinois University Carbondale.

Heller, M. (2002), *Éléments d'une sociolinguistique critique,* Paris, Didier.

Howarth, C. (2006), « A social representation is not a quiet thing : Exploring the critical potential of social representation theory », *British Journal of Social Psychology,* 45(1), p. 65-86.

Howarth, C. (2002), « Identity in whose eyes ? The role of representations in identity construction », *Journal for the Theory of Social Behaviour,* 32(2), p. 145-162.

Jedwab, J. (2002), *L'immigration et l'épanouissement des communautés de langue officielle au Canada: politiques, démographie et identité*, Canada, rapport de recherche menée pour le compte du Commissariat aux langues officielles, en ligne, consulté le 15 avril 2008 à http://www.ocol-clo.gc.ca/html/stu_etu_imm_022002_f.php#SOMM.

Malt, B.C. et S.A. Sloman (2004), «Conversations and conventions: Enduring influences on name choice for common objects», *Memory & Cognition,* 32(8), p. 1346-1354.

Petrzelka, P. (2004), «The new landform's here! The new landform's here! We're somebody now! The role of discursive practices on place identity», *Rural Sociology,* 69(3), p. 386-404.

Roberts, B. (1999), «The name game: Legalities, cultural correctness and the Internet shape choices for company and product names», *Electronic Business,* 25(11), p. 42-44.

Statistique Canada (2007), *Le portrait linguistique en évolution,* recensement de 2006 (n° 97-555 au catalogue), Ottawa, ministre de l'Industrie, p. 15.

Treadwell, D.F. (2003), «Can your institution's name influence constituent response? An initial assessment of consumer response to college names», *Public Relations Review,* 29(2), p. 185-197.

QUI ÇA, NOUS ?
LA QUESTION DES IDENTITÉS MULTIPLES DANS L'AMÉNAGEMENT D'UNE REPRÉSENTATION DE LA FRANCOPHONIE EN ACADIE DU NOUVEAU-BRUNSWICK

CHRISTOPHE TRAISNEL
PROFESSEUR, DÉPARTEMENT DE SCIENCES POLITIQUES, UNIVERSITÉ DE MONCTON

ET

ISABELLE VIOLETTE
DOCTORANTE, UNIVERSITÉ DE MONCTON ET UNIVERSITÉ DE TOURS

Introduction

Dans la foulée des transformations sociopolitiques et idéologiques de la francophonie canadienne et des repositionnements identitaires qui en découlent, l'Acadie du Nouveau-Brunswick, comme d'autres « pays sans État » se conjugue davantage au rythme de la mondialisation et du transnationalisme en articulant de plus en plus les thèmes de la pluralité et de la diversité à son « acadianité ». En effet, comme les plus récentes études sociologiques le montrent, les discours tenus sur l'identité en Acadie tendent à illustrer une hétérogénéité toujours plus grande des approches, qu'elles soient concurrentes ou complémentaires, de ce qu'est l'identité acadienne (Thériault, 2007 ; Allain et Mckee-Allain, 2003). L'Acadie est donc « en mouvement ». L'image traditionnelle d'une entité monolithique folklorisée dotée d'une immuabilité et où le temps aurait cessé de faire patiemment son œuvre ne résiste pas à l'expression de ces « diverses diversités » qui de plus en plus marquent les discours des multiples organismes acadiens comme la Société d'Acadie du Nouveau-Brunswick (SANB) et la Société nationale de l'Acadie (SNA). Dans ce processus, il semble que l'existence d'une immigration francophone (aussi modeste soit-elle)[1] participe de ces changements en devenant un enjeu d'importance pour la société acadienne, car elle interroge directement le fond comme la forme que prend la construction identitaire de celle-ci.

En tenant compte de ces phénomènes identitaires, cet article propose de se pencher sur la problématique globale de l'agencement ou du réaménagement du discours identitaire acadien à la lumière des « diverses diversités » qui marquent la société acadienne, dans un contexte où le pluralisme et le multiculturalisme deviennent, qu'on le déplore ou s'en félicite, les paradigmes dominants des discours identitaires contemporains. Nous souhaitons en particulier nous intéresser au discours des principaux concernés, à savoir les « militants » de la francophonie acadienne ou de l'Acadie. Cet article fait écho aux préoccupations de chercheurs qui s'interrogent depuis quelques années sur les liens possibles entre minorités francophones, société civile et citoyenneté (Thériault, 2007 ; Gallant, 2005) et qui tendent, dans la société acadienne, du Nouveau-Brunswick à se cristalliser, notamment autour de l'idée d'une « gouvernance » acadienne

---

[1] Selon les statistiques pour l'année 2006 disponibles sur le site de Citoyenneté et Immigration Canada (CIC), le Nouveau-Brunswick a reçu 3,8 % de résidents permanents ayant une connaissance du français, ce qui équivaut à une quarantaine d'individus seulement. Le pourcentage est un peu plus important en Nouvelle-Écosse. Curieusement, à l'Île-du-Prince-Édouard et à Terre-Neuve, la proportion est nettement plus élevée, soit de 58 % (Citoyenneté et Immigration Canada, 2007).

et / ou francophone[2]. Le nouvel aménagement de la francophonie acadienne que cette réflexion suppose s'engage dans une redéfinition des modes d'appartenance et de représentation à laquelle participent la présence et la prise en compte de l'immigration francophone. Au-delà des réflexions de chercheurs, quelle place les acteurs acadiens donnent-ils à cette question de la diversité dans leur discours identitaire ? Cherchent-ils à préserver une identité acadienne authentique[3] et à dissocier cette dernière de la francophonie issue de l'immigration ou, au contraire, à associer francophonie et Acadie en poursuivant un peu plus le travail de redéfinition de l'identité acadienne et donc du rapport entre langue et identité ?

Nous procéderons en quatre temps. D'abord, nous chercherons à éclairer l'approche que nous privilégions dans la définition de l'identité collective ainsi que la démarche méthodologique induite par cette approche. Ensuite, nous mettrons rapidement en contexte le cas acadien et la question de l'immigration en Acadie. Dans un troisième temps, nous nous intéresserons à la manière dont l'immigrant est présenté comme un «autre» parmi de multiples «autres». Enfin, nous rendrons compte de la manière dont l'immigrant francophone participe également à la construction d'un «nous» tout aussi divers.

---

[2] En effet, en 2005-2006, une commission consultative sur la gouvernance de la société civile acadienne et francophone du Nouveau-Brunswick a vu le jour et permis d'entamer une réflexion publique sur la possibilité de mettre en place une assemblée communautaire délibérante. D'ailleurs, la distinction établie entre «acadien» et «francophone» dans le titre du projet est pour notre propos déjà largement significative (Commission consultative sur la gouvernance et la société civile acadienne et francophone du Nouveau-Brunswick, 2006).

[3] La notion d'authenticité s'inscrit dans une approche essentialisante et ethnicisante de l'identité. Pour ce qui est de l'identité acadienne, elle repose principalement sur l'origine (idée d'une filiation acadienne) et l'histoire d'un certain nombre de familles (patronymes acadiens), toutes deux en lien avec l'événement historique du Grand Dérangement (l'expulsion et l'expatriation de milliers d'Acadiens durant la deuxième moitié du 18ᵉ siècle par les autorités britanniques). Une identité acadienne authentique puise donc sa légitimité dans la continuité et la préservation de ces éléments distinctifs, à savoir dans son interprétation la plus étroite: être descendant de déportés.

Approche méthodologique et terrain de recherche

La définition de l'identité collective sur laquelle nous avons basé notre travail reprend les approches développées par d'autres chercheurs[4]. Elle part de l'idée suivante : toute identité collective est politiquement construite par un ensemble d'acteurs qui cherchent, sur la base de facteurs réputés distinctifs, à fabriquer une « doctrine identitaire », autrement dit un discours de référence visant à justifier une distinction entre un « nous » et un « eux » constitutifs d'une commune appartenance. Nous nous intéressons à la porosité et à la complexité de cette distinction mouvante, soumise aux aléas des constructions discursives visant à « dire » les identités plutôt que l'identité. Car ce travail discursif consiste moins à construire une frontière entre un « nous » et un « eux » qu'à élaborer des références identitaires visant à définir des distinctions multiples entre des groupes qu'on oppose autant qu'on associe. Étudier les identités collectives revient donc à rendre compte de ce processus politique de construction permanente d'une forme d'appartenance et, plus particulièrement, à analyser, à travers le discours des militants, la manière dont ces derniers aménagent la frontière entre les « nous » et les « eux ». Il s'agit notamment de voir si ce travail de réflexion sur le sens à donner à la communauté constitue ou non un travail collectif, dans la mesure où ce travail produit des cadres communs de référence susceptibles d'être diffusés à la « communauté imaginée » (Anderson, 1996) tout entière.

En Acadie, comme partout ailleurs, les frontières entre le « nous » et le « eux » sont poreuses et il s'avère difficile de proposer une définition de ce qu'est ou serait l'identité acadienne. N'étant ni totalement ethnique ni complètement civique[5], elle reflète plutôt

---

[4] Voir notamment Martin, D. C. (dir.) (1994), *Cartes d'identités*, Paris, Presses de la FNSP ; Martin, D. C. (1992), « Des identités en politique : le choix d'identité », *Revue française de science politique*, 42(4), p. 582-593 ; Poutignat, P. et Streiff-Fenart, J. (1995), *Théories de l'ethnicité*, Paris, PUF, coll. « Le Sociologue ».

[5] Nous reprenons ici la distinction traditionnellement acceptée entre d'une part une appartenance basée sur la volonté d'un « vivre ensemble » commun, et d'autre part une appartenance en quelque sorte « malgré soi » tenant à un ensemble de facteurs réputés objectifs comme la filiation, la langue, la religion ou le partage d'ancêtres communs.

une part de cette «indécision identitaire» mise en évidence par Thériault (1995) dans ses travaux sur la francophonie canadienne et l'Acadie. Par conséquent, nous avons fait le choix, non de questionner l'identité acadienne elle-même, démarche qui nous paraît ici impossible[6], mais la porosité des rapports entre le «nous» et le «eux» en Acadie, notamment à travers un repérage de la manière dont on parle de l'immigration francophone en Acadie du Nouveau-Brunswick. Plus précisément, il s'agissait de voir comment le mouvement acadien agence (ou non) diversité culturelle et francophonie dans sa représentation de l'acadianité par un repérage des marques des «nous» et des «eux» dans les paroles de militants acadiens. De cette manière, il était question de relever où et comment était catégorisé l'immigrant francophone en rapport à l'identité acadienne, l'immigrant francophone se trouvant en fait à l'interstice du même (celui qui partage la même langue) et de l'autre (celui qui vient d'ailleurs), jouant des frontières dans une société où tout locuteur du français compte pour la «survie» du groupe linguistique minoritaire mais qui est cependant encore ancrée dans une conception généalogique d'elle-même. Il nous paraissait pertinent d'approfondir cette étude des «entre-deux» comme une forme d'indicateur de l'ambivalence qui caractérise le discours identitaire acadien contemporain. L'identité n'est pas perçue comme un phénomène statique et stable, mais plutôt comme participant d'un phénomène discursif complexe et permanent d'attribution, d'identification et de nomination (Barth, p. 205). Nous avons donc privilégié une approche mettant l'accent sur l'analyse des discours, c'est-à-dire sur la manière dont des individus, à travers une prise de parole, vont, sur un thème précis, donner un sens au monde qui les entoure et dans lequel ils vivent et, par ricochet, comment ils se positionnent par le langage (Maingueneau, 1997; Fairclough, 2001; Blommaert, 2005). Comme le précise Blommaert, «*discourse is what transforms our environment into a socially and culturally meaningful one*» (2005, p. 4).

---

[6] Dans le cadre de cette approche constructiviste que nous avons ici décidé de privilégier.

Nous avons ainsi cherché à recueillir un ensemble de «paroles de militants» sur l'identité acadienne en réalisant une douzaine d'entretiens avec des personnes impliquées ou qui ont été impliquées à titres divers au sein du mouvement acadien—femme ou homme, jeune ou aîné, universitaire, syndicaliste, entrepreneur, intellectuel, leader communautaire—, œuvrant dans divers domaines (art, santé, éducation, politique). Il s'agit en somme de ce que Thériault appelle les «faiseurs d'acadianité», c'est-à-dire ceux qui, par leur travail politique et/ou social, construisent un discours public sur l'identité (Thériault, 1995). La diversité de nos interlocuteurs nous a permis de mettre à l'épreuve notre approche, qui consistait à repérer les lignes de force du discours identitaire, les trames communes transcendant l'hétérogénéité des parcours militants ou des expériences et la manière dont ces personnes engagées parlent des Acadiens, de l'Acadie et des «autres».

Ces entretiens ont été réalisés conjointement, en fonction d'un guide préétabli qui laissait liberté et flexibilité dans la prise de parole de l'interviewé. Chacun a fait l'objet d'une retranscription intégrale et d'une codification en fonction des objectifs propres à cette recherche. Un point important est pourtant à souligner quant au déroulement des entretiens et sur lequel nous reviendrons en conclusion : notre guide d'entretien portait sur le thème de l'identité acadienne et comportait des thèmes en rapport avec la question de la diversité culturelle et de l'immigration. Or, nous décidions d'aborder cette dernière sous forme de relance seulement si l'interlocuteur ne l'avait pas lui-même spontanément abordée au cours de l'entretien. Il s'agissait de constater la présence plus ou moins forte de cette thématique dans le cadre d'une enquête plus globale sur l'identité acadienne, sans imposer d'emblée à nos interlocuteurs une problématique liée à l'immigration et sans les sommer de se positionner par rapport à un discours identitaire précis. Bien évidemment, cette enquête ne prétend pas livrer l'«essence» d'une identité collective communautaire partagée par l'ensemble des membres de cette communauté imaginée (opération impossible), mais plutôt, sur la base d'un groupe impliqué dans les réflexions sur l'identité, voir s'il existe des cadres communs de référence à ce groupe sur lequel a porté l'enquête. Nous présentons ici les résultats d'une première analyse de ce corpus d'entretien, qui s'est surtout bornée à repérer trois aspects de ce discours sur l'Acadie : 1) la manière dont on définissait le groupe acadien, le « nous » acadien ; 2) la manière dont on définissait les autres groupes présents en Acadie du Nouveau-Brunswick, en somme, les « autres » ; et 3) la place du thème de l'immigration francophone et de l'immigrant de langue française dans ce discours sur les identités, avec une question en filigrane : L'immigrant francophone est-il assimilé plutôt au « nous » ou plutôt aux « autres » dans le discours des « faiseurs d'acadianité » ?

Mise en contexte

Les langues au Nouveau-Brunswick

Pour bien cerner notre problématique, un bref portrait de la situation sociolinguistique au Nouveau-Brunswick s'impose puisque l'immigration francophone constitue sans contredit un enjeu linguistique en milieu minoritaire. La population de la province est francophone à 30 % (environ 210 000 personnes) (Statistique Canada, 2006). Cette communauté linguistique est surtout présente à l'intérieur de trois grandes régions : le Nord-Ouest, le Nord-Est et le Sud-Est. Bien que reconnaissant à la fois le français et l'anglais comme langues officielles depuis 1969, la province du Nouveau-Brunswick présente toutefois un bilinguisme asymétrique en faveur de l'anglais. Les statistiques portant sur le taux de bilinguisme illustrent parfaitement cette situation inégalitaire puisque 72 % des francophones y sont bilingues alors que seulement 15 % des anglophones le sont (Statistique Canada, 2001 ; Boudreau et Dubois, 2001). L'anglais est donc une nécessité au Nouveau-Brunswick alors que le français peut constituer un atout dans certains secteurs d'emploi (Boudreau et Dubois, 2001). Ce déséquilibre n'est pas sans avoir d'effet sur le potentiel de rétention et d'intégration d'immigrants francophones au sein des communautés acadiennes, comme ont pu le constater certaines études (Boudreau, Malaborza et Violette, 2005 ; Violette et Boudreau,

2008). En effet, plusieurs immigrants dont la langue véhiculaire est le français arrivent au Nouveau-Brunswick avec l'idée que l'on peut s'y exprimer dans l'une ou l'autre des deux langues officielles peu importe le lieu. Or, la réalité est tout autre, particulièrement dans le marché du travail, où l'anglais prédomine. De plus, les valeurs rattachées aux langues ne sont pas sans influencer les pratiques de ces mêmes langues. Ainsi, une langue ou variété de langue qui est dévalorisée, donc minorée et dominée dans l'espace public (travail, commerce, affichage, État, éducation, etc.), peut observer une diminution du nombre de ses locuteurs au fil des générations au profit de la langue dominante, en l'occurrence, ici, l'anglais (Boyer, 1991 ; Boudreau, 1996). Le milieu minoritaire acadien présente donc des défis d'intégration linguistique pour ces « francophones d'ailleurs », qui doivent s'adapter à la complexité de la situation, particulièrement dans les régions bilingues comme celle de Moncton, d'où la nécessité de mettre en place des structures d'accueil œuvrant en français afin de ne pas ajouter à leur marginalisation.

Politique, milieu associatif francophone et immigration

Le Nouveau-Brunswick, tout comme la région atlantique en général[7], est un peu le parent pauvre des flux d'immigration au Canada. En chiffres absolus, la province reçoit en moyenne 700 à 800 nouveaux arrivants par année, dont environ une centaine se disent francophones (Rioux, p. 247). Pendant de nombreuses années, la province n'a pas eu de politique d'immigration très précise. Or, récemment, l'immigration est devenue un véritable sujet d'actualité qui fait écho aux efforts stratégiques du fédéral pour régionaliser et « franciser » l'immigration au Canada. En effet, le Nouveau-Brunswick est aux prises avec, d'une part, l'exode des jeunes et, d'autre part, le déclin démographique, réalités qui sont particulièrement conséquentes pour les communautés francophones (Desjardins, 2002). L'immigration est donc perçue comme un élément essentiel du développement des communautés francophones minoritaires, comme le présente le *Cadre stratégique pour*

---

[7] Les provinces de l'Atlantique reçoivent environ 1 % des immigrants qui arrivent chaque année au Canada et le Nouveau-Brunswick, 3 % (Rapport Okana).

favoriser l'immigration au sein des communautés francophones en situation minoritaire (Citoyenneté et Immigration Canada, 2003). Les liens entre francophonie minoritaire et immigration se poursuivent au sein également du milieu associatif et le mouvement acadien y est sensible. En effet, le principal organisme porte-parole des Acadiens, la Société de l'Acadie du Nouveau-Brunswick (SANB), a mis sur pied, avec le concours des gouvernements fédéral et provincial, la *Table de concertation provinciale sur l'immigration francophone au Nouveau-Brunswick,* dont la vision est de faire de l'Acadie une «terre d'accueil» ouverte aux immigrants ainsi que de «sensibiliser la communauté acadienne et francophone du Nouveau-Brunswick à l'importance de l'immigration francophone pour son développement» (SANB, 2004). Même si ce regain d'intérêt pour l'immigration francophone semble s'essouffler, on peut repérer deux importantes initiatives des organismes acadiens pour favoriser l'immigration de langue française au Nouveau-Brunswick : le Carrefour d'immigration rurale à Saint-Léonard et le Centre d'accueil et d'intégration des immigrants du Moncton métropolitain (CAIIMM), mis sur pied en 2006. Il s'agit dans chacun des cas de mettre en relation la population acadienne avec une population francophone «internationalisée» dans le but de créer une dynamique d'ouverture et d'échange.

En somme, il semble y avoir un réel effort pour arrimer Acadie et immigration francophone, mais qu'en est-il sur le plan du discours identitaire ? Au-delà du défi démographique, cela permet-il de dire autrement l'identité acadienne ? Comment agencer acadianité et francophonie plurielle en Acadie ? L'analyse des entretiens menés auprès de militants acadiens nous permet de fournir quelques propositions à cet égard à travers deux constats *a priori* contradictoires : l'immigrant francophone est un «autre» en même temps qu'un «nous autres».

Les multiples «Autres» en Acadie : l'immigrant est un Autre

Comme dans toute société, il existe plusieurs «Autres» mis en scène dans le discours identitaire des faiseurs d'acadianité et l'immigrant constitue l'un d'eux. Paradoxalement, nous avons constaté que le premier « autre » à surgir est… le groupe acadien lui-même ! Aussi surprenante que cette observation puisse paraître de prime abord, elle le devient moins lorsque l'on prend en compte la réalité socio-logique et ontologique du minoritaire, qui vit une situation que l'on pourrait illustrer par la formule de Rimbaud (1871) : « Je est un autre ». Le rapport entre identité et altérité est en effet complexe, le minoritaire s'identifiant lui-même comme un autre face à une majorité omniprésente dans son existence mais dont il ne se sent pas nécessairement exclu. Il s'ensuit une construction identitaire marquée par cette situation d'altérité ambivalente, comme l'ex-prime l'un des interviewés :

> Déjà grandir à Moncton, ta conscientisation que tu es minoritaire, tu le vis rapidement, même si tu n'es pas sensibilisé à la notion du peuple ou des notions de drapeau, t'as une notion que tu parles une *autre* langue et ton environnement est anglophone, donc *tu es autre*, minoritaire (E2)[8].

Par des stratégies de marginalisation et de résistance (Thériault, 2007, p. 31), les Acadiens ont négocié et intériorisé diverses façons d'être et d'agir avec leur principal élément d'altérité, c'est-à-dire l'anglophone. Dans tous les entretiens, les témoins discutent du rapport aux anglophones comme élément contribuant à la construc-tion de la spécificité acadienne, mais également comme élément différentiateur entre les régions acadiennes, par exemple dans les choix culturels et médiatiques :

> C'est normal, ici c'était plus les postes de radio américains, anglophones, le *Times & Transcript*/Tu sais au niveau des journaux, par exemple, moi ça m'hérisse que/Je comprends, je comprends très, très bien ça/Je me promène à Memramcook, je me promène à Dieppe, je vois les boîtes à lettres, *Times & Transcript, Times & Transcript* (E11).

En effet, la région du sud-est du Nouveau-Brunswick est carac-térisée par la cohabitation linguistique de la communauté anglo-phone, majoritaire, et de la communauté francophone, minoritaire, ce qui se traduit par un rapport ambigu, voire difficile à la langue

---

[8] Nous avons classé nos entretiens en ordre numérique selon l'ordre chronologique dans lequel ils ont été réalisés. Ainsi, « E2 » correspond à l'entretien n° 2. C'est nous qui soulignons.

française pour les Acadiens qui en sont originaires. Ces derniers entretiennent souvent une représentation négative de leur langue française puisque celle-ci ne correspond pas, dans leur imaginaire, à la norme légitime véhiculée par le Québec et, dans une autre mesure, la France (Boudreau, 1996, p. 416 et 417). Par conséquent, ils ne se reconnaissent souvent pas dans les médias francophones qui font usage d'un français standardisé, différent donc de leurs propres pratiques, et choisissent de se tourner vers les médias anglophones, qui, quant à eux, ne mettent pas en question leur identité de francophones légitimes. En outre, la région du Nord et principalement de la Péninsule acadienne est quant à elle marquée par une certaine homogénéité linguistique en faveur du français, conférant à ses locuteurs une plus grande sécurité linguistique[9], ce qui permet une différente identification à la langue française (Boudreau, p. 418). Ainsi, ce rapport à l'«A(a)nglais» est une source importante de divergences et de tensions, donc de pluralité au sein même du «nous» acadien : les Acadiens du Nord sont construits comme plus revendicateurs alors que les Acadiens du Sud-Est sont construits comme plus conciliants et accommodants face aux anglophones. Par conséquent, les migrations des Acadiens du Nord vers le centre urbain de Moncton que l'on observe depuis une dizaine d'années sont présentées comme transformant la dynamique traditionnelle de cohabitation linguistique :

> Alors je crois que l'immigration des populations francophones du Nord-Est surtout, mais de plus en plus aussi du Nord-Ouest font en sorte que les Acadiens du Sud-Est du Nouveau-Brunswick vont peut-être être un peu moins silencieux dans leurs revendications (E4).

Les tensions entre les différentes régions acadiennes sont ainsi source de distinction et d'exclusion et participent également à la construction et à la diversification du «eux». Les entretiens établissent clairement que l'Acadie, et donc l'identité acadienne, n'a jamais été et n'est pas homogène et cela, à travers de multiples expressions telles que «guerre des Acadies» (E8), «l'Acadie, c'est plusieurs tribus» (E11), «on a

---

[9] La notion de sécurité linguistique renvoie à un sentiment de légitimité chez un locuteur face à sa langue.

plusieurs capitales en Acadie» (E5), «l'Acadie plurielle» (E11)… Cette altérité constatée chez l'autre autant qu'au sein du groupe acadien lui-même s'articule également autour de l'autre francophone, qui inclut non seulement le Québécois, le Franco-Ontarien, le Français «de France», mais également l'immigrant en général, qui est une catégorie quelque peu diffuse dont on ne sait pas bien si elle s'applique à la fois, par exemple, au Québécois venu s'installer en Acadie, ou au Français «de France»:

> Je crois que le dossier de l'immigration en Acadie, c'est à la fois de bonne foi, on veut s'ouvrir à l'Autre (E2).

L'immigration reflète, comme cette citation l'illustre, un processus de redéfinition abstrait, de nature philosophique, quasi existentielle: l'immigrant incarne l'altérité en général, celui qui est différent de «soi». L'image de l'immigration se précise pourtant en s'ancrant dans des expériences vécues. L'immigrant provient alors du «grand extérieur» (E4), du «hors-cadie» (E4). Il est principalement un autre, certes, mais également un autre visible:

> Donc pluralité, oui, elle est, même Taillon, moi j'ai étudié 95-96, c'était peut-être un étudiant africain, un étudiant asiatique là, alors que là je le vis différemment, là il y a 400 étudiants africains, il y a une pluralité et dans la vie de Moncton *on le voit aussi*» (E2)[10].

Ainsi, Moncton, qui attire un nombre important d'immigrants francophones en raison de sa force économique et de ses institutions d'études supérieures de langue française, voit croître une diversité maintenant visible qui ne peut plus être passée sous silence, y compris lorsqu'on parle d'identité acadienne. Cette visibilité impose des changements à une communauté d'accueil qui parfois est présentée comme manquant de savoir-faire face à un immigrant étrange en même temps qu'étranger. Comment faire? Comment accueillir l'autre? Un interlocuteur croit trouver une solution en évoquant la nécessité d'établir une politique spécifique pour que des liens puissent se développer avec la communauté d'accueil. L'accueil de l'autre, ça prend en somme une politique spéciale:

---

[10] C'est nous qui soulignons.

Parce qu'on avait une population africaine, Moncton avait une population africaine qui commençait un petit et à (X… école secondaire de la région, NDLR), on avait beaucoup d'étudiants internationaux, mais il n'y avait vraiment rien au niveau d'intégration, de, tu sais, campagne de sensibilisation au niveau de racisme, au niveau de sexisme, au niveau d'hétérosexisme, tu sais, t'avais vraiment rien en place (E6).

En somme, l'immigrant est un des multiples autres par rapport auxquels se construit l'identité acadienne. Ce discours sur «les autres» ramène forcément à une interrogation sur l'identité acadienne elle-même et sur la manière dont cette identité se construit par rapport et en fonction de ces diverses altérités.

La diversité du « nous » :
l'immigrant contribuant à la définition d'un « nous autres »

On peut tirer un deuxième constat de cette première analyse des entretiens : malgré l'altérité reconnue à l'immigrant francophone, il existe dans le discours acadianiste contemporain une volonté d'intégrer cet *autre* francophone dans un *nous* encore largement indécis, un *nous autres* en somme, aux marges, ni totalement acadien ni seulement francophone. En tension constante entre l'ethnie et la nation[11], l'identité acadienne est caractérisée par deux discours sur la place de l'immigrant francophone au Nouveau-Brunswick : l'un de fermeture et l'autre d'ouverture ; deux discours apparemment contradictoires, mais qui se trouvent dans chacun des entretiens. Chaque interlocuteur a ainsi exprimé une identité acadienne changeante et adaptable, mais marquée par des références présentées, souvent implicitement, comme immuables. La notion de fermeture identitaire a ainsi été stigmatisée par plusieurs militants afin de dénoncer (mais en même temps de reconnaître) l'existence d'une conception généalogique de l'identité acadienne toujours présente et qui exclut, au nom d'une certaine authenticité, plusieurs francophones qui sont

---

[11] L'ethnie renvoie à une communauté historique fondée sur des caractéristiques plutôt essentialistes telles que l'origine, la langue et la culture alors que la nation implique une expression / forme politique basée sur un processus d'intégration sociale et identitaire (Schnapper, 2003).

installés en Acadie depuis plusieurs années et qui participent à la «cause acadienne». Les interviewés se positionnaient ensuite souvent comme en désaccord avec cette stigmatisation d'un discours identitaire de la fermeture à l'autre:

> On parlait tantôt de diversité, moi définir un Acadien, c'est pas compliqué, là/Ah, vraiment pas, c'est quelqu'un qui a une adresse permanente depuis au moins 24 heures et qui parle le français et qui demeure ici (E10).

De manière plus explicite, aucun d'eux ne conçoit l'immigration comme une menace et tous souhaitent que l'acadianité englobe cette réalité. En somme, il s'agit d'une opportunité pour la communauté acadienne, l'immigrant étant souvent présenté comme une valeur ajoutée pour le groupe, tel que les deux extraits suivants le montrent:

> Et on a un besoin criant d'immigrants, un besoin criant de francophiles, on a un besoin criant que la population anglophone comprenne nos besoins et veule qu'on conserve notre langue aussi (E2).
> C'est certain aussi, c'est certain qu'en Acadie, naturellement, l'immigration devient un facteur important/La question aussi de, d'avoir les ayants droit au niveau des écoles, aussi d'augmenter le nombre/Moi c'est pas seulement d'augmenter le nombre des ayants droit, pour moi c'est faire connaître beaucoup plus l'Acadie ou le peuple (E7).

Ceci étant dit, inclure des francophones venant de partout dans le monde dans la construction de la société acadienne n'est pas sans faire vibrer une autre corde sensible, celle de la rétention des Acadiens dits de souche mais émigrés. Dans un entretien, on trouve d'ailleurs les deux discours à des intervalles différents qui marquent parfaitement l'équilibre fragile d'une minorité:

> moi je dis est Acadien celui qui se définit comme tel
> «Te sens-tu Acadien, es-tu Acadien?
> Oui?
> Pas de problème» (E11).

Et un peu plus tard, en discutant de l'immigration:

> Moi je veux dire, si j'avais de l'énergie à investir, je ferais revenir les gens qui veulent revenir, qui sont déjà de souche d'ici, qui sont habitués à vivre ici, qui sont adaptés à vivre ici (E11).

Ainsi, il peut y avoir un décalage entre un discours d'inclusion très large et la mise en parallèle de celui-ci avec des réalités acadiennes précises. Cette ouverture à l'autre se renégocie sans cesse. Pourtant, parfois, c'est le francophone venant d'ailleurs qui est perçu comme le plus engagé dans la participation à la vie de la collectivité acadienne :

> Je trouve que les immigrants s'ajustent beaucoup plus vite et même les Québécois qui viennent en Acadie ou ailleurs, vont beaucoup accepter ou s'ajuster à la collectivité acadienne comme telle ou même l'identité acadienne que nos propres personnes ici [en faisant notamment référence au Nord-Ouest], tu sais (E7).

Cette dernière citation illustre à quel point l'expression de l'identité du groupe acadien est négociable, ajustable et certainement pas immuable, même pour nos interlocuteurs particulièrement attachés à l'histoire particulière du peuple acadien. L'identité acadienne telle qu'elle est dite serait notamment « adaptable » à l'autre francophone. Certains de nos interlocuteurs plaident même ouvertement pour une identité qui inclut toute personne venant du « grand extérieur », de cette « hors-cadie » évoquée plus haut. On récuse alors la distinction entre le « francophone » et l'« Acadien » au nom d'une approche plus volontariste, civique, diraient certains, de l'identité acadienne :

> Ne peut-on pas être Acadien ou Acadienne d'adoption ? Et venir de la France, venir du Québec, venir de l'Afrique
> Dans ma philosophie personnelle, absolument [...]
> Alors inversement, pour être Acadien ou Acadienne, il ne faut pas avoir subi la Déportation chez ses ancêtres
> Alors donc si de plus en plus d'organismes ajoutent le vocable « et francophones », mais est-ce que ce n'est pas dire que le concept de l'identité acadienne dans l'esprit de plusieurs est relégué justement à des descendants de déportés ? (E4)

C'est donc tout le rapport à l'histoire du groupe qui demande alors une réinterprétation et commande une redéfinition de l'identité acadienne. Il ne s'agit pas de nier le passé, mais d'y poser un regard nouveau en fonction du projet social que l'on se donne pour l'avenir. Selon l'approche herméneutique de Ricœur (1969), l'interprétation du monde se construit en rapport à ce que l'on veut en faire. Ainsi, dans le contexte acadien, l'événement fondateur que constitue la Déportation (voir note 3) pourrait se voir accorder éventuellement une place différente dans la définition identitaire du groupe de manière à repenser la primauté des origines.

Perspectives et pierres d'attente...

Après avoir situé l'immigrant francophone dans le discours identitaire acadien des militants que nous avons interrogés, il semble pertinent d'insister sur quelques caractéristiques du déroulement et de l'enchaînement discursif des entretiens comme éléments révélateurs du discours tenu par nos interlocuteurs sur le rapport entre identité acadienne et immigration francophone.

Premièrement, l'Acadie est sans conteste plurielle dans la représentation des militants acadiens que nous avons rencontrés. Or, la pluralité acadienne la plus spontanément évoquée n'est pas celle issue de l'immigration et de la présence des immigrants francophones, mais celle... des différences régionales, présentées comme structurant un rapport distinct à l'acadianité et à la question linguistique au Nouveau-Brunswick.

Deuxièmement, le thème de l'immigration a rarement émergé de lui-même dans le cadre de ces entretiens qui portaient sur l'identité acadienne et l'engagement dans la communauté acadienne. Il ne semble pas être une réalité vécue, mais plutôt une problématique construite qui ne peut être songée que si elle est proposée. Plus précisément, la question de la diversité telle que posée par l'immigration semble moins faire partie des expériences et des projets dont les militants discutent à partir du thème de l'identité acadienne que de celui de la langue et des droits linguistiques. Or, cela ne signifie pas pour autant que l'identité est construite de manière essentialiste autour du refus de la diversité. L'immigration, aussi faible soit-elle, est désormais médiatisée, dite, pensée et elle touche la communauté acadienne, comme l'illustrent les réflexions entreprises notamment par la Société de l'Acadie du Nouveau-Brunswick (SANB) ou les interventions sur cette question d'autres organismes acadiens. Les leaders acadiens sont ainsi amenés à réaménager la frontière du groupe à la lumière de cette nouvelle réalité et c'est cette tension visant à un réaménagement des cadres servant de référence aux discours sur l'identité acadienne que l'on trouve dans nos entretiens.

Troisièmement, il est important de souligner que l'ambivalence quant à la place de l'immigration francophone dans la définition de l'identité acadienne marque tous les entretiens. En effet, tous les militants se situent dans la modernité et dans une dynamique mondialisante, consciente et intégratrice de la diversité, mais en même temps dans une historicité précise. Dans le récit des parcours militants, par exemple, thème que nous n'avons pu développer ici, la dimension filiale est également bien présente. Ainsi, pour plusieurs, il s'agit de concilier ouverture à l'autre et sentiment d'appartenance qui dépasse le simple fait linguistique, puisque, comme l'exprime un de nos interlocuteurs :

> C'est plus que le français et c'est plus que vivre au Nouveau-Brunswick, oui, donc là, comment tu fais quand t'as pas de gouvernement, pas de citoyenneté, pas d'institutions pour absorber la pluralité dans quelque chose ? (E2)

Cet extrait résume parfaitement la particularité de l'Acadie du Nouveau-Brunswick face aux défis que présente la diversification de sa population : comment fabriquer un discours identitaire acadien pluraliste avec «les moyens du bord», c'est-à-dire sans gouverne, sans représentation politique, sans régime distinct de citoyenneté permettant la diffusion d'un discours public sur l'identité acadienne ? Cette situation rend d'autant plus problématique la définition d'une identité acadienne «intégratrice», dans la mesure où la plupart des outils d'intégration classiques pour «faire société» (politiques sociales, accès à des droits collectifs, participation et représentation politiques) sont de nature provinciale ou fédérale et non communautaire. En somme, il ne reste aux militants acadiens que l'expression d'une appartenance commune pour effectuer ce travail d'agencement entre diversité francophone et identité acadienne.

Dans ce travail de mise en rapport entre identité acadienne et diversité francophone, il semble que les « faiseurs d'acadianité » sont en train de définir au Canada une approche très originale oscillant entre la voie canadienne classique et la voie plus québécoise. La voie canadienne, bilingue et multiculturelle, universaliste et individualiste, basée sur le bilinguisme pancanadien, vise, par une instrumentalisation de la langue, à dissocier langue et identité et à transformer l'enjeu linguistique en enjeu judiciaire et législatif rapporté à l'identité canadienne. En somme, la langue est une question de droits individuels garantis à l'échelle du Canada par la reconnaissance de deux langues officielles et non d'identité communautaire. Dans ce cadre, il n'est pas nécessaire de repenser l'identité acadienne, groupe ethnique, à la lumière de la nouvelle diversité francophone, mais d'aménager les rapports entre les Acadiens et les francophones issus de l'immigration pour que chacun contribue au renforcement de la francophonie dans les provinces Maritimes et donc à la liberté de choix linguistique de tous les Canadiens. D'une certaine manière, les Acadiens participeraient d'une francophonie pancanadienne qui dépasserait leur simple groupe historique.

La seconde voie, plus «québécoise», unilingue et interculturelle, communautaire, vise au contraire à associer langue et identité au sein d'un projet politique global en faisant de la langue une voie d'accès privilégiée au groupe et un moyen commode de métissage de l'identité collective. La langue est alors d'abord non un droit individuel, mais l'un des attributs culturels du groupe et un moyen de gérer la diversité culturelle au sein de ce groupe. Dans cette perspective, il est au contraire nécessaire de repenser l'identité nationale acadienne à la lumière de la diversité francophone et d'inclure ces néo-Acadiens dans une réflexion collective sur l'identité.

Dans les deux cas, il s'agit de toute façon de «faire société en français», c'est-à-dire de prendre en compte cette réalité «nouvelle» dans le projet communautaire acadien et francophone, qu'il s'agisse de construire une francophonie plurielle en Acadie ou une Acadie plurielle dans la francophonie canadienne. L'Acadie exprimée par les militants oscille entre quête d'authenticité identitaire et volonté d'ouverture à l'autre, dans un jeu (subtil ou ambigu) entre inclusion et exclusion, comme l'illustre ce dernier extrait :

Évidemment la question de sang, ça va toujours rester, si tu as du sang acadien

Mais de vouloir dire toi tu es Acadien, wo, là on commence à être Québécois *about it* là.

[...]

X [en faisant référence à un ami d'origine africaine], c'est un Acadien.

Je veux dire il n'y a pas le sang, c'est pas un Acadien comme ça mais...

Si tu veux être Acadien dis-toi Acadien, ça fait quinze ans que tu es par ici puis que tu *chumes* avec des Acadiens, que tu donnes pour la communauté puis tout ça, dis-toi, appelle-toi Acadien [...]

Tu es un adopté.

Tu es d'ici, tu es d'ici (E1).

Ainsi, la question des origines, bien qu'elle ne puisse être totalement écartée, peut se résoudre par d'autres formes d'appartenance : l'engagement et l'adoption, qui relèvent à la fois de la participation du dit «immigrant» et de la reconnaissance de celle-ci par les dits Acadiens. D'ailleurs, on peut s'interroger sur le bien-fondé de la question : «Qu'est-ce qu'un Acadien?» au 21e siècle. Il semble plutôt se dégager des entretiens un glissement vers un «possible» et un «devenir» qui s'articulent autour de la question : «Qui veut être acadien?». À celle-ci, de nombreuses réponses différentes ont été proposées, qui laissaient toutes présager une construction, une négociation permanente entre authenticité et changement, d'où l'ambivalence que nous avons relevée. Ainsi, si la composante «être» n'est pas totalement exclue, elle se raccroche à un «vouloir être» qui représente sans contredit une ouverture au changement. Ne serait-il donc plus pertinent de réfléchir en termes d'«essence» acadienne ? Chose intéressante, si depuis quelques décennies les chercheurs en sciences sociales s'engagent de plus en plus dans une perspective constructiviste quant à l'étude des identités, les militants interviewés semblent également emprunter cette voie leur permettant de construire plus facilement un nouveau sens acadien. Le positionnement discursif des acteurs sociaux laisse ainsi entrevoir une francophonie acadienne qui s'«hétérogénéise» et qui, comme relevé en introduction, prend part à une diversification et à une pluralisation de son espace sans faire fi du lieu à partir duquel la parole est prise, en l'occurrence l'Acadie du Nouveau-Brunswick.

Références

Allain, G. et I. Mckee-Allain (2003), «La société acadienne en l'an 2000 : identité, pluralité et réseaux», dans A. Magord (dir.), avec la collaboration de A. Giroux et M. Basque, *L'Acadie plurielle : dynamiques identitaires collectives et développement au sein des réalités acadiennes* (p. 535-565), Poitiers et Moncton, Institut d'études acadiennes et québécoises et Centre d'études acadiennes.

Anderson, B. (1996) [1983], *L'imaginaire national. Réflexion sur l'origine et l'essor du nationalisme*, Paris, La Découverte.

Barth, F. (1995), «Les groupes ethniques et leurs frontières, dans P. Poutignat et J. Streiff-Fenart, *Théories de l'ethnicité*, Paris, PUF, p. 203-249.

Blommaert, J. (2005), *Discourse : a Critical Introduction. Key Topics in Sociolinguistic*, Cambridge, Cambridge University Press.

Blommaert, J. (dir.) (1999), *Language Ideological Debates*, New York, Mouton de Gruyter.

Boudreau, A. (1996), «Le minoritaire et le rapport à l'"autre"», dans R. Boudreau *et al.* (dir.), *Mélanges à Marguerite Maillet : recueil de textes de création et d'articles sur la littérature, la langue et l'ethnologie acadienne*, Moncton, Chaire d'études acadiennes, Éditions d'Acadie, p. 413-424.

Boudreau, A., S. Malaborza et I. Violette (2006), «Les immigrants des provinces Maritimes et leur(s) langue(s)», Centre Métropolis Atlantique, documents de recherche nᵒˢ 02-06, p. 1-16, http://www.atlantic. metropolis.net/WorkingPapers/Boudreau-WP2.pdf

Boudreau, A. et L. Dubois (2001), «Langues minoritaires et espaces publics : le cas de l'Acadie du Nouveau-Brunswick», dans *Estudios de sociolingüistica*, 2(1), p. 37-60.

Boyer, H. (1991), *Langues en conflit. Études sociolinguistiques*, Paris, L'Harmattan.

Camilleri, C. *et al.* (dir.), *Stratégies identitaires*, Paris, PUF.

Citoyenneté et Immigration Canada (2007), *Faits et chiffres 2006 : Aperçu de l'immigration, résidents permanents*, en ligne, consulté le 14 octobre 2007 à http://www.cic.gc.ca/francais/ressources/statistiques/faits2006/permanents/20.asp.

Commission consultative sur la gouvernance de la société civile acadienne et francophone du Nouveau-Brunswick (2006), *Vers une assemblée communautaire, représentative et influente*, en ligne, consulté le 14 octobre 2007 à http://www.gouvernanceacadie.ca.

De Fina, A., D. Schiffrin et M. Bamberg (dir.) (2006), *Discourse and Identity*, Cambridge, Cambridge University Press.

Desjardins, P. M. (2002), *La périphérie n'est pas homogène. Trois régions du Nouveau-Brunswick : Madawaska, Gloucester et Kent-Westmorland*, Institut canadien de recherches sur le développement régional et Institut national de la recherche scientifique — Urbanisation, culture et société, Moncton et Québec, Université de Moncton et Université du Québec.

Fairclough, N. (2001), *Language and Power*, New York, Routledge.

Gallant, N. (2005), « Choix et défis de l'assemblée délibérante : quelle légitimité ? quelle reconnaissance ? », cahier spécial de la revue *Égalité*, « Penser l'assemblée délibérante de l'Acadie du Nouveau-Brunswick », (51), p. 241-258.

Gumperz, J. (1989), *Engager la conversation. Introduction à la sociolinguistique interactionnelle*, Paris, Minuit.

Heller, M. et N. Labrie (dir.) (2003), *Discours et identités. La francité canadienne entre modernité et mondialisation*, Cortil-Wodon, Éditions modulaires européennes.

Kaufmann, J.-C. (1996), *L'entretien compréhensif*, Paris, Nathan.

Le Moigne, J. L. (1995), *Les épistémologies constructivistes*, Paris, PUF, coll. « Que sais-je ? »

Maingueneau, D. (1997), *L'analyse du discours*, Paris, Hachette.

Martin, D. C. (dir.) (1994), *Cartes d'identités*, Paris, Presses de la FNSP.

Martin, D. C. (1992), « Des identités en politique : le choix d'identité », *Revue française de science politique*, 42(4), p. 582-593.

Poutignat, P. et J. Streiff-Fenart (1995), *Théories de l'ethnicité*, Paris, PUF, coll. « Le Sociologue ».

Ricœur, P. (1969), *Le conflit des interprétations. Essais d'herméneutique*, Paris, Seuil.

Rimbaud, A. (1871), *Lettre à Paul Demeny*, le 15 mai 1871.

Rioux, J. G. (2005), « Le dossier de l'immigration en Acadie », dans H. Destrempes et J. Ruggerie (dir.), *Rendez-vous Immigration 2004. Enjeux et défis de l'immigration au Nouveau-Brunswick*, Fredericton, Policy Studies Center, University of New-Brunswick, Fredericton, p. 245-253.

Schnapper, D. (2003) [1994], *La communauté des citoyens. Sur l'idée moderne de nation*, Paris, Folio essais.

Société des Acadiens et Acadiennes du Nouveau-Brunswick (SAANB) (2004), *Mandat*, en ligne, consulté le 14 octobre 2007 à http://www.saanb. org/immigration/mandat.htm.

Statistique Canada (2006), *Langue parlée le plus souvent à la maison*, en ligne, consulté le 2 décembre 2007, à http://www12.statcan.ca/francais/census06/data/highlights/language/index.cfm.

Thériault, J. Y. (2007), *Faire société. Société civile et espaces francophones*, Sudbury, Prise de parole.

Thériault, J. Y. (1995), *L'identité à l'épreuve de la modernité*, Moncton, Éditions d'Acadie.

Thériault, J. Y. (dir.) (1999), *Francophonies minoritaires au Canada. L'état des lieux*, Moncton, Éditions d'Acadie.

Violette, I. et A. Boudreau (2008), «Reconfigurations identitaires en milieu minoritaire acadien : les enjeux sociolinguistiques vécus par des immigrants francophones à Moncton», Centre Métropolis Atlantique, Document de recherche n° 16, p. 1-18, http://www.atlantic.metropolis.net/WorkingPapers/Violette_Boudreau_WP16.pdf

Deuxième axe

Représentativité des définitions et des énoncés de certaines politiques ou productions institutionnelles de la francophonie

VIVRE LA FRANCOPHONIE EN CORSE :
REPRODUCTION ET TRANSFORMATION(S) DANS UN CONTEXTE D'ÉLABORATION D'UNE LANGUE MINORISÉE[1]

ALEXANDRA JAFFE

PROFESSEUR DE LINGUISTIQUE ET D'ANTHROPOLOGIE,
CALIFORNIA STATE UNIVERSITY, LONG BEACH

Introduction

Ce chapitre interroge les processus de reproduction et de transformation en matière d'idéologies linguistiques à travers une lecture des évolutions dans la pratique et la politique linguistiques corses. L'analyse se développe à partir de deux catégories de données : 1) des motions et des débats relatifs à la langue corse à l'Assemblée Régionale de la Corse depuis les années 80 jusqu'à aujourd'hui ; 2) des pratiques éducatives dans les écoles bilingues corses depuis 2000.

L'analyse suivante détaille les influences des idéologies qui soutiennent la notion de la francophonie sur l'aménagement linguistique en Corse depuis les années 80 à travers une lecture de trois types de

---

[1] Ce chapitre est tiré en grande partie de l'article «Parlers et idéologies langagières», *Ethnologie française*, 3 (11), p. 517-526.

données: 1) les documents officiels de l'Assemblée Régionale de la Corse et de l'Académie de Corse; 2) ma connaissance ethnographique des pratiques linguistiques et des représentations linguistiques depuis 1988; et 3) la politique et pratique de l'enseignement bilingue, que j'étudie depuis 2000. D'une part, il est clair que la francophonie comme «communauté imaginaire» et comme communauté de pratique[2] exerce une influence considérable sur les pratiques et les idéologies linguistiques dans ces deux domaines, car l'image d'une langue corse légitime se construit en se référant au modèle du français. En même temps, le processus dynamique identitaire implique une distanciation ou différenciation de la corsophonie et de la francophonie et donne lieu à des formes plus ou moins radicales de résistance idéologique.

Parmi les formes plus radicales figurent l'idée de la «polynomie», qui définit une langue en termes de reconnaissance sociale de l'unité dans la diversité (voir plus loin), et un imaginaire linguistique dans lequel la langue est un lieu de rencontres et d'échanges au lieu d'un symbole unitaire d'une communauté close. Ces idées, élaborées par rapport à une nouvelle identité corsophone, ont la possibilité de transformer la manière dont on conçoit ce qu'appartenir à un monde francophone veut dire en Corse. Alors, pour vous donner un plan de ce qui va suivre, je vais commencer avec le concept d'idéologie linguistique en faisant un survol des phénomènes que cela recouvre. Je passerai ensuite aux trois catégories de résistance que j'ai élaborées, des catégories qui se distinguent dans la mesure dont elles rompent avec les idéologies dominantes. Ce modèle me servira de référence pour des réflexions sur les changements et les continuités dans la pratique linguistique et dans le discours métalinguistique en Corse depuis les années 80.

---

[2] Eckert et McConnell-Ginet (1992) ont introduit la notion de la «communauté de pratique» comme moyen de décrire les unités sociales liées à des pratiques langagières. Selon leur formule, une telle communauté se définit par son engagement mutuel autour des pratiques et des objectifs communs, qui donnent lieu à des croyances, relations sociales et tendances sociolinguistiques.

L'approche idéologique

Dans l'anthropologie linguistique américaine, il existe depuis environ 15 ans un courant d'analyse des «idéologies langagières» (Kroskrity, 2006; Woolard, 1992; Woolard et Schieffelin, 1994). D'une part, c'est une manière de prendre acte des caractéristiques systématiques des idées sur la langue. D'autre part, c'est un moyen de tracer les liens entre les actes linguistiques, les discours métalinguistiques et des structures et des processus culturels, sociaux et politiques en montrant le rôle joué par les idéologies linguistiques (Jaffe, 1999; Irvine et Gal, 2000).

Les idéologies linguistiques recouvrent plusieurs phénomènes, dont:

1. des croyances, souvent inconscientes, concernant ce qui définit une langue comme langue (ses critères fondamentaux);
2. des notions collectives sur le bon / mauvais usage, à l'oral ou à l'écrit, par rapport à des genres et des registres de discours particuliers à des cultures différentes;
3. des idées / convictions portant sur l'existence d'un lien entre des formes ou des usages linguistiques particuliers et des attributs sociaux, individuels ou collectifs, par exemple les idéologies qui définissent les critères linguistiques associés à la légitimité, l'autorité, l'authenticité ou la citoyenneté, ou bien à des traits de caractère tels que la générosité, l'honnêteté, etc. (Par rapport aux hiérarchies linguistiques établies sous 2) ci-dessus, les idéologies de ce genre feraient le lien entre le bon / mauvais usage et le bon / mauvais comportement.);
4. des convictions—voire des certitudes—concernant le lien (culturel ou politique) entre langue et identité, touchant à tous les niveaux, de l'identité personnelle à la citoyenneté nationale ou supranationale.

Ces idéologies se manifestent dans les discours métalinguistiques et se reflètent dans des pratiques qui les prennent comme point de départ. D'un point de vue analytique, la nature des connexions entre des codes spécifiques et des identités socioculturelles dépend des conditions historiques et sociales particulières; ces connexions ne sont donc pas «naturelles». Néanmoins, l'expérience—la pratique répétitive—tend à «naturaliser» ces liens. Malgré le côté conservateur de ce processus d'«iconisation» (Irvine et Gal, 2000), il faut insister sur son dynamisme et donc étudier comment, dans des circonstances spécifiques, des idéologies linguistiques circulent dans une société, devenant soit hégémoniques, soit contestées ou modifiées. L'histoire de la question de la langue en Corse va nous montrer ces deux tendances. D'une part, on y verra l'emprise d'une idéologie langagière «dominante» qui propose un lien essentiel et fixe entre un code délimité et une identité collective/culturelle homogène. D'autre part, il y a débat, contestation et l'émergence de nouvelles manières de penser le lien langue/identité. Cela nous mène au deuxième concept de base: la résistance idéologique.

La résistance

Comme il y a plusieurs formes de résistance, il est pertinent de distinguer la gradation selon laquelle elles rompent avec des idéologies langagières dominantes. Je propose ici trois catégories de résistance: 1) une résistance de renversement; 2) une résistance de séparation; et 3) une résistance radicale (Jaffe, 1999).

Une résistance de renversement vise à bouleverser une hiérarchie linguistique et surtout à améliorer la position d'une langue (ou d'une variété de langues) minorisée ou stigmatisée vis-à-vis de la langue dominante. Dans le cas de la Corse et d'autres langues régionales, on peut considérer un grand nombre de mesures prises pour combattre la diglossie comme des manifestations d'une résistance de renversement. Elles comprennent à la fois ce qu'on peut regrouper sous la rubrique «*corpus planning*»: le développement d'une orthographe, des dictionnaires, des grammaires du corse; l'élaboration d'un lexique «moderne»; l'emploi du corse dans des genres écrits valorisés tels que le roman, l'essai, la poésie, etc. La planification du corpus a évidemment un côté lié à la planification du statut («*status planning*») dans le sens où toutes les formes d'écriture concernées confèrent à la langue un statut et du prestige. Il y a d'abord le statut de langue lui-même—dans le sens que la documentation du corse comme système linguistique cohérent avec des règles grammaticales est une façon de combattre l'étiquette de «patois» ou de «dialecte», mais aussi dans le sens où, étant revêtus d'une légitimité linguistique de langue «haute», ces genres d'écriture représentent des domaines desquels la langue minoritaire a été exclue dans une hiérarchie diglossique. Il en va de même pour d'autres mesures de «*status planning*», telle la mise en place des politiques linguistiques d'officialisation et d'institutionnalisation du corse. On peut donc remarquer que la résistance de renversement ne conteste en aucune manière les critères dominants de légitimité, mais essaie d'introduire la langue minorisée dans les domaines de pouvoir linguistique d'où elle a été exclue. Elle refaçonne la langue minorisée dans le moule dominant (voir Boyer, 1991 ; Jaffe, 1999).

Une résistance de séparation ne cherche pas à rendre la langue minorisée plus puissante sur le marché linguistique dominant, mais à sauvegarder la valeur de cette langue dans un marché alternatif. Une résistance de séparation met l'accent sur la différence entre la valeur de la langue minorisée et la langue dominante, et peut amener à une résistance aux mesures qui les rapprochent—y compris des actes de *corpus planning* ou de *status planning*. Une résistance de séparation est ambiguë par rapport à l'idéologie dominante. Elle peut être signe d'une certaine distance par rapport aux idées reçues sur les langues ou découler d'une adhérence complète à une perspective diglossique et à la hiérarchie qu'elle suppose.

Une résistance radicale remet en question non seulement la place de la langue minorisée dans la hiérarchie linguistique, mais aussi un ou plusieurs aspects des idéologies linguistiques dominantes. Retournons aux catégories d'idéologies linguistiques détaillées ci-dessus pour illustrer comment elles se manifestent plus spécifiquement et ce que serait une contre-idéologie.

Des croyances, souvent inconscientes,
concernant ce qui définit une langue comme langue

L'idée qu'une langue est un système clos et formel serait une idéologie dominante à laquelle on pourrait opposer une contre-idéologie selon laquelle une langue est un ensemble de pratiques (donc un phénomène social).

*Des notions collectives sur le bon / mauvais usage ou par rapport
à d'autres critères de prestige linguistique*

Ici, une résistance de renversement transposerait tels quels à la langue minorisée les critères de bon usage dans la langue dominante. Il peut être question des critères spécifiques aussi bien que des principes, telle la nécessité d'une norme unique. Une contre-idéologie proposerait des critères alternatifs de bon usage revendiqués pour la langue minorisée ou des principes alternatifs (comme, par exemple, la tolérance de la variation linguistique).

*Des idées ou des convictions sur les critères linguistiques liées
à des attributs sociaux, individuels ou collectifs*

Parmi les idées soutenues par une idéologie dominante, on trouverait les suivantes : seule une langue pourvue d'une norme unique est légitime (donc la langue minoritaire doit en avoir une) ; cette norme doit être « pure » (exclure la mixité dans toutes ses occurrences) ; et seuls certains acteurs sociaux détiennent l'autorité ou l'authenticité linguistique. Une résistance plus radicale proposerait des critères alternatifs de légitimité, d'autorité et d'authenticité qui admettraient des normes linguistiques (et culturelles) multiples ou plurielles, basées sur les pratiques d'acteurs divers. Dans cette optique, la norme linguistique — le bon ou mauvais usage dans la langue minoritaire — est à débattre / soumettre à la logique de la pratique (démocratique) sociale.

*Des convictions / certitudes vis-à-vis du lien
entre langue, identité et culture*

Les formes de résistance non radicales adhèrent à la formule « une langue = une culture = une nation » (ou autre collectivité) qui sous-tend et renforce des formes de purisme par rapport à la langue minorisée et la stigmatisation des phénomènes de contact de langues, l'alternance des codes, etc. Une idéologie plus radicale propose un lien entre langue et culture qui n'est pas « primordial » mais une fonction des actions linguistiques, métalinguistiques et politiques d'une collectivité. Il n'y a donc pas de relation nécessaire ou essentielle entre langue (entendue comme code ou système formel) et culture.

Changement et continuité en Corse : idéologies linguistiques et pratiques linguistiques

Interrogeons-nous à présent sur la cohabitation des idéologies dominantes et alternatives dans la société corse et sur ce qu'elles nous indiquent par rapport au fonctionnement et aux conséquences des diverses formes de résistance.

Qu'est qu'une langue ?
Qu'est-ce qu'une langue légitime (idéologies n° 1 et n° 2) ?

Depuis mes premiers séjours en Corse il y a bientôt 20 ans, je peux témoigner d'un changement énorme dans les esprits par rapport au statut de la langue corse. Aujourd'hui, l'idée que le corse est une langue est acceptée par la plupart des Corses, y compris ceux qui, il y a 20 ans, m'auraient assurée que ce n'était pas la peine d'apprendre le corse parce que ce n'était qu'un patois qui n'avait pas de règles grammaticales. Je pense que cette évolution idéologique est due, en grande mesure, à tous les efforts faits dans les domaines de *status planning* et de *corpus planning*, ce que j'ai regroupé sous les résistances de renversement. Il est vrai que cette reconnaissance n'a pas été accompagnée d'une augmentation de la pratique de la langue et que, dans certains domaines, on a assisté à une perte de son usage. Face au manque ou à la perte de pratique orale et «spontanée», on est tenté de conclure qu'une résistance de renversement n'est pas efficace, ou, comme l'avance Fishman (1991), que le processus de réappropriation d'une langue est voué à l'échec si cette réappropriation commence par «le haut» (les domaines de la politique, la littérature, etc.) et non par «le bas» (la transmission intergénérationnelle dans la famille et dans la vie sociale). Il est incontestable qu'un corps social qui n'a pas de solide pratique collective orale ne va pas pouvoir consommer une littérature ou un enseignement en langue minoritaire de la même façon qu'une société qui en est dotée. Mais je pense que chaque contexte sociolinguistique a sa propre histoire et que, dans le contexte corse, on n'aurait jamais réussi à convaincre les parents corsophones de l'époque (années 80) de parler corse à leurs enfants ni à mettre en place un enseignement sérieux du corse, sans avoir convaincu la société corse de la légitimité de la langue corse. Il faut rappeler qu'on convainc des gens dont l'expérience sociolinguistique est profondément influencée par les idéologies linguistiques environnantes, y compris leurs critères de valeur. Dans ce sens, on avait raison de supposer que la codification du corse et le développement d'une littérature en langue corse contribueraient à la transformation des attitudes du grand public insulaire. D'un point de vue anthropologique, il faut aussi insister sur le fait social total, par lequel tous les domaines de pratique et de discours linguistiques participent de la manière dont une langue vit dans une société. Le « bas » et le « haut » s'interpénètrent et s'influencent. Le locuteur du corse qui ne lit jamais un roman dans cette langue, par exemple, peut être amené par l'existence des romans corses à accorder un meilleur statut à cette langue. Dans cette optique, on peut proposer qu'une résistance de renversement est une étape préalable pour une éventuelle résistance plus radicale parce qu'elle prépare en quelque sorte le terrain social en positionnant la langue minorisée en tant que code légitime. Cette parité (relative) avec la langue dominante permet une réflexion antérieure (voir dessous) sur la légitimité des critères dominants d'évaluation sociolinguistique.

Il y a pourtant deux dilemmes liés à une résistance de renversement. Le premier est que la légitimité de la langue dominante émane de son pouvoir, entendu dans le sens le plus large. Dans le cas du français, c'est un pouvoir exercé à travers des institutions et des structures politiques, culturelles et économiques puissantes. C'est ce pouvoir qui confère la légitimité (voire l'hégémonie) aux critères évoqués pour définir ce qu'est une « vraie » ou une « bonne » langue. Par contre, la langue minoritaire n'a ni l'histoire ni le poids économique ou institutionnel de la langue dominante. La langue minoritaire — dans ce cas, le corse — ne peut pas contester les règles d'un jeu dans lequel elle va toujours perdre dans la comparaison avec le français. Le processus d'élaboration par lequel une langue minoritaire s'efforce de ressembler à une langue dominante met l'accent sur les « faiblesses » de la langue minorisée, évaluée par rapport aux critères dominants. Ici, la diversité des variétés du corse en est l'illustration. Or, il y a, dans le français en France, une diversité très importante, voire encore plus importante si l'on considère le monde francophone. Mais c'est une diversité qui, n'ayant pas été reconnue dans le discours officiel, est en ce sens « effacée ». En revanche, la diversité du corse demeure une caractéristique saillante et incontournable dans le discours social sur la langue. Elle a, dans un premier temps, été perçue comme un obstacle à sa codification et apparaît, aujourd'hui encore, comme un obstacle à son emploi dans l'enseignement, donnant lieu à l'« argument » souvent entendu : « Quel corse enseigner ? »

Cela nous amène à faire une observation d'ordre général sur le processus de revendication linguistique : le corse, comme toute autre langue minorisée, n'a pas accès aux instruments de l'hégémonie — un régime symbolique qui s'impose en même temps qu'il s'efface et devient ainsi l'*habitus* ou sens pratique d'une société. Au contraire, l'élaboration linguistique du corse met en relief l'exercice du pouvoir représentationnel, ce qui explique en partie pourquoi il y a tant de débats sur la question de la langue dans la société corse (on y reviendra ci-dessous).

Le deuxième dilemme d'une résistance de renversement est une des raisons d'être de la résistance de séparation que l'on peut attester en Corse : c'est le fait que l'autorité est souvent associée à l'autoritaire et à des hiérarchies linguistiques et sociales. Dans le cas du corse, une des conséquences inattendues d'une résistance de renversement réussie a été l'insécurité linguistique. La reconnaissance d'un « bon corse » (un corse *académique*) a persuadé certains locuteurs que leur corse n'était pas à la hauteur et avait pour effet de les faire taire. Ceci s'explique par rapport au purisme (idéologies nº 2 et nº 3) dans un contexte de contact de langues : l'image d'un corse légitime et « pur » délégitimait les pratiques mixtes (l'alternance des codes ; l'usage de codes mixtes, tel le « francorse ») aussi bien que les compétences très variables en corse qu'on trouvait chez les locuteurs. La difficulté de la prise de parole en corse est exacerbée par la persistance de l'idéologie nº 4 : la conviction d'un lien essentiel entre langue et identité. Si la langue corse est un élément essentiel de l'identité corse, la connaissance et le bon usage de la langue corse deviennent des critères d'évaluation de la corsitude de l'individu. En même temps, comme les Corses qui ne parlent pas la langue sont nombreux, on peut montrer et vivre une identité corse en français. Par conséquent, le Corse qui « parle mal » risque moins, au plan de l'identité, en parlant français qu'en parlant un corse qui risque d'être mal évalué. Il me semble que cette insécurité est loin d'être chassée, bien que l'enseignement ait ouvert des champs de pratique (dès la petite enfance) où « l'erreur » est beaucoup moins déstabilisante.

Je disais que cet aspect de la résistance de renversement donne lieu à une résistance de séparation dans laquelle la valeur du corse est définie exclusivement en opposition avec les valeurs du français. D'une part, on peut voir cette résistance comme une expression de la diglossie, qui représente une impasse par rapport à l'élaboration du corse parce que tout effort d'insérer le corse dans un domaine « français » (l'officiel, le public, l'obligatoire, l'institutionnel) est rejeté. C'est un argument que j'ai développé dans l'analyse du discours en corse sur « l'obligation » de l'enseignement du corse ; une partie des témoins qui étaient contre l'imposition du corse s'expliquaient en disant qu'un corse imposé comme le français perdrait sa valeur identitaire et affective (Jaffe, 2001). En même temps, on peut aussi considérer la résistance de séparation comme la face d'une double conscience induite par l'expérience de la domination du français. D'une part, on a le vécu scolaire, qui, entre autres expériences, influence la manière dont les Corses pensent la langue et le bon usage. Dans ce sens, ce sont les expériences qui véhiculent les idéologies linguistiques : elles les rendent concrètes ; elles les inscrivent dans l'*habitus*. En même temps, l'hégémonie idéologique qui passe à travers ce vécu est toujours partielle car le fonctionnement du pouvoir n'est pas complètement effacé. Dans le cas de la Corse, je pense que l'expérience de minorisation — aussi bien que les particularités de la culture corse et ses relations sociales et politiques — a donné lieu à une réflexion sur la manière dont le pouvoir linguistique se manifeste : d'une façon localisée, spécifique et comme le produit des acteurs sociaux intéressés œuvrant dans des réseaux sociaux particuliers. Donc, si on peut imputer la résistance de la société corse à tout acte d'officialisation ou d'institutionnalisation du corse à une «mentalité diglossique», on peut aussi la considérer comme une sorte de reconnaissance de l'opération des régimes linguistiques dans la société. C'est cette reconnaissance (bien que naissante) qui, me semble-t-il, rend possibles des formes de résistance plus radicales.

Il faut également reconnaître la résistance de séparation comme un mécanisme essentiel de l'identité, qui se construit à partir de la différence. Son expression aujourd'hui est beaucoup moins extrême qu'il y a 10 ou 15 ans; un résultat, sans doute, de l'institutionnalisation progressive du corse dans l'enseignement, qui, malgré tout, normalise le corse comme langue de l'école, de l'écriture et des examens. Dans le domaine de l'enseignement bilingue corse-français, que j'étudie depuis 2000, on peut considérer qu'il y a cohabitation de résistance de renversement (parité entre le corse et le français) et de résistance de séparation (différenciation subtile de la valeur culturelle et affective des deux langues). Cette relation n'est pas toujours équilibrée ou sereine, car il n'y a pas de réponses simples à des questions complexes d'identité. L'école bilingue a cependant créé un espace où une relation langue / identité se construit à partir des pratiques individuelles et collectives. Par là, le processus d'identification se crée dans un champ pratique au lieu de se dérouler uniquement dans le champ discursif. C'est ici qu'on peut peut-être modifier le propos de Fishman concernant la priorité de la transmission intergénérationnelle et l'usage populaire en suggérant que, d'une manière ou d'une autre, une société qui veut revitaliser une langue doit l'insérer dans un champ de pratiques dynamiques. Ce champ ne doit pas (et souvent ne peut pas) reproduire les contextes historiques d'usage de la langue.

Les liens entre langue et identité

On sait que l'idéologie n° 4, qui postule un lien «essentiel» et «primordial» entre langue et identité collective, est au cœur de la pensée nationaliste européenne. Cette manière de penser le lien langue / identité perfuse l'expérience des citoyens des États-nations. Pour les Corses, le lien entre le français, l'appartenance culturelle et la citoyenneté française a été vécu à la fois d'une façon positive (intégration par la voie du français) et négative (exclusion culturelle par rapport au corse). Il y a donc une logique de la pratique qui influence les insulaires à penser l'identité corse en termes linguistiques. C'est aussi une logique qui s'imposait politiquement pour le mouvement nationaliste corse dans le sens qu'il a été obligé de poser ses revendications politiques dans une logique historiquement établie par laquelle le droit à l'autodétermination politique appartient uniquement à un peuple, la légitimité d'un peuple se basant sur sa distinction culturelle (sur fond de durée historique) et la langue étant un élément clé qui confère la distinction culturelle. On voit très clairement comment le lien entre langue et identité politique figurait dans le discours nationaliste corse et dans le slogan « *Morta a lingua, mortu u populu* » (La mort d'une langue est la mort d'un peuple). On voit le même discours dans la première motion sur la langue corse votée par l'Assemblée de Corse en 1983 : « L'Assemblée, ayant pris acte du caractère fondamental de la langue comme ciment de la culture, et de l'urgence de mettre en œuvre une réelle politique de réappropriation culturelle qui traduise la volonté de l'Assemblée de rendre sa langue à son peuple... ».

Dans la dernière phrase, on voit que la tension que j'ai évoquée par rapport aux risques sur le plan identitaire de ne pas parler (ou de mal parler) le corse joue aussi sur le plan de l'identité collective : le peuple corse est défini par une langue que tous les Corses ne parlent pas (et qui donc doit leur être « rendue »). Notons deux choses. D'abord, la logique de l'identité reproduit le biais monolingue de l'idéologie linguistique française et efface la pratique bilingue du discours légitime. Ensuite, dans la formule Langue = Identité, c'est la langue comme système formel qui compte et, qui rend « obligatoire » l'établissement d'une norme unique pour le corse (pour que le système soit cohérent et homogène) et qui, par conséquent, rend suspects (au plan identitaire) le locuteur qui a une compétence partielle en langue corse ainsi que les mélanges de codes.

Vers de nouveaux sens de parler corse

Depuis 1982, la société corse a connu nombre de développements qui modifient soit la manière dont on conçoit la langue, soit la définition de l'identité corse, soit la relation entre les deux. Dans ce sens, on peut parler de formes de résistance plus radicales. Parmi ces développements, relevons le concept de polynomie et les courants de pensée qui essaient de découpler l'identité du code et d'y substituer le lien identification-pratique langagière. Finalement, depuis environ 1992, il y a un changement du cadre dans lequel on imagine l'identité corse et la langue corse : on cesse de le situer uniquement par rapport à la France et au français et, de plus en plus, on l'imagine dans un contexte européen et mondial.

Lingua matria *et polynomie*

Ce débat public commence en Corse, dans les années 80, entre les « puristes » et les « sociolinguistes ». Thiers (1986 ; 1989) et Chiorboli (1994), du côté des « sociolinguistes », insistaient sur la nature sociopolitique de tous les critères de jugement linguistique. De ce point de vue, la définition même de la langue corse et de son bon usage faisait partie de la prise de conscience sociolinguistique des Corses et n'excluait pas *a priori* les effets linguistiques du contact avec le français ni des pratiques « mixtes » des deux langues.

À la même époque, le Conseil de la Culture, de l'Éducation et du Cadre de vie (CCECV), conseil consultatif auprès de l'Assemblée de Corse, publiait un document trilingue (corse-anglais-français) dans lequel il proposait pour le corse l'étiquette de « *Lingua Matria* ». Ainsi, ce document confrontait les conséquences de l'image de « langue maternelle » dans le contexte corse. « Le corse, déclarait-il, n'est plus la première langue acquise... la langue [corse] n'est ni maternelle ni étrangère, mais une source créative d'identité » (CCECV, 1989, p. 15). L'expression *lingua matria* n'évoque pas les liens incontournables (et biologiques) de la famille comme métaphore pour le lien Langue / Société, mais propose une image de citoyenneté dans laquelle ce sont des actes volontaires (promouvoir ou parler le corse) qui contribuent à construire une collectivité corse. L'identité n'est pas fixe, ou donnée, mais créée et recréée. En même temps, la société décrite n'est pas monolingue, mais bilingue (et pas nécessairement d'une façon équilibrée).

La polynomie

L'autre développement capital dans la façon de penser le corse a été le concept de polynomie, introduit vers la fin des années 80 par Marcellesi, qui définit une langue polynomique comme

> une langue à l'unité abstraite, à laquelle les utilisateurs reconnaissent plusieurs modalités d'existence, toutes également tolérées sans qu'il y ait entre elles hiérarchisation ou spécialisation de fonction. Elle s'accompagne de l'intertolérance entre utilisateurs de variétés différentes sur les plans phonologiques et morphologiques, de même que la multiplicité lexicale est conçue ailleurs comme un élément de richesse (Marcellesi, 1989, p. 170).

D'un point de vue linguistique, la polynomie propose une définition de la langue corse qui rompt nettement avec la version française : la langue n'existe ni dans les propriétés formelles du code ou du système ni dans une norme unique, mais dans la reconnaissance des locuteurs de l'unité de tous les parlers, d'une norme multiple. C'est une manière d'éviter les conséquences négatives d'une résistance de renversement réussie et de proposer une forme de différenciation du français qui ne se réalise pas dans un rejet de l'élaboration de la langue minoritaire. La singularité du corse par rapport au français, dans ce paradigme, ne s'exprime pas dans le rejet de tous les signes extérieurs de l'autorité et de la légitimité linguistiques. Au contraire, elle s'exprime dans les attitudes et les représentations métalinguistiques des Corses. Le sujet diglossique (« handicapé ») est ainsi remplacé par le sujet polynomique (« supérieur »).

Depuis son introduction dans le discours public, le concept de polynomie a pris de l'importance dans le monde de l'éducation et dans le domaine de la planification linguistique. À l'Institut universitaire de formation des maîtres de Corse (IUFM), c'est une approche polynomique de la variation linguistique du corse qu'on apprend aux futurs maîtres et qu'on emploie dans la rédaction des textes pédagogiques. Dans la section suivante, nous examinons des exemples concrets de la mise en pratique de la polynomie dans une école bilingue que j'ai étudiée en 2000.

Polynomie et pratiques pédagogiques

Dans cette école, les deux enseignantes avaient des parlers corses différents et les mettaient en valeur de façon explicite et implicite. D'abord, à l'oral, elles n'essayaient jamais de normaliser leur usage et quand elles remarquaient des différences dialectales entre leur usage et celui des élèves (ou entre les usages des élèves), c'était toujours d'une façon très valorisante. Les exemples suivants sont transcrits plus ou moins directement de mes notes de terrain.

Valorisation de la variation orale

- Sur le tableau, il est écrit: «*a speranza*» (l'espoir). Un enfant qui lit ce mot à haute voix le prononce [a spɛrɛnza]. L'enseignante efface le premier «a» de «*speranza*» et le réécrit «*sperenza*», orthographe qui reconnaît la prononciation de l'enfant.
- Pendant une séance portant sur l'orthographe corse, un enfant propose le mot *triscinà* (charrier) pour illustrer le son [t]. L'enseignante remarque: «*Eiu u dicu trascina*» (Je le dis *trascinà*) et dit: «*Ghjè una bella parolla*» (C'est un beau mot), valorisant les deux formes proposées.

D'ailleurs, les enseignantes suivaient le principe polynomique de l'orthographe corse, employant des orthographes différentes qui correspondaient à leurs propres prononciations. Le tableau ci-dessous montre quelques exemples de mots qui étaient écrits différemment par les deux enseignantes dans cette école. En effet, la variation orthographique était très visible pour les enfants, au moins pour des mots très courants comme les mois ou les jours de la semaine, qui étaient affichés partout et recopiés dans les cahiers des enfants au long de l'année scolaire.

Variation orthographique dans l'écriture des deux enseignantes

Enseignante 1	Enseignante 2	
marcuri	mercuri	mercredi
sabbatu	sabatu	samedi
alifante	elefante	éléphant
partimu	partemu	partons
ghjunghju	ghjugnu	juin

Il est clair qu'une pratique polynomique transforme les relations habituelles entre l'individu et le code—du côté des enseignants et du côté des élèves, qui ont tous la possibilité d'avoir raison tout en parlant ou en écrivant d'une façon différente. La pratique de l'enseignant, en principe au moins, n'a pas la seule autorité et l'élève n'est pas obligé de la suivre. Donc, ces pratiques répondent d'une manière non dominante à la question «Qu'est-ce qu'une langue?», une des idéologies linguistiques françaises fondamentales.

Il faut cependant prendre en compte l'effet de ces pratiques chez les élèves (voir Jaffe, 2005 pour une analyse plus détaillée). Dans ce but, à côté de l'observation ethnographique, j'ai aussi fait une expérience sur l'orthographe. J'ai donné un texte aux enfants âgés de 7-11 ans avec des variantes orthographiques—comprenant celles que j'avais remarquées dans la pratique quotidienne à l'école. Je leur ai demandé d'entourer des erreurs s'il y en avait et d'écrire des corrections dessous. J'ai aussi fait un petit sondage dont une des questions était : «Est-ce qu'il y a des mots en corse qui s'écrivent de deux façons?» et, si oui, je leur demandais de fournir un exemple. Je posais la même question pour le français.

Les résultats montrent que tous les enfants étaient conscients qu'on pouvait avoir deux orthographes légitimes pour un mot en corse. Ceci était très différent de la représentation qu'ils se faisaient du français—tous les enfants disaient avec confiance qu'il y avait une seule orthographe correcte pour chaque mot français. Donc, dans ce sens-là, l'école a fait passer une optique polynomique par rapport au corse.

On pourrait croire que c'est une résistance radicale accomplie, mais d'autres données montrent que c'est plus complexe qu'on ne le croit. Par rapport au texte avec des variantes orthographiques, un bon nombre d'enfants identifiaient l'orthographe de leur maîtresse actuelle comme correcte, caractérisant implicitement la variante de l'autre maîtresse comme fautive. Ceci était le cas avec des mots quotidiens comme «mercredi» et «samedi», que les enfants avaient écrits toutes les semaines, pendant deux ans, avec une enseignante avant de passer dans la classe avec l'autre enseignante. On voit ici l'effet institutionnel, c'est-à-dire que ce qui domine dans expérience de l'école pour l'enfant, c'est la norme unique. À l'heure d'un contrôle ou à la notation d'un devoir, il y a une seule bonne réponse.

Cette petite expérience montre qu'on ne peut pas détacher les idéologies linguistiques françaises des contextes institutionnels dans lesquels elles exercent, historiquement, une influence sur le vécu des gens. La polynomie confronte non seulement des idées sur la langue, mais aussi tout le fonctionnement du système évaluatif de l'école. En effet, une approche polynomique implique des réformes de base de l'enseignement, ce qui n'est évidemment pas facile ou souhaité par tout le monde. Et puis, il y a le fait que la mission de l'école bilingue en Corse est fortement ancrée dans une résistance de renversement parce qu'elle a toujours comme vocation de convaincre un public corse de la légitimité du corse dans les domaines de haute valeur où le français est toujours très puissant.

Malgré cette complexité, je pense que la reconnaissance pédagogique de la diversité linguistique du corse représente une forme de différenciation du français très significative : c'est une forme de résistance qui ne reproduit pas les structures et les processus linguistiques dominants. J'irai plus loin en suggérant qu'une approche polynomique dans un enseignement bilingue a le potentiel de modifier la francophonie au fur et à mesure que les élèves formés dans ce système appliquent une perspective polynomique au français et arrivent à penser la francophonie en termes de diversité de pratiques et de reconnaissances collectives.

L'Italie, l'Europe et le monde

Dans les 15 dernières années, on a aussi assisté à un élargissement du champ géographique et politique dans lequel on imagine l'identité corse et la valeur du corse. D'abord, il y a la transformation des attitudes vis-à-vis de l'italien. Langue associée à une main-d'œuvre peu prestigieuse ainsi qu'à l'irrédentisme de l'entre-deux-guerres, l'italien souffrait de mauvaises associations. Dans la première phase de la revendication du corse, la distanciation de l'italien et du corse a eu une importance énorme, comme le montre l'invocation historique de la parenté entre les deux langues pour refuser le statut de langue au corse (en l'identifiant comme «dialecte» italien). On craignait aussi que la promotion de l'italien comme langue d'apprentissage ne concurrençât l'enseignement du corse. La progression du corse dans la vie publique et dans l'enseignement et l'évolution positive des attitudes vis-à-vis de la légitimité du corse ont contribué à une réhabilitation de l'italien. D'une part, dans un premier temps, il y avait l'allure de cette langue et de cette culture prestigieuses qui pouvaient faire face au français et à la culture française. On pourrait considérer cela comme une forme de résistance de renversement par détour: on ne conteste pas la valeur d'une langue nationale et officielle, mais on introduit une deuxième langue de référence. D'autre part, le lien avec l'Italie permettait une réimagination du corse comme moyen d'échange qui dépassait les frontières de l'État-nation. Dans le domaine de l'audiovisuel, *Radio France Frequenza Mora* inaugurait des émissions bi et trilingues avec des partenaires italiens. Dans ces émissions et reportages, des correspondants italiens parlent sur les ondes corses en italien, parfois interpellés en corse par leurs collègues corses. Ici, on ouvre et met en scène un champ de pratiques linguistiques dans lequel un va-et-vient entre les deux langues est normalisé, ce qui rend moins importantes les distinctions formelles entre les deux codes. Dans l'enseignement, l'exploitation positive de la parenté linguistique dans «l'aire romaine» se voit aussi dans le développement de «sections méditerranéennes et romanes» dans les collèges et, plus récemment, dans l'introduction de l'italien comme langue étrangère dans les écoles et filières bilingues.

Le début des années 90 a aussi vu des changements liés à l'intégration européenne. D'un point de vue identitaire, une Europe qui reconnaissait les régions et les peuples minoritaires a offert aux Corses un cadre supranational dans lequel ils pouvaient concevoir et exprimer une identité régionale et minoritaire et poursuivre des projets économiques et culturels hors de la seule relation Corse/Continent (français) (Jaffe, 1994). Il me semble que c'est à partir de cette période qu'on a commencé à appréhender la langue corse comme une façon de réclamer une identité spécifique locale/régionale comme passeport pour des itinéraires multilingues et multinationaux. C'est ainsi que le lien langue corse/culture corse a été modifié: au lieu d'être quelque chose qui avait la seule valeur de représenter l'identité corse, la langue corse est devenue une spécificité qui facilite le voyage : un bien ou une forme de capital symbolique et culturel qui s'échange dans un champ social européen, voire mondial.

Les documents relatifs à la langue corse de l'Assemblée de Corse des 10 dernières années donnent à voir à la fois de la continuité avec un discours « essentialisant », identitaire, et des courants de pensée nouveaux. En 1997, on lit que l'Assemblée de Corse adopte au préalable une déclaration en langue corse qui constituera un message solennel adressé tant à la société insulaire qu'à l'État : « *L'Assemblea di Corsica PENSA chì una lingua è a spressione culletiva di a cultura d'una cumunità, chjucu o maiò ch'ella sia, è una richezza pè l'umanità sana* » [L'Assemblée de Corse PENSE qu'une langue est l'expression collective de la culture d'une communauté, qu'elle soit petite ou grande, et une source de richesse pour l'humanité entière] (traduction par l'auteure).

En 2005, l'Assemblée déclare :

> La langue corse est le socle et le principal vecteur d'expression de notre culture. Elle est vécue par les Corses comme indissociable de leur identité et perçue comme telle à l'extérieur... De même que tout autre idiome, elle est dépositaire d'une histoire et de valeurs collectives qu'elle exprime et restitue à travers un mode original de représentation verbale du monde... La pérennité de la langue corse s'inscrit dans la problématique mondiale de la sauvegarde de la diversité linguistique. En effet, les linguistes estiment que le 21e siècle verra disparaître la moitié des 5 000 à 6 000 langues du monde, voire plus, car le processus pourrait s'accélérer.

Si le lien indissociable est affirmé presque de la même façon qu'en 1983, on peut noter l'introduction d'un cadre global comme support pour la revendication de la spécificité corse : la langue corse y est représentée comme un élément de la diversité linguistique mondiale qui fait partie du patrimoine culturel de l'humanité.

Des citoyens du monde plurilingues

Finalement, depuis quelques années, on assiste à une élaboration du discours sur la valeur du corse comme moyen d'échange dans un cadre européen ou mondial. Dans ce discours, on met l'accent sur le bilinguisme et le plurilinguisme : l'identité se joue et s'exprime dans l'acte de communiquer à travers plusieurs codes. Lisons encore le texte adopté par l'Assemblée de Corse en 2005 :

> La construction européenne, la globalisation des échanges, le tourisme, les flux de population, le brassage urbain, conduisent à concevoir la langue et l'identité, non plus seulement dans les cercles de proximité et les lieux d'ancrage ancestraux, mais comme valeurs d'échange, de partage et d'ouverture, qu'il s'agisse de l'apprentissage de la langue par de nouveaux résidents, du contact avec d'autres langues, de la conscience d'une identité méditerranéenne et européenne, des échanges culturels ou de la valorisation économique de la spécificité (labels, produits « identitaires », tourisme…).

Le locuteur bilingue est donc un meilleur citoyen du monde : sa connaissance et sa capacité d'exprimer sa spécificité culturelle et linguistique lui permettent de comprendre la particularité des autres et ainsi de communiquer avec autrui. On glisse tout de suite vers le plurilinguisme, qui figure dans les arguments en faveur de l'enseignement bilingue. Cortier et DiMeglio (2004), par exemple, écrivent que l'enseignement bilingue « prépare au plurilinguisme individuel » ; sentiment partagé par Arrighi (2004), inspecteur régional en langue corse qui, dans un discours de clôture à un colloque sur l'enseignement bilingue, disait : « Le bilinguisme n'est qu'une première étape vers un plurilinguisme », et par l'Assemblée de Corse, qui a caractérisé l'enseignement bilingue comme « un atout pour notre jeunesse, en lui offrant un outil spécifique d'expression, de créativité et de développement intellectuel dans le cadre d'un bilinguisme pouvant la préparer au multilinguisme, qui demain sera une nécessité pour tout citoyen européen ».

Plus récemment encore, le comité scientifique qui a préparé le nouveau plan de développement pour la langue corse poursuivait la même logique :

> Ainsi les propositions formulées par le CS correspondent à une double exigence : fortifier et développer la langue identitaire, articuler ce processus à celui, plus vaste, de l'intégration européenne. Le bilinguisme permettra de réconcilier la communauté corse avec sa langue et de dépasser définitivement le conflit historique avec la langue de l'État. Le plurilinguisme offrira à chacun la possibilité de développer son propre répertoire

linguistique en fonction de ses déterminations personnelles, qu'elles tiennent à ses origines et / ou à ses aspirations propres (2007).

Dans ce document, on voit l'intégration du projet identitaire historique, collectif et individuel : le Corse bilingue trouve sa meilleure expression identitaire (personnelle et collective) dans un répertoire diversifié de langues.

Conclusion : francophonie en corse, idéologies, résistance ?

Les nouveaux discours sur la nature et la valeur de la langue corse vont au-delà des résistances de renversement et de séparation en proposant des modèles d'identité linguistique et culturelle dynamiques où l'accent est mis sur le rôle des langues dans l'acte (individuel ou collectif) d'identification dans un contexte social dépassant la seule opposition (et le conflit) corse / français. Ceci dit, on ne doit pas penser que ce conflit n'existe plus ou que la société corse n'est plus influencée par les idéologies linguistiques dominantes liées à la francophonie, qui structurent la résistance de renversement et de séparation ; ceci est évident à travers la lecture des documents et des pratiques décrits ci-dessus, mais, incontestablement, on a multiplié les cadres idéologiques dans lesquels l'identité corse et corsophone se construira. Il ne faut pas non plus penser que l'influence idéologique va dans un seul sens (du « centre » vers la « périphérie » ou de la culture dominante vers la culture historiquement minorisée). Comme le processus d'identification en tant que Corse et corsophone est imbriqué avec un processus semblable vis-à-vis d'une identité française et de la francophonie, on peut aussi concevoir que des influences de la démarche identitaire et idéologique en Corse peuvent mener à de nouveaux modèles du sujet francophone et de la langue française. Ce seraient des modèles qui comprendraient des définitions plus souples et dynamiques qui remplaceraient identité par identification et code linguistique par pratiques linguistiques, et légitimeraient ainsi une francophonie plurielle dans toutes ses manifestations.

Références

Arrighi, J. M. (2004), « Discours de clôture, Conférence de la FLAREP sur le bilingualisme », Corte, octobre, Assemblée de Corse (1997), *Présence et avenir de la langue corse*, délibération du 20 novembre, Assemblée de Corse (2005), Délibération n° 05/112 AC de l'Assemblée de Corse approuvant les Orientations stratégiques pour le développement et la diffusion de la langue corse, en ligne, consulté le 10 septembre 2006 à www.corse.fr/documents/Assemblee/delib/delib_corse.pdf.

Boyer, H. (1991), *Langues en conflit*, Paris, L'Harmattan.

Conseil de la Culture, de l'Éducation et du Cadre de vie (CCECV) (1989), *Cultura : essai sur l'approche d'une politique culturelle*, Assemblée de Corse.

Chiorboli, J. (1994), *La langue des Corses : notes linguistiques*, Bastia, JPC Infograffia.

Comité, J. M. (1992), *Les Corses face à leur langue*, Ajaccio, Edizione Squadra di u Finisellu.

Cortier, C. et A. Dimeglio (2004), « Le dépassement du conflit diglossique en Corse : Implications pédagogiques et didactiques chez les maîtres bilingues de l'école primaire », *Repères*, 29, p. 185-206.

Eckert, P. et S. McConnell-Ginet (1992), « Think practically and look locally : Language and gender as community-based practice », *Annual Review of Anthropology*, 21, p. 461-490.

Fishman, J. (1991), *Reversing Language Shift*, Clevedon, Multilingual Matters.

Irvine, J. et S. Gal (2000), « Language ideology and linguistic differenciation », dans P. V. Kroskrity (dir.), *Regimes of Language*, Santa Fe, Santa Fe School of American Research Press, p. 35-83.

Jaffe, A. (2007), « Minority language movements », dans M. Heller (dir.), *Bilingualism : A Social Approach*, Londres, Palgrave Press, p. 50-71.

Jaffe, A. (2005), « La polynomie dans une école bilingue corse : bilan et défis », *Marges linguistiques*, 10, (novembre 2005/janvier 2006), en ligne, consulté le 10 septembre 2006 à http://www.marges-linguistiques.com, maintenant archivé sur http://www.revue-texto.net/index.html (chercher « Jaffe » à la page d'accueil).

Jaffe, A. (2001), « Authority and authenticity : Corsican discourse on bilingual education », dans M. Heller et M. Martin-Jones (dir.), *Voices of Authority : Education and Linguistic Difference*, Westport CT, Ablex, p. 269-296.

Jaffe, A. (1999), *Ideologies in Action: Language Politics on Corsica*, Berlin, Mouton de Gruyter.

Jaffe, A. (1994), «Perspectives corses pour 1992», traduction de «Corsican identity and a Europe of peoples and regions», Strade, *Travaux du Centre d'études corses*, 2, p. 95-105.

Kroskrity, P. (2006), «Language ideologies», dans A. Duranti (dir.), *A Companion to Linguistic Anthropology*, Malden MA, Blackwell, p. 496-517.

Ravis-Giordani (dir.), *L'île miroir*, Ajaccio, La Marge, p. 165-174.

Thiers, J. (1986), «Élaboration linguistique et individuation sociolinguistique», dans J. B. Marcellesi et J. Thiers (dir.), *L'individuation sociolinguistique corse*, Mont-Saint-Aignan, GRESCO-IRED, p. 25-55.

Thiers, J. (1989), *Papiers d'identités*, Ajaccio, Albiana.

Woolard, K. et B. Schieffelin (1994), «Language ideology», *Annual Review of Anthropology*, 23, p. 55-82.

Woolard, K. (1992), «Language ideology: Issues and approaches», *Pragmatics*, 2, p. 235-249.

LES AYANTS DROIT :
DÉFINIR L'IDENTITÉ CONSTITUTIONNELLE DES FRANCOPHONES

Pierre Foucher

Professeur, Faculté de droit, Université d'Ottawa

Introduction

L e « francophone » du Canada possède une existence juridique. Même si le régime constitutionnel n'offre pas une définition précise de cette identité (l'Accord du lac Meech a tenté l'exercice, en vain), il pose certains critères donnant droit à l'admission dans les écoles de la minorité, dont l'application transformera à long terme le tissu social et démographique de la francophonie canadienne. Mais l'effet de ces critères est plus profond et durable que son seul impact concret, immédiat, sur l'admission à l'école. La charge symbolique, le statut accordé à ces catégories, leur confère toute la puissance et toute la légitimité du droit constitutionnel. Or l'interprétation des tribunaux permet de désamorcer ce qui pourrait représenter une grave carence de légitimité entre les élèves (ou plus probablement leurs parents) qui fréquentent l'école de la minorité, entre les « vrais » ayants droit, et les « autres ». En réalité, tout élève qui se trouve légalement dans l'école de la minorité, comme nous le verrons, est un « ayant droit ». Il reste toutefois à se demander si ce statut recèle une charge symbolique et identitaire plus puissante ou marquante que d'autres, comme « Acadien », « francophone », « franco-parlant », « bilingue »…

« Nommer » la francophonie, en droit constitutionnel, c'est offrir à certaines catégories de personnes — et non aux autres — un droit constitutionnel d'accéder à l'école de la francophonie. Cette école est un lieu privilégié de transmission de la langue et de la culture, ainsi que le reconnaît le juge en chef Dickson dans *Mahe* lorsqu'il écrit :

> Mon allusion à la culture est importante, car il est de fait que toute garantie générale de droits linguistiques, surtout dans le domaine de l'éducation, est indissociable d'une préoccupation à l'égard de la culture véhiculée par la langue en question. Une langue est plus qu'un simple moyen de communication ; elle fait partie intégrante de l'identité et de la culture du peuple qui la parle.

La présente réflexion portera sur la portée et surtout sur l'impact des définitions constitutionnelles des personnes qualifiées pour fréquenter l'école de la minorité au Canada, à partir de l'histoire de leur élaboration constitutionnelle puis de la jurisprudence sur l'éducation en langue minoritaire.

Le qualificatif d'ayant droit

Le qualificatif même d'ayant droit est ambigu. Il est utilisé en jurisprudence et dans la littérature savante ainsi que dans les documents officiels des gouvernements. Un père ou une mère qui demande l'admission à l'école française pour son enfant serait probablement surpris d'apprendre qu'il ou elle est un « ayant droit ». Je ne sais pas si cela modifierait la perception qu'il ou elle a de lui-même ou elle-même ou de sa famille. Cela confère indubitablement la légitimité du droit, et du droit constitutionnel, à ceux qui le portent. Cela crée aussi un sentiment communautaire dilué : une communauté d'ayants droit, c'est moins porteur de sens qu'une communauté franco-ontarienne ou acadienne. Aussi convient-il de continuer à

confiner l'expression à son sens juridique : c'est une manière commode de décrire les trois catégories de personnes qui possèdent le
droit constitutionnel à l'instruction en français. L'appropriation du
vocable *ayant droit* par le monde de l'éducation risque d'une part
de créer deux catégories d'élèves, les ayants droit et les autres, et
d'autre part de réduire l'élève à sa dimension juridique, ce qui
serait, on en conviendra, pour le moins dommage. L'ayant droit ne
structure qu'une identité juridique.

La question du droit d'accès à l'école de la minorité fait intervenir un constat de mise en minorité de la situation des communautés de langue officielle au Canada. La notion de minorité est
apparue en droit au sortir de la Première Guerre mondiale. C'est
un concept européocentré issu de la notion même d'État-nation :
chaque nation devait avoir son propre État, au sein duquel toutefois
une partie de la population ne partageait pas les traits communs à
la majorité quant à la langue, à la culture ou à la religion. La notion
a été escamotée après la Deuxième Guerre mondiale, alors que la
Shoah a fait porter l'attention du monde sur la nécessité de garantir les droits individuels sans aucune discrimination. Ce n'est qu'au
tournant des années 1980 que le concept de minorité est redevenu
d'actualité, avec l'effondrement de l'Empire soviétique et la montée
des nationalismes en Europe de l'Est et ailleurs dans le monde.

Au Canada, on peut retracer l'apparition d'une conscience
minoritaire francophone et la construction du concept avec les
travaux de la Commission sur le bilinguisme et le biculturalisme
(Laurendeau-Dunton). La Commission a fait le lien entre langue,
culture et éducation : pour conserver des communautés francophones en milieu minoritaire, il fallait leur consacrer un droit à des
écoles (Laurendeau-Dunton, 1969). Et si un droit à des écoles de
la minorité devait voir le jour, il fallait aussi décider à qui appar-
tiendrait ce droit, qui aurait le pouvoir de décider de la qualification
et de l'admission dans ces écoles. Il existait un précédent en droit
canadien : celui des écoles confessionnelles catholiques ou protestantes protégées par la Constitution de 1867 (*Loi constitutionnelle
de 1867*, article 93). C'était la loi scolaire de chaque province qui
fixait les critères donnant accès à ces écoles et à cette instruction.

Tantôt, la loi établissait l'éligibilité sur la base de la taxation sco-laire ; tantôt, c'était sur la base de la preuve d'une pratique religieuse active. Quand l'emphase s'est déplacée de la religion à la langue, le débat sur l'accès s'est engagé autour de deux notions : celle du libre choix de l'école française ou anglaise et celle d'un contrôle des critères d'admission (Proulx, 1989). Ce débat ne se posait pas de la même manière au Québec et hors Québec : au Québec, le gou-vernement a ressenti la nécessité de limiter l'accès à l'école anglaise, qui était victime de sa popularité. Hors Québec, il s'agissait de donner aux francophones un outil de revendication d'écoles et de conseils scolaires face à des gouvernements provinciaux indifférents ou hostiles.

Aux origines de l'article 23

Lorsqu'on remonte aux sources, on s'aperçoit que la définition des ayants droit a suscité peu de débats hors du Québec, alors qu'au Québec c'était une question très épineuse. L'article 23 lui-même provient d'un double constat : la difficulté des minorités franco-phones de se maintenir alors que les enfants fréquentaient des éco-les bilingues, d'immersion ou anglophones et surtout alors que les francophones perdaient inexorablement le contrôle des quelques écoles qui leur étaient imparties, en raison soit d'une politique ouverte d'assimilation par le biais de l'éducation en anglais soit d'une politique plus indirecte de rationalisation et de fusions de districts scolaires et d'écoles dans de grands ensembles où les fran-cophones devenaient tellement minoritaires qu'ils ne pouvaient plus espérer être représentés dans les instances administratives (*Renvoi ontarien*, 1984).

Au Québec, par contre, le débat concernait justement la détermi-nation des conditions d'accès à l'école de langue anglaise : allait-on laisser chaque parent décider, ou protéger uniquement les droits acquis de la minorité historique anglo-québécoise ? Dans un premier temps, la loi dite 63 (*Loi pour promouvoir la langue française au Québec*) consacrait le libre choix de la langue d'enseignement au Québec, ce qui eut l'heur d'enflammer le nationalisme québécois au vu des statistiques montrant que l'immense majorité des immigrants, et une certaine proportion de Québécois francophones, choisissaient l'école anglaise. En 1971, des négociations constitutionnelles intenses conduisirent à la Charte de Victoria, dans laquelle le libre choix de la langue d'enseignement était consacré, mais sous réserve qu'un nombre suffisant de parents ayant fait ce choix se manifestent. La Charte de Victoria ne fut jamais adoptée. La loi dite 22 (*Loi sur la langue officielle du Québec*) faisait du français la langue officielle du Québec; elle avait cherché à restreindre l'accès à l'école de la minorité en établissant un critère de connaissance de l'anglais par un élève au moment de son admission à l'école. Ce fut un double échec: d'une part, il était un peu gênant de faire enquête sur la langue parlée par un enfant de cinq ou six ans (la chose s'est aussi vue en Nouvelle-Écosse, les enfants devant à un certain moment comparaître devant un comité de trois personnes pour montrer qu'ils parlaient français). D'autre part, les commissions scolaires—surtout protestantes et majoritairement anglophones—admettaient toute personne qui le demandait, en violation de la loi. Pour corriger le problème et veiller au respect des droits de la minorité anglophone historique du Québec, la loi dite 101 (*Charte de la langue française*, ci-après *CLF*) remplaça ce critère par un critère objectif et facilement vérifiable: la langue d'instruction primaire d'un des parents au Québec. Si le parent avait fait la plus grande partie de ses études primaires ou secondaires en anglais au Québec et s'y trouvait toujours, le gouvernement québécois considérait qu'il était un «anglophone» suffisamment intégré à la communauté et méritait donc l'accès à l'école anglaise au Québec au nom du droit de la minorité anglophone à ses institutions scolaires. C'est ce qu'on est venu à désigner comme la «clause Québec». Quant aux anglophones provenant des autres provinces, la *CLF* proposait un concept de réciprocité: les enfants seraient admis à l'école anglaise si le gouvernement du Québec jugeait que les francophones avaient dans cette province des institutions scolaires équivalentes à celles de la minorité anglo-québécoise (article 86).

Deux constats se dégagent de ce geste, au-delà de ses conséquences démographiques immédiates. D'abord, le libre choix de la langue d'enseignement signifie que l'appartenance à la communauté minoritaire relève de l'individu qui la choisit, pour peu qu'on considère que la fréquentation des écoles aura un impact sur l'identité et le sentiment d'appartenance. Ensuite, le gouvernement du Québec a choisi d'imposer sa propre définition de la communauté anglophone en lui conférant une dimension juridique restrictive : seuls ceux qui respectaient la « clause Québec » pouvaient fréquenter l'école anglaise et, comme celle-ci découle d'un souci de protection de la minorité anglophone, force est de conclure qu'étaient considérés comme anglophones par le gouvernement ceux qui rencontraient le critère de la « clause Québec ». Quant aux immigrants arrivant au Québec, quel que soit leur pays d'origine, ils ne pouvaient pas utiliser l'école comme moyen d'intégrer la communauté anglophone si tel était leur souhait.

Par le biais de la restriction à l'accès à l'école de la minorité, un législateur peut donc peser non seulement sur l'évolution démographique d'une société, mais aussi sur sa représentation et son identité. Hors Québec, l'enseignement dans la langue de la minorité fut simplement interdit (Foucher, 1985). Il ne se posait donc aucune question de définition d'un « ayant droit » : il n'y avait plus d'ayant droit parce qu'il n'y avait plus de droit. La francophonie n'était plus nommée. Elle n'existait plus aux yeux du législateur. Au Québec, la communauté anglophone existait, mais sa définition aux fins de l'éducation d'une part relevait d'un geste officiel de l'État et non d'un choix de la communauté, et d'autre part se confinait au seul territoire québécois.

Les ayants droit de la *Charte*

C'est donc en réaction à la *CLF*, d'une part, en réponse aux appels pressants des minorités francophones, d'autre part, que fut élaboré l'article 23 de la *Charte canadienne des droits et libertés* (*Quebec Association*, 1984). L'ensemble de l'article 23 fut limité aux citoyens : les immigrants qui débarquaient au Québec demeuraient assujettis à la *CLF* et forcés de fréquenter l'école française. La « clause Québec » fut remplacée par la « clause

Canada», devenue l'alinéa 23(1)b) de la *Charte* : avoir fait son cours primaire dans la langue de la minorité au Canada. Cette disposition favorise la mobilité interprovinciale. Mais comme elle était de peu d'utilité, en 1980, pour plusieurs minorités francophones qui n'avaient plus accès à l'instruction en français, on lui a adjoint l'article 23(1)a), qui adopte une définition très large : seront admissibles les enfants de ceux ou celles dont la «première langue apprise et encore comprise» est celle de la minorité francophone ou anglophone de leur province de résidence. Ainsi, la définition d'un francophone entrait dans la Constitution canadienne. En raison des difficultés d'application de ce critère au Québec, il n'y fut pas imposé (article 59 de la *Loi constitutionnelle de 1982*).

Une étude a montré l'effet de certaines définitions statistiques des «ayants droit» sur le nombre total de francophones ; on peut y constater que, si un million de personnes répondent à la définition de langue maternelle française, 2,4 millions se disent capables de parler cette langue. On constate que, si cette définition-là avait été retenue dans l'article 23(1)a), le nombre d'ayants droit aurait doublé (Landry et Forgues, 2006).

Enfin, s'est ajoutée la clause de «continuité» : le paragraphe 23(2), qui cherche à protéger les droits acquis. Dans sa première version, cette clause exigeait un déménagement d'une province à l'autre, mais cette exigence fut abolie dans la version finale (Foucher, 1985). Cette catégorie prévoit que, si un ou une enfant a reçu ou reçoit son instruction dans la langue de la minorité, il ou elle peut terminer cette instruction dans cette langue. Ses frères et sœurs deviennent aussi admissibles à cette instruction. Enfin, si l'instruction a débuté au niveau primaire, cette personne devient aussi éligible en vertu de l'alinéa 23(1)a).

La définition ainsi constitutionnellement posée des ayants droit est-elle légitime ? Certainement pas au Québec. Le Québec n'a jamais signé la Constitution de 1982 et l'un des obstacles invoqués à l'époque était justement l'article 23 dans son entier : le Québec jugeait inacceptable que d'autres juridictions, soit le gouvernement fédéral et les neuf provinces anglophones du Canada, lui imposent des obligations relatives à sa minorité anglophone. Les provinces anglophones, elles aussi, ont rechigné devant l'article 23, sans le dire aussi ouvertement : elles estimaient que la question de l'éducation en langue minoritaire leur revenait et ne voulaient pas se faire imposer des obligations par les tribunaux. Ainsi, tous les gouvernements provinciaux du Canada avançaient le même argument, fondé sur des préoccupations différentes : la question de l'instruction des minorités relève des gouvernements provinciaux, pas des juges. L'article 23 était donc illégitime partout au Canada, pour les majorités linguistiques. C'est le propre d'un droit des minorités de ne pas toujours rencontrer l'approbation enthousiaste des majorités, puisqu'il déplace certaines questions de l'arène politique pour les transporter dans l'arène judiciaire.

Les minorités linguistiques, qui ne disposent pas du même pouvoir politique, se réjouirent de la reconnaissance de droits constitutionnels. Certains analystes ont avancé qu'elles s'étaient « approprié » l'article 23, développant un sentiment « propriétaire » à l'endroit de son contenu et de son analyse (Cairns, 1992). À l'usage, toutefois, elles se sont aperçues que les critères de l'article 23 ne correspondaient pas toujours à la réalité sociolinguistique de leurs membres et cet écart entre l'article 23 et la réalité vécue en plusieurs milieux n'a fait que se creuser depuis 1982. Les faits sociaux ont transformé la francophonie canadienne ; l'article 23, par ses définitions et leur interprétation, a contribué à cette transformation. Si, au départ, les énergies des communautés francophones furent consacrées à développer des ressources et des infrastructures qui leur faisaient cruellement défaut, la question de l'accès à l'école de la minorité recommence à se poser à l'orée du 21e siècle. Pour les communautés francophones, il est important de ne pas limiter l'accès aux seuls ayants droit : il en va de leur développement et de leur épanouissement. L'école de langue française n'est pas nécessairement le premier choix des familles exogames ou des nouveaux arrivants. En ce sens, un effort de recrutement s'impose pour que la grande majorité des ayants droit admissibles fréquentent l'école française et une attitude ouverte face à la définition est requise pour intégrer ceux et celles qui demandent leur admission à l'école française, acceptent de contribuer au projet éducatif francophone minoritaire, mais ne sont pas par ailleurs des ayants droit. Enfin, l'admission de non-ayants droit dans les écoles de la minorité en fait des ayants droit par l'opération du paragraphe 23(2) de la *Charte*, aux conditions mentionnées dans les arrêts *Solski* et *N'Guyen*.

Ces questions entourant l'interprétation des catégories de l'article 23 de la *Charte* ne se posent pas du tout avec la même intensité au Québec, où il s'agit de freiner l'accès à l'école anglaise : les immigrants la choisiraient d'emblée s'ils en avaient la possibilité ; les francophones, majoritaires, opteraient pour un séjour plus ou moins long dans les écoles anglaises afin que leurs enfants apprennent l'anglais, une nécessité dans le monde nord-américain mais qui détourne alors l'école anglaise de sa vocation d'école de la minorité pour en faire une « superécole d'immersion ».

Forcément, des litiges autour de la définition des ayants droit allaient se retrouver devant les tribunaux. Le discours du législateur ou du constituant autour de la définition de la francophonie se double maintenant du discours du pouvoir judiciaire, beaucoup plus structurant parce que plus explicite et analytique. La seconde partie de cette étude se penche justement sur ce discours judiciaire : quel portrait de la minorité linguistique émerge de la jurisprudence ?

La représentation judiciaire des communautés linguistiques en droit scolaire

La jurisprudence est traversée par deux courants difficiles à concilier. D'une part, lorsque l'enjeu résidait dans la création d'institutions d'enseignement homogènes ou d'organismes de gestion, les tribunaux ont insisté sur le caractère collectif de ces droits et sur le fait que leur objet est d'abord de protéger les minorités, soulignant au passage que la définition de l'article 23 ne correspondait pas nécessairement aux réalités sociologiques des minorités linguistiques traditionnelles. Quand la question a consisté à revendiquer un accès à ces écoles, ils ont mis l'accent sur les droits individuels.

La Cour d'appel de l'Ontario, dès 1984, a spécifié que la langue parlée par les enfants à l'admission n'était pas et ne pouvait pas être un critère exclusif d'admission; la loi scolaire ontarienne, qui l'exigeait, était donc inconstitutionnelle (*Re: Minority Language Education Rights*, 1984). Cette même Cour d'appel de l'Ontario a défini l'école de la minorité comme une école « appartenant objectivement» à la minorité, dont le mandat dépassait le seul enjeu linguistique et qui transmettait la culture de la minorité aux élèves afin que la communauté puisse se reproduire et évoluer en fonction de ses propres choix et valeurs. Le juge Tarnopolsky a toutefois noté qu'il pourrait arriver que des non-francophones, ayants droit par ailleurs, ou des non-ayants droit, soient élus aux instances de gestion:

> *To this point, this discussion of Q. 2 has not emphasized the fact that the minority rights in s. 23 belong not just to those who are French-speaking, but also to citizens who received "their primary school instruction in Canada in ... French", even if they no longer speak the language, as well as citizens "of whom any child has received or is receiving primary or secondary school instruction in... French in Canada", even if they do not speak and never have spoken French. The minority language group is not the exclusive user of minority language instruction and educational facilities. In fact, even though they do not qualify for s. 23 protection as specified, there are other parents whose children use minority language educational facilities* (p. 534).

Dans *Mahe*, le juge Dickson établit aussi le lien entre langue et culture et en tire la conclusion qu'il faut que la minorité gère ses écoles. Il fait remarquer en passant, lui aussi, qu'il se peut que certains parents ne parlent pas la langue de la minorité en raison du texte de l'article 23, mais il n'en tire aucune conclusion négative au sujet de l'interprétation de la disposition:

> Je me rends compte que ces parents, vu la formulation de l'art. 23, peuvent ne pas faire partie, d'un point de vue culturel, du groupe linguistique minoritaire. Cela pourrait à l'occasion signifier que des personnes qui ne sont pas à proprement parler membres de la minorité linguistique exercent un certain contrôle sur l'enseignement dans la langue de la minorité. Ces cas seraient rares et ne justifient pas la réduction du degré de gestion et de contrôle accordé aux parents visés par l'art. 23.

Dans le *Renvoi manitobain de 1993*, la Cour suprême du Canada précisa que l'exercice des droits de l'article 23 relève de chaque parent individuel «appartenant à un groupe linguistique minoritaire» et non de la volonté d'une majorité des membres de la communauté minoritaire. La mise en œuvre de ce droit ne dépend pas de la volonté d'une majorité de ces parents, mais d'un nombre suffisant d'élèves. Y a-t-il adéquation dans l'esprit de la Cour entre les critères de l'article 23 et cette appartenance au groupe linguistique minoritaire? Cela signifierait qu'aux yeux de la Cour toute personne qui rencontre les critères mentionnés «appartient» au groupe linguistique minoritaire, même si elle ne parle pas la langue. L'école de la minorité contribuera au sentiment d'appartenance de ces personnes au groupe linguistique minoritaire. De même, dans sa réparation, la Cour déclare que le Manitoba doit créer un conseil scolaire de langue française autonome, «dont la gestion et le contrôle appartiendront exclusivement à la minorité linguistique francophone», entendue comme le groupe de personnes décrit par l'article 23. Ainsi, pour la Cour, le fait que ces dispositions peuvent englober des non-francophones ne semble poser aucun problème au plan de l'identité de la francophonie canadienne. La Cour manifeste donc une attitude d'ouverture et une confiance implicite dans la capacité de la communauté francophone d'intégrer les ayants droit qui choisiront de se joindre à elle, même s'ils ne sont pas «francophones».

Les ayants droit qui ne sont pas membres de la minorité linguistique provinciale «historique»

Les tribunaux ont récemment été saisis de plusieurs affaires mettant en cause des ayants droit qui ne sont pas qualifiés au sens du paragraphe 23(1) (langue maternelle ou langue d'instruction primaire) mais le sont au sens du paragraphe 23(2) (continuité scolaire). Il est important de constater l'attitude des uns et des autres face à ce phénomène. Le paragraphe 23(2), en effet, peut être vu comme une possibilité de «créer» des ayants droit, des personnes qui gagnent, pour elles-mêmes, leurs frères et sœurs et leurs enfants à venir, le droit à l'instruction dans la langue de la minorité, donc la possibilité d'intégrer cette communauté linguistique. Cette disposition peut viser plusieurs cas d'espèce : les enfants dont la famille change de province et qui peuvent continuer leurs études dans la langue dans laquelle elles ont débuté ; les jeunes qui sont admis à l'école de la minorité alors qu'au départ ils n'y étaient pas du tout admissibles, par exemple parce que leurs parents ne sont pas qualifiés au sens du paragraphe 23(1) et appartiennent de ce fait, aux yeux de la *Charte*, à la majorité linguistique ; des enfants d'immigrants dont la langue seconde est celle de la minorité, qui sont admis à l'école de la minorité et qui acquièrent ensuite la citoyenneté canadienne.

Hors Québec, l'admission aux écoles de la minorité linguistique des enfants qui ne sont pas des ayants droit est généralement possible. Elle dépend, dans les provinces à majorité anglophone, d'une décision soit du Conseil scolaire minoritaire compétent soit d'un comité d'admission local (Foucher et Powers, 2004), ce qui laisse à la communauté elle-même le soin de définir les cadres de son élargissement. Plusieurs conseils scolaires pratiquent donc une politique d'accueil des immigrants et de «rattrapage», utilisant une «clause grand-père» en vertu de laquelle, si un des ancêtres de l'enfant est d'ascendance francophone ou acadienne, l'enfant sera admis à l'école de la minorité. Ce qu'il faut cependant réaliser, c'est que, après que ces enfants se trouvent légalement dans le réseau scolaire minoritaire, ils deviennent des ayants droit à part entière, par l'opération du paragraphe 23(2) de la *Charte*. C'est du moins la conclusion que l'on peut tirer de la jurisprudence à ce jour.

Cette possibilité de «créer» des ayants droit par le biais de la Constitution n'a pas manqué de susciter un débat jurisprudentiel. Trois décisions (la Cour divisionnaire de l'Ontario dans *Abbey*, la Cour suprême du Canada dans *Gosselin* et le juge Giroux de la Cour d'appel du Québec dans *N'Guyen*) estiment que l'objet de l'article 23 a pour effet d'appeler une interprétation restrictive du paragraphe 23(2) : dans *Abbey* et *N'Guyen*, les enfants qui ont reçu ou reçoivent l'instruction dans la langue de la minorité devraient, selon cette analyse, relever aussi d'une catégorie de l'article 23(1), autrement dit «faire partie» de la «véritable» minorité franco-phone ou anglophone de la province. De cette façon, un majori-taire ne peut pas réellement gagner un accès constitutionnellement garanti à l'école de la minorité, non plus qu'un immigrant n'ayant pas reçu son instruction primaire dans la langue de la minorité au Canada. Dans *Gosselin,* de même d'ailleurs que dans *Whittington* à la Cour suprême de Colombie-Britannique, la Cour suprême du Canada refuse de considérer comme discriminatoire l'interdiction aux francophones majoritaires de s'inscrire à l'école anglaise, imposée par la *CLF.* La Cour insiste pour dire que l'article 23 de la *Charte* est au bénéfice des minorités linguistiques provinciales et que les majorités linguistiques ne peuvent donc pas avoir le libre choix de la langue d'enseignement.

La majorité des arrêts autorisent néanmoins des majoritaires et des immigrants à devenir des ayants droit s'ils gagnent par ailleurs pour leurs enfants l'accès à l'école de la minorité. Ce qui est inté-ressant, c'est la façon dont les tribunaux justifient ce résultat, fondé il est vrai sur une lecture plus littérale du paragraphe 23(2). La juge Abella, pour la Cour d'appel de l'Ontario dans *Abbey,* réitère que la majorité n'a pas un libre choix de la langue d'instruction: en Ontario, les enfants ne peuvent fréquenter l'école française que si un comité d'admission contrôlé par la minorité les accepte, ce qui est conforme au droit de gestion. Toutefois, une fois admis, ces enfants tombent clairement sous le coup du paragraphe 23(2) et, pour la Cour d'appel, plus il y aura de personnes qui parlent français, plus il y aura d'occasions pour la communauté franco-phone de s'épanouir:

> Même si le principal objet de l'article 23 est la protection de la langue et de la culture de la minorité linguistique par la voie de l'instruction, il n'est pas interdit d'interpréter le paragraphe 23(2) selon son sens ordi-naire, même si cela *équivaut à accorder des droits à des personnes qui ne sont pas membres de la minorité linguistique.* Plus il y aura de personnes qui pourront parler couramment les deux langues officielles du Canada, plus ce sera facile pour les minorités linguistiques de s'épanouir au sein de la collectivité[1].

[1] C'est moi qui souligne.

Le juge Hilton, dans *N'Guyen*, considère que, s'il y a un problème avec les critères d'admission à l'école anglaise au Québec, il provient des lois québécoises et non de l'article 23 de la *Charte*, qui est très clair : quelle que soit la façon dont l'accès à l'école de la minorité est survenu, une fois admis l'enfant devient un ayant droit au sens du paragraphe 23(2). Il n'y a pas deux catégories de citoyens au Canada, ceux qui sont nés ici et ceux qui sont nés à l'étranger :

> *As Canadian citizens, the appellants enjoy all of the rights that such status affords any Canadian citizen, including rights under the Canadian Charter. The appellants and their children therefore have rights under section 23(2) of the Canadian Charter, or they do not, and the place where they were born, or the language they speak at home, are extraneous factors in determining whether they have such rights, however desirable the respondents may view their integration into Quebec's Francophone majority* (au paragraphe 119).

Le juge Dalphond constate pour sa part que les critères de l'article 23 n'ont rien à voir avec l'existence d'une minorité historique ; ils concernent la situation soit du parent, soit de l'enfant et créent trois droits distincts. L'objet du paragraphe 23(2) est triple : assurer la continuité scolaire de l'enfant ; permettre la mobilité intra ou interprovinciale ; garantir l'unité familiale. L'application du paragraphe 23(2) ne dépend pas de l'appartenance du parent à la minorité linguistique historique :

> En d'autres mots, la protection accordée par le par. 23(2) de la *Charte* colle à la réalité scolaire de l'enfant et non nécessairement à l'appartenance de ses parents à une minorité linguistique protégée, comme le démontre la situation des néo-Canadiens, une nouvelle réalité qui n'a pas échappé à la Cour suprême, comme l'indiquent les par. 31 et 33 de l'arrêt *Solski* (paragraphe 205).

Le 22 octobre 2009, la Cour suprême du Canada a confirmé le jugement majoritaire de la Cour d'appel du Québec dans *N'Guyen*. Sans se lancer dans des déclarations profondes sur l'identité, la Cour constate néanmoins que le fait d'étudier dans la langue de la minorité autour d'un parcours scolaire authentique rend un enfant admissible aux droits protégés au paragraphe 23(2). C'est le fait de recevoir l'instruction qui qualifie l'enfant et non le type d'école fréquentée.

Dans *Solski*, la Cour suprême du Canada déclare qu'est valide la disposition de la *CLF* qui impose, aux fins de l'admissibilité à l'école de langue anglaise, qu'un enfant ait fait « la majeure partie » de son enseignement dans la langue de la minorité. La Cour rejette cependant l'application numérique du critère, utilisée par les fonctionnaires : il ne suffit pas de compter le nombre d'heures d'enseignement dans une langue ou l'autre pour déterminer l'admissibilité, il faut plutôt vérifier plusieurs critères qui, ensemble, montrent un engagement subjectif à cheminer dans le réseau scolaire de la minorité. La Cour constate clairement que plusieurs personnes remplissent les conditions de l'article 23 « sans appartenir à une minorité officielle » et affirme aussi que les néo-Canadiens peuvent choisir de s'intégrer à la communauté linguistique majoritaire, minoritaire, ou aux deux :

> Cependant, de nombreuses personnes remplissent les conditions requises par l'art. 23 sans appartenir à la minorité, même les francophones hors Québec qui ont choisi de faire instruire leurs enfants en anglais. À cet égard, même si, en définitive, l'art. 23 vise la protection et l'épanouissement des communautés linguistiques minoritaires, le par. 23(2) s'applique, indépendamment de la possibilité que les parents ou les enfants admissibles ne soient pas francophones ou anglophones ou qu'ils ne parlent pas ces langues à la maison. Les conditions qui doivent être remplies en vertu de l'art. 23 reflètent le fait que les néo-Canadiens décident notamment d'adopter l'une ou l'autre langue officielle, ou les deux à la fois, en tant que participants au régime linguistique canadien (au paragraphe 31).

L'article 23 doit aussi s'interpréter de façon à réintégrer dans leur communauté d'origine ceux « qui en ont été isolés ». La Cour confirme ainsi le caractère réparateur de l'article 23 et sa capacité à refranciser des communautés ; l'appartenance *préalable* à la francophonie ou l'identité francophone ne sont pas un préalable constitutionnel pour l'admission à l'école française minoritaire :

> En fait, il faut souligner là encore que, pour être admissibles sous le régime de l'art. 23, les enfants n'ont pas à posséder une connaissance pratique de la langue de la minorité ni à appartenir à un groupe culturel identifié à cette langue. Cet article est une disposition réparatrice. Dans des arrêts antérieurs, notre Cour a tenu à préciser que l'art. 23 doit être interprété de manière à faciliter la réintégration, dans la communauté culturelle que

l'école de la minorité est censée protéger et contribuer à épanouir, des enfants qui ont été isolés de cette communauté (au paragraphe 32).

Le paragraphe 23(2) de la *Charte* représente donc une autre voie d'inclusion et d'accueil dans la communauté. La définition juris-prudentielle de « a reçu ou reçoit » va dans le sens d'un respect des choix individuels des non-ayants droit et de la communauté minoritaire, mais en équilibre avec les impératifs provinciaux. Selon l'affaire *N'Guyen*, le libre choix de la langue d'enseignement peut être restreint au Québec. La Cour ne nomme pas une fran-cophonie ethnique ou traditionnelle aux fins de l'éducation. Elle nomme cependant une francophonie dépendante des choix indi-viduels effectués par les parents, quelle que soit leur motivation. Or deux conséquences semblent découler de cette attitude : d'abord, un important travail de conscientisation est nécessaire pour que le parent choisisse l'école de langue française ; ensuite, l'école de langue française doit disposer de ressources additionnel-les puisqu'elle est investie d'un mandat additionnel à sa vocation d'établissement d'enseignement et d'éducation à la citoyenneté : l'intégration à une communauté minoritaire de personnes qui n'en sont pas historiquement issues.

Les non-ayants droit et la légitimité constitutionnelle

Comme nous venons de le voir, l'admission des non-ayants droit dans les écoles de la minorité linguistique est possible. Dans cer-tains cas, la loi scolaire elle-même élargit l'admissibilité ; dans la plupart des cas, cette responsabilité est laissée à un comité d'admis-sion ou au Conseil scolaire, ce qui respecte la notion d'autodéfini-tion de la minorité par elle-même et va dans le sens du droit collectif d'une minorité de déterminer les critères d'appartenance et d'intégration en son sein. En ce qui a trait aux non-ayants droit, la communauté francophone est généralement libre de déterminer pour elle-même ce qu'elle désire faire. Toute condition portant sur la capacité linguistique de l'enfant, ou l'usage de la langue mino-ritaire à titre de langue seconde, sera donc un critère pertinent aux fins de cette admission. L'enfant deviendra éventuellement un ayant droit par l'opération du paragraphe 23(2) si son parcours scolaire démontre un «engagement authentique» à cheminer dans la langue de la minorité, selon l'arrêt *N'Guyen*.

Dans un texte publié dans le journal *L'express de Toronto* et reproduit en ligne (voir http://www.lexpress.to/), Mohammed Brihmi, qui a été président du Conseil scolaire francophone de Toronto, plaide pour une «incorporation citoyenne» et estime illégitime le fait qu'on n'admette pas les immigrants francophones de plein droit:

> Les francophones des minorités ethniques sont généralement admis dans les écoles de langue française, non pas par droit mais par accommodation, en passant par des comités d'admission des conseils scolaires de langue française, en vertu de la *Loi sur l'éducation* de l'Ontario. [...] Si on avait appliqué l'article 23 avec rigueur, je n'aurais pas satisfait aux critères d'admission, mes enfants n'auraient pas eu le droit de fréquenter une école de langue française et je n'aurais même pas eu le droit d'élire et d'être élu, parce que ma langue première «apprise et encore comprise» était l'arabe et non pas le français. À ma grande surprise, l'avocat m'a assuré que si quelqu'un avait cru bon de contester mon élection au Conseil, selon la Constitution, il aurait probablement eu gain de cause. Pouvez-vous imaginer la frustration de quelqu'un qui veut vivre et s'épanouir au sein d'une communauté qu'il a fait sienne, et qui apprend que sa présence dans une de ses institutions est due à une erreur ou à une faveur? (Bhrimi, 2007)

Il a déjà été plaidé que les immigrants francophones devraient disposer d'un droit constitutionnel à l'admission dans les écoles de la minorité francophone (Le Bouthillier, 1993).

Ces prises de position permettent de constater que, pour d'aucuns, les catégories découpées par l'article 23 créent deux classes de francophones au Canada: les «ayants droit», qui sont légitimes (or il a été montré qu'au sein même des ayants droit plusieurs n'appartiennent pas à la communauté linguistique minoritaire); les autres francophones, qui ne seraient que «tolérés» dans les écoles de la minorité. Le paragraphe 23(2) tel qu'interprété par les tribunaux vient contrecarrer cette interprétation et personne n'aurait pu contester ni l'admission des enfants de M. Brihmi à l'école française ni son élection au Conseil scolaire francophone de Toronto. Quant à la possibilité qu'un conseil scolaire francophone refuse l'admission d'un immigrant francophone, elle apparaît bien mince… On voit cependant que la définition juridique des ayants droit provoque des frictions et des malentendus. Le droit influence donc la perception de l'identité, non seulement par son effet concret, mais aussi par sa charge symbolique.

Conclusion

L'article 23 de la *Charte* propose des définitions des ayants droit qui ne correspondent pas complètement à la réalité démographique des communautés francophones en milieu minoritaire. Ces définitions ont été inspirées par la *CLF*. Dans ce contexte, il est fort douteux qu'une réouverture de l'article 23 dans le sens d'un élargissement des critères soit possible. Le Québec aimerait probablement être soustrait de l'application du paragraphe 23(2), ou en voir l'application resserrée.

Par ailleurs, les tribunaux ont majoritairement adopté une attitude ouverte à l'égard de la définition des ayants droit, soulignant que l'appartenance *préalable* à la communauté francophone ne représente nullement une condition d'admission à ses écoles. Quant aux non-ayants droit, tant les législateurs hors Québec que les tribunaux optent généralement pour remettre le pouvoir décisionnel aux autorités scolaires de la minorité (aux TNO, cependant, une directive de 2009 interdit au Conseil scolaire d'admettre des non-ayants droit. Celle-ci sera contestée devant les tribunaux). Même si certains membres des communautés culturelles ressentent cette position juridique comme un signe d'exclusion, il reste que, lorsque les enfants fréquentent les écoles de la minorité et que leurs parents acquièrent la citoyenneté canadienne, le paragraphe 23(2) en fait des ayants droit au même titre que tous les autres.

La francophonie que nomme le droit constitutionnel s'avère donc plus nuancée et complexe que sa seule composante ethnique. Le droit constitutionnel, dans la définition de la composition de la francophonie, rejoint implicitement l'énoncé de l'Accord du lac Meech, qui parlait de « Canadiens d'expression française » plutôt que, comme c'était le cas dans la première version de l'Accord, d'un

«Canada français». Mais ce «Canada français» transparaît lorsque les tribunaux identifient l'objet des droits scolaires : ceux de transmission de la culture des peuples francophones composant le Canada. Au fond, la Cour pose les conditions de l'émergence d'une identité francophone ouverte qui dépendra grandement de la façon dont les francophones exerceront eux-mêmes les pouvoirs dont ils disposent et composeront avec les contraintes sur lesquelles ils n'ont pas de prise. La définition constitutionnelle des ayants droit a été développée surtout avec la *CLF* en tête. Comme les possibilités de rouvrir l'article 23 de la *Charte* sont fort minces dans le contexte politique actuel, il appartient aux communautés francophones elles-mêmes, et en particulier au monde de l'éducation, de poursuivre la construction de l'identité francophone en intégrant le discours juridique au discours social et communautaire et en participant au discours juridique par des interventions soutenues auprès des législateurs et devant les tribunaux.

Références

Lois

Déclaration internationale des droits des personnes appartenant à des minorités nationales ou ethniques, religieuses et linguistiques, résolution 47/135 de l'Assemblée générale des Nations unies, 18 décembre 1992, en ligne, consulté le 15 janvier 2008 à http://www2.ohchr.org/french/law/minorites.htm.

Loi constitutionnelle de 1867, article 93.

Charte canadienne des droits et libertés, étant l'Annexe B de la Loi de 1982 sur le Canada, article 23.

Loi pour promouvoir la langue française au Québec L.Q. 1969, chapitre 9.

Loi sur la langue officielle du Québec L.Q. 1974, chapitre 6.

Charte de la langue française du Québec L.R.Q. 1977, chapitre C-11.

Jurisprudence

Abbey v Essex County Board of Education (1999), 42 O.R. (3d) 481.

Affaire linguistique belge, Cour européenne des droits de l'homme, 23 juillet 1968, série A, n° 6.

Gosselin c Procureur général du Québec [2005] 1 R.C.S. 238.

Mahe c Alberta [1990] 1 R.C.S. 342.

N'Guyen c. Procureur général du Québec [2007], J.Q. 9410, 2007 QCCA 1111.

Procureur général du Québec c. N'Guyen; Procureur général du Québec c. Bindra, 2009 CSC 47

Re Minority Language Education Rights (Ontario) (1984), 10 D.L.R. (4d) 491.

Renvoi: Loi sur les écoles publiques (Manitoba) [1993] 1 R.C.S. 839.

Quebec Association of Protestant School Boards c Procureur général du Québec [1984] 1 R.C.S. 66.

Solski v Procureur général du Québec [2005] 1 R.C.S 201.

Whittington v Board of Education of School District n° 63 (Saanich) (1987), 16 B.C.L.R. (2d) 255, 44 D.L.R. (4d) 128.

Doctrine

Brihmi, M. (2007), *L'incorporation citoyenne des membres des minorités ethniques francophones*, consulté à http://www.lexpress.to/archives/1271/MohammedBrihmi.

Cairns, A. (1992), *Charter Versus Federalism: the Dilemmas of Constitutional Reform*, Montreal, Kingston, McGill-Queen's University Press.

Foucher, P. (1985), *Les droits scolaires des minorités de langues officielles au Canada*, Ottawa, Communications Canada.

Foucher, P. et M. Powers (2004), «Droits scolaires des minorités linguistiques», dans M. Bastarache (dir.), *Les droits linguistiques au Canada*, Cowansville, Éditions Yvon Blais.

Landry, R. et É. Forgues (2006), *Définitions de la francophonie en situation minoritaire: analyse de différentes définitions statistiques et de leurs conséquences*, Moncton, Institut canadien de recherche sur les minorités linguistiques.

Laurendeau, A. et A. Davidson Dunton (1969), *L'éducation. Second livre de la Commission royale d'enquête sur le bilinguisme et le biculturalisme*, Ottawa, Imprimeur de la Reine.

Le Bouthillier, Y. (1993), «Le droit à l'instruction en français dans les provinces à majorité anglophone: le statut des enfants de parents immigrés», *Revue générale de droit,* 24(2),

Proulx, J. P. (1989), «Le choc des chartes», *Revue juridique Thémis,* (23), p. 67-172.

LA PRODUCTION INSTITUTIONNELLE
DE LA RÉALITÉ FRANCO-ONTARIENNE :
LE CAS DU MINISTÈRE DE L'ÉDUCATION DE L'ONTARIO

Nicolas Garant

Professeur invité, École d'études politiques et
Département de sociologie et d'anthropologie, Université d'Ottawa

> *Il faut cesser de toujours décrire les effets du pouvoir en termes négatifs :*
> *il « exclut », il « réprime », il « refoule », il « censure », il « abstrait »,*
> *il « masque », il « cache ». En fait le pouvoir produit ; il produit du réel ;*
> *il produit des domaines d'objets et des rituels de vérité.*
> Michel FOUCAULT, *Surveiller et punir*

Souvent perçue comme un symbole du combat identitaire de la francophonie ontarienne[1], la section francophone du ministère de l'Éducation de l'Ontario (MEO) n'a jamais fait l'objet d'une analyse approfondie de son fonctionnement. Plus souvent qu'autrement, l'analyse conforte le rôle officiel de cette institution en se contentant d'invoquer, en guise d'explication, son statut

---

[1] Comme tout symbole, celui-ci évoque simultanément un côté positif, soit la lutte glorieuse ayant permis d'investir ce lieu de pouvoir, et un côté négatif, soit l'impossibilité d'échapper au destin de l'assimilation ou de la minorisation accrue.

juridique et institutionnel[2], sinon son mandat historique, comme si cette institution pouvait être l'outil que se serait donné une communauté pour assurer sa survie. *A contrario* de cette tendance, ce chapitre met plutôt l'accent sur l'activité interne de ce ministère afin de désenchanter le cadre réifié (Élias, 1991) en fonction duquel ce milieu institutionnel apparaît opérer. Il porte un regard critique sur les initiatives et les réalisations de ce ministère en les détachant de ce statut officiel et de ce mandat historique, lesquels contribuent à légitimer leur mise en œuvre en dissimulant l'histoire de leur production. Il s'agit de ramener à la surface des sédiments de son fonctionnement et de montrer qu'avant le produit final impersonnel et standardisé, celui par exemple des réformes, des guides, des documents, des politiques, qu'avant tout cela, des jeux proprement humains s'y sont déroulés, avec la complexité, la contingence et l'improvisation que cela suppose.

De l'extérieur, le fonctionnement de la section francophone du ministère de l'Éducation épouse des contours assez formels, somme toute assez communs à toute organisation. Une hiérarchie, une division des tâches, une codification des règles et des usages, et une langue de travail officielle encadrent la coordination des agents et la poursuite d'objectifs institutionnels spécifiques à la section francophone. De l'intérieur, on découvre toutefois des interactions qui coïncident mal avec ce cadre formel. Si les échanges et les relations de ce milieu ne se laissent pas «enfermer dans le schéma linéaire d'une création fixant les règles et les savoirs», c'est que, là comme ailleurs, l'institutionnalisation «se fait et se rejoue continuellement» (Lacroix et Lagroye, 1992, p. 11). Depuis Crozier et Friedberg (1977), nous connaissons l'importance d'aller au-delà de la structure officielle, et de la vision mécanique de son fonctionnement qui en découle, afin de mieux comprendre le phénomène social que constitue la vie organisationnelle. La section francophone du MEO

---

[2] Comme le soulignent Bernard Lacroix et Jacques Lagroye, une sociologie des institutions suppose une distanciation critique par rapport au «discours officiel relatif à l'institution et dont se prévalent tous ceux qui sont, à un titre ou à un autre, intéressés par elle». Bernard Lacroix et Jacques Lagroye (dir.), 1992, *Le président de la République. Usages et genèse d'une institution*, Paris, Presses de la FNSP, p. 9.

n'échappe pas à cette réalité. Ce milieu de vie évolue en fonction des tâches du moment, des enjeux de l'heure et des personnes amenées à collaborer ou à s'affronter, bref à travailler ensemble, mais aussi des caractéristiques plus structurelles de son organisation. L'emploi réflexif de la langue française dans un univers majoritairement anglophone, la double «identité» du Ministère, le renouvellement constant de son personnel, les liens étroits et les contacts permanents de cette institution avec sa «clientèle» et le champ scientifique, l'omniprésence de la «cause», c'est-à-dire la défense de la francophonie ontarienne, sont autant de caractéristiques qui informent et structurent de façon importante l'activité de cette institution. C'est cette complexité qui nous empêche de réduire ce milieu de vie à un morceau de bureaucratie, à une section «distincte» d'un organigramme, ou d'y voir l'incarnation du combat identitaire que mènerait la communauté de langue française de l'Ontario au sein des instances officielles de pouvoir.

Cette incursion s'alimente de plusieurs expériences de travail vécues au sein du ministère de l'Éducation de l'Ontario. C'est à partir d'une observation de nature ethnographique, dans une facture plus phénoménologique que descriptive, que ma connaissance des activités de ce ministère et de ses liens avec l'extérieur s'est développée. Les impressions obtenues au fil du temps ont permis de dégager une connaissance fine de cet environnement, ou, dans un langage plus wébérien, une «compréhension» des activités et des interactions de ce milieu. Du côté de Simmel cette fois, j'ai également cherché à saisir sous quelles «formes» les acteurs appréhendaient leur réalité et donnaient de la signification aux circonstances de leur quotidien. On aura compris qu'en rendant ainsi compte de certaines facettes de son fonctionnement l'objectif n'est pas de «rendre des comptes», mais de jeter un peu de lumière sur un secteur d'activité important pour la francophonie ontarienne. Cet éclairage apparaît d'autant plus important que la section francophone du Ministère a franchi une étape déterminante avec la *Politique d'aménagement linguistique* (PAL) de 2004. Car, au-delà des aspects démocratiques et consensuels de la création et de la

« mise en œuvre[3] » de cette politique, lesquels s'emploient à présenter le Ministère comme un « partenaire » au sein d'une collaboration entre égaux, il n'en demeure pas moins que celui-ci demeure le grand maître d'œuvre d'une initiative imposante, dont le dessein pour le moins prométhéen exige toute notre attention.

Dans l'ombre de la révolution

Mes premiers contrats pour le ministère de l'Éducation consistent surtout en des tâches de révision et de correction. Quelques mois plus tard, et ayant fait mes preuves par rapport à mes capacités langagières (une caractéristique déterminante au sein du Ministère comme on le verra plus loin), on me propose un contrat d'un an à titre d'agent de l'éducation. C'est à ce moment que je découvre réellement le monde de l'éducation et la francophonie ontarienne. En fait, je le découvre surtout par l'intermédiaire des mots, des abréviations, des codes et des termes institutionnels avec lesquels les agents captent et livrent cette « réalité ». Avec cet emploi, je deviens partie prenante de la réforme du *curriculum*, en cours depuis 1997. Comme les autres agents, je suis en charge d'une discipline particulière, soit le *curriculum* des sciences humaines et sociales. Cette réforme s'inscrit dans un contexte politique très particulier, marqué par la « révolution conservatrice du bon sens » de Mike Harris. Dans une ambiance qui lui est majoritairement hostile au sein du Ministère et où il est de bon ton, c'est-à-dire socialement convenable, de marquer sa désapprobation dudit gouvernement, la réforme de l'éducation se vit constamment en référence à une emprise idéologique et à un projet de redéfinition globale de la société. En contrepartie, la réforme mobilise aussi, chez beaucoup d'agents d'éducation rencontrés, un certain entrain, alors que la concertation

---

[3] Les guillemets signalent notre volonté de ne pas conforter l'usage légitime qui est fait de ce terme au sein de l'institution. La « mise en œuvre » mobilise l'image d'une réalisation rationnelle, linéaire, consensuelle et apolitique d'un programme ou d'une politique. Cette image évacue les transactions complexes et les rapports de force qui l'accompagnent. Si on prend en compte les réels processus qui s'y rapportent, la « mise en œuvre » d'un projet éducatif s'avère en fait indissociable d'une « mise en force » et d'une « mise en marché ».

élargie, la nouveauté des tâches et la planification serrée présentée sous forme de défi collectif viennent bousculer agréablement la «vie de bureau». Devant la perturbation de la routine et la surcharge de travail qui s'annoncent, la réaction demeure généralement positive. On accepte de «jouer le jeu» de la réforme et d'«y mettre du sien» (Friedberg, 1975, p. 357; Crozier et Friedberg, 1977); c'est ce qu'il est convenu d'appeler le côté volontariste et bien intentionné de la fonction publique.

Mais ce côté créateur et donc valorisant de la réforme qui stimule les troupes n'échappe jamais à l'ombre du complot. On peut le désigner comme le côté fataliste de la fonction publique, le «Je n'y peux rien» du fonctionnaire appelé à se dédouaner intérieurement. C'est aussi, à certains égards, l'univers de la «mauvaise foi». Comme le souligne Berger (1973), dans une reprise sociologique de la célèbre notion sartrienne, il s'y cache toujours le risque de cautionner des pratiques inadéquates sur le plan moral en avançant comme excuse l'impuissance du simple fonctionnaire. Il va de soi que l'argument de l'impuissance invoqué par l'agent n'arrive jamais seul. Il sous-entend souvent un autre argument tout aussi signifi- catif, celui de la toute-puissance du gouvernement en place. Inscrit sous le signe de la «révolution» et du virage idéologique, le gou- vernement Harris a en effet été propice à la propagation de l'illusion d'un contrôle omniscient et omnipotent de la société opéré par un «maître» (Gauchet et Swain, 1980, p. 152). À ce titre, le ministère de l'Éducation, en raison du potentiel idéologique qu'on lui associe traditionnellement, n'a pas pu échapper à cet «imaginaire de la maîtrise», largement diffusé au sein de la province sous le «règne» Harris. Dans le discours du fonctionnaire à l'intention de l'autre et de soi, ce fatalisme et cet «imaginaire de la maîtrise» s'expriment de la façon suivante: cette réforme ne peut que nous échapper et s'imposer à nous, puisqu'elle s'inscrit dans un plan idéologiquement orienté de redéfinition de la société, au centre duquel se trouve évidemment la transmission de valeurs conservatrices par le biais de l'éducation. Dans cette optique largement diffusée et unanime- ment acceptée, la réforme devient un outil d'endoctrinement. Pour le fonctionnaire ayant à affronter le train-train quotidien de la vie bureaucratique, il s'agit, paradoxalement, d'une police d'assurance infaillible sur le plan intérieur. Les espaces d'initiative et de création deviennent d'autant plus valorisants qu'ils apparaissent s'inscrire en faux contre une idéologie intransigeante qui méprise la vision progressiste et libérale à laquelle on prend bien soin de signaler notre attachement. Dans un milieu tel que la fonction publique, où l'impersonnalité des tâches est la règle, il n'est pas inintéressant de sentir que notre toute petite responsabilité et notre travail s'avèrent surveillés et qu'ils pourraient, le cas échéant, déplaire à l'autorité centrale. Cette impression de pouvoir ainsi se faire remarquer donne de la valeur et de l'importance à notre travail, de la profondeur à notre quotidien. Ce rapport au monde permet donc de mobiliser des schèmes de justification et d'explication réconfortants dans un univers où l'initiative ou la démarche per-sonnelle et créative sont souvent sources de frustration. Pas néces-saire d'inscrire, comme chez Marx, cette impression dans une vision globale de la conscience et de l'existence humaine. Pour Marx, du moins le premier, celui des manuscrits de 1844, cette frustration, cette dépossession du produit final, on le sait, a un nom : l'aliéna-tion. Ici, il s'agit davantage de voir comment, au quotidien, cette perception découle d'une certaine compensation ou dérivation. Dans le sentiment du fonctionnaire, le « Je n'y arrive pas parce qu'on m'impose une ligne de conduite » permet de donner un peu de lustre au destin inéluctable de la dépossession du produit final. Car, après tout, on ne trouve jamais notre nom au bas des docu-ments, des guides, des rapports, des réformes. Face à cette logique bureaucratique, la possibilité de mobiliser l'image du complot de l'idéologie conservatrice ou de la volonté politique omnisciente et monolithique afin d'identifier un responsable semble plus propice à calmer les frustrations que le simple et banal fait de reconnaître que la bureaucratie, par son fonctionnement même, nécessite cette impersonnalité, ce sacrifice de l'individualité, et que cette fatalité est une réalité propre à tout fonctionnement bureaucratique et non à un gouvernement particulier.

En somme, pour le fonctionnaire, il est préférable de croire que son impuissance à laisser une empreinte découle d'une situation conflictuelle l'opposant à un projet idéologique communément réprouvé et non d'une réalité structurelle impersonnelle et objective qu'il contribue, chaque jour, à produire et à reproduire par sa seule présence. Avec toute l'audace qu'une telle intuition suppose, il serait alors tentant d'imputer la mécanique de cette dérivation, au sens parétien, au fait que la conscience accepte difficilement l'idée que l'on soit l'artisan de sa propre servitude. Cela viendrait prolonger de façon intéressante la manière dont La Boétie a posé l'énigme du pouvoir et de la domination : ce ne serait plus seulement l'absence de la domination dans sa réalité crue, avec la projection du peuple, comme corps collectif, dans la figure de l'Un (Garoux, 2001, p. 570), qui permettrait à la « servitude » de se reproduire. Tout à l'opposé, ce serait aussi la trop grande présence de cette domination qui serait responsable de sa reproduction. Là encore, loin de tenir à une réalité de fait, la domination procéderait plutôt d'une illusion : celle que l'on entretient à l'égard des capacités du pouvoir, en étant persuadé qu'on lui doit tout ou qu'il contrôle tout, et donc que nous n'y sommes, simples mortels, pour rien.

L'alignement sous tension

Il est ressorti de mes contacts, sessions de travail et échanges tout au long de cette année de réforme l'impression que les acteurs et les directives échappaient à une orientation idéologique cohérente. La seule manifestation palpable de cette prétendue « révolution conservatrice » qu'il m'a été donné de voir dans mon domaine, ce fut l'ajout précipité, à la toute fin de la réforme, de cours supplémentaires dans des domaines liés à la famille, au monde du travail et aux débouchés professionnels et techniques. Lorsque la nouvelle de l'ajout de ces nouveaux cours s'est propagée, alors qu'on en était dans le dernier droit, cela n'a fait que confirmer dans l'équipe l'orientation idéologique de la réforme. Mais, à part cet ajout, il est vrai emblématique, la seule manifestation idéologique s'étant présentée de façon constante au cours de cette expérience fut, pour la plupart des personnes fréquentées,

l'obligation symptomatique d'exprimer leur mépris du gouvernement et de dénoncer le vent de conservatisme soufflant sur le
monde de l'éducation. Curieusement, cependant, ce rejet ne s'ex-
primait jamais en fonction d'une directive précise ou d'une orientation imposée dans leur travail. Dans les sessions de travail et
d'écriture, tant du côté francophone qu'anglophone, j'ai constaté
au contraire une liberté d'initiative assez impressionnante, voire
déroutante, et jamais l'obligation de se conformer à une ligne
idéologique précise ou d'inclure des contenus précis. En fait,
j'aurais tendance à dire qu'une orientation plus marquée à gauche
a toujours caractérisé le travail des personnes impliquées dans
l'élaboration et l'écriture des cours de sciences humaines et sociales ; une posture à gauche souvent exprimée sous le mode de l'insatisfaction et du ressentiment[4].

Ainsi, bien loin de confronter, au moment d'amorcer «ma»
réforme du *curriculum* de sciences humaines et sociales, une ligne
idéologique claire, même sous la forme de directives d'ensemble,
je constate au contraire une marge de manœuvre plutôt impressionnante. La seule grande orientation fut d'ordre pratique et
institutionnel : puisque deux parties du Ministère allaient faire la
même chose, l'une en anglais, l'autre en français, il fallait faire en
sorte qu'une certaine correspondance existe. C'est alors que je
découvris le terme qui allait devenir le lieu de toutes les tensions :
l'alignement. Pris au pied de la lettre, il peut signifier le fait de
suivre un peu servilement la ligne d'un parti et la soumission ou
l'élimination des opinions divergentes. Dans le contexte de la
réforme, ce terme renvoyait davantage à l'univers automobile qu'à
l'univers politique : composé de deux roues, la francophone et

---

[4] En s'inspirant de la sociologie des intellectuels de Schumpeter, nous dirions que
ces fonctionnaires, issus de l'enseignement supérieur, ne trouvent pas dans leur
emploi la reconnaissance ou le statut auxquels le système capitaliste leur a permis
d'aspirer : «[...] tous ces bacheliers [...] sont refoulés vers les métiers dont les exigences sont moins précises ou dans lesquels comptent surtout des aptitudes et des
talents d'un ordre différent [...] Ils entrent dans cette armée avec une mentalité
foncièrement insatisfaite. L'insatisfaction engendre le ressentiment» (Schumpeter,
1984, p. 207-208) ; sur le même sujet, voir Raymond Boudon (2004) ; Boltanski
(1993).

l'anglophone, le véhicule institutionnel doit s'assurer que leur rotation opère suffisamment en parallèle pour ne pas en perturber le fonctionnement. Institutionnellement, cela signifiait que les divergences entre le *curriculum* des écoles de langues française et anglaise devaient être justifiées sur la base des distinctions culturelles. Pratiquement, en ce qui me concerne, soit par rapport au *curriculum* de sciences humaines et sociales, cela se traduisit plus souvent qu'autrement par le rapprochement du contenu de langue française vers celui de langue anglaise, voire par la traduction pure et simple de l'anglais vers le français, notamment pour les cours ajoutés au programme à la toute fin de la réforme (ceux sur la famille, la mode, les débouchés professionnels, etc.). Les causes de ce déséquilibre en faveur du *curriculum* de langue anglaise sont multiples. Chose certaine, ce déséquilibre n'apparaît pas résulter d'une mauvaise volonté ou d'une indifférence généralisée de la part de la section anglophone pour le fait français[5]. De façon plus complexe, cela a probablement plus à voir avec des «effets émergents» non voulus (Boudon, 1977) résultant de la collaboration de deux systèmes mal intégrés n'ayant pas l'habitude de travailler aussi étroitement ensemble. Dans une telle situation, l'importance numérique et historique du milieu institutionnel anglophone aura suffi à freiner les meilleures intentions du monde en matière de partage des savoirs et de respect des différences culturelles.

Au tout début, la consigne s'exprime en pourcentage, quelque chose comme 70 % de convergence entre les deux *curricula*. Tout cela demeure assez vague, peu défini, et l'impression qui en ressort, c'est que les deux programmes d'études doivent aller de pair afin de produire des similarités d'approches, de sujets et de niveaux de difficulté. Une ligne commune doit nourrir la rédaction, ce qui devrait se faire assez naturellement puisque les équipes de rédaction du *curriculum* de langue anglaise et de langue française auront, par

---

[5] Évidemment, on pourrait aussi considérer ce déséquilibre en faveur du *curriculum* anglophone comme l'expression d'un domination systémique, au sein de laquelle la «bonne intention» des acteurs de langue anglaise n'élimine pas les effets structurels contribuant à maintenir les inégalités de statut et de traitement entre les deux langues officielles au sein du Ministère.

intervalles, à se rencontrer et à identifier ensemble les priorités communes. Si cette marge de manœuvre fut celle des sciences humaines et sociales, il ne semble pas que cela ait été le cas pour l'ensemble des disciplines. Les *curricula* associés aux sciences pures, par exemple, furent, dès le départ, contraints à un alignement plus serré. Cette différence s'explique probablement par la reprise, au sein de la réforme, d'une conception assez commune concernant le statut distinct des sciences exactes et des sciences humaines. Si, par rapport aux sciences humaines, on considère qu'il y a autant de vérités bonnes à enseigner qu'il y a de points de vue raisonnables et fondés sur le monde, à l'opposé, on s'attend des sciences exactes qu'elles transmettent un corpus de connaissances unique. Dans une certaine mesure, la science, ou plutôt les sciences apparaissent acculturelles, désincarnées, socialement indéterminées. C'est pourquoi plus on progresse des sciences dures aux sciences molles, plus l'alignement devient flexible, l'art et évidemment la langue devenant le point aveugle de l'alignement, le point ultime, ou le lieu de la culture absolue et donc de la différence absolue. Sur le plan pratique, c'est-à-dire pour l'agent ayant à travailler conjointement avec ses collègues anglophones, cela veut dire qu'il est beaucoup plus facile de justifier une différence en ce qui concerne les attentes et les contenus d'apprentissage dans un cours de musique qu'en mathématiques.

De façon générale, la question de l'alignement fut tout au long du processus un enjeu de taille. Moins critique et moins présente dans notre travail de rédaction au début, la question de l'alignement devient une plus grande source de tensions à partir du moment où les directives imposent de réduire de façon importante l'écart initial permis. En fait, il ne s'agissait plus, désormais, de considérer l'écart entre les deux *curricula* comme un donné incontournable, mais comme une exception, acceptable et valable dans la mesure où la différence culturelle s'imposait d'elle-même, comme une réalité objective et non comme le choix du rédacteur. On comprend que, dans les faits, cela risquait fortement d'engendrer deux *curricula* identiques sur le plan des attentes et des contenus. C'est probablement cette volonté de convergence accrue entre les deux *curricula*, laquelle s'est surtout précisée dans le dernier droit de la réforme, qui explique pourquoi, à la toute fin, l'animation culturelle devient, pour la direction de la section francophone, une priorité, en mobilisant les agents afin qu'ils accordent plus d'attention à la façon de donner aux attentes et aux contenus d'apprentissage un profil identitaire. Mais puisqu'il était trop tard pour revenir sur les contenus comme tels, c'est-à-dire trop lourd institutionnellement pour les distancier de ceux du *curriculum* anglophone, il ne restait que les «exemples» pour pouvoir particulariser le *curriculum*.

Inoffensifs politiquement, car non directifs pour les enseignants, les exemples sont ainsi l'objet d'un investissement de dernière minute pour les agents, véritable quête du Graal dans le monde de la francophonie ontarienne[6]. Face à ce message contradictoire, nous demandant d'introduire plus de références à la francophonie sans perturber le cadre à l'intérieur duquel devaient prendre place ces signes culturels, la réception est mitigée. La réticence qui se fait sentir chez les agents ne se réduit pas à une simple réaction négative face au surplus de travail engendré: outre l'aspect forcé et plaqué de l'association des savoirs à des exemples qui puissent éveiller la fierté chez l'apprenant, on sent également que cette ouverture à la différence culturelle est en fait un artifice sans grande conséquence. N'étant pas des éléments incontournables du programme, et laissés à la discrétion de l'enseignant, ces exemples deviennent, paradoxalement, les signes par lesquels une communauté trahit, pour ainsi dire, sa condition minoritaire. Le malaise provient aussi de la façon dont ces exemples tendent à folkloriser la francophonie ontarienne[7], en illustrant les contenus d'apprentissage par le biais de référents emblématiques, de repères glorieux,

---

[6] L'obligation de trouver au sein de la francophonie ontarienne des exemples illustrant des contenus d'apprentissage a donné lieu à une collaboration informelle amusante entre les agents, chacun y allant de ses intuitions pour aider l'autre, souvent dans une atmosphère de *quiz* télévisé; une ambiance d'autant plus détendue que l'on connaissait le statut facultatif de ces exemples.

[7] Une conséquence qui apparaît indissociable d'une approche culturaliste visant à «fabriquer», pour reprendre l'expression de Jean-François Bayart, «de l'authenticité» (Bayart, 1996, p. 85-92).

de figures célèbres, comme s'il fallait rassurer l'apprenant en réduisant la culture à un défilé du 24 juin.

Un mode de vie anachronique

La langue de travail...

La spécificité du ministère de l'Éducation tient évidemment à la forte charge idéologique qui accompagne son bilinguisme. Bien plus qu'une simple caractéristique de son fonctionnement interne, le fait d'y parler français devient l'expression de la reconnaissance de la francophonie ontarienne et de la volonté politique d'en assurer la survie. Mais, en deçà de cette justification légitimée et légitimante, on y découvre, loin des discours officiels sur les gains historiques, une réalité complexe, contradictoire, un intermonde (Martuccelli, 2006). Il importe d'insister sur la façon dont ce trait influence la vie sociale au sein de ce ministère. Il peut paraître évident et banal même de dire que l'une des principales conséquences d'une administration fonctionnant en français, c'est de forcer l'embauche de personnes maîtrisant le français. Or il s'avère qu'à Toronto cette obligation apparaît également être souvent le principal, sinon l'unique critère d'embauche, du moins le trait par lequel l'arrivée d'un nouvel employé s'exprime, se justifie et se met en scène. Certes, l'expérience d'enseignement de la plupart des agents s'avère un dénominateur commun significatif. Mais comme tous les gens qui y travaillent ne viennent pas de l'univers de l'enseignement, la maîtrise de la langue devient le trait central par lequel le groupe se constitue et se renouvelle. À un point tel que les autres compétences donnent l'impression d'être secondaires, complémentaires, comme si on travaillait à la section francophone du ministère de l'Éducation parce qu'on parle français. Il ne s'agit pas de nier la compétence ou les habiletés des uns et des autres qui leur permettent d'accomplir correctement leur travail. Il s'agit seulement d'insister sur l'importance du rapport à la langue. Les situations de travail paraissent se définir davantage en fonction des caractéristiques identitaires des intervenants que de leurs acquis professionnels[8] (formation, diplômes, expérience). Ce rapport à la langue est d'autant plus réflexif que le Ministère accueille des francophones de tous les horizons : Franco-Ontariens, Québécois en grand nombre, Acadiens, Africains, Français, Vietnamiens, etc. L'altérité et la conscience de la langue se vivent ainsi aussi bien au contact de la langue anglaise que de la variété de français.

On ne peut donc pas réduire l'importance objective de la langue française au sein de ce Ministère par la façon dont elle en officialise le bilinguisme. Car cette présence mobilise aussi des propriétés affectives propres à la communalisation, pour reprendre un terme wébérien. Le rapport à la langue installe une dimension communautaire qui enveloppe le mode de fonctionnement bureaucratique et la vie de bureau dans une atmosphère qui détonne avec ses caractéristiques formelles et impersonnelles. Bien plus que la « langue de travail », la langue parlée est davantage le signe par lequel on se reconnaît entre soi, le son par lequel on prend conscience de son groupe. En ce sens, la langue parlée au sein de l'institution est bel et bien au fondement d'un phénomène social total et non pas simplement une ressource à la disposition des agents. Inscrite sous le signe de la rareté (« … et il parle français », véritable valeur ajoutée qu'on ne cesse de se surprendre à constater et qu'on ne peut s'empêcher de proclamer aux autres), elle ne cesse de se manifester au quotidien comme un trait « qui ne va pas de soi ». Elle contribue en ce sens à édifier un univers désinstitutionnalisé, anachronique, dans un environnement fortement institutionnalisé. D'où la sensation de mondes parallèles, lesquels ne s'épuisent pas dans les définitions officielles souvent véhiculées au sujet de la francophonie et du bilinguisme. Ces mondes ne « cohabitent » pas ensemble comme des solitudes qui jamais ne coïncident. Ils sont « la réalité » du francophone travaillant en milieu institutionnel anglophone. En ce sens, on ne parle pas français

---

[8] On ne sera guère surpris de constater que ce trait cadre mal avec l'importance déterminante que Weber accorde au savoir et à l'impersonnalité formelle dans le fonctionnement de l'administration bureaucratique. Ici — comme ailleurs ? —, les fonctionnaires de la section francophone ne remplissent pas leur fonction *sine ira et studio*, « sans considération de personne ». Pour la définition wébérienne de la domination bureaucratique, voir *Économie et société*, 1971, Paris, Plon.

au sein du ministère de l'Éducation; pas plus qu'on ne choisit d'utiliser un médium ou un autre. On vit plutôt des «situations de langue» diversifiées où l'emploi du français donne prise à une réflexivité exacerbée. C'est tout cela qui se joue dans l'intermonde bureaucratique de ce ministère.

Le roulement du personnel...

Le personnel de la section francophone du ministère de l'Éducation a la particularité de se renouveler sans cesse. Il comporte certes des fonctionnaires permanents, mais une forte majorité s'y retrouvent aussi de façon provisoire. Il s'agit souvent de personnes près de la retraite, ou d'administrateurs «prêtés», venus d'un conseil scolaire ou de la direction d'un établissement scolaire. Il va sans dire que, pour ces personnes, l'expérience se vit sous le mode de la transition. Et comme le logement s'avère provisoire, fonctionnel, il n'est pas rare de voir la section francophone, le vendredi après-midi, se vider de ses fonctionnaires aux valises[9]. Pour beaucoup, il s'agit en effet d'une expérience, une sorte de parenthèse heureuse qui leur permet de venir vivre la vie de la grande ville, multiethnique, animée, et c'est pourquoi on retourne fréquemment à son point d'attache, qui n'est pas Toronto, sinon très rarement[10]. Cette atmosphère de précarité et de transition permanente déteint sur l'atmosphère du groupe, donnant parfois aux réunions une atmosphère de colonie de vacances. Le mouvement de personnel, en bouleversant les alliances ou les affinités potentiellement conflictuelles, contribue également à réduire les conflits de personnalité ou idéologiques. Cela a probablement à voir aussi avec la légèreté relative du lien d'autorité, car on ne saurait en imposer à des individus qui, en fin de parcours, ou de façon passagère, viennent donner de leur temps à la fonction publique. L'engagement de ces personnes à servir le

[9] Le vendredi matin, les employés qui arrivent au travail avec leur valise ont pour objectif de faciliter leur départ en fin de journée vers leur lieu de résidence principal.

[10] Cette «non-appartenance» à la grande ville et l'opposition entre le centre (Toronto) et la périphérie (l'enclave francophone en région éloignée) s'expriment dans les interactions aussi bien par des non-dits que par des réactions explicites par rapport au mode de vie urbain, cosmopolite, moderne, impersonnel.

Ministère n'en est pas pour autant faible : bien au contraire, la nou-veauté du contexte, la durée limitée de l'expérience de travail, les conditions financières et la sensation positive de se trouver en situa-tion de pouvoir contribuent probablement à nourrir l'implication et la bonne volonté de ces agents provisoires. L'éloignement est aussi un autre facteur favorisant cette implication. Pour celui qui s'avère coupé de ses proches, l'investissement de soi dans le travail devient presque une nécessité, une façon commode de pallier la solitude et la séparation d'avec le milieu familial.

En dépit de l'esprit de camaraderie qui règne au sein de la section francophone, cela ne veut pas dire que celle-ci échappe à toute forme de tensions. Comme n'importe quel milieu de travail, celui-ci met en relation des personnalités diverses plus ou moins «compatibles». Les tensions les plus fortes qui atteignent la hiérarchie se rapportent souvent à la défense ou la promotion du français. Tous y souscrivent, mais tous n'ont pas la volonté d'appesantir leur charge et leurs relations de travail avec les responsabilités conflictuelles qui s'y rattachent. À prime abord, l'éducation a une dimension éminem-ment technique, donc assez neutre : ce sont les savoirs, les stratégies d'apprentissage, les pratiques exemplaires que l'on s'emploie à promouvoir, à diffuser, à faire adopter par le milieu éducatif. Ce n'est pas sur ce versant que les tensions les plus importantes émer-gent. Elles surviennent davantage du côté de l'affirmation identitaire et de ce qu'il conviendrait d'appeler l'État anthropologique et culturaliste (Shiose, 1995 ; Habermas, 1978), dont les initiatives misent sur la valorisation et la transmission de la langue et de la culture. Ces configurations (Élias, 1991) mettent en jeu des rapports de force entre des agents animés par une telle approche et les supérieurs hiérarchiques, qui, bien que solidaires de la cause qui s'y rapporte, doivent néanmoins faire preuve de retenue face à un prosélytisme qui risquerait d'être inconséquent sur le plan politique. Entre ces deux positions, il y a la majorité des agents, ceux qui comprennent la cause, qui s'alimentent à l'occasion du même res-sentiment vis-à-vis des inévitables concessions du jeu politique, mais dont l'engagement fort de certains pour la cause dérange, dans la mesure où ils ne sont pas prêts, au quotidien, à en assumer les conséquences dans leurs relations de travail ; un inconfort qui résulte aussi du sentiment de culpabilité qu'un tel engagement projette sur eux. Comme dans n'importe quel milieu de travail, celui qui fait preuve de zèle risque toujours de perturber les règles du jeu établies. C'est pourquoi l'attitude des «francs-tireurs» de la cause francophone peut à l'occasion déplaire à ceux qui préfèrent évoluer dans un climat de travail prévisible et provoquer chez eux une attitude de «freinage» par rapport à certaines initiatives plus engagées (Friedberg, 1975, p. 357 ; Crozier, Friedberg, 1977).

Sur le plan de l'embauche des agents de l'éducation appelés à venir travailler à Toronto, il n'est pas rare que l'on se retrouve entre soi. La francophonie ontarienne est un bien petit monde et le monde de l'éducation, maillon fondamental dans la «survie» de la francophonie ontarienne, est un univers fort consistant. De toute façon, que l'on se connaisse ou non, directement ou par personne interposée, on est bien toujours «entre soi», car le monde de l'éducation, d'où proviennent la majorité des agents d'éducation, a cette capacité de donner à ceux qui ont vécu le «monde de la classe» la sensation d'appartenir à la même famille. La solidarité qui y règne renvoie à une vie avant la vie, le monde de l'éducation. Par ce vécu commun, similaire dans ses accents et ses tonalités à celui du combattant ayant fait la guerre, ils «se retrouvent» lorsqu'ils collaborent au sein du Ministère. Ils parlent le même langage, partagent les mêmes expériences, portent les mêmes cicatrices et ils parlent généralement à partir de la même réalité. Une réalité incompréhensible, inaccessible pour celui n'ayant pas vécu la réalité de l'enseignement. Mais pas n'importe quelle réalité : l'enseignement en milieu minoritaire. L'équation ouvre sur un monde mystérieux, toujours évocateur de combat, de précarité, de moyens inadéquats, d'un destin commun soudé par l'adversité.

Le Ministère et la communauté enseignante...

Le ministère de l'Éducation se distingue également par les liens privilégiés qu'il entretient avec l'extérieur, sa «clientèle». Il s'y affirme par rapport à sa base, soit le milieu éducatif proprement dit, une réelle volonté de démentir la critique qu'on lui adresse souvent, soit celle d'imposer des directives qui ne tiennent pas compte de la dure et complexe réalité du contexte : celui de la salle de classe, mais aussi celui du contexte minoritaire de l'éducation de langue française. C'est pourquoi le ministère de l'Éducation se présente souvent comme une véritable agence de voyages, alors qu'il n'est pas rare de le voir organiser des sessions d'information, de mise à niveau, de préparation, d'animation en accueillant des centaines de participants en son sein, ou en planifiant des sessions itinérantes de formation à travers la province. De tous les ministères, il est probablement celui qui maintient la plus grande proximité avec le secteur d'activité qu'il contrôle. Et il n'est guère nécessaire de forcer le trait pour comprendre que le contrôle qu'il exerce n'est jamais exempt, objectivement, c'est-à-dire en raison des propriétés spécifiques de ce secteur d'activité, de ce qu'il est convenu d'appeler une « tentation totalitaire »[11].

Ces rencontres et ces sessions de travail sont généralement appréciées de la communauté enseignante. Souvent facultatives, on y vient par volonté d'implication (participer à la réforme, à son implantation, etc.), mais aussi parce que cela change de la routine de la classe, que la rémunération s'avère intéressante et que cela se déroule à Toronto, une chance unique pour beaucoup de profiter des plaisirs de la grande ville. D'ailleurs, il n'est pas rare de retrouver les mêmes personnes. Ces réseaux informels de

---

[11] Totalitaire au sens où il induit un certain contrôle totalisant de l'activité et du secteur qu'il régule, ce qu'accentuent des projets éducatifs favorisant une approche culturaliste de l'éducation. S'ajoute à cela la présence importante au sein des programmes éducatifs de la francophonie ontarienne de tendances propres aux « sociétés closes », pour reprendre la célèbre terminologie de Popper (1979). À titre d'exemples, soulignons : cette propension à faire de la jeunesse un facteur de survie de la collectivité ; l'imposition chez les jeunes d'un devoir-être collectif culpabilisant axé sur la transmission de la langue et de la culture ; la valorisation du consensus au détriment de la pluralité conflictuelle de la société civile, en référence à une conception romantique de la « communauté » ; et, de façon générale, la prépondérance d'une perspective holiste, voire organiciste de l'ordre social et de son fonctionnement. Sur la notion d'« institution totale » et de contrôle totalitaire, voir Goffman (1973) ; sur la notion de tentation totalitaire, voir Talmon (1966).

collaborateurs s'expliquent en bonne partie par la difficulté que cela représente pour l'agent d'identifier des personnes-ressources, d'obtenir leur participation, d'organiser des sessions de travail et de planifier le déplacement des uns et des autres. Plutôt que de faire un appel à contribution général proprement dit, l'agent d'éducation préfère généralement contacter des personnes habituées à ce genre d'exercice. Cela contribue évidemment à reproduire une clientèle particulière de collaborateurs, dont le moins qu'on puisse dire, c'est qu'ils seront soucieux de répéter l'expérience en montrant leur bonne intention et en évoluant sous un mode conciliant. Pour l'agent, la bonne volonté des participants est un trait important, car un tel exercice peut s'avérer fort éprouvant si la zizanie s'installe au sein du groupe de travail.

Le Ministère et le champ scientifique...

Outre le système d'éducation et la communauté enseignante, le Ministère tente également de maintenir des liens avec le milieu de l'enseignement supérieur. La collaboration entre le Ministère et certains chercheurs universitaires opère une double légitimation : elle permet au Ministère de recevoir la caution de la science en intégrant dans ses initiatives des problématiques, des notions, des concepts-clés, des néologismes issus du milieu universitaire, tout en coupant court à la vision d'une bureaucratie technocratique évoluant en vase clos. En fait, sans grande surprise, cette ouverture cache un double discours : d'une part, certains agents manifestent une réelle volonté d'ouverture et d'écoute vis-à-vis des résultats et des propositions issus du milieu universitaire. Mais, dans le même mouvement, on est toujours prompt à souligner, à l'interne, le manque de réalisme, l'absence de pragmatisme et, surtout, à faire sentir que l'expérience de la classe en milieu minoritaire échappe à la vision trop théorique ou trop nuancée du chercheur. Ce double discours par rapport au monde de la recherche a d'ailleurs tendance à s'articuler à des solidarités et des visions différentes au sein du personnel du Ministère[12]. Ceux qui maintiennent un lien fort avec le monde universitaire, par exemple, souvent parce qu'ils poursuivent des études supérieures à la maîtrise ou au doctorat, ou parce qu'ils sont surqualifiés, vont avoir tendance à considérer que le Ministère devrait être davantage au fait de la recherche universitaire. Ce lien avec le monde de l'université n'est pas étranger à des stratégies de distinction (Bourdieu, 1979) car, non seulement cela peut permettre de se distancier, mais cela peut également servir à apaiser certaines frustrations que suscite un milieu peu propice à des démarches personnalisées susceptibles de mettre en valeur leurs compétences. Les autres, davantage tournés vers le milieu proprement éducatif, vont favoriser au contraire des initiatives de terrain afin de mieux faire passer le message à la base et accompagner la réception des politiques et des réformes. C'est par la « mise en marché »[13] des initiatives du Ministère et le « service à la clientèle » qu'ils vont, au contraire des agents « branchés » sur le milieu universitaire, se distinguer de leurs collègues.

Du point de vue des chercheurs universitaires, cette collaboration avec le ministère de l'Éducation leur donne la possibilité de combler deux des tâches qui leur incombent, soit l'implication auprès de la communauté et la diffusion du savoir. Pour expliquer la motivation des chercheurs universitaires à participer à ces projets, on doit évidemment tenir compte de l'avantage financier qui s'y rattache. Variées et constamment renouvelées, les subventions de recherche allouées par le Ministère procurent aux chercheurs une

---

[12] Il serait tentant d'interpréter ces dispositions comme des stratégies, c'est-à-dire des façons pour les acteurs de tirer leur épingle du jeu dans un « champ » structuré par des rapports de force et des luttes. En s'inspirant de la sociologie de Bourdieu, on pourrait ainsi considérer que les agents, à travers ces différentes dispositions, mobilisent des formes concurrentes de capital culturel et social (la connaissance de première main du milieu de l'enseignement et du milieu associatif *versus* la connaissance lettrée et scientifique ; les liens d'un agent avec le milieu éducatif, communautaire, associatif *versus* la collaboration à un réseau de chercheurs « affiliés » au Ministère). On doit toutefois souligner notre réserve quant à la façon dont cette approche oblige à définir les interactions des agents en fonction d'un cadre fondamentalement conflictuel. Voir Bourdieu (1979, 1989).

[13] Voir l'explication de la note 3 sur la notion de mise en œuvre.

source de financement intéressante et, à bien des égards, beaucoup plus accessible que celles venant des organismes subventionnaires traditionnels (notamment le Conseil de recherches en sciences humaines du Canada-CRSH). Outre cet attrait financier, on peut considérer que la motivation des acteurs universitaires procède aussi d'un certain désir de reconnaissance et au fait de pouvoir jouir de l'autorité que leur confère leur titre d'experts. Car, règle générale, ce n'est pas au sein de son milieu immédiat que l'universitaire peut réellement jouir du prestige de son titre, mais bien dans ses inter-actions avec le monde extérieur. Il faut que ce monde extérieur le sollicite, ou soit néanmoins minimalement convaincu de l'impor-tance de son travail, pour que cette jouissance soit significative. Or cette conviction par rapport au travail universitaire existe au sein du Ministère pour une raison déterminante: la survie du fait français en Ontario. Face à ce sentiment d'urgence, constamment renouvelé par la publication de statistiques toujours plus alarmistes les unes que les autres (on vieillit, on décroche, on passe à l'anglais, on décline, etc.), les rapports entre la science et le politique s'ins-crivent sous le signe de la crise permanente. Devant l'imminence d'un désastre toujours annoncé, la recherche et le monde de l'action peuvent difficilement s'ignorer. S'imposant comme une nécessité de survie, leur collaboration devient ainsi une affaire de solidarité dans l'adversité.

Pour certains, cette collaboration s'avère tellement forte qu'ils finissent par orienter leur travail universitaire en fonction des priorités, des politiques et des façons de faire du Ministère, qui sont aussi souvent une façon de «dire», d'«énoncer», de poser les problèmes (Bourdieu, 1982). Réciproquement, le Ministère a tendance à solli-citer les mêmes chercheurs dans la mesure où une connivence s'installe entre la production théorique des chercheurs et la production insti-tutionnelle du Ministère. Devant les questions à poser, les problèmes à traiter, les approches à privilégier, la science fait des choix et les justifie, mais sans jamais oublier que ceux-ci s'inscrivent dans ce que Weber (1992) appelait «l'infini extensif et intensif de la réalité» (p. 148). D'où la réticence de la science à présenter ses analyses comme un exposé du réel. Or il va de soi que cette prudence et cette

relativité au fondement de l'esprit scientifique sont souvent les premières victimes d'une collaboration entre le chercheur et le Ministère.
Ce qui explique cet abandon de la part du chercheur, ce n'est pas
simplement que le Ministère impose sa façon de faire et ses objectifs
ni que le chercheur succombe à la tentation d'agir sur le réel. Plus
insidieusement, cela découle de la collaboration même, qui, sur le
temps long, finit par engendrer ce que Bourdieu appelle des «effets
de vérité» (1982). Les réseaux qui émergent de cette collaboration ne
se réduisent donc pas à des structures d'échange, de coopération et à
des processus de consultation qui, tout en faisant le pont entre la
théorie et la pratique, permettraient à chacun de produire selon un
mode qui lui est propre. Cette conception idéalisée, c'est celle d'un
savoir désintéressé et neutre, celui de la science, venant éclairer, à
distance, les actions du politique et sa volonté de changement, en
maintenant l'intégrité de sa démarche face aux priorités des acteurs
politiques[14]. En deçà de cette vision idyllique, procédurale et asocio-
logique, on découvre que ces réseaux sont plutôt des processus
d'échanges réciproques par lesquels une communauté de termes, de
paradigmes, de concepts et surtout de néologismes finit par brouiller
les frontières de l'offre et de la demande entre le milieu universitaire
et le milieu bureaucratique. Dans le va-et-vient incessant qui s'installe,
la production de l'un en arrive à conforter, légitimer et surtout alimenter la production de l'autre. À force de partir des mêmes prémis-
ses, les questions posées succombent à la tentation de se présenter
comme les relations «matérielles» des «choses» et non comme les
relations conceptuelles formulées par le chercheur pour poser un
problème (Weber, 1992, p. 142). Au sein du Ministère, on s'en remet
souvent aux rétroactions pour tester la validité des hypothèses et des
initiatives, en sous-estimant la façon dont la «rétroaction» s'avère
indissociable de l'impulsion initiale, issue de cette «situation de jeu»
(Élias, 1991) entre le milieu institutionnel et le milieu universitaire.

---

[14] L'œuvre de Max Weber a fortement contribué à consacrer cet idéal d'une collaboration éclairée entre l'homme de science et l'homme politique, laquelle devait
permettre à chacun de respecter son «dieu», ou plutôt son système de valeurs spécifiques, et de maintenir, face à l'autre, son intégrité au regard des exigences propres à
sa vocation. Voir *Le savant et le politique*, 1959.

C'est dans le sillage de ces processus, de ces réseaux, où les agents d'éducation et les chercheurs se trouvent en situation d'«intertra-duction» et de «mises en équivalence de ressources hétérogènes»[15], que les problématiques portant sur la francophonie deviennent des réalités sociales proprement dites, c'est-à-dire à partir du moment où, ensemble, on les nomme, les désigne, les problématise, les diffuse. Cette réalité advient plus en raison de la façon dont on se concerte, on se sollicite, on se cite et on se comprend entre soi que par l'action ou le rayonnement autonome, spontané de données «objectives», de «faits» bruts, de constats «manifestes», de statis-tiques «qui parlent d'elles-mêmes». Les effets de réalité qui en émanent découlent précisément de la façon dont la collaboration semble être sollicitée par un problème qui va de soi, dans des termes et des paramètres prédéfinis, «déjà là», et toujours sur fond d'ur-gence (assimilation, minorisation, décrochage, etc.), ce qui renforce l'évidence du problème.

Soucieuse d'agir et d'aller de l'avant, et bénéficiant d'outils et de diagnostics légitimes, ceux de la science, le milieu institutionnel revient à la charge. La science devient ici prisonnière des produits qu'elle a contribué à engendrer, alors que le Ministère s'emploie, avec les meilleures intentions, à poser au monde de la science le problème identifié en des termes qu'elle peut difficilement refuser, car ce sont les siens, mais cette fois dépourvus de leur aspect nominaliste: les termes, les concepts, les mots diagnostics sont coupés de leur contexte, et surtout, de l'histoire de leur produc-tion[16]. Les recherches, les comptes rendus et les conclusions du champ scientifique que récupère le Ministère sont l'objet d'une généralisation, c'est-à-dire d'un traitement compatible avec des projets d'intervention dans le milieu éducatif. Formalisés et libérés du cadre singulier de leur production, ils viennent alimenter les

---

[15] Philippe Corcuff, 1995, *Les nouvelles sociologies,* Paris, Nathan, p. 72. Dans ce passage, l'auteur présente les travaux de Bruno Latour et de Michel Callon qui, dans le sillage de David Bloor, se sont employés à éclairer les processus sociaux de construc-tion des faits scientifiques.

[16] C'est ce que François de Singly appelle, en s'inspirant de la terminologie de Thévenot, la transformation de catégories savantes en variables d'État, dans Lahire (dir.), 2002, p. 18.

«signes» par lesquels le politique énonce la réalité, les problèmes et les besoins de la francophonie ontarienne.

Pour la communauté enseignante, condamnée à travailler à partir de ces références devenues obligatoires, la réalité devient ce que l'on énonce à son propos. Le pouvoir, ou plutôt la direction du Ministère qui approuve ou désapprouve la production institutionnelle est généralement consciente de ce pouvoir d'évocation. Mais il s'agit d'une réflexivité de nature plus légale que proprement sociologique. Ce que l'on redoute face à ce pouvoir créateur des mots et des choses dites, ce sont plus le précédent, l'incidence légale ou politique de l'énoncé que la postérité sociologique du terme mis en orbite et la construction sociale de la réalité qui s'y cache. On craint davantage de donner une assise ou une reconnaissance institutionnelle à des revendications présentes ou latentes et d'avoir ainsi à assumer de nouveaux services, de nouvelles responsabilités et de nouveaux frais que d'engendrer de la réalité en produisant du discours sur la réalité. Les services d'édition au sein du ministère de l'Éducation font à cet égard office d'exception. Ces services occupent une position intermédiaire entre le monde des agents de la section francophone et celui de la hiérarchie supérieure. Il est le lieu de toutes les tensions dans la mesure où il est le dernier rempart avant le monde extérieur. C'est par lui que la production devient officielle ; le dernier moment avant que les mots engagent l'administration. Il tente de concilier l'univers de la production, celui des agents d'éducation, et l'univers des grandes orientations, des rapports de force, des volontés contradictoires, celui du politique. Du point de vue des agents de la section francophone, on les considère comme faisant partie de la même famille, c'est-à-dire objectivement de notre côté, du côté des francophones. Après tout, au-delà des fautes, de la syntaxe et des éternelles coquilles, c'est de la langue française qu'ils s'occupent. Et pourtant, malgré cette proximité, une distance demeure, car les rappels à l'ordre, de leur part, sont constants. Il n'est pas rare que les agents soient exaspérés par leurs réticences, leur pointillisme et leur prédisposition à venir compliquer ce qui devrait être simple : car là où les agents de la section francophone sont convaincus de l'évidence de certains termes (la culture, l'identité, la vitalité, l'assimilation, etc.), ceux des services d'édition et de traduction ont plutôt tendance à s'inquiéter de leur ambiguïté première. Cela se comprend : comme secteur voué à vérifier le sens des mots, la cohérence des énoncés et à chasser les formulations incongrues, il connaît la relativité nominaliste qui sépare la chose et le mot, le signifiant et le signifié, et la complexité qui se cache derrière la généralisation du concept. Bien loin de se limiter au discours, il est obligatoirement un rappel prudent à la réalité désignée, insaisissable dans sa totalité sauf par l'intermédiaire de la convention, de l'approximation et de la généralisation. Il ébranle l'illusion et la confiance des discours prétendant à une prise sur le réel par les mots.

Évidemment, ce secteur ne peut constamment tout freiner. Il doit à un moment ou un autre, faute de mieux, produire ou laisser aller les choses. Après tout, pour reprendre la formule de Crozier et Friedberg, le pouvoir dont disposent les services d'édition et de traduction, et plus particulièrement la direction des communications, nécessite, pour se maintenir, la poursuite du jeu (1977). Bon gré mal gré, les énoncés, les termes-clés, les productions suivent leur chemin, plus ou moins amputés, plus ou moins nuancés, avec pour objectif principal d'éviter les contresens qui risqueraient de nuire politiquement. Au sein de ce secteur, c'est assez cyniquement qu'on se soumet à la mise au monde de formules ambiguës, de concepts-clés vagues, de néologismes audacieux, car l'on sait, là plus qu'ailleurs, qu'on revient difficilement en arrière et que la production future du Ministère sera prisonnière de ces mots enfantés et de la réalité qu'ils énoncent.

Conclusion : La tentation prométhéenne d'un ministère devenu grand

Se définissant souvent en fonction d'une adversité qui la menotte et la légitime tout à la fois, la section francophone du ministère de l'Éducation de l'Ontario apparaît prisonnière d'un double mode de fonctionnement : d'abord, d'un fonctionnement mineur, au sens kantien, en raison de sa situation minoritaire et d'une structure d'autorité favorisant la majorité anglophone ; et ensuite, d'un fonctionnement réactif, alors qu'elle donne l'impression d'être constamment à la remorque des demandes du milieu éducatif, des besoins essentiels de la communauté et, surtout, des exigences relatives à la survie de la francophonie ontarienne. Cette perception a le défaut de nous empêcher de saisir ses initiatives et ses interventions pour ce qu'elles sont : des productions internes réalisées à l'interne. Cette représentation ne s'articule pas pour autant à un complot machiavélique et à une volonté du pouvoir de masquer ses capacités d'imposition, car cette représentation emporte généralement autant les observateurs extérieurs que les acteurs œuvrant au sein du Ministère. Il n'est pas rare que ces derniers soient sincèrement convaincus de la collégialité des productions ou initiatives institutionnelles. Ce faisant, ils contribuent, sans le vouloir, à asseoir la légitimité d'une politique ou d'une initiative en la détachant de son réel lieu d'élaboration et en l'inscrivant dans un processus de partenariat avec la communauté, comme si le produit final (politique, directive, guide, etc.) était un produit du consensus, d'une concertation entre égaux et non du pouvoir.

Sous-estimée dans ses capacités de création *ex nihilo*, la section francophone du Ministère est donc rarement perçue comme une productrice autonome de la francophonie et une interface déterminante des différents acteurs communautaires de la francophonie ontarienne. Que la section francophone soit désormais un acteur ayant atteint sa majorité, on le constate à la façon dont s'exprime, au sein de la nouvelle *Politique d'aménagement linguistique* (PAL), une volonté d'intervention sans précédent. Depuis la publication du premier document traitant de l'aménagement linguistique en 1994, une ambition pour le moins prométhéenne s'est affirmée. Entre cette première tentative et la politique actuelle (PAL), l'horizon de ce que l'on appelle, de façon fort significative, « l'aménagement » linguistique, s'est radicalement métamorphosé. Les termes parlent d'eux-mêmes. On est ainsi passé de l'enseignement à l'animation culturelle, de l'école à la communauté, de la langue à la culture, de la formation à la construction identitaire, et de l'autonomie à la vitalité institutionnelle. Les stratégies identitaires qui s'expriment à travers ces objectifs apparaissent ainsi s'affranchir radicalement du cadre politique traditionnel à l'intérieur duquel elles s'étaient jusque-là définies : celui du statut officiel, juridique et historique de la langue française et des droits que cela procure en matière de financement, de partage des pouvoirs, de gestion des établissements scolaires et d'égalité des chances en ce qui a trait à l'apprentissage. Fortes de la reconnaissance juridique, politique et surtout institutionnelle obtenue, les stratégies du ministère de l'Éducation entreprennent désormais de prendre en charge le social et l'individu dans leur totalité, en impliquant l'ensemble des acteurs importants de la communauté.

Signe évident d'un ministère technique[17] devenu anthropologique (Shiose, 1995), à une époque où la doxa sur le néolibéralisme ne cesse de proclamer le désengagement de l'État, cette prise en charge globale ne s'affiche toutefois pas comme telle. Par exemple, ce qui s'énonce dans la *Politique d'aménagement linguistique* de 2004 paraît venir d'ailleurs : « Un ensemble de changements sociaux et éducatifs survenus au cours des années 1990 ont rendu nécessaire la mise à jour du document de 1994 » (MÉO, 2004, p. 10). De plus, loin des risques associés à l'innovation dans le secteur de l'éducation, comme en fait foi l'impopularité du terme *réforme*, cette politique prétend seulement « actualiser » la responsabilité historique du Ministère d'assurer une « bonne application de la *Loi sur l'éducation* » (p. 2). Enfin, on n'y prescrit pas de nouvelles pratiques et de nouvelles responsabilités pour la communauté enseignante. S'inscrivant plutôt dans une logique de dialogue et de concertation, l'État définit son intervention comme une réponse, « en contexte minoritaire, aux besoins spécifiques de la communauté de langue française de l'Ontario et de ses institutions éducatives » (p. 2). Ici, ce ne sont plus

---

[17] Loin de nous l'idée de réduire l'enseignement et sa planification à une méthode ou une technique. Nous voulons seulement insister ici sur la façon dont les orientations du Ministère, et de la pédagogie au sens large, sont progressivement passées d'une conception de l'enseignement axée surtout sur les contenus et les savoirs essentiels à une approche globale centrée sur la personne, accordant de plus en plus d'attention, dans les modes et stratégies d'apprentissage, au vécu de l'élève et à son inscription sociale.

simplement les figures minorisées et réactives de son fonctionnement que l'on mobilise. S'y ajoute la volonté d'inscrire ses interventions dans une nouvelle culture politique et institutionnelle, celle
de la «bonne gouvernance». Dans son énoncé, cette politique
n'évoque pas des axes d'intervention verticaux, limités et traditionnels au regard du partage des responsabilités et des façons de promouvoir la francophonie ontarienne. Elle met plutôt en scène une
participation horizontale de l'État à l'édification d'une «vision
partagée» où tous les membres, élèves compris, deviennent des
acteurs appelés à s'engager et donc responsables du succès de cette
vision. À suivre les images mobilisées par le discours de cette politique, on est donc amené à découvrir un rôle pour le moins para-
doxal : plus ambitieux dans ses objectifs, plus global dans son
intervention et plus insistant dans l'implication des partenaires
sociaux, l'État, ou plutôt le ministère de l'Éducation, serait aussi,
curieusement, moins présent, moins directif, moins intervention-
niste, se contentant de donner forme et vie à une volonté qui ne
serait pas la sienne et dont la mise en œuvre et le succès incombe-
raient à la communauté. Un peu comme la forme du projet
anthropologique qu'il entend promouvoir, le ministère de l'Éducation donne ainsi l'impression de vouloir être partout et nulle part à
la fois.

Références

Bayart, J. F. (1996), *L'illusion identitaire*, Paris, Fayard.

Berger, P. L. (1973), *Comprendre la sociologie*, Paris, Resma.

Boudon, R. (2004), *Pourquoi les intellectuels n'aiment pas le libéralisme*, Paris, Odile Jacob.

Boudon, R. (1979), *Effets pervers et ordre social*, Paris, Hachette.

Bourdieu, P. (1989), *La noblesse d'État*, Paris, Minuit.

Bourdieu, P. (1982), *Ce que parler veut dire*, Paris, Fayard.

Bourdieu, P. (1979), *La distinction. Critique sociale du jugement*, Paris, Minuit.

Callon, M. (éd.) (1988) *La science et ses réseaux*, Paris, La Découverte.

Corcuff, P. (1995), *Les nouvelles sociologies*, Paris, Nathan.

Crozier, M. et E. Friedberg (1977), *L'acteur et le système*, Paris, Seuil.

De La Boétie, É. (1978), *Le discours de la servitude volontaire*, Paris, Payot.

Élias, N. (1991), *Qu'est-ce que la sociologie*, Marseille, Éditions de l'Aube.

Friedberg, E. (1975), *Les organisations. La sociologie et les sciences de la société*, Loos-Lez-Lille, CEPL, p. 346-365.

Gauchet, M. et G. Swain (1980), *La pratique de l'esprit humain*, Paris, Gallimard.

Goffman, I. (1968), *Asiles. Études sur la condition sociale des malades mentaux reclus*, Paris, Minuit.

Habermas, J. (1978), *Raison et légitimité*, Paris, Payot.

Lacroix, B. et J. Lagroye (dir.) (1992), *Le président de la République. Usages et genèse d'une institution*, Paris, Presses de la FNSP.

Lahire, B. (dir.) (2002), *À quoi sert la sociologie?*, Paris, La Découverte.

Latour, B. (1989), *La science en action*, Paris, La Découverte.

Martucelli, D. (2006), «Penser l'intermonde, ou comment oublier le problème de l'ordre social», *La Revue du Mauss,* 1(27), p. 431-443.

Ministère de l'Éducation de l'Ontario (2004), *Politique d'aménagement linguistique de l'Ontario*, Toronto.

Ministère de l'Éducation de l'Ontario (1994), *Aménagement linguistique en français – Guide d'élaboration d'une politique d'aménagement linguistique, paliers élémentaire et secondaire*, Toronto.

Popper, K. (1979), *La société ouverte et ses ennemis*, Paris, Seuil.

Shiose, Y. (1995), *Les loups sont-ils québécois?*, Québec, PUL.

Schumpeter, J. (1984), *Capitalisme, socialisme et démocratie*, Paris, Payot.

Talmon, J. L. (1966), *Les origines de la démocratie totalitaire*, Paris, Calmann-Lévy.

Weber, M. (1992), *Essais sur la théorie de la science*, Paris, Plon.

Weber, M. (1971), *Économie et société, tome I*, Paris, Plon.

Weber, M. (1959), *Le savant et le politique*, Paris, Plon.

EXPÉRIENCE SCOLAIRE ET APPROPRIATION DE L'ÉCOLE DE LANGUE FRANÇAISE EN ONTARIO PAR LES ENFANTS

Nathalie Bélanger

Professeure agrégée, Université d'Ottawa

ET

Diane Farmer

Professeure adjointe, OISE / Université de Toronto[1]

Introduction

La compréhension de l'enfance a longtemps été assujettie à la catégorie «adulte». La sociologie de l'enfance a permis de rectifier cette situation en faisant place à l'acteur social enfant. Dans cette veine, il s'agit ici de s'intéresser à l'espace que représente l'école de langue française en Ontario, créée pour les jeunes par les adultes (Labrie, 2007) et, en grande partie, orchestrée par les enseignants, tout en examinant la façon dont les élèves habitent cet espace et se

---

[1] Les auteures aimeraient remercier Anne-Marie Caron-Réaume, Kehra Taleb, Geneviève Beaulieu et Julie Byrd-Clark, assistantes de recherche dans le cadre de ce projet.

l'approprient. Nous pourrons ainsi déceler en quoi l'école de langue française en situation minoritaire est en phase avec la réalité des enfants et des jeunes qu'elle accueille. Dans un premier temps, nous situerons le projet de recherche plus large duquel est issu ce chapitre, pour ensuite rappeler brièvement les principaux paramètres de la sociologie de l'enfance et le devis méthodologique de notre enquête. Dans un troisième temps, nous nous pencherons sur deux des écoles visitées dans le cadre de notre projet de recherche ethnographique en analysant d'abord le travail d'appropriation de l'école de langue française par les enfants à travers leurs pratiques sociales et discursives et ensuite la représentation qui est proposée du milieu desservi par l'école. Il s'agit là des deux moments de conceptualisation de l'espace scolaire que nous examinerons.

Le métier d'élève à l'école de langue française en Ontario

Dans le cadre de l'étude[2] plus large de laquelle est issu ce texte, notre intérêt visait à mieux comprendre les utilisations faites de la classe à niveaux multiples par les acteurs scolaires (administrateurs, enseignants, parents et élèves), les mécanismes mis de l'avant et les négociations qui y sont constitutives (Bélanger et Farmer, 2004). La classe à niveaux multiples est un regroupement d'élèves provenant de deux ou plusieurs niveaux dans un même lieu, sous la direction pédagogique d'un enseignant. Elle se différencie de la classe simple, qui présuppose une cohorte d'élèves du même niveau, et de la classe multiâges, où le principe de regroupement d'élèves d'âges différents est au fondement de l'organisation de la classe. Au Canada, un écolier sur cinq fait l'expérience d'une classe à niveaux multiples durant son parcours scolaire. Des classes qui caractérisaient l'école rurale d'hier apparaissent aujourd'hui en milieu urbain aussi bien que rural. Cette situation serait d'ailleurs davantage prédominante dans les écoles de langue française en milieu minoritaire (Lataille-Démoré

---

[2] *Classes à niveaux multiples : socialisation et exercice du métier d'élève dans les écoles de langue française et anglaise de l'Ontario*, financée par le Conseil de recherches en sciences humaines du Canada (2003-2006), Chercheuse principale : Nathalie Bélanger. Cochercheuse : Diane Farmer.

et Fradette, 2000). Dans ce contexte, nous cherchions à mettre à jour une organisation scolaire qui se fait de façon implicite et à en saisir les logiques d'inclusion / exclusion. De telles classes, constituées de façon *ad hoc* font-elles émerger de nouvelles filières de classement entre élèves ? Comment nous renseignent-elles, par ailleurs, sur le fonctionnement du groupe classe, sur la lecture que font les élèves des attentes de l'école et, plus largement, sur les inégalités scolaires ?

L'inclusion ou non de l'élève au sein de telles filières ainsi que le travail d'interprétation qu'il se trouve à effectuer sur l'école et sur la position qu'il occupe au sein de l'entreprise scolaire sont des composantes essentielles pour saisir les inégalités scolaires. Nous avons choisi ce terrain fertile de la classe à niveaux multiples en tant que situation qui brouille la donne (Perrenoud, 1995) et qui laisse ainsi voir des processus possiblement moins apparents en salle de classe simple, pour laquelle le *curriculum* est conçu. La salle de classe est abordée en tant que microcosme politique structuré par une organisation scolaire formelle et informelle soutenue par des rapports sociaux distincts. Dans ce contexte, et pour les fins de ce texte, nous présentons les données du projet qui se rapportent à l'appropriation par les enfants de cet espace créé pour eux par des adultes. La partie qui suit précise l'encadrement théorique donné à notre étude ethnographique.

L'expérience de l'élève

Ce projet de recherche nous a conduites à recourir aux métaphores d'un *métier d'enfant* (Chamborédon et Prévost, 1973) et d'un *métier d'élève* (Perrenoud, 1995 ; La Borderie, 1991 ; Sirota, 1988, 1993) et au concept d'expérience scolaire de l'élève (Dubet et Martuccelli, 1996), qui sont au cœur de la sociologie de l'enfance. Avant l'émergence de cette dernière, la catégorie «enfant» s'est longtemps trouvée assujettie à un processus de minorisation. En effet, l'enfant a longtemps été considéré comme un point de référence par rapport au monde adulte, un être «en développement» ; il était alors cet *Autre* non civilisé, moins développé, immature (James et Prout,

1997 ; Delalande, 2001 ; Lloyd-Smith et Tarr, 2000 ; Organisation des Nations unies, 1989). De même, en recherche, les enfants ont longtemps été représentés comme des «objets de recherche», des statistiques, ou des sujets passifs (Mauthner, 1997 ; Christensen et Prout, 2002 ; Fielding, 2001). Cette dichotomie adulte/enfant instaure un rapport de domination entre les mondes adulte et enfantin où il convient à l'adulte de créer, de nommer (exemple : «les mineurs») et de réglementer cette catégorie «enfant». «Sont enfants dans une société donnée ceux que les adultes, gérants de cette société, considèrent comme tels» (Duclos, 1995). À tant vouloir parler au nom de l'enfant, on tend à reproduire, dans la recherche comme ailleurs, le point de vue des adultes et leurs préjugés sur les situations que vivent les enfants, entre autres l'échec scolaire (Farmer et Bélanger, 2007 ; Lahire, 1995). La sociologie de l'enfance restitue le point de vue de l'enfant en tant qu'acteur social légitime au même titre que les autres acteurs de l'école ou de la société (Corsaro, 2003 ; Montandon, 1997 ; Sirota, 1993). Ce courant de recherche, Sirota (1998) le situe dans le mouvement général d'une sociologie marquée par un retour à l'acteur (van Haecht, 1990) et d'une sociologie de l'éducation qui ne se restreint plus à l'élève statistique, désincarné qui réussit ou qui échoue selon la classe sociale de ses parents.

James et Prout (1990) soulignent que l'enfance ne se limite pas à une catégorie biologique : « *The immaturity of children is a biological fact but the ways in which this immaturity is understood and made meaningful is a fact of culture*» (p. 7). L'enfance est alors entendue comme une construction sociale, un phénomène qui ne repose pas sur un modèle unique et universel mais plutôt sur une pluralité d'enfances, «*a variety of childhoods*» (James et Prout, 1997) et qui varie d'une société à l'autre (Duclos, 1995 ; Percheron, 1974 ; Archard, 2004). Les enfants participent activement au processus de construction de leur enfance et de la société. « *That is to say, to proclaim a new paradigm of childhood in sociology is also to engage in and respond to the process of reconstructing childhood in society*» (James et Prout, 1990). Ce nouveau courant en sociologie de l'enfance, appuyé de la recherche qualitative, tient compte du point de vue des enfants en les considérant comme individus, acteurs sociaux, voire cochercheurs habilités à informer la thématique et le déroulement de la recherche (Bélanger et Connelly, 2007 ; Greene et Hill, 2005 ; Grover, 2004 ; Hill, 2005 ; Fielding, 2001, 2004).

Les auteurs s'intéressant à l'enfance ont d'abord cherché à montrer que la réussite d'un élève est liée non seulement aux compétences acquises mais également à l'apprentissage des règles du jeu et, plus encore, à l'idée de bien vouloir « jouer le jeu » (Sirota, 1988, 1993). La métaphore d'un « métier d'élève » (Perrenoud, 1984, 1995 ; Sirota, 1993) décrit bien la complexité de l'expérience que vit l'élève à l'école. Perrenoud (1995) trace un parallèle entre le monde du travail (des adultes) et le monde des élèves, où ceux-ci doivent se soumettre à un horaire précis et stable, à des rappels à l'ordre, à un univers de règles concernant les apprentissages, la parole, les retards et absences, les écarts de conduite. Le concept de métier d'élève évite d'analyser et de réduire la situation aux termes d'apprenant versus formateur étant donné que l'enfant socialise à son tour le socialisateur (Percheron, 1984) et joue le rôle de *go between* entre la famille et l'école (Perrenoud, 1995). Le métier d'élève se réfère alors au sens particulier qu'accorde l'élève au travail scolaire, aux savoirs et savoir-faire, aux situations d'apprentissage et aux logiques (plurielles) de l'entreprise éducative (Dubet et Martuccelli, 1996). Les analyses de Dubet et Martuccelli (1996), privilégiant plutôt les concepts d'expérience scolaire et de rôles que celui de métier d'élève récupéré par le milieu scolaire, démontrent comment l'élève se constitue en tant que sujet à travers les diverses logiques d'action, parfois dissonantes, du système scolaire particulier dans lequel il se trouve.

Les études portant sur la socialisation scolaire font état d'une double filière qui s'actualise dans la relation entre l'enseignant et les élèves d'une part et dans les relations entre élèves d'autre part, pouvant faciliter ou à l'inverse nuire au travail scolaire à accomplir (Vasquez, 1992 ; Felouzis, 1993 ; Vasquez-Bronfman et Martinez, 1996 ; Gayet, 1998 ; Bélanger et Farmer, 2004). La socialisation est vue en tant que processus de sélection, d'appropriation, d'individuation et de bricolage par l'acteur social, bref, une socialisation « autoconstruction » (Gayet,

1998; Dubar, 1991). Elle ne se limite donc pas à la simple transmission de normes ou de valeurs d'une société. Elle part du principe qu'il s'agit d'un processus interactif et que l'élève est «acteur légitime et producteur de culture» (Delalande, 2001). Dans cette veine, une meilleure compréhension du sens qu'accordent les élèves à leur travail scolaire permet de mieux situer les trajectoires scolaires (Saadi-Mokrane, 2000; Montandon, 1997; Rayou, 1999; Perrenoud, 1984, 1995; Sirota, 2006, 1993; Mayall, 2002).

Quel est donc ce monde créé par les adultes et habité et transformé par les enfants à partir duquel se produit et se reproduit la francophonie? La discussion qui a précédé sur les fondements de la sociologie de l'enfance fait ressortir, notamment, la notion d'enfant-sujet et d'enfant-acteur social, le constat d'une pluralité d'enfances ainsi que l'idée de stéréotypes véhiculés par les adultes sur les représentations et agissements des enfants, dans des rapports de domination entre les deux groupes. La notion de métier d'élève et, plus largement, le concept d'expérience scolaire nous amènent, par ailleurs, à examiner de plus près la relation pédagogique (enseignant/élèves) et les relations entre les pairs à l'école. C'est à partir de ce cadre que nous poursuivons avec quelques précisions méthodologiques et deux études de cas. Nous élaborons celles-ci à partir de deux éléments significatifs: le travail d'appropriation de l'école de langue française repérable dans les pratiques sociales et discursives des enfants en tant que premier moment de conceptualisation de l'espace scolaire et la représentation proposée du milieu desservi par l'école en tant que deuxième forme de catégorisation. L'importance accordée à la reconstruction et à la représentation des pratiques quotidiennes par les enfants nous conduira à une meilleure compréhension de l'intérieur des différents processus sociaux, politiques et institutionnels qui contribuent à produire et à reproduire la francophonie.

Devis méthodologique

Les données que nous présentons ici proviennent de nos visites de deux écoles de langue française menées dans le cadre du projet de recherche mentionné ci-dessus. Nous nous sommes intéressées à l'expérience scolaire des élèves âgés entre 8 et 12 ans. Notre recherche qualitative combine trois types de cueillette de données : des observations prolongées, des entrevues auprès des élèves, des professionnels de l'éducation et des parents et, enfin, une étude de documents. Les données ont été recueillies entre 2003 et 2006 dans quatre écoles contrastées sur les plans démographique, linguistique et géographique. Les résultats apportent un éclairage sur la sélection des élèves des classes à niveaux multiples et sur le processus de ré/interprétation de la situation par ces derniers (Bélanger et Farmer, 2004 ; Farmer et Bélanger, 2007). Les données recueillies font état de la complexité de la situation lorsqu'il s'agit d'examiner le « métier d'élève » ou l'expérience scolaire dans les classes à niveaux multiples. En ayant recours à l'ethnographie, il devient possible de capter les regards que posent les enfants sur l'institution scolaire et de rendre compte de leur subjectivité dans l'action (Corsaro, 2003 ; Levine, 2007). Nous optons pour une sociologie de l'enfance qui permet aux enfants, à travers l'illustration, l'exemple, la démonstration et la discussion, de se positionner en tant qu'acteurs sociaux (Mayall, 2002).

Le premier établissement décrit dans le cadre de ce chapitre, que nous nommons l'école de la Montagne, est public et situé dans le Nord de l'Ontario. Cette école compte 86 élèves dont une classe de 5ᵉ/6ᵉ années où nous avons obtenu le consentement de 9 élèves sur un total de 18. Nous y avons passé 12 jours d'observation et mené 19 entrevues. Le deuxième établissement, l'école Saint-André, est catholique. L'école est située dans le Sud de l'Ontario et compte 250 élèves dont une classe de 4ᵉ/5ᵉ années (25 élèves) où nous avons obtenu le consentement de 10 élèves. Quinze jours d'observation ont été assurés dans cette école et 12 entretiens y ont été menés.

Nous avons procédé à des analyses intrasite et intersite (Miles et Huberman, 2003), ce qui nous a permis de dégager les principales caractéristiques de chacun des établissements et de déterminer des catégories d'analyse. Celles-là nous ont notamment permis d'interroger, dans le contexte particulier où se situe chacune des écoles, l'interprétation donnée par les enfants à l'expérience vécue en classe dans le courant de l'année où nous avons mené la recherche. Plus particulièrement, nous examinons ici comment ces deux écoles, à travers le rôle des enseignant(e)s, se représentent leur mandat et leur contexte social et surtout comment les élèves, tout en voyant leur monde scolaire structuré par de telles représentations, lui donnent vie et sens. Le contexte de la classe à niveaux multiples, qui certes influe sur les situations observées, ne sera toutefois pas discuté en tant que tel dans le cadre de ce chapitre. Nous en avons traité antérieurement (Bélanger et Farmer, 2004; Farmer et Bélanger, 2007ab).

Nous avons pu identifier deux contextes sociaux différents qui se présentent comme types idéaux (Weber, 1971), parmi plusieurs, illustrant les rapports complexes à l'identité francophone. Puisque l'école s'inscrit dans un milieu, une réalité sociale, communautaire et politique et parce que les relais entre l'État et les établissements génèrent beaucoup d'autonomie et d'incertitude, il s'avère important de situer chacun des établissements afin d'éviter de parler de l'école de langue française au singulier.

À l'école de la Montagne, l'identité francophone s'inscrit principalement dans la notion de dualité linguistique tandis qu'à l'école Saint-André il s'agit plutôt d'une francophonie en transformation et s'articulant autour d'une tension entre une longue histoire locale de francophones bilingues de tradition ouvrière et l'arrivée, depuis une trentaine d'années, de familles plurilingues issues de l'immigration. Les cas d'école que nous présentons ici permettent d'illustrer, à travers l'individualité des espaces locaux historiquement constitués, la complexité des mécanismes à l'œuvre dans la production de la francophonie en milieu minoritaire. Suit une analyse que nous faisons de quelques «incidents clés» au sens de Vasquez-Bronfman et Martinez (1996). Ceux-là éclairent la structure relationnelle de la classe et mettent en évidence des révélateurs de rituels et des normes sous-jacents (p. 80).

S'approprier l'école de langue française. Pratiques sociales et discursives des enfants

Nous abordons maintenant ce que nous appelons un premier moment de conceptualisation de l'espace scolaire. Celui-ci prend forme et s'actualise à même les interactions en salle de classe, en fonction de deux axes de communication en présence, c'est-à-dire la relation pédagogique (enseignant-élèves) et les relations au sein du groupe de pairs. Rappelons qu'il s'agit là de deux univers qui s'entrecroisent tout en ayant aussi des fonctionnements distincts et qui se déploient, en ce qui concerne les interactions entre pairs, à l'insu du regard de l'adulte. Se sont dégagés de l'enquête ethnographique menée à l'école de la Montagne, dans le Nord de la province, d'intéressants débats sur ce que veut dire « être francophone ». À l'école Saint-André, dans le Sud de la province, la prise en considération de la diversité culturelle francophone et religieuse mobilisait en grande partie les discours. Commençons par l'école de la Montagne.

L'école de la Montagne

Le style pédagogique de l'enseignante de 5e et 6e années que nous avons observée fait place aux interventions des élèves. Les élèves des deux groupes (5e et 6e années) interagissent souvent et l'organisation pédagogique prévoit des travaux d'équipes mixtes (réunissant des élèves de 5e et de 6e années et/ou mixtes selon le genre). Les enseignantes s'expriment, pour la plupart, dans un français standardisé utilisant parfois quelques régionalismes, tandis que les élèves optent pour des variétés linguistiques différentes, selon les moments et les activités; un français vernaculaire, des régionalismes et une alternance de codes caractérisent les discours enfantins en salle de classe. À l'occasion d'un exercice en grand groupe, il est intéressant de constater l'approche privilégiée par l'enseignante, qui accueille les interventions des élèves (sous forme de questions/réponses) tout en permettant à ces derniers de réagir aux propos des uns et des autres.

Travail en grand groupe (5e et 6e années) et introduction au texte « La francophonie, un monde à découvrir de plusieurs façons » :

> Discussion de groupe sur ce que veut dire le mot *francophone*. Le français, dit Célia. L'école, dit Pierre. Une personne qui parle juste le français comme Madame Sophie dit Robert. L'enseignante retourne au texte. On apprend que le terme a été inventé par un géographe appelé Onésime Reclus. Moment de lecture partagée (lecture à haute voix, en alternance

entre différents enfants). Question initiée par Robert: qu'est-ce que ça veut dire langue maternelle? Bonne question répond l'enseignante et le groupe poursuit le débat. L'enseignante lui dit que sa langue maternelle est le français — tes deux parents sont francophones et vous parlez le français à la maison. Célia, toi, ce doit être l'anglais ta langue maternelle. Robert réplique: Mais j'avais appris vite l'anglais, vers trois ou quatre ans. Est-ce que je peux aussi dire l'anglais? L'enseignante répond: non, c'est la première langue que tu as apprise et que tu comprends toujours. D'autres enfants commencent à demander: «Quelle est ma langue maternelle?». Une fille précise que toute petite, ils parlaient français à la maison mais que suite au divorce de ses parents, quand elle a eu trois ans, elle ne parlait plus que l'anglais à la maison. [...] Durant le dîner, l'enseignante nous confie qu'elle trouve le texte sur la francophonie trop complexe, qu'elle l'utilise à titre formatif mais pas en vue d'une évaluation sommative. Le texte met l'accent sur les structures politiques de la francophonie internationale et le Canada qui est membre des pays de la francophonie ainsi que sur les autres pays membres du Commonwealth. Il s'agit d'un texte fourni par un centre de ressources pédagogiques de la région (NO, 26/01/05, p. 4)

À travers des inférences tirées de leurs expériences personnelles et familiales, on voit ici évoluer la réflexion que construisent les élèves au sujet de la notion de francophonie ainsi que les nuances et distances émises au sujet de l'identité francophone. Répondant à la question: «Que veut dire le mot *francophone*?», on évoque d'abord comme critère «le français», puis «juste le français», pour ensuite ouvrir le débat à la question de la langue maternelle. Les élèves font preuve d'introspection et d'une réflexion critique en spécifiant que les critères de définition utilisés (usage de la langue française, langue maternelle française) ne renvoient pas à leur expérience vécue. Ils évoquent d'autres cas de figure: alternance de codes à la maison en fonction d'une histoire familiale (un divorce, par exemple), le souvenir de l'autre langue (le français à la maison jusqu'à l'âge de trois ans et l'anglais par la suite); l'apprentissage précoce d'une deuxième langue et la valorisation des deux langues à la maison («Est-ce que je peux aussi dire l'anglais?»). Les enfants se positionnent et critiquent, du moins dans ce contexte, la catégorisation binaire et l'idée d'une dualité linguistique. Quant à l'enseignante, vraisemblablement inconfortable avec ce texte qu'elle juge trop formel et trop éloigné de la réalité de ses élèves, elle s'en remet à la définition légale ou juridique du sujet francophone et de «sa langue maternelle» («Non, c'est la première langue que tu as apprise et que tu comprends toujours.») telle qu'énoncée dans l'article 23 de la Constitution. Elle aurait tout autant pu évoquer les possibilités et les usages simultanés des deux langues à la maison, comme en fait pourtant foi le profil statistique de l'école, dont il sera question plus loin.

À l'occasion d'une visite subséquente en mars, nous constatons que les élèves travaillent toujours, dans le cadre du programme de sciences humaines, le thème de la francophonie. Ils ont un projet à rendre à la mi-mai à ce sujet.

> Face à des questions du style «Quelle est la signification des statistiques au sujet de la population francophone au Canada?» «Quelles sont les transformations?» «Quel est le sens de l'expression "langue maternelle"?» «Que veut dire "Franco-Ontarien"?», l'enseignante fournit des éléments de réponse. Par exemple, un Franco-Ontarien est une personne qui parle français et qui est née en Ontario. La correction s'effectue mécaniquement, c'est-à-dire qu'on ne s'arrête pas à réfléchir de façon critique sur les statistiques elles-mêmes ou sur ce que ça veut dire pour les élèves. Pourtant, les élèves donnent l'impression d'avoir quelque chose à dire à ce sujet étant donné les commentaires de certains: «C'est plus populaire l'anglais.» «C'est cool de parler l'anglais.» (échange entre Emegoh et un autre garçon de 5e); «Il y a beaucoup plus de Chinois»; «Il y a seulement Célia qui a un parent qui ne parle pas français.» (ce qui ne représente pas la réalité de la classe). Emegoh dit qu'il écrit le mot «cool» comme suit «kool»; Éloïse dit que sa sœur écrit ce mot comme suit «coul». Une élève de 6e année dit que c'est comme ça qu'on écrit avec MSN. Un autre élève propose la définition suivante de «franco-ontarien»: c'est quelqu'un qui est né en Ontario. D'autres encore mentionnent les avantages d'être bilingue: obtenir un meilleur emploi, faire davantage d'activités, lire et écrire dans les deux langues, avoir le choix des écoles françaises ou anglaises, parler à quelqu'un sans que les autres comprennent, être plus fier (NO, 4/03/05, p. 12).

On remarque ici que les enfants intègrent et reprennent certaines des logiques d'action du système telle celle utilitaire ou commode misant sur les avantages que procurent le bilinguisme sur le marché de l'emploi ou des études postsecondaires, ou encore la logique identitaire («être fier»). Si les enfants ne remettent pas en cause ce critère lié au lieu de naissance énoncé par l'enseignante, il est intéressant de constater qu'ils énoncent une définition évolutive qui intègre des réflexions sur la langue. Ils se donnent, à titre d'exemple, la liberté de créer leur propre grammaire («kool», «coul»). En évoquant le réseau de communication *MSN*, ils expriment clairement que l'espace enfantin va bien au-delà de l'espace scolaire ou institutionnel tout en spécifiant que ces autres espaces du monde enfantin traversent et éventuellement transforment l'école.

Nous aimerions fournir un dernier exemple pour l'école de la Montagne, tiré d'une autre discussion en classe.

> Discussion sur la pertinence de l'expression «le leur» qui est initiée par les élèves. La phrase au tableau est la suivante: «Mes amis ont un chien. C'est le leur.» Nous entendons d'abord quelqu'un dire: «le leur?» et quelques autres élèves interrogatifs qui répètent la même chose. Puis un élève de 5ᵉ année s'exclame: «Y'a personne qui dit ça "le leur"». D'autres disent qu'ils n'ont jamais entendu ça. Robert ajoute: «Je l'aime pas». D'autres lui font écho. Tous finissent par rire, incluant l'enseignante. Il est vrai que cet épisode est très drôle (NO, 28/01/05, p. 2).

Cet exemple souligne la complicité qui existe entre les élèves et l'enseignante. Dans un des extraits précédents, rappelons-le, l'enseignante nous avait fait part de ses réserves à l'endroit du texte à l'étude. Ici, elle exprime une réserve semblable, mais cette fois à l'endroit de certains éléments faisant partie du *curriculum* formel. En riant avec les enfants, elle entérine leur jugement face à la valeur d'un français standard et valide le français vernaculaire des jeunes de la classe, une variété à laquelle elle s'identifie, étant elle-même de la région.

Cette première étude de cas témoigne de la coexistence de plusieurs variétés linguistiques à travers les différents espaces d'interaction qui se déploient au sein de l'établissement créé par les adultes mais habité et transformé par les jeunes. Les élèves non seulement sont conscients de la présence de plusieurs variétés linguistiques, mais ils savent, dans une perspective bourdieusienne (Bourdieu, 1982), en faire bon usage. Ils s'expriment différemment selon les contextes d'interaction (travail en petit groupe, contexte d'apprentissage plus formel, discussion en grand groupe).

L'école Saint-André

La question de la diversité culturelle mobilise largement le discours à l'école Saint-André. Nous avons remarqué, dans la classe des élèves de 4e et 5e années où nous avons mené notre étude, que l'enseignant fait des allusions fréquentes à divers contextes ou pays pendant la classe. Le premier jour de notre visite à l'école (premier de trois séjours d'une semaine) coïncidait avec la fin du Ramadan de même qu'avec la fête de l'Halloween. Les enfants alternaient entre la référence à une fête puis à l'autre pour décrire l'ensemble du climat de festivités dans la salle de classe. La prise en compte de la diversité du groupe d'élèves à l'école se manifeste principalement de trois façons. D'abord, plusieurs initiatives sont mises de l'avant dans la région, et depuis plusieurs années, pour soutenir les familles moins nanties: des distributions de fruits et légumes et de goûters pour tous les élèves de l'école ainsi qu'une collecte de manteaux et bottes d'hiver sont assurées grâce à un fonds provenant de la municipalité et à des initiatives communautaires. Une continuité historique se dessine alors entre l'école, le milieu et le soutien communautaire. Un deuxième aspect prédominant a trait à la pratique des sports. L'enseignant d'éducation physique nous fait part de l'importance du rôle de l'école à cet égard, étant donné que nombre de familles ne peuvent se permettre d'inscrire leurs enfants à des clubs sportifs ou à des loisirs organisés et que l'environnement immédiat de vie de ces familles (tours d'habitation et cours en béton) rend difficile la pratique informelle d'activités sportives. L'école veille donc à l'organisation de sports durant les heures de classe et évite de sacrifier la période d'éducation physique lorsqu'un changement à l'horaire s'impose (Ent., enseignant éducation physique, 3/11/05, p. 1). L'intérêt pour les sports est d'ailleurs un des éléments saillants qui se dégagent des entretiens avec les enfants et de leur présentation de soi (NO, 5/12/05). Enfin, la prise en compte de la diversité devient manifeste au plan symbolique à travers l'habillement puisque plusieurs filles portent le voile et que l'alimentation intègre des rituels religieux.

Aux yeux des enseignants et des administrateurs, plusieurs éléments se trouvent intégrés à l'idée de diversité, notamment le lieu de naissance. Par exemple,

Lorsque l'enseignant demande aux enfants de se présenter à moi [cher-cheure], ces derniers sont encouragés à mentionner d'où ils viennent (Liban, Congo, Montréal, Russie). Il s'exclame qu'il n'y a que 7 élèves qui sont nés au Canada dans la classe, «7 sur 25, c'est pas beaucoup!». L'enseignant leur demande à tour de rôle de se présenter afin que je connaisse certaines de leurs caractéristiques personnelles. Celles-ci concernent l'âge, l'origine ethnique, raciale, linguistique et un trait personnel qui est positif [...]. Certains enfants choisissent également de mentionner les sports qu'ils pratiquent (NO, 5/12/05, p. 1).

Les élèves sont invités à s'identifier à leur «culture d'origine» ou encouragés à partager «la musique et la nourriture de leur culture» avec les autres (à l'occasion d'un «repas-partage», par exemple) (NO, 7/12/05). La surintendante au conseil scolaire décrit deux des enseignants comme des personnes «très dévouées» (NO, 5/12/05, p. 8). L'enseignant en informatique constate les liens serrés qui unissent les membres de la communauté musulmane de la région: «Ça crée des liens entre les gens. On remarque qu'il y a véritablement différents groupes qui se tiennent» (NO, 4/11/05, p. 4). L'enseignant fait place aux histoires individuelles difficiles vécues par certains élèves et, notamment, à l'expérience de la guerre que certains élèves immigrants ont connue dans le passé dans la région africaine des Grands Lacs (Rwanda, Congo, Burundi). Il n'y a cependant pas toujours aisance à aborder de telles situations, comme en témoignent les passages suivants issus des notes d'observation:

[Leçon de catéchèse] L'enseignant prépare la prochaine activité. Il distribue des images, des photos qui ont été préparées par l'Association canadienne du développement international (ACDI) et qui représentent différents pays/continents dans lesquels l'agence intervient. Chaque élève de la classe a son image. Les images démontrent des enfants du même âge que les élèves de la classe dans différents contextes. On y voit des enfants de l'Afrique, de l'Asie, etc. Les enfants sont présentés dans différentes situations de vie. L'enseignant demande aux élèves de la classe de commencer à for-muler une intention de prière par rapport aux enfants qui sont représentés sur leur image-photo. L'enseignant formule les questions suivantes au tableau et demande l'*input* des élèves pour la préparation de la réflexion qui se fera en petite équipe de 3 à 4 personnes: «En quoi la vie de l'enfant (des enfants) sur la photo est-elle différente de la tienne?» «À quoi pensent les enfants de la photo?» «Les enfants d'ailleurs sont-ils différents de moi ou sont-ils comme moi?» [...] «Leurs préoccupations sont-elles les mêmes que les miennes?» L'enseignant demande aux élèves d'apporter leur photo dans leur équipe de travail et d'échanger (NO, 6/12/05, p. 3-4).

L'activité se déroule sur plusieurs jours. Ainsi, vers la fin de l'exercice, quand les enfants témoignent de leurs échanges en équipe, arrive cet incident:

> Une dernière équipe présente la photo d'un enfant couché dans une ruelle. Cette photo semble beaucoup toucher les enfants. On entend au départ un Ohhhh de tout le groupe. L'enseignant leur demande: «Est-ce que vous en connaissez [des enfants de la rue]?» Ils répondent que non. «Est-ce qu'il y en a ici?» Quelques enfants répondent oui et ajoutent que ça se passe surtout à Toronto. L'enseignant nous demande de corroborer cela. Nous répondons que oui, il y a des sans-abri à Toronto. L'enseignant leur demande comment ils expliquent ce phénomène d'enfant de la rue. J'entends quelqu'un évoquer que les parents sont peut-être décédés (NO, 7/12/05, p. 3).

Il s'agit certes d'une situation délicate. Faut-il l'aborder ou ne pas l'aborder, l'aborder à ce moment précis, choisir d'en parler différemment, sachant que certains élèves risquent de se reconnaître ou de reconnaître des proches dans une telle situation? Les limites de l'observation (une capsule partielle à un temps donné) ne nous permettent pas de conclure ici, mais simplement d'évoquer les difficultés d'ordre éthique dans la prise en considération de la diversité.

Nous avons mentionné ci-dessus que la religion prime dans la prise en compte de la diversité dans le cadre des rituels quotidiens à l'école, comme l'illustrent les premiers exemples cités (vêtements, alimentation). Dans la prochaine partie, nous cherchons à situer les représentations des élèves et la construction de leur monde à partir des paramètres particuliers discutés précédemment. Nous nous rallions à ce que Dubet et Martuccelli (1996) définissent comme le cœur de la sociologie de l'expérience, qui vise justement à comprendre comment les acteurs (dans ce cas-ci, l'enseignant et les enfants), face à des sociétés de plus en plus plurielles, acquièrent la capacité de gérer cette hétérogénéité.

Les discours tenus par les enseignants et les administrateurs au sujet de la diversité au sein de la francophonie témoignent souvent d'un rapport à l'altérité, à la différence plus qu'à la ressemblance, tandis que les discours des parents et des enfants issus de l'immigration incluent plutôt des considérations pragmatiques, dont l'idée de proximité ou d'éloignement par rapport à l'école (Farmer, 2008 ; Farmer, 2009). Quand l'enseignant demande aux enfants de se présenter et s'exprime du fait que «7 sur 25, c'est pas beaucoup !», c'est un rapport à la différence («nous» versus «eux») qui se trouve exprimé. Pour les enfants, le rapport est tout autre. Ils répondent : «J'ai neuf ans. Ma mère est de Russie, mon père est du Rwanda [...] Je suis syrienne, je parle plusieurs langues» (Farmer, 2008). La francophonie et l'école de langue française font partie d'expériences de vie, de lieux, de voyages, de relations qui vont bien au-delà du cadre scolaire localisé. L'école n'englobe pas tout cela, elle accompagne les enfants dans leur parcours. Elle fait partie de leur vie, elle n'est pas l'Autre, mais une partie de soi.

Nous aimerions conclure ce deuxième portrait ou cette deuxième étude de cas avec une dernière scène ethnographique portant sur les rituels religieux de l'école puisqu'il s'agit d'un marqueur identitaire qui mobilise, de façon centrale, le discours de l'école Saint-André, du moins aux moments où nous y sommes allées. La scène se déroule en salle de classe. Les élèves travaillent par groupes de deux dans le cadre d'un devoir de sciences. Plus tôt dans la matinée, la direction d'école avait fait le tour des classes pour annoncer la venue d'un prêtre, les élèves devant tour à tour se confesser. Nous apprenons, en discutant avec l'enseignant, que tous les élèves doivent rencontrer le prêtre pour discuter. Les confessions s'adressent aux élèves catholiques, bien évidemment, mais les parents ont tous donné leur accord, au moment de l'inscription à l'école, au fait que leur enfant participe aux rituels de l'école, incluant les rituels religieux.

> Un élève revient en classe et dit que le prêtre parle arabe. Brian et Hafez travaillent en équipe. Une élève de religion musulmane vient leur dire que c'est au tour de Brian d'aller rencontrer le prêtre. Des bribes de conversations échangées, nous constatons que ni l'un ni l'autre ne savent très bien à quoi sert cette rencontre qu'ils nomment «la chose». Brian se lève pour rencontrer le prêtre. Hafez continue la lecture de son texte. [...] Brian revient et rejoint Hafez. Hafez et un autre élève discutent. Ce dernier lui

montre où se trouve la réponse dans le texte et fait de même avec son propre coéquipier. Hafez se renseigne auprès de Brian sur ce que le prêtre va lui demander (NO, 7/12/05, p. 3-5).

On remarque ici une complicité entre enfants dans l'exécution simultanée d'une double tâche, l'une pédagogique (le devoir de sciences) et l'autre, plus informelle, qui se présente comme une discussion entre enfants au sujet de l'imminence de la confession. L'élève annonçant que le prêtre parle arabe démystifie un peu l'événement en train de se dérouler. Les «conversations clandestines» qui suivent (Vasquez-Bronfman et Martinez, 1996) permettent aux enfants de s'approprier quelque peu une situation qui leur a été imposée, qu'ils soient catholiques ou non, de capter les réticences (surtout exprimées dans le non-verbal) de chacun. La scène ethnographique permet d'illustrer enfin la distance que prennent les enfants vis-à-vis de la représentation plus stéréotypée du monde adulte quant au découpage religieux (catholique/musulman). Les enfants sont solidaires devant une situation jugée stressante et, encore une fois, qui leur a été imposée. La différence de confessionnalité revêt peu d'importance dans cette interaction structurée davantage à l'intérieur du rapport de minorisation enfants/adulte et d'amitiés entre enfants.

Conceptualisation de l'espace scolaire

Nous présentons maintenant le deuxième moment dans la conceptualisation de l'espace scolaire, soit la représentation du milieu telle que mise de l'avant par les enseignants et les administrateurs et proposée aux enfants.

Le cas de l'école de la Montagne

C'est à l'école de la Montagne, une petite école rurale du Nord de l'Ontario qui accueille moins d'une centaine d'élèves, que les observations d'interactions entre les enfants tels Emegoh, Célia, Robert, Pierre ou Éloïse ont pris place. Cette école a pour mission de permettre aux jeunes de la maternelle à la huitième année de «s'exprimer dans leur langue maternelle» et d'acquérir des

« connaissances liées à leurs racines canadiennes-françaises ». Les contes d'auteurs franco-ontariens, le folklore et la chanson y occupent une place importante. Des activités de chasse au collet et de pêche y sont également organisées par une enseignante. La présence autochtone de la région est soulignée, sans toutefois être transversale dans le *curriculum*. La directrice précise que ces activités sont très prisées par les parents et se dit fière des liens tissés avec la communauté, notamment avec les parents. Les classes à niveaux multiples, trois niveaux lors de l'ouverture de l'école, ont été une condition pour que l'école puisse voir le jour étant donné les effectifs restreints. La directrice précise :

> Ce qui est arrivé c'est que l'école française du village était fermée / le conseil catholique avait fermé les portes donc les parents étaient / au dépourvu et leurs enfants devaient être transportés de longues distances / donc les parents ont fait appel à notre conseil pour faire la mise en œuvre ou ouvrir la nouvelle école publique française dans le quartier ici [...] Il y avait très peu d'inscriptions et à ce moment-là / ils ont dû ouvrir deux cours triples / alors l'école a débuté avec une maternelle-jardin, une première-deuxième-troisième année, ensemble dans une classe, ensuite une quatre-cinq-six dans une classe et une sept-huit dans une autre classe / Alors il y avait quatre salles de classe en réalité (Ent., cadre 1, 27 / 01 / 05, p. 7).

L'école est ainsi le fruit de revendications et d'une mobilisation de parents qui rejetèrent les plans de rationalisation affectant les écoles et qui réussirent à tirer profit des modalités de gestion du système scolaire par les francophones instaurées dès 1998. Ce sont donc les parents qui se sont tournés vers le réseau public des écoles de langue française. Bien qu'au moment de notre visite l'école n'avait alors que quelques années d'existence, elle s'inscrit tout de même dans une continuité historique : 1) Des parents de la région demandent que leurs enfants puissent fréquenter l'école de langue française dans la localité où ceux-là mêmes ont été instruits en français ; 2) Des références aux traditions locales (chasse et pêche) et à des éléments culturels canadiens-français (recours aux contes, au folklore et à la chanson) sont présentes dans le quotidien des acteurs scolaires.

L'école est la seule école primaire publique des environs et jouit d'une bonne réputation dans la communauté. La clientèle de l'école est assez stable et le fonctionnement par classes à niveaux multiples accroîtrait cette stabilité. Les élèves habitent surtout la campagne. Selon la direction d'école, plusieurs élèves viennent de « foyers défavorisés ».

> Notre clientèle est très différente de la ville évidemment parce que ce sont des élèves qui demeurent en campagne / alors j'ai des élèves / euh / je dirais à peu près 25 à 30 % des élèves demeurent au village ici / ils marchent à l'école / alors ils demeurent dans le village même / les autres sont tous transportés / presque tout le monde est transporté / demeure assez loin / je dirais jusqu'à 30 / il y en a qui demeurent à 40 km d'ici / alors il y a des élèves qui sont au-delà d'une heure dans l'autobus le matin et aussi le soir / alors ça fait de longues journées / mais / la clientèle est différente dans le sens que nous avons plusieurs élèves qui viennent de foyers défavorisés alors ils ont pas tout le matériel que tu verrais chez un élève de la ville là / alors j'ai différentes clientèles et puis les élèves apprécient toutes les activités qu'on organise / c'est très, très apprécié de la part des élèves et des parents / ils adorent les activités (Ent., cadre 1, 27 / 01 / 05, p. 19).

Plusieurs éléments se dégagent de cet extrait : on y décrit une école située en milieu semi-rural et dont la zone de fréquentation est très vaste (jusqu'à une heure de trajet en autobus). L'école est présentée en opposition à la ville, notamment en ce qui a trait au degré d'éloignement ou de proximité de l'école de certaines familles, au statut socioéconomique de celles-ci (« ils ont pas tout le matériel que tu verrais chez un élève de la ville là ») et aux relations école-famille (« activités [...] très appréciées de la part des élèves et des parents »).

Selon les données du profil de l'école de 2004, 38 % des élèves s'exprimeraient surtout en français à la maison, 24 % surtout en anglais et 38 % aussi souvent en français qu'en anglais. Se dégage ici le premier des deux contextes sociolinguistiques étudiés, soit celui caractérisé par une identité qui s'articule à même la notion de la dualité linguistique (les deux langues officielles, le français et l'anglais en Ontario).

Le cas de l'école Saint-André

L'école Saint-André, où la question de la diversité s'est largement posée et où nous avons pu observer, entre autres, des interactions entre Brian et Hafez, est l'une des plus anciennes écoles de langue française de la région du Sud de l'Ontario. La présence francophone de cette région remonte à plus de trois siècles et est marquée par une forte tradition ouvrière ainsi qu'agricole. Après plusieurs relocalisations, l'école est maintenant située dans l'ouest de la ville, une localité de taille moyenne. La population de l'école est ainsi décrite par le directeur :

> Nous avons beaucoup de va-et-vient / des familles entrent / des familles sortent de l'école et malheureusement [...] les familles partent pour autre / soit qu'ils déménagent / nous sommes / notre zone de fréquentation comprend le centre-ville qui est un centre d'accueil pour plusieurs familles immigrantes et que les immigrés / souvent des pays africains ou du Moyen-Orient viennent des écoles françaises / alors ils viennent chez nous mais à un moment donné ils déménagent / ils se trouvent une maison ailleurs, les appartements au centre-ville ne font plus leur affaire / alors ils déménagent alors nous on perd les élèves / nécessairement parce qu'il y a pas énormément de / euh / disons il y a plusieurs familles qui à un moment donné ils sortent du quartier du centre-ville puis ils s'en vont s'installer ailleurs / ce qui veut dire qu'ils fréquentent une autre école. [...] Les autres familles de l'école / seraient les familles disons qui demeurent dans les environs immédiats de l'école / puis c'est un quartier assez / assez bien / c'est des / probablement des foyers / la plupart d'eux autres à moyen revenu / qui sont quand même des familles de souche italienne / nous avons des familles de souche philippine dans l'école qui sont / qui se sont installées dans le quartier / qui ont acheté des maisons donc souvent les deux parents travaillent / mais c'est une / c'est pas une majorité / la majorité de nos élèves proviennent quand même du centre-ville où se retrouvent les nouveaux arrivés ou aussi dans l'ouest de la ville / même il y a une communauté africaine assez importante qui s'installe dans l'ouest de la ville (Ent., cadre 1, 1/11/05, p. 13).

L'école accueillerait donc, en grande partie, des familles en mouvement (« des familles entrent / des familles sortent de l'école et malheureusement [...] les familles partent »). Le directeur fait allusion aux quartiers du centre-ville et réitère, au cours de l'entretien, que plusieurs familles sont de « milieux défavorisés ». Elles vivent dans des conditions très précaires et habitent dans des tours d'habitation à loyer modique. Il ajoute que ces dernières sont d'immigration récente. L'immigration n'est pas en soi un phénomène entièrement nouveau dans cette région. Le directeur fait référence à juste titre à une immigration plus ancienne, des familles bien établies et habitant près de l'école («des familles de souche italienne / nous avons des familles de souche philippine dans l'école»).

Une autre dimension importante de l'identité de l'école a trait à la diversité religieuse présente au sein de l'établissement. Il s'agit d'une école catholique qui affiche très explicitement ses attentes à l'endroit de la catholicité: tous les élèves doivent participer au programme de catéchèse, qui véhicule des valeurs catholiques et de respect mutuel (Profil de l'école, 2005). Dans les faits, les leçons de catéchèse se présentent comme des moments d'éveil aux religions, au phénomène religieux. L'école accueille un bon nombre de familles catholiques, mais également un très grand nombre de familles musulmanes, que l'on estime représenter la moitié des familles de l'école. Il y a aussi des familles protestantes et des familles athées (Profil de l'école, 2005).

On trouve enfin différentes variétés de français à l'école: il y a certaines familles canadiennes-françaises qui ne parlent pas le français à la maison, il y a des élèves qui arrivent à l'école et ne connaissent pas le français, alors que d'autres le maîtrisent très bien. Selon les données de février 2005, 25 % des élèves parlent surtout français à la maison, 50 % surtout anglais, 25 % surtout une autre langue (Profil de l'école, 2005). Ces indicateurs statistiques révèlent un profil démolinguistique différent de celui de l'école de la Montagne, davantage ancré dans la dualité linguistique. La francophonie d'ici prend forme dans un cadre plurilingue, pluriconfessionnel et pluriethnique. Dans ce deuxième cas de figure, nous trouvons une école urbaine, du monde; une école à la fois ancrée localement et en transition ou en mouvement.

L'école de la Montagne et l'école Saint-André partagent aussi plusieurs éléments. Mentionnons la question du statut économique des familles—dans les deux cas, des familles essentiellement de milieux modestes —, ce qui relativise l'affirmation du découpage rural/urbain évoqué par la première des deux directions d'école à ce sujet. On peut toutefois émettre l'idée que l'expérience de la pauvreté et l'accès aux ressources varieront d'un contexte à l'autre et en fonction des trajectoires singulières des familles. Le deuxième élément, en lien avec la problématique des classes à niveaux multiples et que nous n'évoquerons que brièvement ici, a trait au souci d'homogénéité dans l'organisation des salles de classe. À l'école de la Montagne, l'augmentation du nombre d'inscriptions ainsi qu'une initiative provinciale visant à réduire le nombre d'élèves par classe durant les premières années du primaire ont permis de passer de classes incorporant trois années d'études à deux. À l'école Saint-André, devant la nécessité administrative de maintenir des classes double niveaux, on cherche néanmoins à constituer des classes aussi homogènes que possible en tenant compte de caractéristiques individuelles particulières, comme l'illustre l'extrait qui suit :

> Direction : On essaye de/de rendre les groupes aussi homogènes que possible/on essaye de rendre les groupes…
> Chercheure : Dans quel sens ?
> Direction : Dans le sens/homogène dans le sens de/dans tous les sens/disons euh/dans leur français parlé/leur niveau de français.
> Chercheure : Mmum.
> Direction : Dans leur capacité d'apprentissage/dans leur niveau de maturité/disons aussi physiquement/on cherche à ne pas/si on trouve un élève qui est assez grand/qui est assez euh/lui on pourrait le placer avec un niveau plus élevé au lieu d'un niveau plus bas […] Disons agencer l'élève avec son/avec le groupe qui refléterait le mieux euh/ses besoins/en termes académiques évidemment mais aussi du côté affectif (Ent., cadre 1, 1/11/05, p. 12).

Les écoles, en tant qu'institutions, sont confrontées à des pressions internes d'organisation et de cohérence d'ensemble. La fluctuation des effectifs et l'entrée de publics scolaires de plus en plus hétérogènes semblent présenter des défis pour les écoles étudiées, qui ont aussi à composer avec des classes à niveaux multiples.

Éléments de conclusion

À partir de données provenant d'un projet de recherche plus large et d'une approche sociologique de l'enfance, nous nous sommes intéressées à deux études de cas tirées de deux des écoles visitées dans le cadre de notre projet de recherche ethnographique. Nous avons d'abord analysé le travail d'appropriation de l'école de langue française en Ontario par les enfants eux-mêmes à travers leurs pratiques sociales et discursives et, deuxièmement, le contexte et la représentation qui est proposée par les enseignants et les administrateurs du milieu desservi par l'école et dans lequel les pratiques enfantines doivent être comprises. Il s'agit là des deux moments de conceptualisation de l'espace scolaire que nous avons examinés. Plus particulièrement, nous nous sommes arrêtées aux espaces d'interaction entre les enfants et aux interactions horizontales (entre pairs) qui se déploient au sein de l'établissement scolaire créé par les adultes mais habité et transformé par les jeunes.

À l'école de la Montagne, nous avons remarqué que les enfants construisent leurs référents à la francophonie à partir de leur vécu et n'hésitent pas à ébranler les catégories binaires et juridiques qui entourent la définition de ce qu'est la francophonie ou de qui est francophone. De surcroît, leurs pratiques sociales et discursives montrent leur compétence à naviguer à travers l'espace scolaire—un espace parmi d'autres, étant donné, par exemple, leur investissement dans d'autres sphères ou réseaux—et à s'approprier certaines logiques du système afin de bien jouer le jeu de l'école (codes et normes établis). L'école de la Montagne est située en milieu rural dans le Nord de la province et dessert majoritairement des familles de classes sociales moyenne et modeste qui ont lutté pour son ouverture dans la région. Le profil de l'école, sur le plan de la diversité, s'inscrit dans la dualité linguistique canadienne. Le milieu où se situe l'école en est un d'interconnaissance où les enseignants misent beaucoup sur les savoirs et l'héritage canadiens-français dans leur enseignement ; des références à des conteurs, des pratiques de chasse et de pêche en témoignent. Les enseignantes font également parfois référence aux autochtones dans leur enseignement.

L'expérience des élèves diffère à l'école Saint-André. Dans le contexte où se situe l'école et face au discours et à l'approche de l'enseignant qui valorise la différence, notamment l'identité de provenance des enfants (qui renvoie à divers pays dans la classe), et qui cherche à promouvoir le projet de la francophonie onta-rienne, les enfants savent se définir et se présenter selon les codes en usage dans leur classe, mais aussi grâce à d'autres attributs comme les sports pratiqués.

L'enseignant et les enfants, dans le contexte de la diversité de l'école, acquièrent la capacité de gérer l'hétérogénéité ; l'enseignant en partant, parfois difficilement, du vécu des enfants et les enfants en construisant, à l'insu du regard adulte, des moments, des situa-tions de complicité et d'entraide. L'école Saint-André est située dans une région urbaine du Sud de l'Ontario marquée par une forte tradition ouvrière ainsi qu'agricole et où la présence de francopho-nes bilingues remonte à plus de trois siècles. À cette population, s'ajoutent des familles issues de l'immigration, plurilingues et de confessions religieuses diverses, principalement musulmane.

Ces études de cas nous permettent d'illustrer, dans le contexte de l'école de langue française en Ontario, que l'enfance est :

> *a social space that is structurally determined by a range of social institutions, but, precisely because of this, children as subjects are also structurally and culturally determined as social actors with specific social roles to play, as children. Indeed, this is what constitutes their standpoint. And yet children also "shape those roles, both as individuals and as a collectivity, and they can create new ones that alter the social space of childhood"* (James and James, 2004, p. 214, cité dans James, 2007, p. 270).

La culture enfantine, cet entre-enfants dont parle Delalande (2001), participe de ce que Corsaro (2003) nomme la « reproduc-tion interprétative », où les enfants occupent une place dynamique en tant qu'acteurs et producteurs de culture puisqu'ils participent, à travers leurs pratiques sociales, leurs jeux, leurs discours, à l'ap-propriation, à la reproduction et à la transformation du monde. Les études de cas présentées ci-dessus montrent en quoi les prati-ques sociales et discursives des enfants sont structurées par l'insti-tution, mais aussi comment cette dernière est transformée par les enfants. L'analyse de ces moments permet ainsi de déceler en quoi l'école de langue française en milieu minoritaire est en phase avec la réalité des enfants et des jeunes qu'elle accueille.

Références

Archard, D. (2004), *Children. Rights and childhood*, Londres et New York, Routledge.

Bélanger, N. et C. Connelly (2007), «Methodological considerations in child-centered research about social difference and children experiencing difficulties at school», *Ethnography and Education,* 2(1), p. 21-38.

Bélanger, N. et D. Farmer (2004), «L'exercice du métier d'élève, processus de socialisation et sociologie de l'enfance», *La Revue des sciences de l'éducation de McGill/McGill Journal of Education,* 39(1), p. 45-67.

Bourdieu, P. (1982), *Ce que parler veut dire. L'économie des échanges linguistiques,* Paris, Fayard.

Chamboredon, J. C. et J. Prévot (1973), «Le métier d'enfant. Définition sociale de la prime enfance et fonctions différentielles de l'école maternelle», *Revue française de sociologie,* 14(3), juillet-septembre, p. 295-335.

Christensen, P. et A. Prout (2002), «Working with ethical symmetry in social research with children», *Childhood,* 9(4), p. 477-497.

Corsaro, W. A. (2003), *We're friends, right? Inside kids' culture,* Washington, Joseph Henry Press.

De La Borderie, R. (1991), *Le métier d'élève,* Paris, Hachette.

Delalande, J. (2001), *La cour de récréation. Pour une anthropologie de l'enfance,* Rennes, Presses universitaires de Rennes, coll. «Le Sens social».

Dubar, C. (1991), *La socialisation: construction des identités sociales et professionnelles,* Paris, Armand Collin.

Dubet, F. et D. Martuccelli (1996), *À l'école. Sociologie de l'expérience scolaire,* Paris, Seuil.

Duclos, J. C. (1995), «Les enfants et la violence politique», *Culture et Conflits,* (18), consulté le 3 juin 2008 à www.conflits.org/index469.html.

Farmer, D. (2009), «L'immigration francophone en contexte minoritaire: entre la démographie et l'identité», dans Thériault, J. Y., L. Cardinal et A. Gilbert (dir.), *Francophones et minoritaires: nouveaux enjeux, nouvelles perspectives,* Montréal, Fides.

Farmer, D. (2008), «Ma mère est de Russie, mon père est du Rwanda», *Les familles immigrantes dans leurs rapports avec l'école en contexte francophone minoritaire, Thèmes canadiens,* printemps 2008, p. 124-127.

Farmer, D. et N. Bélanger (2007a), « Le métier d'élève dans la classe à niveaux multiples : regards d'élèves dans une école française en milieu minoritaire », dans Herry, Y. et C. Mougeot (dir.), *Recherche en éducation en milieu minoritaire francophone*, Ottawa, Presses de l'Université d'Ottawa, p. 259-266.

Farmer, D. et N. Bélanger (2007b), « Le positionnement politique des élèves à l'école », *Actes de Colloque annuel 2005 du Centre de recherches en civilisation canadienne-française (CRCCF), La jeunesse au Canada français, formation, mouvements et identité*, Ottawa, Presses de l'Université d'Ottawa, p. 51-64.

Felouzis, G. (1993), « Interactions en classes et réussite scolaire », *Revue française de sociologie*, 34, p. 199-222.

Fielding, M. (2004), « Transformative approaches to student voice », *British Educational Research Journal*, 30(2), p. 295-312.

Fielding, M. (2001), « Students as radical agents of change », *Journal of Educational Change*, 2(2), p. 123-141.

Gayet, D. (1998), *École et socialisation. Le profil social des écoliers de 8 à 12 ans*, Paris, L'Harmattan.

Greene, S. et M. Hill (2005), « Researching children's experience : methods and methodological issues », dans Greene, S. et D. Hogan (dir.), *Researching Children's Experience*, Londres, Sage, p. 1-21.

Grover, S. (2004), « Why won't they listen to us? On giving power and voice to children participating in social research », *Childhood*, 11(1), p. 81-93.

Hill, M. (2005), « Ethical considerations in researching children's experiences », dans Greene, S. et D. Hogan (dir.), *Researching Children's Experiences*, Londres, Sage, p. 61-86.

James, A. (2007), « Giving voice to children's voices : Practices and problems, pitfalls and potentials », *American Anthropologist*, 109(2), p. 261-272.

James, A. et A. L. James (2004), *Constructing Childhood : Theory, Policy and Social Practice*, Londres, Palgrave.

James, A. et A. Prout (1997), *Constructing and Reconstructing Childhood. Contemporary Issues in the Sociological Study of Childhood*, Londres, Falmer Press.

Labrie, N. (2007), « La construction identitaire en milieu francophone à l'épreuve de l'analyse du discours », conférence présentée au colloque *Produire et reproduire la francophonie en la nommant*, Ottawa, Université d'Ottawa, 28 septembre 2007.

Lahire, B. (1995), *Tableaux de famille*, Paris, Gallimard.

Lataille-Démoré, D. et A. Fradette (2000), *Projet provincial sur les classes à niveaux multiples. Volet 1 : Revue de la littérature*, rapport soumis par le Conseil scolaire de district des écoles catholiques du Sud-Ouest au ministère de l'Éducation de l'Ontario, Sudbury, École des sciences de l'éducation, Université Laurentienne.

Levine, R. A. (2007), «Ethnographic studies of childhood : A historical overview», *American Anthropologist,* 109(2), p. 247-260.

Lloyd-Smith, M. et J. Tarr (2000), «Researching children's perspectives : A sociological dimension», dans Lewis, A. et G. Lindsay (dir.), *Researching Children's Perspectives*, Buckingham, Open University Press, p. 59-70.

Mauthner, M. (1997), «Methodological aspects of collecting data from children : Lessons from three research projects», *Children and Society,* 11(1), p. 16-28.

Mayall, B. (2002), *Towards a Sociology for Childhood. Thinking from Children's Lives*, Philadelphie, Open University Press.

Miles, M. B. et A. M. Huberman (2003), *Analyse des données qualitatives*, trad. de l'anglais de la 2ᵉ édition américaine par M. Rispal, révision scientifique de J. J. Bonniol, Paris, De Boeck.

Montandon, C. (1997), *L'éducation du point de vue des enfants*, Paris, L'Harmattan.

Organisation des Nations unies (1989), *Convention internationale des droits de l'enfant.*

Percheron, A. (1984), «L'école en porte-à-faux. Réalités et limites des pouvoirs de l'école dans la socialisation politique», *Pouvoirs,* (30), p. 15-29.

Percheron, A. (1974), *L'univers politique des enfants*, Fondation nationale des sciences politiques (FNSP), Paris, Armand Colin.

Perrenoud, P. (1995), *Métier d'élève et sens du travail scolaire*, 2ᵉ édition, Paris, ESF.

Perrenoud, P. (1984), *La fabrication de l'excellence scolaire : du* curriculum *aux pratiques d'évaluation. Vers une analyse de la réussite, de l'échec et des inégalités comme réalités construites par le système scolaire*, Genève, Droz.

Rayou, P. (1999), *La grande école. Approche sociologique des compétences enfantines*, Paris, PUF.

Saadi-Mokrane, D. (textes réunis par) (2000), *Sociétés et cultures enfantines* (Actes du colloque), Villeneuve D'Ascq, Université Charles-de-Gaulle–Lille 3.

Sirota, R. (dir.) (2006), *Éléments pour une sociologie de l'enfance*, Rennes, Presses universitaires de Rennes.

Sirota, R. (1998), «L'émergence d'une sociologie de l'enfance : évolution de l'objet, évolution du regard», *Sociologie de l'enfance, Éducation et sociétés,* (2), p. 9-34.

Sirota, R. (1993), « Le métier d'élève », *Revue française de pédagogie,* (104), p. 85-108.

Sirota, R. (1988), *L'école primaire au quotidien,* Paris, PUF.

Vasquez, A. (1992), « Études ethnographiques : les enfants d'étrangers à l'école française », *Revue française de pédagogie,* 101, p. 45-57.

Vasquez, A. et I. Martinez (1992), « Paris-Barcelona : Invisible interactions in the classroom », *Anthropology and Education Quarterly,* 23(4), p. 291-312.

Vasquez-Bronfman, A. et I. Martinez (1996), *La socialisation à l'école,* Paris, PUF.

Van Haecht, A. (1990), *L'école à l'épreuve de la sociologie : questions à la sociologie de l'éducation,* Bruxelles, De Boeck.

Weber, M. (1971), *Économie et société, Tome 1 : Les catégories de la sociologie,* Paris, Presses Pocket.

SAISIR LA (RE)PRODUCTION DE LA FRANCOPHONIE À TRAVERS LES DÉPLACEMENTS DES JEUNES.
EXODE, MIGRATION OU MOBILITÉ[1]?

ANNIE PILOTE

PROFESSEUR ADJOINT, UNIVERSITÉ LAVAL

ET

MARC MOLGAT

PROFESSEUR TITULAIRE, UNIVERSITÉ D'OTTAWA

Le départ et la migration des jeunes, souvent nommés «exode» dans certaines régions, peuvent être lourds de conséquences pour les communautés francophones en situation minoritaire (CFSM). Si cette question préoccupe surtout les communautés rurales qui constatent le départ d'une importante partie de la jeunesse au profit des grands centres urbains, elle touche aussi à la restructuration des communautés francophones du Canada d'une manière plus

[1] Cette recherche a été réalisée avec le soutien du Conseil de recherche en sciences humaines du Canada et du Fonds québécois de recherche sur la société et la culture.

large. Les mouvements migratoires des francophones du milieu rural au milieu urbain inquiètent « au plus haut point les groupes minoritaires qui voient dans l'effritement socio-économique de leurs régions de souche un recul en matière de préservation du patrimoine, de la culture et de la langue » (Beaudin et Landry, 2003, p. 19) ainsi que les gouvernements, qui ont la responsabilité d'appuyer le développement des communautés. De plus, ces mouvements sont liés à la capacité pour les communautés francophones de s'appuyer sur la contribution des jeunes, notamment les plus scolarisés, pour assurer leur vitalité ethnolinguistique.

La vitalité des CFSM se saisit généralement par la notion de vitalité ethnolinguistique développée par Giles *et al.* (1977), soit : « ce qui rend un groupe susceptible de se comporter en tant que collectivité distincte et active en contexte intergroupe » (p. 308). Plus qu'un état pouvant faire l'objet d'une évaluation à un moment précis, la vitalité est de plus en plus appréhendée comme un « processus de développement composé d'actions de changement posées à travers le temps qui contribuent à sa force variable » (Johnson et Doucet, 2006, p. 18) et qui comprend différentes dimensions : démographique, sociale, politique et juridique, culturelle ainsi qu'économique. Par exemple, Gilbert *et al.* (2005) traitent de la vitalité communautaire comme un processus qui se développe à partir des relations entre l'individu, la communauté et l'environnement. Même si « destinée n'est pas synonyme de densité » (O'Keefe, 2001), ce processus est fortement touché par les facteurs démographiques, qui représentent une tendance décroissante lourde pour les francophones à l'extérieur du Québec (Bernard, 1998 ; Castonguay, 2000, 2002) et sur lesquels les acteurs sociaux et politiques s'appuient pour guider leurs plans d'action. Des recherches récentes montrent d'ailleurs que la vitalité d'une communauté est étroitement associée à l'identité ethnolinguistique de ses membres et agit sur ses capacités de s'épanouir en reproduisant sa langue et sa culture (Allard, Landry et Deveau, 2005).

Ce chapitre n'a pas pour but de minimiser les conséquences sociales certes préoccupantes du déclin démographique des communautés francophones qui y font face. Toutefois, il s'inscrit dans un effort de réfléchir théoriquement à cette problématique en privilégiant le passage du problème social au questionnement sociologique. C'est pourquoi la réflexion que nous proposons ici sera essentiellement théorique. Elle vise la discussion des différentes notions auxquelles nous pourrions faire appel pour tenter de mieux comprendre les manières selon lesquelles le mouvement des jeunes dans l'espace contribue à produire et reproduire la francophonie canadienne. Notre propos sera développé en trois grandes parties. La première sera consacrée à la présentation de la manière dont est formulé le problème «démographique», en lien avec le phénomène de la mobilité, dans le discours des organismes qui représentent les communautés francophones. La deuxième partie discutera des notions d'exode et de migration en prenant appui sur des recherches réalisées dans le contexte québécois. En troisième instance, nous proposons une réflexion théorique fondée dans un courant en émergence—la sociologie des mobilités—afin d'en examiner la pertinence pour l'analyse des déplacements des jeunes en provenance des CFSM.

Le problème «démographique» dans le discours des organismes communautaires

Nous partons du postulat à l'effet que les problèmes sociaux sont construits par une diversité d'acteurs et ne peuvent exister que si les actions et les conditions de vie d'un groupe social donné sont mises en mots par des acteurs sociopolitiques (Best, 2003 ; Bonetti, 1993 ; Lenoir, 1999). Les représentations que les acteurs sociaux se font d'une réalité contribuent à orienter les comportements. En ce sens, ce sont non seulement les comportements des individus qui définissent un problème social, mais aussi et surtout la signification octroyée à ces actes par des organismes et des institutions sociales et leurs porte-parole. Ces derniers cherchent ainsi à attirer l'attention sur un phénomène, à mobiliser l'opinion publique et à obtenir des ressources pour y apporter une réponse.

Dans le cadre d'un débat social, la mise en scène des problèmes sociaux a tendance à souligner les éléments qui suscitent l'inquiétude, voire l'indignation, souvent au détriment d'une présentation plus équilibrée des enjeux. Or un discours misérabiliste peut difficilement engendrer des actions suscitant la prise en charge par les communautés de leur propre développement (O'Keefe, 2001). En outre, en raison de ce que Landry et Allard (1999) qualifient d'une certaine naïveté sociale, certains individus feraient preuve d'une passivité face à des logiques structurelles qui contribuent à diminuer le poids que représente le français hors Québec. La tâche du sociologue est alors de déconstruire les discours pour prendre conscience des enjeux qu'ils recèlent et faire le tri entre ce qui est uniquement de l'ordre du discours idéologique et ce qui peut être fondé sur des connaissances objectives. Bref, comme l'affirme Bonetti (1993), il faut déconstruire et réélaborer les problèmes auxquels on veut remédier pour ne pas « risquer de manière récurrente de prendre la proie pour l'ombre » (p. 164).

Dans cette perspective, les acteurs sociaux contribuent à construire la représentation que les CFSM ont d'elles-mêmes ainsi que leurs enjeux. Des analyses de discours ont déjà montré deux visions en présence (O'Keefe, 2001). L'une, plus pessimiste, a longtemps dominé le discours associatif (Johnson et Doucet, 2006). Ce discours met de l'avant les craintes des communautés vis-à-vis de leur avenir, notamment face au choc des nombres (Bernard, 1990). Plus optimiste, l'autre discours se fonde sur les progrès réalisés au cours des 20 dernières années et insiste sur l'importance de déceler la complexité des facteurs influençant la vitalité des communautés.

Deux types de conséquences liées à la vitalité des CFSM découlent de ces discours. Une facette du phénomène révèle un potentiel de renouvellement — voire de croissance — de la population francophone dans les communautés minoritaires. L'autre facette témoigne d'une baisse démographique, liée en partie au départ des francophones, conduisant à une dégradation de la vitalité et potentiellement à la déstructuration de ces communautés.

En ce qui concerne la première facette, la migration du Québec vers les autres provinces a contribué historiquement à l'implantation de communautés francophones à travers le Canada. Toutefois, il est moins certain que ces flux migratoires aient contribué de manière tangible à la croissance des CFSM au cours des dernières décennies

(O'Keefe, 2001). C'est pourquoi les gouvernements ainsi que les communautés cherchent à contribuer au développement des CFSM en attirant des immigrants francophones dans leurs milieux (Gallant et Belkhodja, 2005) par le biais de deux types de stratégies (Jedwab, 2002) : le recrutement d'immigrants dans les communautés francophones, notamment hors des grands centres urbains, dans un esprit de régionalisation de l'immigration (Belkhodja, 2005) et la rétention par des mesures d'accueil favorisant l'intégration des immigrants aux communautés minoritaires (Quell, 2002).

Le deuxième type de conséquence possible a trait à la baisse démographique au sein des CFSM. Dans *Le choc des nombres*[2], Bernard (1990) a dressé un portrait alarmant de l'avenir démographique des francophones hors Québec et du phénomène de l'assimilation linguistique, qui touche particulièrement les jeunes. Cette lecture de la situation a conduit la Fédération de la jeunesse canadienne-française (FJCF) à adopter « une stratégie de revitalisation des communautés et à ajouter, à la protection et à la promotion des francophones, une stratégie de refrancisation et de reculturation » (Cardinal *et al.*, 1994, p. 15). Aujourd'hui, la question démographique est également associée au phénomène de la migration hors des régions à forte densité francophone (Sommet des CFA, 2007).

Les préoccupations récentes au sujet des mouvements de population

Pour les fins de ce chapitre, nous avons dépouillé les mémoires présentés au Sommet des communautés francophones et acadiennes tenu à Ottawa en juin 2007 afin de dégager les préoccupations des acteurs au sujet du thème de la mobilité. Ce thème a été abordé en lien avec le constat suivant : malgré l'augmentation en nombre absolu des francophones vivant à l'extérieur du Québec au cours de la dernière décennie, les CFSM sont marquées par un déclin de leur poids démographique dans la population canadienne. Dans le

---

[2] Publication découlant de l'étude *Vision d'avenir* réalisée par Bernard (1990) pour la Fédération de la jeunesse canadienne-française (FJCF).

document de consultation préparé en vue du Sommet, les principaux facteurs mis en cause sont les suivants : un taux de fécondité en déclin, une immigration qui profite essentiellement à la population anglophone du Canada, l'augmentation des mariages entre francophones et anglophones ainsi que le taux de transfert linguistique vers l'anglais.

Outre ces facteurs, la mobilité des individus est ciblée dans les documents de préparation au Sommet comme une situation préoccupante en rapport avec l'identification à la francophonie canadienne :

> La mobilité des individus des régions rurales ou périphériques, où la langue française connaît toujours une certaine vitalité, vers les régions urbaines, où l'univers anglophone est nettement dominant, rend plus incertaine la persistance du lien à la communauté francophone. (Sommet des CFA, p. 44)

De façon plus précise, la question qui a donné l'impulsion aux discussions concernant l'enjeu démographique est la suivante :

> Comment alors rétablir une certaine croissance démographique, assurer une continuité linguistique tout au long de la vie et entre les générations, rassembler ou réseauter les francophones en communautés et construire une identité francophone inclusive, tant à l'échelle des villages, des villes, des provinces / territoires que du Canada ? (Sommet des CFA, p.44)

À cet égard, la concentration territoriale des francophones a été soulevée comme enjeu central où deux positions s'opposent : les communautés souches *versus* la francophonie urbaine et cosmopolite (Johnson et Doucet, 2006). Le premier camp soutient que le maintien des «régions de souche» à forte concentration francophone est essentiel au maintien de la francophonie canadienne étant donné les taux plus élevés de continuité linguistique dans ces milieux. L'autre point de vue estime que le renouvellement de la francophonie canadienne passe par les milieux urbains, cosmopolites et diversifiés en mesure de tirer profit des nouveaux modes de réseautage et des identités multiples propres aux sociétés contemporaines et globalisées. Conséquemment, la question qui a été soumise à la discussion est la suivante :

> Quelles sont les stratégies à adopter pour endiguer le déclin démographique des communautés rurales francophones et celles pour renforcer la vitalité linguistique des communautés francophones en milieu urbain et cosmopolite? (Sommet des CFA, p. 32)

Les participants au Sommet ont pris position face aux enjeux proposés, notamment par le biais de mémoires qui ont été rendus publics et disponibles en ligne. Ces 26 mémoires ont été présentés par des organismes de représentation des CFSM mais aussi par différents organismes sectoriels (dans le domaine de l'éducation, par exemple). Il faut d'abord préciser que, de manière générale, le document de consultation préparé en vue du Sommet donne le ton sur les enjeux démographiques, qui sont à peu près repris en tant que tels dans les mémoires présentés. Il appert ainsi que le phénomène de migration des jeunes francophones à l'extérieur de leur communauté d'origine n'est que très rarement abordé dans une perspective optimiste. En lien avec le vieillissement de la population, ce phénomène serait partie prenante d'un recul démographique francophone mettant en péril les services en français dans certaines régions et la vitalité des milieux. Conséquemment, lorsque la question est mentionnée explicitement dans un mémoire, c'est habituellement pour déplorer la situation et proposer des «solutions», ou encore pour inviter des experts et la communauté à en trouver. Sur cette lancée, quelques-uns ont montré la nécessité d'encourager davantage la recherche scientifique.

En simplifiant, le problème est généralement formulé sous l'angle de «l'exode» des régions rurales, appauvries notamment par le départ de leurs éléments les plus dynamiques: les jeunes et, en particulier, les plus scolarisés. Attirés par les milieux urbains ou l'ouest du pays, ces derniers s'établiraient dans des milieux anglicisants et soulevant une menace supplémentaire à l'avenir du fait français et de la vitalité des communautés hors Québec. Les solutions avancées sont donc d'une nature double. Celles qui visent à pallier «l'exode» rural sont axées principalement sur la rétention et, dans une moindre mesure, le retour de ceux qui ont quitté. Dans la deuxième catégorie, les solutions sont centrées sur l'attraction de populations «nouvelles» vers les communautés francophones.

Concrètement, différentes solutions sont suggérées pour retenir les jeunes dans les milieux ruraux ou les inciter à revenir s'y établir. Certaines misent sur le développement de l'identité culturelle des individus et de la vitalité ethnolinguistique des milieux (par le développement d'activités artistiques et culturelles, par exemple), alors que d'autres misent sur le développement économique communautaire et l'emploi. Une plus grande implication des jeunes dans les enjeux et la vie quotidienne de la communauté, notamment par une approche intergénérationnelle, est également souhaitée. Les solutions en matière d'éducation misent à la fois sur l'enseignement à distance comme moyen de rétention et sur l'accès à de la formation en français à travers des stages pratiques dans la communauté en vue de favoriser le retour des étudiants.

Les suggestions axées sur l'attraction vers les communautés francophones sont moins précises. Elles concernent principalement l'instauration ou l'amélioration de mesures d'accueil encourageant les francophones nouvellement établis à participer à la vie communautaire francophone. Qu'elles soient issues de l'immigration internationale, d'une autre province ou d'un milieu rural, ces populations sont considérées comme un potentiel de renouvellement ou de développement d'une francophonie plus dynamique dans les milieux où elles s'établissent. Ces solutions sont surtout évoquées en rapport avec les milieux urbains afin de prévenir l'anglicisation, mais aussi avec les provinces de l'Ouest qui, par leur économie florissante, constituent des pôles d'attraction de la migration interprovinciale (Alberta et Colombie-Britannique). Les organismes francophones dans ces provinces cherchent ainsi à profiter de l'occasion pour stimuler le développement de leurs communautés. Il en va de même pour le Yukon, caractérisé par une communauté francophone particulièrement jeune et par la mobilité de sa population.

Bien que marginal dans les mémoires que nous avons dépouillés, un autre thème relatif à la mobilité est évoqué d'une façon positive : la mobilité étudiante. En effet, des organismes des milieux éducatifs prônent le développement de programmes institutionnalisés ou de meilleures articulations des transitions entre systèmes éducatifs afin d'encourager davantage de mobilité chez les étudiants. Dans cette perspective, la mobilité au sein de l'espace francophone est associée à un moyen de favoriser un meilleur dialogue entre communautés.

De l'exode à la migration des jeunes : un changement de perspective

En général, force est de constater que les organismes des CFSM perçoivent rarement la réalité des jeunes qui quittent la région comme une chose positive. Or ce n'est pas la première fois que le phénomène de la mobilité des jeunes francophones au Canada est présenté comme un problème qui est à la fois grave pour les communautés et déterminé par des conditions économiques, notamment l'absence de possibilités d'emploi, et l'attrait de la grande ville ou de régions plus «riches» (Gauthier, 1997 ; Perron, 1997). C'est la colonisation de régions du Canada par les Canadiens français qui a pendant plusieurs décennies servi à canaliser les parcours migratoires des jeunes (et des moins jeunes) qui avaient besoin d'emplois ou d'espace pour cultiver la terre. Mais, à partir des années 1950 au Québec, les réponses à ce «problème social» vont miser essentiellement sur le développement économique régional (Noreau et Perron, 1997 ; Perron, 1997). Puis, une nouveauté marque le phénomène migratoire des jeunes en provenance des régions périphériques québécoises à partir des années 1980 : leur départ n'est plus masqué et compensé par la natalité, ce qui fait en sorte qu'il est de plus en plus caractérisé par les intervenants régionaux comme un «exode» des jeunes vers les grandes villes. En conséquence — et parallèlement au développement économique régional —, la rétention des jeunes en région est aussi devenue un leitmotiv de l'action. Cette manière de se représenter ce phénomène et d'y réagir comporte beaucoup de ressemblances avec la façon dont les organismes des CFSM ont récemment abordé la question. Or ces approches semblent peu tenir compte des motivations contemporaines des jeunes qui se déplacent dans l'espace et de la manière dont leurs perceptions et leurs expériences pourraient alimenter d'autres pistes de solution.

Les recherches menées sur le territoire québécois au cours de la dernière décennie par le Groupe de recherche sur la migration des jeunes (GRMJ) ont tenté de renverser cette perspective contraignante associée au vocable *exode*. En vue d'explorer les apports de cette démarche pour l'analyse du départ et de la migration des jeunes des CFSM, il peut être utile de rappeler ici certaines conclusions des travaux du GRMJ.

Comme nous venons de l'évoquer, un discours sur «l'exode» des jeunes des régions du Québec dominait au cours des années 1980 et 1990 et a entraîné l'élaboration de mesures visant à les «retenir» en région. Or les travaux du GRMJ ont montré qu'il pouvait être assez illusoire de vouloir retenir des jeunes qui partaient non pas pour obtenir de meilleurs emplois ailleurs, tel que présenté dans le discours épousé par les décideurs et intervenants régionaux, mais surtout pour développer leur autonomie et poursuivre leurs études (Gauthier *et al.*, 2003; Leblanc, 2004; Molgat, 2002). Dans une société qui valorise l'accomplissement de soi et la poursuite des études, il n'est pas surprenant de constater que plus de la moitié (53%) des Québécois âgés de 20 à 34 ans ont fait l'expérience d'une migration vers une autre région administrative au sein de leur province (Gauthier *et al.*, 2006).

Pour le GRMJ, c'est à travers un nouveau rapport à l'espace qu'il faut comprendre les déplacements des jeunes[3]. Ce rapport se décline sous deux aspects. Le premier consiste en ce que Giddens (1994) nomme la délocalisation des rapports sociaux, c'est-à-dire la plus faible emprise des communautés situées dans des lieux spécifiques sur les parcours individuels et la possibilité de maintenir ou de créer des relations avec un autrui absent, situé à des distances parfois très importantes. S'expliquant par la «victoire de la technologie contre la distance» (Gauthier, 2003, p. 25), la délocalisation des rapports sociaux permet le déplacement physique des personnes, voire y incite. Le second aspect du rapport à l'espace est lié au développement de la société «en réseaux», favorisé par l'explosion des nouvelles technologies de l'information et des

---

[3] Les jalons théoriques ici résumés sont élaborés par Gauthier (2003).

communications (NTIC) (Castells, 1998), qui pourraient favoriser la croissance de lieux éloignés des grands centres. Or les NTIC et la délocalisation n'oblitèrent pas les problèmes de la distance puisque, dans les sociétés en réseaux, caractérisées par «l'espace des flux» et non des «lieux» (*ibid.*), la métropolisation a tendance à s'accentuer. Dans ce contexte, la victoire de la technologie sur la distance n'est pas sans poser problème puisqu'elle montre «les nouveaux attraits que les métropoles suscitent chez les jeunes et, partant, les contrecoups que subissent les communautés qui se trouvent éloignées des grands centres» (Gauthier, 2003, p. 26).

C'est à partir de tels fondements que le GRMJ a adopté la notion de migration pour décrire la mobilité géographique des jeunes. Selon la manière dont elle a été développée par ce groupe de recherche, la notion de migration fait moins référence que celle d'exode à un déterminisme économique (absence d'emplois dans la région) et à la quasi-irréversibilité du départ, et insiste davantage sur «le rôle d'acteur social du jeune à l'âge de la socialisation, de la formation de l'identité et de la transition vers la vie adulte» (Gauthier *et al.*, 2006, p. 1). Elle permet également de réunir les préoccupations portant à la fois sur l'expérience de la migration telle que vécue par les jeunes et sur les conséquences de la migration sur le développement régional.

Dans cette perspective, l'étude de la migration comporte un intérêt double: celui des parcours des individus et celui de leur effet sur la structuration des communautés qu'ils quittent et dans lesquelles ils arrivent. Dans le premier cas, des recherches, qui ne sont pas limitées aux travaux du GRMJ, se penchent sur les motifs de départ et de retour (Côté et Potvin, 2004; Corbett, 2004 et 2005; Gauthier *et al.*, 2003), l'intégration des jeunes à un nouveau milieu de vie (Fréchette *et al.*, 2004; Molgat et St-Laurent, 2004), la transformation de l'identité (Garneau, 2003; Ramos, 2006) et, plus globalement, comment la mobilité devient une expérience déterminante des modes de passage à la vie adulte (Gauthier, 1997; Leblanc et Molgat, 2004). Elles tiennent également compte des rapports entre la dynamique migratoire et les lieux puisque les migrations n'ont pas le même sens selon les types de région d'où elles s'initient et les moments clés de la vie auxquels elle renvoie, dont la fin des études, l'entrée en emploi et les débuts de la vie familiale (Côté et Potvin, 2004; Molgat *et al.*, 2008; Tremblay et Hamel, 2004).

Dans le second cas, les analyses s'intéressent davantage à la manière dont la migration affecte le développement des régions, voire la vitalité des communautés, à travers l'étude des caractéristiques des jeunes qui migrent, qui reviennent ou qui demeurent dans leur communauté (Laflamme et Deschenaux, 2004), de l'attractivité des régions pour les jeunes qualifiés (Desrosiers et Lebel, 2004) et des mesures pouvant favoriser le retour en région (Leblanc, 2004). Un des avantages de considérer les déplacements des jeunes comme une migration et non comme un exode est lié au fait que la notion permet de considérer la complexité de ces déplacements dans une perspective d'action de la part d'intervenants régionaux ayant pris conscience des possibilités et des limites qu'imposent les pratiques migratoires des jeunes. C'est en ce sens que Gauthier (2004) rappelait que, pour atteindre l'objectif de favoriser l'installation en région de jeunes scolarisés, il faut tenir compte d'un changement majeur du sens accordé à la migration par les jeunes:

> ...l'une des principales différences entre la migration contemporaine et celles d'hier réside certainement en ce qu'elle se conjugue autour de la construction de soi plus que sur la recherche d'un moyen de subsistance. L'argument selon lequel la demande de formation est la première étape vers la quête d'emploi n'est pas tout à fait faux, mais il ne couvre pas l'ensemble des caractéristiques du phénomène. La formation de l'identité et les mécanismes de socialisation dans un monde où, par la magie des communications, les frontières sont de plus en plus vite franchies, constitueraient la voie privilégiée de la mobilité géographique contemporaine (p. 27).

On comprendra de ce qui précède que l'objectif de «retenir» les jeunes en région est difficile à atteindre. En revanche, en tenant compte des motivations et des aspirations des jeunes qui quittent, il est possible d'envisager des actions modulées sur la complexité des processus migratoires. En visant à maintenir le lien avec les jeunes qui quittent, à attirer vers une région des jeunes qui l'ont quittée, à y accueillir des jeunes qui ont le goût de vivre ailleurs et à soutenir concrètement l'installation des jeunes qui font le choix d'habiter en région, il faut tenir compte de la dynamique temporelle des migrations, des espaces par lesquels transitent les jeunes et de l'âge de ces derniers (Leblanc, 2004).

En somme, les recherches menées par le GRMJ montrent que pour les jeunes l'attrait de la migration est très fort et que les interventions visant à assurer le développement des collectivités en misant sur la jeunesse doivent être fondées sur une compréhension du phénomène qui tient compte de la perspective des jeunes migrants. Dans le cas contraire, il risque de se créer de véritables « hiatus » entre les motivations des jeunes migrants et les programmes cherchant à les interpeller pour contribuer à la vitalité des communautés (Gauthier, 2004). Depuis ces travaux, la notion d'exode est en recul, tout comme le sont les orientations d'action qui misent exclusivement sur la rétention des jeunes en région. De nouvelles orientations ont émergé, notamment autour de Place aux jeunes, organisme qui vise l'installation des jeunes en région d'abord au Québec et, depuis peu, dans les communautés francophones du Manitoba et du Yukon. Le Nouveau-Brunswick a aussi vu naître un projet semblable (J'y reviens, j'y reste), parrainé par l'agence de développement économique communautaire Entreprise Péninsule.

Les recherches sur les communautés francophones en situation minoritaire

En tenant compte de l'orientation et des principaux résultats des travaux du GRMJ, nous proposons, en schématisant, qu'il existe dans les recherches sur les CFSM deux façons d'aborder le phénomène du départ des régions. D'un côté, plusieurs recherches qui se sont intéressées d'une manière ou d'une autre au phénomène de la mobilité des jeunes ont insisté sur la manière dont il affecte des milieux, souvent ruraux, où sont concentrés les francophones hors Québec. De l'autre, quelques recherches que nous qualifions d'émergentes se sont davantage intéressées aux parcours migratoires des jeunes eux-mêmes.

Dans la première perspective, le phénomène est caractérisé par une migration plus élevée chez les jeunes et par l'attrait pour les milieux urbains (Beaudin et Forgues, 2005). L'analyse conduit alors à l'identification de deux types de régions : celles qui gagnent (plus urbaines) sont caractérisées par une économie plus diversifiée, dynamique et innovante, alors que celles qui perdent (davantage rurales) demeurent marquées par une économie traditionnelle axée sur l'exploitation des ressources naturelles (Beaudin et Landry, 2003). Aussi, bien qu'il soit reconnu que les francophones migrent généralement moins que les anglophones (Beaudin et Forgues, 2005), certains y voient des conséquences plus importantes pour les CFSM, dont les transferts linguistiques et l'effritement des communautés (Bernard, 1998 ; Langlois, 1992). De même, l'urbanisation (principalement dans de grandes villes où l'anglais est dominant) est souvent associée à une baisse de la vitalité du français par rapport aux régions où la densité de la population francophone est plus élevée (Castonguay, 2005 ; Beaudin et Landry, 2003). Enfin, bien que la présence du français soit généralement plus forte dans les régions à densité francophone élevée, on constate que celles-ci ont des proportions plus élevées de personnes âgées ainsi que des taux de scolarisation et d'emploi plus bas (Marmen, 2005). En projetant ces tendances vers l'avenir, on y décèle les résultats négatifs de la mobilité pour la vitalité des communautés.

Certaines recherches montrent que la migration liée aux études postsecondaires revêt une importance particulière. Plusieurs étudiants universitaires francophones ont choisi de poursuivre leurs études à l'extérieur de leur province, car ils se trouvent devant des choix souvent très limités dans leur propre milieu, l'offre de programmes en français y étant peu abondante et peu diversifiée (Churchill, 2005 ; FJCF, 1991). De plus, quand on les interroge sur leurs perspectives d'avenir, bon nombre de jeunes francophones diplômés du secondaire affirment avoir l'intention de migrer pour les études (RCCFC, 2003), alors que d'autres ne prévoient pas revenir vivre dans leur communauté plus tard (Bouchard *et al.*, 2005). Comme les plus scolarisés sont aussi les plus mobiles (Floch et Abou-Rjeili, 2005 ; Béland, 2005), cela soulève un enjeu de taille pour les CFSM. Pour certains chercheurs, ces considérations mettent de l'avant l'importance d'attirer, ou de favoriser le retour dans ces régions, davantage de jeunes scolarisés afin de contribuer à la vitalité communautaire (Landry et Rousselle, 2003). Certains écrits font référence à l'importance de stimuler l'entrepreneuriat dans l'optique de «créer des opportunités d'emplois, tout en assurant des infrastructures et des services susceptibles de maintenir les jeunes en région» (Beaudin et Landry, 2003, p. 21).

D'autres recherches publiées récemment («émergentes») adoptent un point de vue qui permet de saisir l'expérience migratoire elle-même. Ainsi, en se fondant sur des données de recensement de Statistique Canada, Forgues (2007) compare le phénomène de la migration des francophones à celui de la migration des anglophones. Il montre notamment que plus la proportion de francophones est élevée dans une région, moins ceux-ci tendent à migrer. Quant à ceux qui migrent vers une autre province, la plupart des francophones se dirigent vers le Québec. Les francophones de l'Ontario et du Nouveau-Brunswick ont des taux de migration vers l'extérieur de la province plus bas qu'ailleurs. Enfin, les migrants reçoivent plus souvent que les non-migrants un revenu d'emploi et, de manière plus précise, ceux qui quittent les régions de l'Atlantique ont plus de chances de voir augmenter leur revenu et d'avoir un emploi.

Dans un autre rapport de recherche publié en 2007, Beaudin, Ferron et Savoie montrent que, si la migration des jeunes de la Péninsule acadienne s'inscrit dans un phénomène mondial d'attraction de la ville, cette migration est influencée par les cycles économiques, les zones de destination et la taille des communautés d'origine. En outre, il appert que la baisse démographique dans la Péninsule acadienne est récente (depuis 1996) et résulte tant d'une structure démographique dans laquelle le nombre des 20-34 ans décline (comme partout ailleurs dans la province) que de la migration vers l'extérieur de la région. Les auteurs décrivent ensuite la place importante qu'occupent les jeunes dans le phénomène migratoire, notamment au moyen d'un portrait type du migrant. Celui-ci ou celle-ci serait célibataire, au début de la vingtaine et en provenance d'une petite communauté ou d'une petite ville; de plus, son niveau de scolarité serait plus élevé que la moyenne des personnes de la même localité ou en voie de le devenir.

Enfin, une troisième recherche a été effectuée par Lamoureux (2007) au sujet des perspectives étudiantes sur la transition entre l'école de langue française et l'université en Ontario. Cette étude montre notamment que les élèves effectuent leur choix d'université et de programme d'études d'abord et avant tout en fonction de la nature et de la qualité des programmes, tout en tenant compte de l'éloignement géographique (certains pour demeurer près de leur famille et de leur milieu d'origine, d'autres pour s'en éloigner). De plus, il appert que le passage au postsecondaire, incluant l'adaptation à la vie universitaire et le désir d'affiliation sociale, entraîne souvent un repositionnement sur le plan linguistique.

Bien que brièvement présentés, les résultats de ces trois enquêtes permettent de constater que le départ des jeunes en provenance des CFSM est souvent lié à des choix d'études qui sont eux-mêmes balisés par l'offre de programmes et la distance géographique — ce qui peut alors influencer le choix des lieux de migration — et que les périodes d'absence de la région et d'intégration dans un nouveau milieu contribuent à remodeler les appartenances et l'identité. De plus, on y décèle que les retours éventuels devraient idéalement permettre à ces jeunes davantage scolarisés de s'insérer en emploi et de s'installer pour la durée. La problématique ainsi posée n'est donc pas nécessairement ou uniquement celle du départ des individus, mais aussi celles de leur intégration à un nouveau milieu, de leur retour éventuel et de l'attraction de « nouveaux » migrants[4].

Que peut-on retenir de cette brève incursion dans la recherche sur les migrations des jeunes en provenance des CFSM? En somme, on voit se reproduire dans la plupart des recherches qui touchent au phénomène de la migration les mêmes perspectives qui alimentent les discours des organismes communautaires. Ces

---

[4] À propos des jeunes adultes qui arrivent dans les régions, Beaudin, Ferron et Savoie (2007) soulignent à quel point on connaît mal les réalités de ces jeunes, tant sur le plan de leurs motifs d'installation que sur celui de leurs aspirations et besoins.

recherches se penchent presque exclusivement sur les répercussions, essentiellement négatives, du phénomène sur la vitalité—voire l'existence—des communautés. Aucune, sauf celles de Lamoureux (2007) et de Beaudin, Ferron et Savoie (2007), ne s'est réellement intéressée aux parcours migratoires des jeunes des CFSM dans une perspective qui permet de tenir compte de la logique de ces parcours pour les individus qui les entreprennent, des moments fatidiques qui les jonchent, des relations à distance et à proximité qui y sont maintenues et créées, et de la manière dont ils peuvent participer à la construction de l'identité, du sentiment d'appartenance et des aspirations. Il nous semble important de combler cette lacune de manière plus cohérente et systématique, ne serait-ce que pour vérifier s'il existe ici aussi un hiatus entre les parcours migratoires des jeunes et les mesures envisagées pour « y répondre ».

Vers une sociologie des mobilités de la jeunesse francophone

Si la perspective de la migration permet un renversement de perspective plus sensible que celle de l'exode aux parcours et à l'expérience des jeunes, il apparaît toutefois intéressant d'examiner la diversité des formes de mouvement—à travers l'espace et le temps—dans lesquelles ils sont engagés. Une première limite tient au fait que la notion de migration demeure axée sur la mobilité physique des individus alors que l'usage des NTIC permet de plus en plus d'articuler diverses formes de mobilités virtuelles en simultané. Il faut bien sûr reconnaître que la notion de migration permet de mieux tenir compte que celles de « départ » et d'« exode » de la multidirectionnalité potentielle des migrations dans un monde caractérisé par l'accroissement de la mobilité (Kaufmann, 2002). Toutefois, cette perspective demeure limitée en regard d'autres formes contemporaines de mobilité dans lesquelles sont engagés les jeunes et qui ne se limitent pas à des déplacements successifs du point A au point B, voire jusqu'au point C ou de retour au point A. Que dire de ces jeunes qui ne sont pas forcément des migrants et qui continuent à vivre chez leurs parents alors qu'ils parcourent le monde au moyen de voyages ou de stages à l'étranger? Pensons aussi aux jeunes branchés qui, grâce aux technologies, sont engagés dans des réseaux virtuels transnationaux dans le confort de leur résidence ou à même leur téléphone portable.

En effet, la notion de migration n'embrasse pas l'ensemble des mobilités qui viennent se greffer aux parcours non seulement des migrants mais aussi de ceux qui bougent sans toutefois migrer. On gagnerait pourtant à mieux comprendre comment les jeunes se déplacent, à quelles échelles et selon quelles temporalités, car non seulement certaines mobilités se chevauchent (par exemple, la migration peut s'accompagner de divers séjours dans d'autres régions ou pays) mais d'autres sont pendulaires (de façon quotidienne, hebdomadaire, voire trimestrielle).

Il est donc nécessaire de se doter d'assises théoriques permettant d'examiner le phénomène de la mobilité chez les jeunes d'une façon plus complète, en y incluant les mobilités de courte durée, celles éventuellement plus permanentes de même que celles se déroulant à petite échelle (entre deux lieux rapprochés — travailler ou étudier dans une autre localité sans toutefois quitter le foyer familial) ou à l'échelle internationale. Afin d'enrichir notre réflexion de quelques jalons théoriques, nous examinerons dans cette section quelques apports de la sociologie des mobilités à notre problématique.

Si le phénomène de la mobilité des individus n'est pas nouveau, depuis une dizaine d'années, il a attiré l'attention renouvelée de chercheurs de plusieurs disciplines, dont la sociologie et la géographie, en tant qu'objet d'étude au cœur même de la modernité avancée. Incontournable à cet égard, signalons l'ouvrage du Britannique Urry, *Sociology Beyond Society: Mobilities for the Twenty-First Century*, publié en 2000 (traduit en français en 2005). Selon cet auteur, la sociologie doit privilégier l'étude du mouvement des personnes et des objets dans l'espace à celle classique, voire figée, de «la société pensée comme ordre, structure, reproduction de la société au sein de l'État-nation» (Le Galès, 2005, p. 14). Selon Larsen, Axhausen et Urry (2006), elle devrait voir au développement d'un vaste programme de recherche portant sur l'étude de cinq mobilités interdépendantes qui créent la géographie des réseaux sociaux à l'heure actuelle : le voyage physique des personnes, le mouvement physique des objets, le voyage imaginatif, le voyage virtuel ainsi que le voyage communicatif.

Reprenons successivement chacune de ces formes de mobilité en illustrant leur pertinence à notre propos. La première forme est celle à laquelle on pense normalement lorsqu'on parle de mobilité : le voyage physique des personnes comprend l'ensemble des déplacements réels (aussi qualifiés de corporels) effectués par les individus pour le travail, les loisirs, la vie familiale ou la migration. Le mouvement des francophones au sein de l'espace canadien tel qu'exposé dans notre problématique, la migration entre des milieux ruraux et urbains par exemple, s'inscrit principalement dans ce type de mobilité. Cette forme de mobilité présente aussi l'avantage d'inclure celles de durée, d'échelle et de destinations variées. On imagine déjà l'intérêt d'étudier les déplacements des personnes dans la ville entre le quartier habité, le milieu de travail et les autres lieux fréquentés. Si les géographes se sont déjà intéressés à la concentration des francophones dans certains quartiers de la ville, étudier le mouvement de ces derniers dans l'espace urbain pourrait permettre une meilleure compréhension de leurs expériences quotidiennes et les diverses manières de vivre la francophonie. Par exemple, une personne peut accepter d'occuper un emploi stimulant en anglais tout en faisant le choix de vivre dans un quartier (par exemple, Dieppe dans la région de Moncton) ou une localité avoisinante (Orléans ou Gatineau près d'Ottawa) francophone impliquant des déplacements plus ou moins importants afin de profiter de l'offre d'un milieu de vie et de services en français. Or ces personnes qui ne sont pas nécessairement des migrants sont toutefois engagées au quotidien dans la dynamique des mobilités qui façonnent aujourd'hui le visage de la francophonie canadienne.

Bien que nous nous étendions moins longuement sur les autres formes de mobilité, il s'agit ici d'exposer l'intérêt d'examiner les manières dont ces dernières s'imbriquent à travers l'expérience des individus. Par exemple, bien qu'il semble *a priori* non pertinent à notre objet, le mouvement physique des objets peut permettre d'examiner la circulation des produits culturels dans l'espace de la francophonie—les francophones vivant en situation où ils constituent une minorité faible ont-il accès à une aussi grande diversité de produits culturels en français au même titre que ceux vivant dans un milieu à densité plus élevée? Quelle est l'incidence du développement du commerce en ligne sur les habitudes de consommation culturelle des francophones? Si autrefois ceux-ci profitaient de séjours au Québec pour prendre connaissance de nouveautés ou d'une plus grande étendue de produits culturels et souvent faire le plein de livres, musique ou jeux éducatifs en français, il est désormais courant de se brancher sur les sites de grands libraires francophones pour commander les produits recherchés au fur et à mesure que les intérêts et les besoins se présentent.

Dans le même ordre d'idées, le voyage imaginatif à travers les images, dont celles procurées par la télévision, permet d'être avec une grande facilité à la fois ici et là-bas, par exemple en suivant les bulletins de nouvelles régionales ou tout simplement à travers les souvenirs qui permettent d'entretenir un lien affectif avec le milieu d'origine. Prenons aussi l'exemple de la programmation pour enfants à TFO, qui permet désormais aux familles francophones à travers le Canada de choisir des émissions reflétant la culture qu'elles souhaitent transmettre à leurs enfants.

Enfin, les deux dernières formes nous semblent essentielles pour comprendre les caractéristiques contemporaines de la mobilité des francophones : le voyage virtuel par le biais d'Internet ainsi que le voyage communicatif par le biais de lettres mais surtout de la téléphonie mobile et traditionnelle, du courrier électronique, de la messagerie instantanée, etc. La possibilité de communiquer sur une base quotidienne avec un réseau social délocalisé n'a jamais été aussi grande grâce à des outils de communication largement accessibles, comme le célèbre Skype. Ces mobilités virtuelles qui permettent aujourd'hui de maintenir des liens peu importe la distance physique qui séparent les individus—et que Kaufmann décrit comme la « connexité » des individus (2002)—sont au cœur des pratiques contemporaines de la mobilité. En guise d'illustration, il suffit d'explorer le nombre de microcommunautés virtuelles francophones qui se manifestent à travers la populaire plateforme Facebook et le type d'interactions qui s'y expriment.

Étudier l'articulation entre ces diverses formes de mobilité représente un programme de recherche fort ambitieux qui permettrait de mieux saisir le phénomène dans toute sa complexité et tout son dynamisme plutôt que se résigner devant les constats inquiétants—voire alarmistes—procurés par les approches habituelles. Au-delà de son ampleur, l'étude des mobilités ouvre également sur des questions méthodologiques. C'est pourquoi Larsen, Axhausen et Urry (2006) suggèrent des méthodes dites mobiles et relationnelles afin d'analyser comment les gens simultanément mènent des vies locales et possèdent des liens distants, soutiennent des liens par le biais du voyage imaginatif et virtuel aussi bien que par celui de l'interaction en face-à-face. Bref, ce n'est pas parce qu'ils sont mobiles que les individus contemporains développent uniquement des liens faibles et dispersés dans l'espace. La sociologie doit donc s'employer à déceler la manière dont les individus développent leur capital social, y compris des liens sociaux forts, à travers leur mobilité.

Pour sa part, le géographe Kellerman (2006) propose un cadre théorique intéressant pour l'étude des « mobilités personnelles[5] ». Ce dernier partage l'avis de Urry et ses collègues à l'effet qu'il est important de s'intéresser aux rapports entre le social et les espaces à la fois physiques et virtuels tout en y ajoutant l'étude des connexions essentielles entre la fixité et le mouvement. La complexité même de l'objet est donc relative aux agencements entre ces divers types de mobilités et de fixités permettant d'être à la fois ici et là-bas tout en se rendant ailleurs—en parlant au téléphone tout en se promenant en autobus, par exemple. Un autre exemple plus près de notre problématique serait celui du jeune qui étudie hors de sa localité d'origine (ici) et communique par messagerie instantanée avec des amis de son milieu d'origine (là-bas) en vue de planifier un voyage outre-mer (au loin).

---

[5] Les mobilités personnelles sont définies par Kellerman comme des mouvements autopropulsés (« *self-propelled movements* »), incluant l'action naturelle et non technologique de se déplacer telle que la marche, le mouvement faisant usage de moyens technologiques tels que l'automobile ou le vélo, ainsi que les mobilités virtuelles non médiées tels le téléphone ou Internet.

Cette proximité à distance n'est pas sans rappeler le concept d'«ubiquité» développé par Kaufmann (2002), selon lequel un individu peut en quelque sorte être présent dans deux endroits à la fois, grâce aux communications virtuelles. L'ubiquité permet non seulement de nourrir des relations sociales dans deux ou plusieurs endroits différents, mais peut conduire à l'existence d'identités doubles ou multiples et de sentiments d'appartenance à plus d'un milieu de vie. Il faudrait vérifier si une telle position peut être maintenue au fil du parcours de vie ou si elle ne finit pas par se fondre dans un processus d'hybridation des identités et de dilution de certains sentiments d'appartenance au profit d'autres, devenus plus significatifs. Les recherches sur l'identité des jeunes au sein de la francophonie en situation minoritaire au Canada ont déjà montré la présence d'identités bilingues (Deveau et Landry, 2007 ; Gérin-Lajoie, 2003), hybrides (Dallaire, 2003 ; Dallaire et Denis, 2005), ou complexes et ambivalentes (Pilote, 2007). Ces recherches ouvrent la voie vers l'exploration de la façon dont l'expérience de mobilité s'articule au processus de construction identitaire des jeunes lors du passage à la vie adulte[6].

Conclusion

Ce chapitre est parti du constat selon lequel le départ des jeunes des CFSM interprété comme un exode est lié à l'enjeu de la vitalité ethnolinguistique. Conséquemment, cet enjeu est associé à la continuité de la langue et de la culture d'expression française dans les provinces où elles sont en situation minoritaire. Les lourdes conséquences attribuées à ce phénomène ont conduit les acteurs sociaux à formuler le «problème social» du départ des jeunes de leur milieu d'origine et à orienter leurs stratégies d'action surtout

---

[6] À ce sujet, deux projets de recherche sous la responsabilité de Pilote sont actuellement en cours ; l'un subventionné par le Fonds de recherche sur la société et la culture (FQRSC) (2007-2010), l'autre par le Conseil de recherches en sciences humaines (CRSH) (2007-2010) avec la participation de Garneau, Molgat et Hébert à titre de cochercheurs. Ces projets étudient le processus de construction identitaire à partir des parcours de mobilité d'étudiants universitaires issus du système scolaire de la minorité francophone au Canada.

selon l'angle de la rétention mais aussi, dans une moindre mesure, du retour des jeunes.

Nous avons montré que cette perspective est très chargée et teintée par la formulation du problème à travers le prisme des enjeux collectifs posés aux CFSM et aussi fortement empreinte d'un déterminisme économique qui tend à sous-estimer le rôle des individus en tant qu'acteurs de leurs parcours. Nous avons discuté des avantages à aborder le problème sous l'angle sociologique de la migration privilégiée notamment par les chercheurs du GRMJ au Québec. Cette approche présente l'avantage de mieux tenir compte des motivations et stratégies individuelles à travers lesquelles les jeunes orientent leurs parcours, conçus comme un processus de construction de l'identité et potentiellement réversibles. Les recherches réalisées dans cette perspective ont inspiré de nouvelles interventions d'organismes destinés à favoriser le retour (ou l'attraction) de jeunes diplômés vers les régions.

Dans le contexte actuel de mouvement accru des populations, nous avons démontré la nécessité de dépasser l'analyse des migrations pour considérer les multiples formes de mobilités dans lesquelles sont engagés les jeunes au sein de la francophonie canadienne. Notons que le recours à la notion de mobilité selon une perspective sociologique oblige aussi à analyser les mécanismes à travers lesquels les inégalités sociales entravent la mobilité de certains individus, ainsi que la manière dont la mobilité risque d'accentuer, voire de produire, de nouveaux vecteurs d'inégalités. Dans quelle mesure ceux qui partent récoltent-ils des bénéfices individuels par rapport à ceux qui restent dans leur région d'origine? L'ensemble des notions relatives à la mobilité s'applique sans aucun doute de manière plus particulière à certains moments du parcours de vie, notamment la période de la jeunesse, où se construisent, au fil des transitions et des expériences, les réseaux sociaux, les identités et les appartenances. C'est pour ces raisons que la lorgnette théorique de la mobilité nous apparaît aujourd'hui comme la plus propice pour comprendre les manières selon lesquelles le mouvement des jeunes dans l'espace géographique contribue à produire et reproduire la francophonie canadienne.

Références

Allard, R. (2005), «À nouvel élan pour la dualité linguistique, élan «nouveau» pour la recherche en éducation en milieu minoritaire», dans *Le plan d'action pour les langues officielles: perspectives de recherche*, Moncton, Institut canadien de recherche sur les minorités linguistiques (ICRML), p. 18-32.

Allard, R., L. Rodrigue et K. Deveau (2005), «Conscientisation ethnolangagière et comportement engagé en milieu minoritaire», *Francophonies d'Amérique,* (20), p. 95-110.

Beaudin, M. et É. Forgues (2005), *La migration des jeunes francophones en milieu rural*, Moncton, Institut canadien de recherche sur les minorités linguistiques (ICRML).

Beaudin, M. et R. Landry (2003), «L'attrait urbain: un défi pour les minorités francophones au Canada», *Canadian Issues / Thèmes canadiens*, février, p. 19-22.

Beaudin, M., B. Ferron et I. Savoie (2007), *Profil, perceptions et attentes des jeunes migrants et non-migrants de la Péninsule acadienne*, Shippagan, Centre de bénévolat de la Péninsule acadienne / Comité avenir jeunesse de la Péninsule acadienne.

Beck, U. (1992), *Risk Society. Towards a New Modernity*, Londres, Sage.

Belkhodja, C. (2005), «Le défi de la régionalisation en matière d'immigration: L'immigration francophone au Nouveau-Brunswick», *Canadian Issues / Thèmes canadiens*, printemps, p. 76-79.

Béland, N. (2005), «Migration inter-provinciale des diplômés du postsecondaire de la cohorte de 1990», présentation au congrès de l'Association francophone pour le savoir (ACFAS), Chicoutimi, 9 au 13 mai.

Berger, P. et T. Luckman (1966), *The Social Construction of Reality*, New York, Penguin.

Bernard, R. (1998), *Le Canada français: entre mythe et utopie*, Ottawa, Le Nordir.

Bernard, R. (1990), *Le choc des nombres. Dossier statistique sur la francophonie canadienne 1951-1986, Vision d'avenir*, Ottawa, Fédération des jeunes Canadiens français.

Best, J. (2003), «Constructionism in context», dans E. Rubington et M. S. Weinberg (dir.), *The Study of Social Problems*, New York, Oxford University Press, p. 336-351.

Bonetti, M. (1993), «La construction des problèmes sociaux», dans V. De Gaulejac et S. Roy (dir.), *Sociologies cliniques*, p. 163-176.

Bouchard, P. et S. Laflamme (2006), *Les jeunes et le Nord: un parcours à découvrir: Rapport 2ᵉ année 2006*, Commission de formation du Nord-Est.

Bouchard, P. et S. Laflamme (2005), *Les jeunes et le Nord: un parcours à découvrir*, Rapport de recherche, Commission de formation du Nord-Est.

Bouchard, P., S. Laflamme et C. Cloutier (2005), «Les jeunes et le Nord: un parcours à découvrir — Étude longitudinale sur la mobilité des jeunes dans le Nord-Est de l'Ontario», résultats de la 1ʳᵉ année, présentation au colloque *Jeunes et dynamiques territoriales*, Québec, octobre 2005.

Breton, R. (1964), «Institutional completeness of ethnic communities and the personal relations of immigrants», *American Journal of Sociology*, 70(2), p. 193-205.

Burbidge, J. et R. Finnie (2000), *La mobilité géographique des titulaires de baccalauréat*, Ottawa, Ressources humaines et Développement des compétences Canada (DRHC).

Cardinal, L., J. Lapointe et J. Y. Thériault (1994), *État de la recherche sur les communautés francophones hors Québec, 1980-1990*, Ottawa, Centre de recherche en civilisation canadienne-française (CRCCF).

Castells, M. (1998), *La société en réseaux*, Paris, Fayard.

Castonguay, C. (2005), «Vitalité du français et concentration des francophones: un bilan 1971-2001», *Francophonies d'Amérique*, (20), p. 15-24.

Castonguay, C. (2002), «Assimilation linguistique et remplacement des générations francophones et anglophones au Québec et au Canada», *Recherches sociographiques*, 43(1), p. 149-182.

Castonguay, C. (2000), «Minorités de langue française: démographie et assimilation», *L'Action nationale*, 90(2), p. 17-35.

Charbonneau, J. (2004), «Valeurs transmises, valeurs héritées», dans G. Pronovost et C. Royer (dir.), *Les valeurs des jeunes*, Sainte-Foy, Presses de l'Université du Québec, p. 34-49.

Churchill, S. (2005), *Managing Bilingual Universities for the Survival of Language Minorities: Lessons from Canadian Experience*, communication présentée à la conférence *Bi-/Multilingual Universities* tenue à Helsinki University, projet, Ontario Institute for Studies in Education of the University of Toronto.

Corbett, M. (2005), «Rural education and out-migration: The case of a coastal community», *Canadian Journal of Education*, (28), 1 et 2, p. 52-72.

Corbett, M. (2004), «It was fine, if you wanted to leave: Educational ambivalence in a Nova Scotian coastal community», *Anthropology and Education Quarterly*, 35(4), p. 451-471.

Côté, S. et D. Potvin (2004), «La migration interrégionale des jeunes au Québec: des parcours différenciés selon le lieu d'origine», dans P. Leblanc et M. Molgat (dir.), *La migration des jeunes. Aux frontières de l'espace et du temps*, Québec, PUL, p. 33-80.

Dallaire, C. (2003), «Not just francophones: The hybridity of minority francophone youths in Canada», *International Journal of Canadian Studies*, 28, p. 163-199.

Dallaire, C. et C. Denis (2005), «Asymmetrical hybridities: Youths at francophone games in Canada», *Canadian Journal of Sociology*, 30(2), p. 143-167.

Desrosiers, J. et D. Lebel (2004), «Les régions peuvent-elles attirer des jeunes adultes très qualifiés? Que dit la recherche? Que fait Place aux Jeunes?», dans P. Leblanc et M. Molgat (dir.), *La migration des jeunes. Aux frontières de l'espace et du temps*, Québec, PUL, p. 169-198.

Deveau, K. et R. Landry (2007), «Identité bilingue: produit d'un déterminisme social ou résultat d'une construction autodéterminée?», dans M. Bock (dir.), *La jeunesse au Canada français: Formation, mouvements et identité*, Ottawa, Les presses de l'Université d'Ottawa, p. 113-134.

Duquette, G. (2004) «Les différentes facettes identitaires des élèves âgés de 16 ans et plus inscrits dans les écoles de langue française de l'Ontario», *Francophonies d'Amérique*, (18), p. 77-92.

Fédération des jeunes Canadiens français (FJCF) (1991), *À la courte paille: l'opinion des jeunes sur la question de l'accessibilité aux études postsecondaires en français*, Ottawa, FJCF.

Floch, W. et E. Abou-Rjeili (2005), «Tendances migratoires interprovinciales des francophones et des anglophones du Canada», présentation au colloque *Jeunes et dynamiques territoriales*, Québec, octobre 2005.

Forgues, É. (avec la coll. de S. Bérubé et R. Cyr) (2007), *Tendances migratoires des francophones en situation minoritaire. Analyse comparative avec les anglophones*, Moncton, Institut canadien de recherche sur les minorités linguistiques (ICRML).

Fréchette, L., D. Desmarais, Y. Assogba et J. L. Paré (2004), «L'intégration des jeunes à la ville: une dynamique de repérage spatial et social», dans P. Leblanc et M. Molgat (dir.), *La migration des jeunes. Aux frontières de l'espace et du temps*, Québec, PUL, p. 81-106.

Frenette, M. (2003), *Accès au collège et à l'université: est-ce que la distance importe?*, Ottawa, Direction des études analytiques, Statistique Canada.

Frenette, M. (2002), *Trop loin pour continuer? Distance par rapport à l'établissement et inscription à l'université*, Ottawa, Direction des études analytiques, Statistique Canada.

Galland, O. (2001), *Sociologie de la jeunesse*, Paris, Armand Colin.

Gallant, N. et C. Belkhodja (2005), « Production d'un discours sur l'immigration et la diversité par les organismes francophones et acadiens au Canada », *Études ethniques canadiennes / Canadian Ethnic Studies,* 37(3), p. 35-58.

Garneau, S. (2003), « La mobilité géographique des jeunes au Québec : la signification du territoire », *Recherches sociographiques,* 44(1), p. 93-112.

Gauthier, M., P. Leblanc, S. Côté, F. Deschenaux, C. Girard, C. Laflamme, M. O. Magnan et M. Molgat (2006), *La migration des jeunes au Québec. Rapport national d'un sondage 2004-2005 auprès des 20-34 ans du Québec,* Québec, Institut national de recherche scientifique Urbanisation, Culture et Société Observatoire Jeunes et Société.

Gauthier, M. (2004), « À la recherche du "sens" de la migration des jeunes Québécois », dans P. Leblanc et M. Molgat (dir.), *La migration des jeunes. Aux frontières de l'espace et du temps,* Québec, PUL, p. 5-32.

Gauthier, M. (2003), « Les jeunes québécois : des "nomades" ? », *Recherches sociographiques,* 44(1), p. 19-34.

Gauthier, M. (dir.) (1997), *Pourquoi partir ? La migration des jeunes d'hier à aujourd'hui,* Sainte-Foy, Institut québécois de recherche sur la culture (IQRC) / Presses de l'Université Laval.

Gauthier, M., S. Côté, M. Molgat et F. Deschenaux (2003), « Pourquoi partent-ils ? Les motifs de migration des jeunes régionaux », *Recherches sociographiques,* 44(1), p. 113-139.

Gauthier, M. et J. F. Guillaume (dir.) (1999), *Définir la jeunesse ? D'un bout à l'autre du monde,* Sainte-Foy, PUL et Institut québécois de recherche sur la culture (IQRC).

Gérin-Lajoie, D. (2003), *Parcours identitaires de jeunes francophones en milieu minoritaire,* Sudbury, Prise de parole.

Giddens, A. (1994), *Les conséquences de la modernité*, Paris, L'Harmattan.

Giddens, A. (1991), *Modernity and Self-Identity*, Stanford, Stanford University Press.

Giddens, A. (1984), *The Constitution of Society : Introduction of the Theory of Structuration*, Berkeley, University of California Press.

Giles, H., R. Y. Bourhis et D. M. Taylor (1977), « Towards a theory of language in ethnic group relations », dans Howard Giles (dir.), *Language, Ethnicity and Intergroup Relations*, New York, Academic Press, p. 307-348.

Gilbert, A., A. Langlois, R. Landry et E. Aunger (2005), « L'environnement et la vitalité communautaire des minorités francophones : vers un modèle conceptuel », *Francophonies d'Amérique,* (20), p. 51-62.

Girard, C., S. Garneau et L. Fréchette (2004), «On ne part jamais seul : espace et construction identitaire chez les jeunes migrants au Québec», dans M. Molgat et P. Leblanc (dir.), *La migration des jeunes. Aux frontières de l'espace et du temps*, Québec, PUL, p. 107-138.

Jedwab, J. (2002), *L'immigration et l'épanouissement des communautés de langue officielle au Canada : politiques, démographie et identité*, Ottawa, Commissariat aux langues officielles.

Johnson, M. et P. Doucet (2006), *Une vue plus claire : évaluer la vitalité des communautés de langue officielle en milieu minoritaire*, Ottawa, Commissariat aux langues officielles.

Jones, G. (1999), «The same people in the same places? Socio-spatial identities and migration in youth», *Sociology*, 33(1), p. 1-22.

Junor, S. et A. Usher (2004), *Le prix du savoir 2004 : l'accès à l'éducation et à la situation financière des étudiants au Canada*, collection de recherche du millénaire, Fondation canadienne des bourses d'études du millénaire.

Kaufmann, V. (2002), *Re-thinking Mobility : Contemporary Sociology*, Aldershot (R.-U.), Ashgate.

Kellerman, A. (2006), *Personal Mobilities*, Londres et New York, Routledge.

Laflamme, C. et F. Deschenaux (2004), «Situation en emploi, mobilité géographique et insertion professionnelle des jeunes», dans P. Leblanc et M. Molgat (dir.), *La migration des jeunes. Aux frontières de l'espace et du temps*, Québec, PUL, p. 139-168.

Laflamme, S. et P. Bouchard (2005), *Les jeunes et le Nord : un parcours à découvrir*, rapport abrégé produit pour la Commission de formation du Nord-Est.

Lamoureux, S. (2005), «Transition scolaire et changements identitaires», *Francophonies d'Amérique*, (20), p. 111-121.

Lamoureux, S. (2007), *La transition de l'école secondaire de langue française à l'université en Ontario : perspectives étudiantes*, thèse de doctorat, Toronto, University of Toronto.

Landry, R. et R. Allard (1999), «L'éducation dans la francophonie minoritaire», dans J. Y. Thériault (dir.), *Francophonies minoritaires au Canada. L'état des lieux*, Moncton, Éditions d'Acadie, p. 403-433.

Landry, R., A. Gilbert et É. Forgues (2005), «La vitalité des communautés francophones du Canada : Si destinée n'était pas synonyme de densité», *Francophonies d'Amérique*, (20), p. 9-14.

Landry, R. et S. Rousselle (2003), *Éducation et droits collectifs : au-delà de l'article 23 de la Charte*, Moncton, Éditions de la Francophonie.

Landry, R. (2003), « Pour une pédagogie actualisante et communautarisante en milieu minoritaire francophone », *Actes du Colloque pancanadien sur la recherche en éducation en milieu francophone minoritaire*, Moncton, Centre de recherche et de développement en éducation (CRDE) et Association canadienne d'éducation de langue française (ACELF), p. 135-156.

Langlois, A. (1992), « Les réseaux migratoires franco-ontariens en mutation », *Recherches sociographiques*, 33(1), p. 83-102.

Larsen, J., K. W. Axhausen et J. Urry (2006), « Geographies of social networks : Meetings, travel and communications », *Mobilities*, 1(2), p. 261-283.

Leblanc, P. (2004), « Au-delà de l'argent et de l'emploi. Stratégies d'intervention quant à la migration des jeunes non métropolitains », *Reflets*, 10, p. 63-84.

Leblanc, P. et M. Molgat (2004), « Jeunesse et migration : fragmentation des temporalités et complexité des rapports à l'espace », dans P. Leblanc et M. Molgat (dir.), *La migration des jeunes. Aux frontières de l'espace et du temps*, Québec, PUL, p. 271-293.

Le Galès, P. (2005), « Avant-propos », dans J. Urry, *Sociologie des mobilités*, Paris, Armand Collin.

Lenoir, R. (1999), « Objet sociologique et problème social », dans P. Champagne, R. Lenoir, D. Merlié et L. Pinto (dir.), *Initiation à la pratique sociologique*, Paris, Dunod, p. 51-100.

Maillochon, F. (2004), « De la sexualité prémaritale à la sexualité à risque », dans C. Pugeault-Cicchelli, V. Cicchelli et T. Ragi (dir.), *Ce que nous savons des jeunes*, Paris, PUF, p. 113-128.

Marmen, L. (2005), « Les statistiques linguistiques du recensement comme outil de mesure de la vitalité des communautés francophones en situation minoritaire », *Francophonies d'Amérique*, (20), p. 25-36.

Mcmullen, K. (2004), *La distance serait-elle une entrave à l'accès aux études postsecondaires?* Ottawa, Statistique Canada, Questions d'éducation, en ligne http://www.statcan.ca/francais/freepub/81-004-XIF/200404/dist_f.htm.

Molgat, M., P. Leblanc et M. Simard (2008), « Are urban youth more modern? Spatially based differentiation, home leaving and transition outcomes in Gatineau, Rouyn-Noranda and Saguenay », *Journal of Rural and Community Development*, 3(3), p. 1-22.

Molgat, M. (2005), « Leaving home in Quebec : Theoretical and social implications of (im)mobility among youth », *Journal of Youth Studies*, 5(2), p. 135-152.

Molgat, M. et N. St-Laurent (2004), « Attrait de la grande ville et projets d'avenir de jeunes migrants : en guise de réponse aux explications de la sociologie classique », dans P. Leblanc et M. Molgat (dir.), *La migration des jeunes. Aux frontières de l'espace et du temps*, Québec, PUL, p. 245-270.

Mucchielli, L. (2004), « Violences et délinquances des jeunes », dans C. Pugeault-Cicchelli, V. Cicchelli et T. Ragi (dir), *Ce que nous savons des jeunes*, Paris, PUF, p. 83-98.

Noreau, P. et N. Perron (1997), « Quelques stratégies migratoires au Québec : perspectives historiques », dans M. Gauthier, *Pourquoi partir ? La migration des jeunes d'hier à aujourd'hui*, Sainte-Foy, Institut québécois de recherche sur la culture (IQRC) / PUL, p. 133-161.

O'Keefe, M. (2001), *Minorités francophones : assimilation et vitalité des communautés, 2ᵉ édition, Nouvelles perspectives canadiennes*, Ottawa, ministère du Patrimoine canadien.

Perron, N. (1997), « Les migrations depuis le XIXᵉ siècle au Québec », dans Madeleine Gauthier (dir.), *Pourquoi partir ? La migration des jeunes d'hier à aujourd'hui*, Sainte-Foy, Institut québécois de recherche sur la culture (IQRC) / PUL, p. 23-48.

Pilote, A. (2007), « Construire son identité ou reproduire la communauté ? Les jeunes et leur rapport à l'identité collective », dans M. Bock (dir.), *La jeunesse au Canada français : Formation, mouvements et identité*, Ottawa, Centre de recherche en civilisation canadienne-française (CRCCF), Université d'Ottawa, p. 82-112.

Pilote, A. (2006), « Les chemins de la construction identitaire : Une typologie des profils d'élèves d'une école secondaire de la minorité francophone », *Éducation et francophonie,* 34(1), p. 39-53.

Pilote, A. (2006), *Mobilités étudiantes et construction identitaire : une étude des parcours de jeunes provenant d'un milieu francophone minoritaire inscrits dans une université québécoise*, proposition soumise au Programme d'établissement de nouveaux professeurs-chercheurs, Fonds de recherche sur la société et la culture (FQRSC).

Pilote, A., S. Garneau, M. Molgat et Y. Hébert (2006), *Mobilités étudiantes et construction identitaire : études de cas dans trois universités canadiennes auprès de jeunes en provenance d'un milieu francophone minoritaire*, proposition soumise au Programme de subvention ordinaire de recherche, Conseil de recherches en sciences humaines du Canada (CRSH).

Pilote, A. (2004), *La construction de l'identité politique des jeunes en milieu francophone minoritaire : Le cas des élèves du Centre scolaire communautaire Sainte-Anne à Fredericton au Nouveau-Brunswick*, thèse de doctorat, Québec, Université Laval.

Quell, C. (2002), *L'immigration et les langues officielles: obstacles et possibilités qui se présentent aux immigrants et aux communautés*, Ottawa, Commissariat aux langues officielles.

Ramos, E. (2006), *L'invention des origines. Sociologie de l'ancrage identitaire*, Paris, Armand Collin.

Réseau des cégeps et des collèges francophones du Canada (RCCFC) (2003), *Poursuite des études postsecondaires en milieu minoritaire francophone: intentions des diplômés du secondaire en 2003*, Ottawa, RCCFC et Patrimoine canadien.

Sommet des communautés francophones et acadiennes (2007), *Mille regards, une vision — Actes du Sommet des communautés francophones et acadiennes*, Ottawa, octobre 2007.

Tremblay, J. et J. Hamel (2004), «Les flux migratoires des jeunes Montréalais vers les régions: bref survol», dans P. Leblanc et M. Molgat (dir.), *La migration des jeunes. Aux frontières de l'espace et du temps*, Sainte-Foy, PUL, p. 223-244.

Urry, J. (2000), *Sociology Beyond Society: Mobilities for the Twenty-First Century*, Londres et New York, Routledge.

Urry, J. (2005), *Sociologie des mobilités*, Paris, Armand Collin.

Troisième axe

La réception et l'appropriation des définitions et des représentations de la francophonie

À QUI DE DROIT :
LA DUALITÉ LINGUISTIQUE
AU SEIN DE LA FRANCOPHONIE

Lace Marie Brogden

Professeure adjointe, Ph. D., Université de Regina

Une préface sous forme d'interpellation :
«Viens me chercher[1]»

En lisant cet article, je vous prie d'imaginer la francophonie autrement. Autre que quoi? En effet, il n'y a pas de point de départ universel — ce n'est guère prédéfini, sauf en ce qui a trait au point de départ que vous accordez à la francophonie dans l'acte présent de la nommer. Quant à moi, je vais faire «comme si» je faisais partie de la francophonie...

> Cette force accordée à une expérience du peut-être, elle garde une affinité ou une connivence avec le «si» ou le «comme si». Et donc avec une certaine grammaire du conditionnel : et si cela arrivait? Cela, qui est tout autre, pourrait bien arriver, cela arriverait. Penser peut-être, c'est penser «si», «et si?» (Derrida, 2001, p. 18).

---

[1] Tiré de Goldman et Vénéruso (2006).

Comme si je pouvais me créer une identité stable, je reprends, et ce à maintes reprises, ces quelques paroles : «Je m'appelle Lace Marie Brogden. Je suis née à Calgary, en Alberta.» (Brogden, 2008, p. 42) À la maison, on m'a toujours parlé en anglais ; à la maison, je parle en anglais à mes enfants, sauf quand je leur parle en français. Je suis allée à l'école en anglais ; mes enfants vont à l'école en français. Je me nomme—anglophone (*mostly*)—si vous pouviez m'entendre en lisant, vous m'auriez peut-être déjà nommée ainsi.

Puis-«je» faire partie de la francophonie ? Pourquoi voudrais-«je» faire partie de la francophonie ? Dans ces interrogations, le «je» sert non seulement à me représenter, Lace, celle qui se trouve auteure de ce texte, mais aussi le «je» comme un autre, dans un sens rimbaldien, où, tel qu'explicité par Lejeune, «il n'y a dans les faits d'expression "à la première personne", ni unité, ni éternité : "je" passe son temps à être autre, et d'abord autre que ce qu'il était avant…» (Lejeune, 1980, p. 316).

Aussitôt dit, aussitôt parti. Nous — moi qui écris, vous qui lisez—nous nommons, nous négocions et nous (nous) renommons. Et, dans tout ceci, je me demande, est-ce même possible de me nommer, de nous nommer, de nommer la francophonie autrement ?

Je vous offre cet écrit à la mode de ma vie—confrontée de ruptures, séduite par la normalisation, interpellée par deux langues sans plus jamais vivre la confiance d'une seule voix ou voie de pensée, et au rythme d'un temps qui se veut linéaire tout en se pliant contre lui-même à maintes reprises pour ainsi faire des années qui coulent, parsemées d'instants fragiles qui osent durer. Ce faisant, j'essaie de complexifier tant la francophonie que le genre de ce présent écrit, c'est-à-dire l'autoécriture—le soi-disant[2]—en contexte «francophone». Tout comme bien des histoires de ma vie (Brogden, 2006, p. 908-925), ce récit est marqué d'un début peu repérable (sauf en matière d'actes textuels arbitrairement définis) et d'une fin hors perception éclaircie et très peu compréhensible. Pour ce qui est du milieu, eh bien, dans les mots de Goldman et Vénéruso (2006), «tout peut changer, alors viens me chercher».

---

[2] Voir à ce sujet Hardwick, De Nooy et Hanna (2005), p. 1-11.

Introduction : La négociation du temps et de l'espace

Si, dans leur ensemble, les écrits de ces présents actes du colloque se penchent sur la question de produire et reproduire la francophonie, cela s'avérera important, à mon avis, de mettre de l'avant une certaine définition de l'objet d'étude. Qu'est-ce donc que la francophonie ? Qui décide ?

> FRANCOPHONIE : « n. f. – 1880, répandu v. 1960 ; de *francophone* : 1. Ensemble constitué par les populations francophones (France, Belgique, Canada [Québec, Nouveau-Brunswick, Ontario], Louisiane, Suisse, Afrique, Madagascar, Antilles, Proche-Orient…) *La francophonie dans le monde*. 2. Mouvement en faveur de la langue française (*Le Robert*, 2003, p. 1125).

Selon ce discours « officiel » de la langue, la Saskatchewan ne fait pas explicitement partie de la francophonie. Faut-il être nommé (faut-il se nommer) de façon explicite pour faire partie de la francophonie ? « Peut-on devenir Fransaskois ? Peut-on devenir Acadien ?[3] » Puis-je devenir Francophone ?

> La Francophonie, consciente des liens que crée entre ses membres le partage de la langue française et de valeurs universelles, œuvre au service de la paix, de la coopération, de la solidarité et du développement durable. Les institutions de la Francophonie concourent, pour ce qui les concerne, à la réalisation de ces objectifs (OIF, 2000-2007).

Selon ce discours (particulier) d'appartenance, la francophonie «*f*» et la Francophonie «*F*» sont—ou devraient être—accessibles aux personnes, organisations ou gouvernements qui ont à cœur la langue française (et d'autres objectifs « bienveillants » qui en découlent).

Je ne cite, ici, que deux définitions possibles de la francophonie et c'est là l'enjeu : qui décide ? Chose certaine : la f/ Francophonie tourne autour de la langue française. Mais, avec toute notion de langue, toute notion de vie, il faut faire attention…

Pour sa part, Bachelard (1964) écrit :

> elles [nos / mes enquêtes] visent à déterminer la valeur humaine des espaces de possession, des espaces défendus contre des forces adverses, des espaces animés. Pour des raisons souvent très diverses et avec les différences qui

---

[3] Voir à ce sujet Gallant (2007).

comportent les nuances poétiques, ce sont des espaces louangés. À leur valeur de protection qui peut être positive, s'attachent aussi des valeurs imaginées, et ces valeurs sont bientôt des valeurs dominantes (p. 17).

Ainsi, Bachelard m'aide à me situer par rapport à ce qui est à négocier, voire à nommer et à renommer, et à me situer par rapport aux enjeux des espaces dans lesquels se situent mes recherches. Il m'aide à me situer par rapport à la francophonie.

Afin de vous aider à vous situer par rapport à cet article, je vous offre ce petit rappel : cet article a pour but de tenter de complexifier nos définitions de la francophonie. À cette fin, je propose, dans les sections suivantes, quatre jumelages de contextes (sous forme de « faits », citations, propositions) et de subjectivités linguistiques (sous forme d'histoires, citations, interrogations) — quatre contextes qui me séduisent, quatre subjectivités que j'ai vécues et que je vis. Dans ces actes textuels, je propose de mettre en relief certains des enjeux sociolinguistiques d'une vie bilingue, et ce, en vue de créer un espace à partir duquel pourrait se produire une conversation nuancée (Senge, 1994, p. 413).

Cela m'est impossible de raconter une version « officielle » de ma vie annexée à la francophonie. Par conséquent, je tente plutôt d'offrir quelques petites histoires (Moissinac et Bamberg, 2005, p. 142-156) qui semblent durer plus que d'autres et qui, dans ce présent contexte, ce travail collectif de *Produire et reproduire la francophonie en la nommant,* se juxtaposent à certains des enjeux sociopolitiques du bilinguisme au Canada. Tel qu'explicité par de Certeau, mes histoi-res, mes poésies, mes écrits servent de témoins de ma vie bilingue : « ces contes, récits, poèmes et traités… sont déjà des pratiques [d'une quelconque francophonie]. Ils disent exactement ce qu'ils font. Ils sont le geste qu'ils signifient… » (de Certeau, 1990, p. 120-123).

Je raconte et j'écris ; ce faisant, je fais « comme si » je pouvais renommer la francophonie autrement…

Contexte numéro 1 — Une voix / voie de pensée (double)

Les voix / voies du bilinguisme canadien sont en voie de change-ment : nous sommes le bilinguisme canadien ; nous construisons la francophonie. Je ne suis pas francophone, du moins je ne suis pas une «ayant droit» (Commissariat aux langues officielles, 2007). J'appartiens plutôt au groupe des «franco-parlants» et mes enfants aussi. Fraser (2007) propose que «quelles qu'en soient les faiblesses, l'immersion fait partie de la solution et non du problème» (p. 244). Le bilinguisme canadien, par la voie de l'immersion française ou autre, fait-il partie de la francophonie?

Parmi les plus de 300 000 jeunes présentement inscrits en immersion française au Canada (*Canadian Parents for French*, 1998, p. 27), lesquels peuvent faire partie de la francophonie? Et, au-delà, qui décide? Mes enfants, par la voie de l'immersion française, font-ils partie de la francophonie? Feront-ils un jour partie de la francophonie?

Dans mon travail, dans mes recherches, dans ma vie, je chante souvent les louanges de la «francophonie». Mais laquelle? Définir est piégé, c'est Jacques qui me le dit: «dès que tu te laisseras prendre en lui, dans le mot, le mot français d'abord, pour ne pas encore parler de la chose, rien ne restera, plus rien ne résistera» (Cixous et Derrida, 1998, p. 27). Il faut alors, encore une fois, faire très attention à ces notions de langue, ces notions de vie...

> Même si j'oublie qu'il pleuvait sur la ville
> Et que partir c'est pas guérir...
> Y a des années, parfois même des journées
> Qui finissent par te trahir (Séguin, 1985)

Voici mes propres mots d'avis: les voix/voies du bilinguisme changent; nos subjectivités linguistiques changent aussi. Rien n'est stable. Dans cet instant, pour maintenant (Ellis, 2004), je suis le bilinguisme canadien—et vous?

Subjectivité numéro 1 — L'école à double «voix»

Currere (Pinar, 1994) au printemps 2007: Le printemps arrivé en Saskatchewan (en principe, mais pas tellement), je me trouve devant de nombreuses dissertations à «corriger». Sujets: la culture en classe d'immersion, l'étude comparative des programmes immersifs (immersion précoce, moyenne et tardive), la motivation en L2, les enjeux politiques de l'immersion française (arguments qui furent nettement plus intéressants que les versions des années précédentes grâce à la contribution récente de Fraser (2007), nouveau commissaire aux langues officielles), et, parmi encore d'autres sujets, la correction de l'erreur…

> L'enseignant ne peut considérer que toutes les formes erronées produites par un apprenant sont nécessairement des erreurs qui doivent être corrigées. Que ce soit une forme erronée par rapport à la norme des locuteurs natifs, de la classe (ce qui a été enseigné) ou de la grammaire intériorisée de l'apprenant (son interlangue), l'enseignant doit faire le partage entre les erreurs et les fautes (Vignola, 1994, p. 35).

L'ironie m'est frappante lorsque je lis à maintes reprises dans les travaux des étudiant(e)s, bientôt les diplômé(e)s, «l'école à double voix» v – o – i – x … «dans bien des cas, les erreurs propres au patois de l'immersion ne seront jamais corrigées» (Fraser, 2007, p. 243). Et alors, pour ce qui est de cette référence à l'école à double voix? C'est une faute, certes, mais, à un certain niveau, c'est peut-être une non-erreur sophistiquée de la vie enseignante en contexte immersif: une école à double voie produit, en effet, une école à double voix. Double voix, double vie, encore une fois, me voici.

Je n'ai pas été scolarisée en immersion, mais j'œuvre en contextes immersifs. Et, même si je ne suis pas diplômée de l'immersion, je ferai toujours et à jamais partie du patois souligné par Fraser (2007); malgré ce présent écrit, malgré même mes poésies, je suis toujours et à jamais anglophone—erreur ou faute? Cap ou pas cap[4]?

Tel qu'observé par Dallaire et Denis (2000), «comme ces discours sur l'identité francophone produisent des "vérités" contestées, le sujet francophone est discursivement instable» (p. 415):

---

[4] Je fais exprès de reprendre cette expression «française» tout en faisant allusion (encore une fois de façon intentionnée) à «la» culture francophone et à mes propres «enjeux» face à celle-ci, tels qu'explicités dans le poème *Témoignage d'une francophile en formation continue*, paru pour la première fois dans L. M. Brogden (2006), «Témoignage d'une francophile en formation continue: Vers l'évaluation des compétences linguistiques par et pour nous-mêmes», *Journal de l'Immersion Journal*, 28(3), p. 10.

In Canada, one's performance of the French language functions within current discourses on the "francophone". These discourses produce a nomenclature of identities based on various aspects of one's practice and relationship to French thereby resulting in "truths" about the francophone community and identity (p. 416).

Pourquoi parler de l'immersion dans ce contexte-ci, ce contexte des a / Actes de «la» francophonie? La question sert elle-même de réponse.

Contexte numéro 2 : L'interlangue

Dans ma vie, au quotidien, je vois l'interlangue se manifester au niveau de la reproduction. Suis-je le bilinguisme canadien? Est-ce même possible? Sans pour autant définir le concept, *Le plan d'action pour les langues officielles* voudrait bien que oui :

> Notre histoire assigne au gouvernement du Canada le devoir de contribuer à rendre accessible à tous les Canadiens le double héritage que représentent pour notre pays nos deux langues officielles, le français et l'anglais. Ce double héritage appartient à tous les Canadiens. Le gouvernement du Canada veut les aider à en profiter pleinement (Gouvernement du Canada, 2003).

Pourtant, on ne peut calculer le bilinguisme en faisant une addition commutative (bien que le bilinguisme soit additif dans bien des cas); autrement dit, anglais + français n'égale pas (seulement, n'égale peut-être pas du tout) français + anglais. En matière de bilinguisme, on arrive plutôt à un état entre, un état d'interlangue. Tel qu'explicité par Alber et Py (1985),

> nous voulons dire par là que les conversations [interlinguistiques] n'ont pas à être considérées de l'extérieur, mais de l'intérieur. En d'autres termes, elles ne constituent pas en premier lieu des approximations plus ou moins heureuses de modèles endolingues, mais des actes communicatifs possédant une spécificité propre, une logique se suffisant à elle-même (p. 10).

Je ne suis plus anglophone unilingue; je ne serai jamais francophone «de souche». Ainsi, ce que je tente d'expliciter dans cette multiplicité d'actes textuels, d'états et de langues, ce ne sont que quelques fragments de mon travail d'interlangue, quelques fragments de mes recherches herméneutiques, qui, elles, occupent un espace rempli de mots, un espace entre (mes) deux langues (Ricœur, 1986).

Subjectivité numéro 2 : Mes histoires de poires

Currere à 2005 : Je dis en classe, un jour, « pas, pa'entout » et mes deux étudiantes québécoises se mettent à rire. Sachant que j'ai quitté mon registre habituel, je demande à l'une d'elles :

> « Qu'est-ce qu'il y a ? »
> « Rien, me répond-elle, mais on t'entend pas parler de même trop, trop. »
> « Est-ce que ça passe ? » Je pose la question plus par curiosité que par manque de confiance.
> « Oui, oui, me dit-elle, mais on ne savait pas. »

Une fois le cours terminé, j'entreprends une conversation avec une des étudiantes. Je cherche à savoir ce qu'elle voit comme étant mes « *tells* » linguistiques (les « *tells* » corporels, il y en a trop, nous le savons bien toutes les deux).

> « Les rs, me dit-elle. T'sé, comme dans *poire* ou *histoire*. »
> « Oui, t'as raison, je lui dis, mais ça prend trop de temps. » La vitesse d'une langue — comme la vitesse d'une nation — c'est toute une histoire.

Cette histoire pédagogique n'est qu'une de mes histoires de poires, d'accent, de solitudes, voire de sollicitude. C'est une de mes « belles lisses poires » comme le dirait Pef (1980) — une des histoires qui font le va-et-vient entre ma (mes) langue(s). J'arrive (je retourne [je tourne]) : c'est un autre pastiche mathématique : anglophone « bilingue » + textualité fragmentée = interlocutrice d'interlangue / interlocutrice interlinguistique.

Contexte numéro 3 — Le « comme si »

Puis-je me nommer francophone ? Qui décide ? Je ne suis pas la première à poser cette question : « Alors, dans le contexte albertain

[ou saskatchewanais ou canadien], quelle culture devrait-on transmettre? Qui est francophone?» (Roy, 2007) Qui décide?

Quant aux «politiques» du gouvernement fédéral, on lit:

> 1.1 La dualité linguistique dans un Canada moderne
> À la fois ambitieux et réaliste, le Plan d'action décrit dans cet énoncé de
> politique fera bel et bien prendre au Canada, comme son titre l'indique,
> un nouvel élan salutaire pour sa dualité linguistique.... Trois considéra-
> tions ont conduit le gouvernement du Canada à donner ce nouvel élan,
> entamer ce nouvel acte, lancer ce Plan d'action:
>
> 1. La dualité linguistique fait partie de nos racines.
> 2. La dualité linguistique est un atout pour notre avenir.
> 3. La politique fédérale pour les langues officielles doit être améliorée
>   (Gouvernement, 2003).

La dualité linguistique canadienne vient-elle renforcer l'identité linguistique des citoyens et citoyennes? Ou vient-elle plutôt
la rendre de plus en plus complexe? Suffit-il de se nommer
francophone? (Gallant, 2007) Encore une fois, qui décide?

Subjectivité numéro 3 — Franco-quelque chose

Currere à un printemps quelconque: C'était l'année dernière, ou
l'année d'avant, cela n'a pas tellement d'importance... un vin et
fromage typique dans le cadre d'un colloque francophone — vous
y étiez peut-être... une conversation typique avec un francophone
du Mali, ou d'ailleurs, cela n'a pas tellement d'importance — sauf
quand cela s'avère essentiel[5]... Nous parlions de sujets et de subjectivités linguistiques lorsque j'ai dit:

---

[5] La communauté francophone au Canada étant drôlement petite, j'ai choisi le
«Mali» mais pas au hasard. Même si le pays nommé dans cette histoire ne correspond
pas au «vrai» pays natal de l'interlocuteur avec qui je parlais, j'ai choisi — privilège
de l'auteure — de nommer un pays spécifique en racontant cette histoire et non la
phrase générique, trop répandue à mon avis, «quelqu'un de l'Afrique francophone».
Je fais ceci comme acte textuel et politique: je n'ai jamais entendu quelqu'un me
nommer «quelqu'un de l'Amérique du Nord anglophone». De plus, même si l'on
peut attribuer un certain nombre de caractéristiques à l'Afrique francophone (comme
région géographique ou regroupement politique, par exemple), j'agis en vue de
rendre plus explicites la multiplicité des subjectivités linguistiques et les discours qui
peuvent en découler.

«Non, je ne suis pas francophone.»

«Mais si! Comment dire vous n'êtes pas francophone? Nous voici, en train de parler en français!»

FRANCOPHONE: «adj. et n.- 1880: 1. Qui parle habituellement le français, au moins dans certaines circonstances de la communication, comme langue première ou seconde... 2. Relatif à la francophonie (*Le Robert*, 2003, p. 1125).

C'est alors que j'ai expliqué que, d'après mes expériences, «francophone» dans l'Ouest canadien n'est pas tellement une marque de comportement ou de compétence linguistique, mais plutôt une marque d'identité, une identité à laquelle, en tant qu'anglophone (*mostly*), je n'ai pas, ou très peu accès.

«Eh bien, puisque le français n'est pas ma langue maternelle, moi non plus, allez-vous donc me dire, madame, que je ne suis pas francophone?»

«Bien sûr que non, monsieur, ai-je répondu, vous êtes certainement francophone. Nos contextes sont différents et, dans mon contexte, francophone et franco-parlant ne sont pas équivalents.»

AYANT DROIT: «Aux fins de l'article 23 de la *Charte canadienne des droits et libertés*, les ayants droit sont les citoyens canadiens qui ont le droit de faire instruire leurs enfants, aux niveaux primaire et secondaire, dans la langue de la minorité. Ce droit est réservé aux Canadiens et aux Canadiennes:

- dont la première langue apprise et encore comprise est celle de la minorité francophone ou anglophone de la province où ils résident;
- qui ont reçu leur instruction, au niveau primaire, en français ou en anglais au Canada et qui résident dans une province où la langue dans laquelle ils ont reçu cette instruction est celle de la minorité francophone ou anglophone de la province.

De plus, les citoyens canadiens dont un enfant a reçu ou reçoit son instruction, au niveau primaire ou secondaire, en français ou en anglais au Canada ont le droit de faire instruire tous leurs enfants, aux niveaux primaire et secondaire, dans la langue de cette instruction (Commissariat aux langues officielles, 2007).

Et si «je» pouvais faire partie de la francophonie...

Contexte numéro 4 — Aucun(e) n'est absolu(e)

Le cadre théorique dans lequel s'inscrit ce travail, celui de l'auto-ethnographie (Ellis, 2004), n'a pas pour but l'objectivité; j'en suis consciente et je ne souhaite pas travailler autrement pour mainte-nant (p. 179). Les histoires (et mes histoires) ne sont pas neutres, loin de l'être, même si elles semblent parfois «faire comme si». L'autoécriture se fait en contexte et en relation (Richardson, 1997). De plus, tel que conçue par Hardwick, De Nooy et Hanna (2005), lorsqu'on emploie une méthodologie autobiographique, on fait appel à des actes performatifs — tant linguistiques que philosophi-ques — spécifiques.

Les écrits autoethnographiques, tout comme les (p)actes autobio-graphiques évoqués par Hardwick, De Nooy et Hanna (2005), offrent des perspectives à la fois personnelles et sociales, à la fois spécifiques et génériques. Mais ces actes ne sont pas simples. En effet, les actes autoethnographiques sont souvent des actes difficiles:

> *Another aspect [of autoethnography] that may not be explored without encou-ragement is the uncomfortable and untold stories... the stories we don't usually tell others, the stories we keep to ourselves, the stories we pretend are not ours. Those are the stories that I am most intrigued with at the moment* (Boylorn, 2005).

C'est ainsi que l'autoethnographie m'interpelle — je suis l'autoethnographie, tout comme je suis le bilinguisme canadien; nous sommes ce texte, tout comme nous sommes les textes des langues officielles du Canada. Nous écrivons ensemble les droits linguistiques, nous délimitons ensemble les points d'entrées à la francophonie:

> La *Charte canadienne des droits et libertés* garantit les droits et libertés qui y sont énoncés. Ils ne peuvent être restreints que par une règle de droit, dans des limites qui soient raisonnables et dont la justification puisse se démontrer dans le cadre d'une société libre et démocratique (ministère de la Justice du Canada, 1982).

«"Être francophone" ne se conjugue pas à l'impératif», nous propose Cormier (2007). La francophonie ne s'impose pas, elle est vécue.

Subjectivité numéro 4 — Marque Canada?

Currere à un extrait de mon carnet Web :

> **Regardless of Results**
> *Blogged in Random Musings by Lace Monday January 23, 2006*
> La semaine dernière, ma copie de *L'actualité* (février 2006) est arrivée par la poste. En vedette, *Le Canada fout le camp* (Aubin), un autre sondage par les médias essayant de me dire en quoi je (ou quelqu'un d'autre comme moi) ne suis pas assez canadienne, pas assez impliquée, pas assez engagée, pas assez fière.
> *Regardless of the results, today I went to vote. It took less than five minutes. It was organized, efficient, easy to understand and safe.* J'en étais fière.
> Aubin voudrait me faire croire que « nous sommes devenus une société beaucoup plus fragmentée, métissée et complexe, mais plus humaniste… » et il a peut-être raison. Il propose alors de penser à une « "marque Canada" avec une nouvelle iconographie, plus humaniste… ».
> *A humanist discourse is flawed, as any ideology tends to be. But on this day, I'm happy to be "Canadian" — maybe Elections.ca could lead the way for the new « marque Canada ». X!* (Brogden, 2006).

Cet extrait de carnet, tout comme ce présent article, sert d'artefact (Brogden, 2008), de témoignage d'une vie annexée à la francophonie, une vie bilingue, un bilinguisme canadien.

Je précise, encore une fois, mes objectifs en écrivant ce texte, tout en reconnaissant le caractère ambigu de ces derniers : je ne cherche point à privilégier l'une ou l'autre des deux langues officielles du Canada ; je cherche plutôt à me demander, toujours déjà, le « si » d'une francophonie impossible.

Pourquoi impossible? Selon Derrida (2001), l'impossible peut être possible — si… si nous nous placions en relation… si nous nous ouvrions à la possibilité du conditionnel, à la possibilité de ce qui nous arrive… et si, dans nos actes, nous nous rappelions qu'aucun droit n'est absolu. Je me demande, alors, si peut-être (dans un sens derridien) aucune francophonie ne devrait être absolue?

Discussion : « Si… alors… », ou une francophonie sans conditions ?

Darien (1891-93) propose que « les yeux d'un écrivain, pour être clairs, doivent être secs ». J'ai déjà voulu appuyer ce constat ; je l'ai même répété dans mes cours, mais, de plus en plus, il me laisse délaissée. Car, si Darien avait raison, il aurait pu passer à côté de la vie que je souhaite mener — une vie impossiblement nuancée, une vie impossiblement « nuagée » —, une vie dont les éclaircissements coupent le ciel de l'instant, tels les éclats d'un orage, perçant une réalité enrobée de noirceur pour y mettre une luminosité instantanée et brillante.

De plus en plus, je me demande plutôt… Et si Darien avait tort ?

I am les Canadiens — *enemy in "This Land Is"*
I don't « Speak White »
Lash back / lâche black
(s)take Gray
Exogame maybe
Maybe exogammonogamie ?
Je (re)cherche à complexifier *complexity*
Falling away I cry (not) freedom (Brogden 2007)

Je ne suis pas « francophone », mais je parle français ; je travaille en français ; je rêve en français — et en anglais. Je suis le bilinguisme canadien — exogame *maybe*. *Maybe* je vis une « exogammonogamie » ?

Je vous prie de me permettre un dernier essai quant à l'ambiguïté de ces textes. Je me répète, car c'est à travers nos répétitions que nous arrivons à la production : je ne cherche point à privilégier l'une ou l'autre de nos deux langues officielles ; je cherche plutôt à me demander (et à vous encourager à vous demander), toujours déjà, le « si » d'une francophonie impossible… là où l'impossible est possible, là où sans condition est en effet une condition : « car si cet impossible dont je parle arrivait peut-être un jour, je vous laisse en imaginer les conséquences. Prenez votre temps mais dépêchez vous de le faire, car vous ne savez pas ce qui vous attend » (Derrida, 2007, p. 19).

Je ne propose pas une francophonie sans conditions, mais plutôt une mise en question des conditions de la francophonie.

Épilogue : « Et je m'en veux[6] » (ou pas)

Cet article (tout comme la communication qui le précédait) ne voulait pas s'écrire — ou bien, pour éviter la voix et la voie passives, j'avais de la misère à écrire ce texte —, il était depuis longtemps pris dans le possible impossible, là où tout était, semblait-il, impossible.

Menace
Dans un moment
J'ai osé
Quoi qu'il en soit
J'aurais voulu
Temps plié ou suspendu
Un recul instantané du mollusque menacé
Me retirant en toute vitesse
Pour ne revenir qu'après la guerre
l'écume dissout
Sans la tentation de nager
Ni l'obligeance de me noyer
Je chante Édith
Je (ne) regrette (rien)
Je regrette : je ne regrette rien — de ce que je regrette

Mais, « comme si » je pouvais faire partie de la francophonie, j'ai osé :

> j'avoue très volontiers que ces analyses présupposent sans cesse la conviction que le discours n'est jamais *for its own sake*, pour sa propre gloire, mais qu'il veut, dans tous ses usages, porter au langage une expérience, une manière d'habiter et d'être au monde qui le précède et demande à être dite (Ricœur, 1986, p. 34).

Je tiens à préciser (toujours en vue de rendre plus explicite) l'observation suivante : je ne suis pas la seule à avoir osé. Ceux et celles qui ont organisé le colloque ont osé, les évaluateurs et les

---

[6] Tiré de Bernheim et Barbelivien (1990).

membres du comité de rédaction qui ont choisi d'inclure ma communication ont osé, et les participants et participantes au colloque ont osé; tous et toutes ont osé penser la francophonie autrement. Mes actes autoethnographiques, tout comme les actes du colloque dans lesquels ils s'insèrent, demeurent; je reviens et je me répète (ainsi fait la (re)production): nous produisons des arte*fact*(e)s de la francophonie.

Je propose, alors, que c'est à nous de dire ce qui demande à être dit, c'est à nous d'écrire ce qui demande à être écrit. C'est à nous, chacun et chacune, d'agir «en faveur de la langue française». C'est à nous de négocier la suite de ce que sera la francophonie. Nommer et renommer, Rolling (2008) fait bien de me rappeler, ne sont que des actes éphémères. Je nomme et je renomme, je me nomme et je me renomme: je suis (verbe être) et je suis (verbe suivre) le bilinguisme canadien. Nous nommons et nous renommons la francophonie, toute comme nous produisons et nous reproduisons la francophonie en la nommant.

Note: L'auteure tient à remercier la D^re Andrea Sterzuk et la D^re Barbara McNeil de l'Université de Regina, qui, par leurs commentaires et leur intérêt, lui ont permis d'enrichir des versions précédentes de cet article.

Références

Alber, J. L. et B. Py (1985), « Interlangue et conversation exolingue », *Cahiers du Départment des sciences du langage,* Université de Lausanne, (1), 1985, p. 1-13.

Bachelard, G. (1964), *La poétique de l'espace* (4ᵉ édition), Paris, PUF.

Bernheim, F. et D. Barbelivien (1990), *Regarde les riches, Scène de vie* [P. Kaas], Paris, Note de Blues, enregistrement sonore, 3 min 10 s.

Boylorn, R. (2005), *Writing life* (notes), en ligne, consulté le 19 mai 2005 à http://groups.yahoo.com/group/autoethnography/ .

Brogden, L. M. (2008), « Art·I/f/act·ology: Curricular artifacts in autoethnographic research », *Qualitative Inquiry,* 14(6), p. 851-864.

Brogden, L. (2008), « De l'interlangue aux architextes: La négociation du bilinguisme chez les enseignant/es en contexte immersif », dans S. Roy et C. Berlinguette (dir.), *Emerging Social and Language Issues in Canada/Enjeux linguistiques et sociaux au Canada en devenir,* Calgary, Blitzprint, p. 37-65.

Brogden, L. M. (2007), « Architextes: Political, physical and imagined discourses of a French Immersion (teacher) teacher », thèse de doctorat, Régina, Université de Regina.

Brogden, L. M. (2006), « Not quite acceptable: Re:reading my father in Qualitative Inquiry », *Qualitative Inquiry,* 12(5), p. 908-925.

Brogden, L. M. (2006), « Témoignage d'une francophile en formation continue: Vers l'évaluation des compétences linguistiques par et pour nous-mêmes », *Journal de l'Immersion Journal,* 28(3), p. 10.

Brogden, L. M. (2006) « Regardless of results », *InterLace: A weblog of post(ing) modern musings by Lace Marie Brogden,* en ligne, consulté le 21 septembre 2007 à http://www.educationaltechnology.ca/brogden/archives/2006/01/regardless_of_r.html.

Canadian Parents for French (2006), *The State of French-Second-Language Education in Canada, Annual Report,* en ligne, consulté le 26 novembre 2007 à http://www.cpf.ca/english/Resources/FSL2006/pdfs/CPFAnnualE.pdf.

Cixous, H. et J. Derrida (1998), *Voiles,* Paris, Galilée.

Commissariat aux langues officielles/Office of the Commissioner of Official Languages (2007), *La quête des droits scolaires,* en ligne, consulté le 27 septembre 2007 à http://www.ocol-clo.gc.ca/html/ar_ra_04_05_v1_28_f.php.

Cormier, M. (2007), « "Être francophone" ne se conjugue pas à l'impératif », Fédération canadienne des enseignantes et des enseignants, en ligne, consulté le 21 novembre 2007 à http://www.ctf-fce.ca/f/programs/francophone/francaise/article%20révisé-MarianneCormier1.pdf.

Dallaire, C. et C. Denis (2000), « If you don't speak French, "you're out" : Don Cherry, the Alberta Francophone Games, and the discursive construction of Canada's francophones », *Canadian Journal of Sociology/Cahiers canadiens de sociologie,* 12(4), p. 415-440.

Darien, G. (1891-1893) *L'en-dehors,* Paris, Zo d'Axa.

de Certeau, M. (1990), *L'invention du quotidien: 1. arts de faire,* Paris, Gallimard.

Derrida, J. (2001), « L'avenir de la profession ou l'université sans condition (grâce aux "Humanités", ce qui pourrait avoir lieu demain) », *Neohelicon,* 28(2), p. 9-19.

Dictionnaires Le Robert (2003), *Le nouveau Petit Robert: Dictionnaire alphabétique et analogique de la langue française,* Paris, Dictionnaires Le Robert.

Ellis, C (2004), *The Ethnographic I: A Methodological Novel About Autoethnography,* Walnut Creek, AltaMira Press.

Fraser, G. (2007) [éd. anglaise: 2006], *Sorry I Don't Speak French: Ou pourquoi quarante ans de politiques linguistiques au Canada n'ont rien réglé... ou presque,* trad. de l'anglais par S. Paquin, Montréal, Boréal.

Gallant, N. (2007), *Peut-on devenir fransaskois? Peut-on devenir acadien? Réponses populaires,* conférencière invitée dans le cadre des Conférences de l'Institut, Centre canadien de recherches sur les francophonies en milieu minoritaire, Regina.

Goldman, J. J. et J. Vénéruso (2006), *Viens me chercher,* Garou, Toronto, Sony BMG Musique, enregistrement sonore, 3 min: 32 s.

Gouvernement du Canada (2003), *Le prochain acte: Un nouvel élan pour la dualité linguistique canadienne: Le plan d'action pour les langues officielles,* en ligne, consulté le 30 novembre 2006 à http://www.pco-bcp.gc.ca/olo/default.asp?Language=F&Page=Action&doc=cover_f.htm.

Hardwick, J., J. De Nooy et B. E. Hanna (2005), « Writing the self in French: (P)actes autobiographiques », dans J. De Nooy, J. Harwick et B. E. Hanna (dir.), *Soi-disant: Life-writing in French,* Newark, University of Delaware Press, p. 1-11.

Lejeune, P. (1980), *Je est un autre,* Paris, Seuil.

Ministère de la Justice Canada (1982), *Loi constitutionnelle de 1982: Charte canadienne des droits et libertés,* en ligne, consulté le 26 septembre 2007 à http://laws.justice.gc.ca/en/charter/const_fr.html.

Moissinac, L. et M. Bamberg (2005), « "It's weird, I was so mad" : Developing discursive identity defenses in conversational "small" stories of adolescent boys », *Texas Speech Communication Journal*, 28(2), p. 142-156.

Organisation internationale de la francophonie (2000-2007), *L'OIF : Francophonie*, en ligne, consulté le 20 novembre 2007 à http://www.francophonie.org/oif/index.cfm.

Pef, *La belle lisse poire du prince de Motordu*, Paris, Gallimard.

Pinar, W. F. (1994), *Autobiography, Politics and Sexuality : Essays in Curriculum Theory 1972-1992*, New York, Peter Lang.

Richardson, L. (1997), *Fields of Play : Constructing an Academic Life*, Piskataway, New Jersey, Rutgers University Press.

Ricœur, P. (1986), *Du texte à l'action : Essais d'herméneutique, II*, Paris, Seuil.

Rolling, J. H. (2008), « Secular blasphemy : Utter(ed) transgressions against names and fathers in the postmodern era », *Qualitative Inquiry*, 14(6), p. 926-948.

Roy, S. (2007), *Nouvelles réalités, nouveaux choix. Une réflexion sur les programmes bilingues et d'immersion*, conférencière invitée, Institut d'été, Faculté d'éducation, Université de Calgary.

Séguin, R. (1985), *Double vie*, Montreal, MusiArt, SNS 90006, enregistrement sonore, 4 min.

Senge, P. (1994), *The Fifth Discipline : The Art and Practice of the Learning Organization*, New York, Currency Doubleday.

Vignola, M. J. (1994), « La correction des erreurs à l'oral : un des défis de l'immersion française », *Le journal de l'Immersion Journal*, 18(1), p. 35-40.

POSITIONS, POSTURES ET « IM-POSTURE » : LES INTELLECTUELS EN MILIEU MINORITAIRE

LE NOUVEL-ONTARIO 1970-1985

MARIE LEBEL

PROFESSEURE, DÉPARTEMENT D'HISTOIRE,
COLLÈGE UNIVERSITAIRE DE HEARST

Comment pouvons-nous chers amis, espérer la posséder, cette culture, quand nous sommes entourés de toute part par la culture anglaise et américaine avant même d'avoir pu tremper dans la nôtre? Comment voulez-vous qu'on se la donne [...] quand nous sommes si isolés les uns des autres [...]? Nous n'avons aucun poste radiophonique pour nous relier, aucune télévision régionale pour nous permettre d'échanger nos idées, de nous identifier à la culture canadienne-française. Nous n'avons aucun véhicule moteur [?] pouvant atteindre la masse.
L'ÉCUYER, A. (1971), «La culture française existe-t-elle en Ontario?»,
Revue de l'Université Laurentienne, 4(1), p. 84-94.

Du point de vue du plus petit, tout devient gigantesque [...]
l'infini découvert par le chas d'une aiguille, la vie immense aperçue
par l'insecte, captée par la petite âme.
NEPVEU, P. (1998), *Intérieurs du Nouveau Monde*, Montréal, Boréal.

Introduction

Dans le rapport qu'il tisse avec sa société, l'intellectuel évolue toujours sur un mince fil dont la couleur — rouge — traduit le feu des attentes des siens pour être pris et portés comme des enfants. Dans le cas concret de l'Ontario français et de ses interprétants collectifs, on peut se demander s'il existe une situation qui est propre à l'intellectuel évoluant au sein des groupements minoritaires, une situation suffisamment particulière, en fait, pour déterminer la posture qu'il adoptera. Si l'on pousse plus loin l'interrogation peut-on penser qu'il est plus difficile pour l'intellectuel évoluant au sein de groupes minoritaires de s'en tenir à la condition d'interprétant[1], plutôt qu'à celle de narrateur, parce qu'il est appelé à défendre la cause noble de ceux qu'il aime? Afin de répondre à ces interrogations, le texte effectue d'abord un retour sur les définitions de l'intellectuel permettant le dégagement d'une définition souple et opératoire dans le contexte étudié: le Nouvel-Ontario, c'est-à-dire la portion septentrionale de l'Ontario, où se trouve une proportion considérable des francophones de la province. À la suite de ce retour, nous proposons d'appréhender comment le contexte minoritaire peut agir et influencer les formes de l'engagement intellectuel. Le présent exercice a enfin été prétexte à aborder les positions et postures intellectuelles qui ressortent du dépouillement des revues universitaires ou scientifiques publiées depuis 1970 et dont le siège social se trouvait en Nouvel-Ontario: *Revue de l'Université Laurentienne, Revue du Nouvel-Ontario, Rauque, Atmosphères, Cahiers Charlevoix* et *Cahiers de la Société historique du Nouvel-Ontario.* Pour la période étudiée — 1970-1985 —, les sources ont surtout été la *Revue de l'Université Laurentienne,* la *Revue du Nouvel-Ontario* et les *Cahiers de la Société historique du Nouvel-Ontario.* Nous avons aussi procédé, selon le cas, à un dépouille-

---

[1] Spécifions que, dans le cadre de l'étude, la condition d'interprétant a été privilégiée de préférence à celle de narrateur parce que, on le constatera, elle relève plus de la lecture d'une condition sociale que de l'insertion dans un grand récit collectif.

ment du magazine culturel de l'Ontario français *Liaison*. Nos constats reposent sur l'analyse systématique du contenu d'articles touchant la communauté d'appartenance sous les angles assez englobants de la culture, de la langue, des idéologies, du territoire, de l'espace, de la littérature et de l'identité.

Qui sont les intellectuels en milieu minoritaire?

Les dernières recherches en histoire intellectuelle insistent sur les multiples identités possibles des intellectuels et montrent ceux-ci comme «largement tributaires des contextes nationaux et historiques» (Ryan, 2003, p. 10). Cette nouvelle approche nous libère d'une définition strictement classique et surtout franco-française, entendez dreyfusarde, de l'intellectuel.

Dans le cadre de notre étude, qui se situe dans le champ de la discipline historique, les intellectuels franco-ontariens du Nouvel-Ontario se présentent comme des professionnels, des universitaires, des professeurs, des hommes et des femmes de culture, des fonctionnaires ou des agents culturels, des artistes, des peintres, des sculpteurs, des chanteurs, des écrivains ou des poètes. L'intellectuel appréhendé n'est donc pas obligatoirement un savant ou un expert. Il est souvent un «interprétant» qui analyse une situation de manière critique pour proposer ce qu'il considère comme des solutions. Le travail de l'analyste est alors d'identifier qui contribue, par ses créations, par ses œuvres ou par ses écrits, à poser les bornes de l'horizon identitaire de la communauté, à meubler l'espace de l'imaginaire collectif.

Les acteurs du champ intellectuel du Nouvel-Ontario se sentent souvent appelés à intervenir. Or, ce sentiment les rapproche davantage des clercs du XVIIIe siècle que des figures intellectuelles sur le modèle de l'expert engagé. Comment ne pas les entrevoir dans ce portrait que brosse Bénichou des «gens de lettres» des Lumières qui, à l'écart des clercs dont ils prennent le relais, conçoivent leur rôle comme une vocation: «Ils forment une corporation ouverte, mêlée à leur public, annonçant un salut terrestre, ils distinguent peu le spirituel du temporel et tendent à s'attribuer une compétence politique en même temps que philosophique. » (Bénichou, 2003, p. 46). Nous ne sommes pas loin ici des définitions données, dans un autre contexte, par les Benda, Sartre et Said, qui, refusant de réduire l'intellectuel à des catégories socioprofessionnelles, s'inspirèrent plutôt d'une *intelligentsia* russe, où l'intellectuel est avant tout porteur de valeurs, d'un engagement et même d'une mission. Le contexte minoritaire explique peut-être en partie leur particularité. C'est ce que nous tenterons d'entrevoir.

Le contexte minoritaire et son impact sur les modalités de l'engagement

Les études de Heller (2002) et de Breton (1983) montrent qu'en milieu minoritaire les acteurs sociaux que sont les intellectuels sont interpellés parce que les demandes de sens de la communauté sont constantes. On leur demande d'intervenir. Ils le doivent… Ne se souviennent-ils pas d'où ils sont partis ? L'analyse du traitement médiatique autour de la crise de l'hôpital Montfort révèle en ce sens des stratégies — le recours au passé et notamment les usages publics de ce passé — qui suscitent la cohésion et la mobilisation quasi obligée à une lutte, en rappelant un événement connu qui trouve un écho dans l'inconscient collectif d'une large partie de la communauté francophone ontarienne. Ce recours et ces usages publics des passés disponibles sont vrais aussi — davantage ? — dans les premières décennies prises en compte par l'étude, soit le tournant des années 1960 et 1970. À cette question, nous pouvons répondre que la stratégie qui consiste à recourir aux passés disponibles pour interpréter le présent est perceptible dès les premiers numéros recensés. Par exemple, en 1971, la *Revue de l'Université Laurentienne* clôt son numéro par une série de documents historiques. Bien que présentés dans le désordre relativement à la chronologie, ils ont comme point commun de rappeler des éléments douloureux du passé de la communauté franco-ontarienne. Très suggestif, le titre de la section est : « Des textes qu'il faut connaître ». Les documents retenus par la rédaction de la RUL, notamment le texte du *Règlement XVII*, le sont parce qu'ils témoignent des revers

historiques de la minorité française. Les noms des fondateurs d'organismes de sauvegarde du français, dont l'Association canadienne-
française d'éducation d'Ontario (ACFEO), sont aussi mentionnés
dans le même but de sensibiliser et d'interpeller la communauté
d'appartenance. La *Revue du Nouvel-Ontario* procédera de manière
similaire en constituant, en 1981, un numéro consacré aux idéologies de l'Ontario français dont le contenu est essentiellement une
sélection de textes historiques choisis par les rédacteurs de la
revue[2].

Pour illustrer la stratégie des interprétants de recourir au passé,
nous présentons cet extrait d'un article de Dorais, qui, en 1973,
constate que le vide laissé par les référents religieux traditionnels
doit être comblé. On relève dans cet extrait le rappel du passé
commun et, en prime, le rôle qu'attribue Dorais à l'intellectuel :
« Si je coupe toutes mes attaches et mes références au Divin qui
naguère encore structurait et déployait tout mon système psychi-
que, par quoi vais-je le remplacer ? Quelles nouvelles valeurs
construire et proposer à tout un peuple ? » (Dorais, 1973, p. 130).
Ces quelques lignes sont doublement révélatrices de la puissance
du passé et de l'action possible de l'intellectuel.

Pour clore cette série d'exemples, la réflexion de Bernard,
sociologue de l'Université Laurentienne et collaborateur à la
Revue de l'Université Laurentienne (RUL), est aussi pertinente.
Dans un article de 1974, Bernard se demande si les diverses
idéologies de la période contemporaine arrivent à atteindre la
société franco-ontarienne. Il situe la francophonie ontarienne
dans une perspective plus large que régionale et nationale. Les
rappels au passé de la collectivité consistent à la dépeindre
comme étant combative (rappel des luttes scolaires), mais sans
préciser s'il est temps de l'être encore. Il rappelle la situation
économique — nous sommes en 1974 —, qu'il décrit comme
une situation d'asservissement de la minorité à la majorité. La
domination est plus large qu'économique, elle serait culturelle
et politique. En ce sens, s'il ne se perçoit pas comme un passeur,

[2] *Revue du Nouvel-Ontario* (1981), « Les idéologies de l'Ontario français : un choix
de textes (1912-1980) », (3), 115 p.

il endosse la posture de l'interprétant de la condition commune à l'intérieur de structures jugées aliénantes (p. 105-109).

Nous venons de voir une stratégie d'engagement de l'intellectuel qui consiste à solliciter les passés communs disponibles. Toutefois, même s'ils se sentent appelés à agir ou à interpréter la condition commune, les intellectuels ne jouissent pas, en milieu minoritaire, d'une multitude de tribunes. En outre, on remarque que les institutions où peuvent agir les intellectuels en milieu minoritaire sont peu structurées — sur le plan du discours, notamment, mais aussi sur le plan des ressources et de la gestion des ressources financières, humaines, mais surtout symboliques. L'insistance sur cette dernière expression se veut congruente avec une problématique qui s'intéresse au capital symbolique acquis ou à acquérir par les définisseurs et interprétants.

La faiblesse des structures en milieu minoritaire origine en partie, nous le pensons, de la méfiance qu'engendrent les tentations hégémoniques de la culture majoritaire (canadienne-anglaise ou québécoise). Quoi qu'il en soit, on comprend que « [l]a culture minoritaire [est] [...] nourrie par toute l'ambiguïté, toute la méfiance qui marquent le rapport aux structures, aux hiérarchies, aux représentations, à l'imaginaire du pouvoir » (Paré, 2003, p. 46). On se méfie du pouvoir, certes, mais plus justement encore des relations apparentes de domination. Les intellectuels exerçant eux-mêmes un pouvoir certain, sinon un certain pouvoir, ce sont donc plutôt les relations et les rapports de domination qui les agaceront. Dans le cas étudié, l'agacement tient à ce que les relations de domination entraînent un rapport obligé à l'autre (l'« Anglais » ou le Québécois, c'est selon). L'un ou l'autre préfigure le majoritaire selon les lieux, les thèmes et les contextes. Dans cette logique, il est permis de penser que les intellectuels des milieux minoritaires préféreront maintenir le flou des structures dans lesquelles ils s'engagent ou envisagent de s'engager. D'où une prédilection marquée pour les regroupements à tendance corporatiste ou multidisciplinaire, les mutuelles, les sociétés, les amicales, les associations ou les clubs plus ou moins formels. Il y a une réticence assez marquée vis-à-vis de l'institution universitaire, dont sont pourtant issus nombre de collaborateurs aux revues. À cette situation relativement particulière s'ajoutent les limites des ressources disponibles, qui suscitent évidemment des tensions et provoquent l'élaboration de stratégies pour l'obtention et le monopole de ces ressources.

Les producteurs, consommateurs et manipulateurs de biens symboliques que sont les intellectuels sont en effet constamment en concurrence avec d'autres pour s'approprier le capital symbolique ou financier. Il y a là, il faut l'admettre, une entrave sérieuse à leur liberté d'action et d'engagement. Bourdieu (1992) a montré combien le champ intellectuel se structure autour de positions réparties selon des rapports sociaux de domination qui forcent des postures coutumières : « Se distinguant entre eux par la sanction de l'expérience et de l'expertise reconnues, ces acteurs en compétition dans le champ se disputent également le monopole des ressources […] en respectant les règles convenues et faisant consensus » (p. 117).

Dans le même temps, et paradoxalement, il y a une émulation qui agit sur les individus et les associations dans lesquelles ils s'inscrivent pour obtenir le plus de capital possible. Par ailleurs, cette lutte inévitable pour l'obtention des ressources et la monopolisation des biens symboliques — absence de critique, système de reconnaissance mutuelle, gratification, sécurité, stabilité, référence obligée, etc. — explique les regroupements et les mariages de raison, de même qu'elle justifie les gestes fratricides. À titre d'exemple de cette situation, nous avons noté en 1969 un véritable *putsch* éditorial au sein du comité de rédaction de la *Revue de l'Université Laurentienne*. Le jésuite et professeur Fernand Dorais, fraîchement débarqué du Québec, bouscule littéralement les collaborateurs de la revue en les engageant à sortir du confort de l'académisme et de l'érudition. Il les incite à se mettre au service de la communauté immédiate et met en question les modes de fonctionnement du champ. Pour Dorais, l'engagement doit passer par un renoncement aux habitudes éditoriales jusqu'alors adoptées. Dans les années suivantes, le roulement au sein du comité de rédaction et les collaborations sollicitées témoignent indubitablement que des tensions agitent le champ. Les multiples tentatives de retour au confort perdu

sont aussi révélatrices de ces tensions. Les thèmes, les collaborateurs et la forme changent.

Le texte de Morcos (1973) est, entre autres, exemplaire de ce virage
forcé. Cette Égyptienne, diplômée de la Sorbonne et professeure à
l'Université Laurentienne, présente un article dans la *Revue de l'Université Laurentienne* où elle insiste sur le rôle que les sciences sociales
et la littérature surtout imposent en termes d'action sociale. Le ton
est objectif, mais le thème appelle à l'engagement intellectuel. Même
si ce n'était pas l'intention initiale, l'article de Morcos jette un éclairage
sur la très grande différence existant entre le Sartre de *Les mots* et un
intellectuel comme Dorais. En effet, quand Sartre condamne «les
insuffisances d'une culture trop intellectuelle, affublée des faux pres-
tiges du verbe et entachée d'une pensée trop idéologique», c'est
davantage un aveu d'impuissance individuel qu'une charge contre la
pensée complexe qu'il s'agit (p. 53-67). Tandis que Dorais, qui
pourfend l'académisme et le formalisme, ne semble pas, à cette
période tout au moins, se percevoir comme impuissant face au temps
et au milieu. Et, s'il condamne régulièrement les diplômes, les titres
et le «Savoir avec un grand "S"», comme il dit, c'est qu'il croit qu'il
y a là imposture à dénoncer et que c'est «d'ailleurs que viendra la
réponse». Ce n'est certainement pas un sentiment d'impuissance qui
anime le jésuite de Sudbury dans cette première moitié de la décennie 70. De 1969 à 1973, il invitera régulièrement ses pairs à l'engagement discursif, ce qui n'est pas sans agiter le champ intellectuel.

De la même manière, bien que le magazine *Liaison* n'ait pas fait
l'objet d'un recensement aussi exhaustif que les revues académiques,
nous avons relevé, de la fondation au milieu des années 80, des
changements fréquents dans l'énoncé de mission et des difficultés
à établir des lignes directrices précises, un format ou un mandat.
Ces tergiversations formelles sont aussi révélatrices des acrobaties
à accomplir afin que des vecteurs de la mémoire intellectuelle
puissent exister. Pour les autres lieux de discours étudiés et pour la
période plus contemporaine, les énoncés de mission et les préam-
bules montrent comment des individus évoluant dans le champ
intellectuel du Nouvel-Ontario cherchent à répondre à des lignes
directrices stratégiques extérieures au champ tout en justifiant que

la revue, la maison d'édition, le département ou l'organisme à laquelle ou auquel ils s'associent arrivent à correspondre à ce qu'ils interprètent comme les attentes légitimes de la communauté d'appartenance. On pense notamment ici à l'interprétation du passé commun, au rappel des moments fondateurs, à l'identification des particularismes culturels, à l'insertion de la communauté dans un grand récit, au répertoire et à l'inventaire de la production littéraire, artistique ou scientifique.

Selon la même logique, les modes d'inscription des intellectuels et, logiquement, les discours et les actions sont possiblement orientés et déterminés par une telle ambiguïté. Parce que la culture—le champ culturel et intellectuel—est un lieu où «s'engagent des actes de résistance, [d]es refus, [d]es manœuvres d'affirmation» (Paré, 2003, p. 48-49), les individus qui s'y trouvent se retrouvent presque forcément en situation du politique. Beaucoup refuseront de loger à telle enseigne. On peut en outre penser que d'autres dans cette situation rejetteront l'étiquette trop engageante ou compromettante d'intellectuels. Ainsi, même s'ils en occupent la position, beaucoup en rejetteront la posture.

Dans les lieux de mémoire de la vie intellectuelle que sont les revues et dans le matériau historique que deviennent ces revues une fois dépouillées, il apparaît que la position de l'intellectuel n'entraîne pas nécessairement l'adoption de la posture intellectuelle. À titre d'exemple, durant toute la décennie 70, nombreux sont les membres de comités de rédaction dont le discours se veut clairement anti-intellectualiste, valorisant la longue expérience, la détermination et l'acharnement plutôt que le formalisme, le savoir ou la (re)connaissance associée à un diplôme. On cessera pendant plusieurs années de fournir des précisions sur les titres des collaborateurs, se contentant de les rattacher à leur département respectif.

Étude de cas : lieux et figures des discours intellectuels dans le Nouvel-Ontario

L'exercice de contextualisation que nous proposons dans cette dernière partie confronte le chercheur à une des difficultés de l'histoire intellectuelle, comme la pose Dosse (2003) et que l'on paraphrasera ici. Il faut d'abord restituer une pensée pour elle-même dans sa logique singulière — cette logique est celle de la minorisation et elle remonte au XIXe siècle tout au moins. Les travaux de Bernard (1990, 2000), entre autres, ont bien montré la nature et la portée de cette logique. L'analyste doit aussi restituer cette pensée dans son contexte historique. Nous pensons ici au contexte très large qui s'étend de 1970 à 2000, à l'intérieur duquel les mouvements de décolonisation et d'affirmation nationale, immédiatement suivis par les forces de la globalisation et de la mondialisation, ont un effet généralisé que l'analyste doit prendre en compte. Ce contexte est admis et bien documenté. Il faut enfin reconstituer cette pensée dans son moment d'énonciation. On pense, dans le cas particulier qui nous occupe, à la demande de sens conséquente à la disparition des repères essentialistes traditionnels, entendez les années 70 et 80. Il est permis d'affirmer, à la suite de Martel (1997), qu'il s'agit d'un contexte de deuil consécutif à la mort du pays imaginé. En ce sens, le moment d'énonciation est symptomatique de l'érosion de la référence collective au Canada français qui s'annonce à partir de l'après-guerre et se confirme dans les années 60.

Les interprétants collectifs du Nouvel-Ontario sont touchés consciemment ou inconsciemment par ces données et l'on admettra que les mutations qui traversent la période étudiée ont orienté et même déterminé les modes d'inscription des intellectuels franco-ontariens dans leur société et la position de chacun dans le champ intellectuel de cette société. De même, les mutations qui s'inscrivent dans le temps long de l'après-guerre ont déjà contribué à faire peser plus lourd la condition de minoritaire pour certains interprétants. Si ces mutations sont essentiellement l'industrialisation et la laïcisation — c'est-à-dire les mêmes mouvements qui touchent toutes les sociétés occidentales —, en Ontario français, les définiteurs et les discours qu'ils tiennent sur la collectivité sont irrévocablement poussés au changement. Le changement s'impose même et parce que la logique de la minorisation demeure centrale et aiguë. Or, au tournant des années 60 et 70, le récit collectif conventionnel, érigé pour souder la communauté autour d'un sentiment d'appartenance collective, ne fait plus unanimement sens pour la collectivité. Le besoin d'un récit collectif qui donne sens au présent et soit congruent avec le présent est criant.

Les discours intellectuels du Nouvel-Ontario montrent, dans les sources dépouillées et analysées, que les modalités et les thèmes de l'engagement intellectuel en Ontario français ont alors leurs particularités. Notre texte a déjà cerné quelques-unes de ces particularités, dont la méfiance par rapport au pouvoir, la réticence vis-à-vis de la pensée complexe, l'inconfort de la posture d'intellectuel passeur, la prédilection pour des structures floues et informelles et les groupes de reconnaissance mutuelle, de même que la tendance au répertoire et au constat plutôt qu'à l'analyse critique, etc.

En Ontario français, les lieux d'expression associatifs ont été historiquement l'apanage d'élites issues du milieu de l'éduca-tion, où les luttes de la minorité se sont concentrées pendant une grande partie du XXe siècle. Par conséquent, même si les avancées des 10 dernières années pouvaient forcer l'analyste à nuancer ce schéma, le type de stratégies privilégiées par les membres d'associations, de sociétés ou de revues porte, dans les textes étudiés, les stigmates de ces luttes. La persistance de discours plutôt paternalistes et empruntant à la rhétorique de vigilance des années de combat ne doit pas surprendre. L'appel à la vigilance se justifie aisément en contexte minoritaire et ses stratégies trouvent toujours preneurs. En effet, face aux constan-tes demandes de sens de la communauté d'appartenance, il s'en trouve qui, comme disait Aron, « confectionne[nt] des intrigues, des scénarios où les événements accèdent à une intelligibilité en suggérant que le cours des choses eût pu être différent ». Les groupes de lobbying, par exemple, gestionnaires des principales subventions, sont souvent les héritiers de cette tendance. Dans ce cas, on est militant et pas expert. On hérite d'une cause, on reproduit la rhétorique de ceux qui ont précédé. C'est là, tracée à grands traits, la posture obligée d'une large proportion des acteurs sociaux et politiques… les intellectuels.

Or, bien qu'une « catégorie » ou une partie des intellectuels franco-ontariens soit attachée à des réseaux — les associations communautaires établies héritières de l'éthique de vigilance pouvant freiner l'émergence de groupes alternatifs —, il faut éviter de conclure que tous les discours s'abreuvent à la même source puisque les demandes de sens sont réelles et diversifiées. L'analyste du milieu intellectuel minoritaire est par conséquent tenu de mettre à jour les discours ayant d'autres bases idéologiques que celles de la résistance, de la lutte ou de la vigilance. La réalité est plus complexe car, si les lieux de passage ou les tribunes sont rares, ils et elles n'en existent pas moins.

Dans le cadre de cette étude, l'attention a été portée essentiellement sur la portion septentrionale de la province (Sudbury, Timmins, Hearst, Sault-Sainte-Marie). On y trouve une forte proportion des francophones ontariens. Des composantes institutionnelles sont présentes et actives dans cette zone, notamment une université bilingue (l'Université Laurentienne de Sudbury), une université anglophone dans laquelle se trouvent des composantes francophones (l'Université de Sudbury), un collège universitaire francophone (l'Université de Hearst), un collège technique francophone (le Collège Boréal), trois maisons d'édition (Prise de parole, Le Nordir, les Éditions Cantinales), un théâtre (le Théâtre du Nouvel-Ontario de Sudbury), des troupes de théâtre, de multiples centres culturels, un centre d'interprétation du folklore (Centre franco-ontarien de folklore, à Sudbury), un écomusée francophone (Hearst), etc. Le cercle des associations a été délaissé dans le cadre du dépouillement pour porter davantage le regard vers les lieux de production littéraire et académique en puisant aux revues universitaires.

Dans les sources répertoriées pour ce texte, on constate que, dès avant la prise de parole du Nouvel-Ontario, au début des années 70, des discours formulés par des acteurs culturels et intellectuels se juxtaposent aux discours essentialistes traditionnels canadiens-français, sans s'y substituer cependant. Il y a donc présence d'une *intelligentsia* qui cherche à concevoir la francophonie ontarienne, territoriale et culturelle. Cette *intelligentsia* est branchée sur le monde, sur ce qui s'y produit et sur ce qui s'y formule de projets, d'idées et de mouvements. Par ailleurs, l'analyse du discours suggère que les membres de cette *intelligentsia*, les auteurs, et par la suite les interprètes, de la renaissance sudburoise font bien malgré eux et souvent à contrecœur figure d'intellectuels. S'ils formulent des discours et des référents identitaires qui s'éloignent relativement, au départ tout au moins, du créneau traditionnel plus essentialiste, les auteurs, sauf exception, ne s'érigent pas en passeurs d'un récit collectif. Pas encore.

L'analyse montre que des tensions agitent le champ intellectuel juste avant que les hérauts du Nouvel-Ontario—les Paiement, Dickson, Tremblay—occupent l'avant-scène. C'est ce que révèle en tout cas une sélection d'articles de la *Revue de l'Université Laurentienne* publiés entre 1970 et 1983. Par le ton, les thèmes et le roulement marqué des membres au comité de rédaction, il semble qu'il s'en trouve pour revendiquer l'espace franco-ontarien et conquérir le champ culturel sinon intellectuel.

Avant qu'André Paiement interprète un nouvel imaginaire collectif rejoignant l'horizon d'attente dans lequel se reconnaîtra la communauté, une fronde agit en douce. Minoritaire, à ce qu'il semble, cette fronde est quand même clairement agissante. Les discours formulés n'en sont pas encore à accoucher d'un récit fondateur pour la communauté, mais ils parviennent à fournir des matériaux pour produire ce nouvel imaginaire. Il faudra à ce propos attendre les années 90 pour que l'on esquisse de véritables figures discursives et que l'on établisse la trame d'un récit historique inscrivant la communauté d'appartenance dans la longue durée. Nous pensons ici plus précisément aux travaux de l'historien sudburois Gaétan Gervais à partir de la moitié des années 80. Au tournant des années 60 et 70, ce que l'on note, c'est que les axes, les angles et les thèmes d'interprétation proposés dans nombre des discours ne s'inscrivent pas en continuité avec la coutume. Le Québec intéresse, le monde fascine, les écoles théoriques et les modèles sont multiples. Les interprétants du Nouvel-Ontario sont très tôt sensibles à toute cette mouvance.

Les tendances idéologiques qu'inspire le dépouillement actuel des sources apparaissent ici sous une forme schématique et provisoire. Elles doivent cependant être confirmées et validées empiriquement. Chacune de ces « catégories » n'est pas hermétique dans la mesure où des positions intermédiaires apparaissent, que nos recherches s'assureront de préciser.

Une première tendance présenterait un discours attaché à une conception mythique du Canada français qui culminera dans la perception que les communautés francophones du pays ont été abandonnées par le Québec. Ce discours, que nous appellerons « essentialiste » dans la mesure où la référence canadienne-française est maintenue et où on la réduit à des caractères comme la langue, la religion, l'homogénéité culturelle, gommerait les signes d'une inscription de la francophonie ontarienne dans la modernité « au profit d'une représentation passéiste et naturaliste du Canada français » (Cardinal, 1998). Des versions plus subtiles tendent à montrer l'Ontario français comme enraciné historiquement, évoluant avec la société ontarienne, s'accommodant des contraintes imposées par la condition de minoritaire, mais tenant à obtenir ou à conserver la gestion des institutions francophones.

Un deuxième axe, qu'on pourrait appeler « postcolonial », regrouperait des discours qui inscrivent la francophonie ontarienne dans un mouvement historique et culturel qui lui soit propre. Celui d'une francophonie plus provinciale que nationale. Cette francophonie provinciale manquerait d'assises institutionnelles et politiques pour assurer son évolution et ferait de la langue et de la culture ses principales unités de sens. Ce courant s'inspirerait, tout en s'en distinguant, du processus de décolonisation, mené parallèlement au Québec. La démarche identitaire est perçue par ce groupe comme émancipatrice. Le ton et la forme des textes empruntent souvent à la rhétorique marxiste et suggèrent de voir l'évolution de la communauté comme conforme à l'évolution d'autres groupes ethniques canadiens.

Un troisième axe, que nous appelons encore le courant « bilinguiste », regrouperait les discours favorisant la naissance d'un *homo canadiensis*, un être bilingue dont le Franco-Ontarien serait le « prototype ». Il y aurait ici une option (dyade ?) à l'abandon. Le travail de deuil n'est pas fait, mais la fuite en avant permet de passer (penser) à autre chose. On cherche à fabriquer littéralement un être nouveau se caractérisant par sa capacité d'adaptation et de survie dans un contexte qui évolue rapidement. Les mots clés sont la mise en réseau et l'accommodement. La réflexion consiste souvent en le répertoire et l'inventaire des tendances, des caractéristiques et de ce que produit la communauté. On archive avant ou afin d'exister, pour paraphraser ici François Paré.

Un quatrième axe, « révisionniste » par rapport aux précédents, mettant en doute la viabilité des choix faits durant la période, inviterait à revisiter les constituantes de l'identité franco-ontarienne. Professionnalisation et institutionnalisation (de la littérature, de l'histoire, de la culture, etc.) apparaissent alors comme les clés de l'avenir. Cette position est extrêmement marginale dans le corpus étudié, mais il s'agirait de voir ce qu'il en est dans le champ intellectuel plus large de l'Ontario français.

Martel (1997) a bien montré, dans *La mort du Canada français ou le deuil du pays imaginé*, comment peu à peu les repères conventionnels et essentialistes du Canada français tiennent de moins en moins bien la route. Dans le vide que laisse cette disparition, et même dans le sillage de cette mort annoncée, on voit émerger des auteurs, des critiques et des individus qui cherchent avec plus ou moins de succès à produire des récits alternatifs. Ce qui est toutefois le plus intéressant, dans ce que révèle le corpus que nous avons mis à jour, c'est la réticence marquée de presque tous les interprétants à endosser la posture de celui qui imagine la nation... Pourtant, par leur existence même et malgré leur forme souvent maladroite et véhémente, les discours produits trahissent la présence d'une *intelligentsia* qui ne se dit plus essentiellement canadienne-française et qui cherche à donner sens. Ce que révèlent nos sources, au-delà d'une homogénéité discursive apparente—persistance d'un discours essentialiste connu—, c'est le caractère hétérodoxe des figures identitaires offertes à la communauté d'appartenance par des interprétants collectifs dont la plupart rejettent l'étiquette d'intellectuels (lutte contre le colonialisme, humanisme revu et corrigé, universalisme, courant moderniste, etc.).

Conclusion

Disons que les premières analyses des sources indiquent que des intellectuels du Nouvel-Ontario, toutes tendances confondues, ont voulu poser ou rétablir les bornes de l'horizon identitaire de la communauté sans pourtant se présenter comme passeurs aux yeux de la collectivité.

Il s'est agi, mine de rien, de meubler, de remeubler ou de réaménager l'espace de l'imaginaire collectif pour emprunter quelques-unes des expressions chères à Benedict Anderson. Les sources montrent en effet que, de l'écrivain—qui dans ses œuvres s'adresse à la conscience individuelle—au praticien des sciences sociales—qui interprète la condition commune—, on cherche à souligner ce qui constitue, pourrait ou devrait constituer une «référence habitable» (Dumont, 1993). Des intellectuels sont présents tout en refusant de revendiquer la posture de leur fonction. Ils refusent cette posture au risque d'être taxés d'imposture.

Références

Aron, R. (1983), dans P. Ricœur, *Temps et récit*, tome 1, Paris, Seuil.

Bernard, G. A. (1974), «Idéologies et pédagogies dans l'enseignement secondaire francophone de l'Ontario: problématique de recherche», *Revue de l'Université Laurentienne/Laurentian University Review*, 6(2), février 1974, p. 105-109.

Bourdieu, P. (1992), *Réponses. Pour une anthropologie réflexive*, Paris, Seuil.

Cardinal, L. (1998), «Les États généraux du Canada français: trente ans après», dans M. Martel (textes réunis par) avec la collaboration de R. Choquette, *Les États généraux du Canada français: trente ans après*, Ottawa, Centre de recherche en civilisation canadienne-française (CRCCF).

Dorais, F. (1973), «L'essai au Canada français de 1930 à 1970: Lieu d'appropriation d'une conscience ethnique», *Revue de l'Université Laurentienne/Laurentian University Review*, 5(2), février 1973, p. 113-137.

Dosse, F. (2003), *La marche des idées. Histoire des intellectuels, histoire intellectuelle*, Paris, La Découverte.

Dumont, F. (1993), *Genèse de la société québécoise*, Montréal, Boréal.

Heller, M. (2001), *Dynamiques identitaires au Canada francophone*, dans le cadre du séminaire de la Chaire pour le développement de la recherche sur la culture d'expression française en Amérique du Nord (CEFAN), Université Laval.

Martel, M. (1997), *Le deuil d'un pays imaginé. Rêves, luttes et déroute du Canada français*, Ottawa, Centre de recherche en civilisation canadienne-française (CRCCF) et Presses de l'Université d'Ottawa, coll. «Amérique française».

Morcos, G. (1973), «La littérature est-elle à la hauteur des préoccupations actuelles?», *Revue de l'Université Laurentienne/Laurentian University Review*, 2(2), février 1973, p. 53-67.

Paré, F. (2003), *La distance habitée*, Hearst et Ottawa, Le Nordir.

Revue du Nouvel-Ontario (1981), «Les idéologies de l'Ontario français: un choix de textes (1912-1980)», (3).

Ryan, P. (2003), «Des intellectuels en Europe et en Amérique. Un état de la question», *Mens*, 4(1), automne.

L'HOMME QUI DONNAIT LA PAROLE À CEUX QUI N'EN AVAIENT PAS…
SAISIR LE BRIO DE DALPÉ À (RE)PRODUIRE LA FRANCOPHONIE PAR LA RÉCEPTION DE LA PIÈCE *LE CHIEN*[1]

TINA DESABRAIS

DOCTORANTE, FACULTÉ D'ÉDUCATION[2], UNIVERSITÉ D'OTTAWA

Bien qu'il vive au Québec depuis plusieurs années, Jean Marc Dalpé continue de jouir d'une grande réputation à titre d'écrivain franco-ontarien. Comme poète, dramaturge et romancier, il a, dans une langue vigoureuse, imposé des univers où la vie est présentée sans fard. Trois livres se démarquent de l'ensemble de son œuvre parce qu'ils ont valu chacun à leur auteur la plus haute distinction littéraire au Canada, soit le prix du Gouverneur général : la pièce *Le chien* en 1988, le recueil de pièces *Il n'y a que l'amour* en 1999 et le roman *Un vent se lève qui éparpille* en 2000.

---

[1] Titre inspiré de l'annotation du jury du Conseil des Arts du Canada, 2000 : « La langue drue et ciselée de Dalpé donne une parole à ceux qui n'en ont pas ».

[2] Cet article découle d'une thèse rédigée dans le cadre d'études de maîtrise faites au Département des lettres françaises de l'Université d'Ottawa.

C'est sa première pièce individuelle, *Le chien*, qui consacra Dalpé en 1988. Selon Dickson (2003), défunt parolier, poète, traducteur et professeur de littérature à l'Université Laurentienne de 1972 à 2004, *Le chien*

> [a], de fait, changé [la vie de Jean Marc Dalpé], puisque le succès de la pièce, couronnée du prix du Gouverneur général, lui a donné non seulement l'argent, mais la confiance qu'il lui fallait pour persévérer dans son métier d'écrivain et produire d'autres œuvres dont deux lui ont de nouveau mérité le prix du Gouverneur général, soit un recueil de pièces de théâtre, *Il n'y a que l'amour*, et un premier roman, *Un vent se lève qui éparpille*, fondé en partie du moins sur des images, des dialogues, voire des thèmes qui ont dû être retranchés du *Chien* (p. 96).

Les prix littéraires, entre autres celui du Gouverneur général, participent effectivement à divers degrés, selon leur importance, à l'accumulation du capital symbolique d'un écrivain (Bourdieu, 1992). Yergeau (1994) avance que chaque institution cherche, dans les « œuvres » ou dans l'image de leurs « créateurs », une représentation qu'elle veut se donner d'elle-même à une certaine époque, ce pourquoi les lauréats des prix n'émergent jamais (ou presque) du néant sans d'abord être déjà plus ou moins légitimés, ne serait-ce que par l'acceptation de leur manuscrit par une maison d'édition. Le créateur est créé, notamment, par la critique littéraire, en faisant valoir que celle-ci institue une construction sociale issue des attentes d'une communauté à l'égard de ses représentants dont elle récupère en partie la renommée (p. 158). Le cas de Dalpé ne fait pas exception.

Notre mémoire de maîtrise (Desabrais, 2005), dirigé par Robert Yergeau, proposait d'étudier les réceptions critiques immédiates franco-ontarienne et québécoise des trois œuvres primées de Dalpé. Il importait avant tout d'examiner les articles parus avant l'obtention du prix du Gouverneur général et ceux parus dans la foulée du prix. Ce faisant, notre ambition était double : d'une part, mettre en relief les points de convergence et de divergence des discours critiques des champs littéraires franco-ontarien et québécois ; d'autre part, voir si le prestige institutionnel lié au prix du Gouverneur général a modifié ces réceptions.

Nous sommes consciente que notre choix de la division géopolitique pour l'analyse des articles s'avère discutable dans un monde
dynamique qui traverse de plus en plus les frontières appartenant
aux définitions, définitions n'ayant plus de correspondance pour
les populations en mouvance / les populations mobiles et s'articulant autrement que par les conventions historiques des racines
établies. Cette structure nous a toutefois semblé la plus adéquate
pour analyser à la fois le discours d'un public minoritaire et d'un
public majoritaire par rapport à une œuvre parue en milieu minoritaire, de même que leurs concordances et leurs discordances. La
formule chronologique fut également retenue pour l'analyse des
discours afin de mieux voir si l'accumulation du capital symbolique
de Dalpé n'aurait pas, par moments, influencé la réception.

Nous nous limiterons, aux fins de cet ouvrage collectif, à la
présentation de la réception critique franco-ontarienne et québécoise du *Chien*, avant et après l'obtention du prix du Gouverneur
général. Cet article se veut une contribution aux trois problématiques prescrites au colloque (processus d'inclusion et d'exclusion,
représentativité et légitimité, etc.), mais plus particulièrement à la
troisième, qui se voulait une interrogation sur le problème de la
réception et de l'appropriation des définitions de la francophonie
au sein des institutions et des organismes communautaires francophones, notamment en se penchant sur les institutions du prix
littéraire du Gouverneur général ainsi que sur les médias de langue
française de l'Ontario et du Québec, en délimitant, codifiant et
ainsi normalisant leurs expressions / productions de la francophonie
perçue dans cette œuvre de Dalpé.

Avant de plonger dans les articles et textes recensés, voyons
d'abord les balises théoriques qui ont orienté nos interrogations et
nos interprétations de leur contenu.

Jauss et l'esthétique de la réception

Selon Jauss (1978), l'histoire de l'art en général et de la littérature en
particulier a trop longtemps accordé une importance prioritaire aux
auteurs ainsi qu'aux œuvres. À son avis, l'historicité de la littérature

doit reposer sur l'expérience que les lecteurs retirent d'abord des œuvres :

> La littérature et l'art ne peuvent [...] apparaître comme devenir en cours «que dans leur rapport avec la praxis de l'homme historique», dans leur «fonction sociale»; c'est seulement ainsi qu'ils peuvent être compris comme l'un des «modes d'appropriation du monde par l'homme» (p. 32).

Ainsi, l'art et la littérature ne constituent pas des domaines indépendants de la praxis sociale; en d'autres mots, de la vie «réelle». Jauss prend donc en compte l'expérience du lecteur «ordinaire», en soutenant que les textes ne sont pas initialement écrits pour les philologues, mais sont plutôt d'abord «goûtés». Toutefois, le public ne goûte pas aux œuvres sans posséder au préalable une certaine connaissance de la littérature :

> Même au moment où elle paraît, une œuvre littéraire ne se présente pas comme une nouveauté absolue surgissant dans un désert d'information; par tout un jeu d'annonces, de signaux — manifestes ou latents —, de références implicites, de caractéristiques déjà familières, son public est prédisposé à un certain mode de réception (p. 50).

Il nomme «horizon d'attente» ce système de références ou encore cette expérience antérieure que possède le public. C'est à partir de cet horizon d'attente que se définit «l'écart esthétique», c'est-à-dire

> [l]a distance entre l'horizon d'attente préexistant et l'œuvre nouvelle dont la réception peut entraîner un «changement d'horizon» en allant à l'encontre d'expériences familières ou en faisant que d'autres expériences, exprimées pour la première fois, accèdent à la conscience, cet écart esthétique, mesuré à l'échelle des réactions du public et des jugements de la critique (succès immédiat, rejet ou scandale, approbation d'individus isolés, compréhension progressive ou retardée), peut devenir un critère de l'analyse historique (p. 53).

Mais l'écart esthétique ne représente qu'un cas de figure. Jauss explique, par exemple, que le divertissement «se définit, selon l'esthétique de la réception, précisément par le fait qu'il n'exige aucun changement d'horizon, mais comble au contraire parfaitement l'attente suscitée par les orientations du goût régnant (p. 53)».

Somme toute, l'esthétique de la réception permet de mieux cerner les facteurs qui ont pu engendrer le succès ou l'échec d'une œuvre, en fonction de la norme dominante, à une époque donnée.

Bourdieu et le champ littéraire

Bourdieu (1992) a, pour sa part, analysé la littérature sous l'angle du champ littéraire (champ de grande production / champ de production restreinte), vaste marché où sont produits, mis en circulation et consommés les biens symboliques des producteurs. Pour le sociologue, l'œuvre d'art est construite « par tous ceux qui s'y intéressent, qui trouvent un intérêt matériel ou symbolique à la lire, la classer, la déchiffrer, la commenter, la critiquer, la combattre, la connaître, la posséder (p. 243) ». Dans la même perspective qu'Auerbach (cité par Escarpit, 1970), qui affirmait que « [l]a manière dont un écrivain appréhende la réalité, la perspective dans laquelle il l'inscrit, le style par lequel il la figure ne peuvent s'expliquer que par référence à la situation de l'écrivain dans son temps, par référence au contexte socioculturel (p. 58) », Bourdieu (1992) a étudié les enjeux liés à la création littéraire en tenant compte de deux dimensions fondamentales : il a d'une part inscrit la genèse d'une œuvre dans les dispositions particulières du créateur (son éducation, son origine, son statut social), qu'il a nommées l'« habitus » ; il a d'autre part analysé les rapports de force et les luttes économiques et idéologiques qui configurent le champ littéraire d'une époque.

Il a en outre distingué plus précisément deux « logiques économiques », soit, à un pôle, la logique « antiéconomique » et, à l'autre pôle, la logique « économique ». Il définit la première comme étant « orientée vers l'accumulation du capital symbolique comme capital "économique" dénié, reconnu, donc légitime, véritable crédit, capable d'assurer, sous certaines conditions et à long terme, des profits économiques (p. 202) ». À l'opposé, la seconde logique fait « du commerce des biens culturels un commerce comme les autres, [conférant] la priorité à la diffusion, au succès immédiat et temporaire, mesuré par exemple au tirage et se [contentant] de s'ajuster à la demande préexistante de la clientèle (p. 202) ».

De ces deux logiques découlent alors deux longueurs de cycle de production, soit le « cycle de production court » et le « cycle de production long ». Les entreprises à cycle de production court visent surtout à minimiser les risques par une offre qui répond à une demande repérable. Elles sont alors « dotées de circuits de commercialisation » et de procédés (publicité, relations publiques, etc.) « destinés à assurer les profits par une circulation rapide de produits voués à une obsolescence rapide (p. 203) ». Bourdieu associe au cycle de production court « le principe de hiérarchisation externe », car la réussite est mesurée à des indices de succès commercial ou de notoriété sociale. « La primauté revient alors aux artistes connus et reconnus par le "grand public" (p. 302) ».

À l'inverse, les entreprises à cycle de production long sont fondées sur l'acceptation du risque inhérent aux investissements culturels et surtout sur les lois spécifiques à l'art car, « n'ayant pas de marché dans le présent, leur production tout entière tournée vers l'avenir tend à constituer des stocks de produits toujours menacés de retomber à l'état d'objets matériels (p. 203) ». C'est alors que s'installe le « principe de hiérarchisation interne », c'est-à-dire le « processus de légitimation et de consécration par lequel un écrivain reçoit la reconnaissance de ses pairs et d'eux seuls ». Ce processus ne concède rien à la demande du « grand public » (p. 302).

De par ces logiques et ces principes, Bourdieu (1992) distingue deux champs de production dans le champ littéraire, soit le « sous-champ de production restreinte » et celui de « grande production » :

> Le degré d'autonomie d'un champ de production culturelle se révèle dans le degré auquel le principe de hiérarchisation externe y est subordonné au principe de hiérarchisation interne : plus l'autonomie est grande, plus le rapport de forces symboliques est favorable aux producteurs les plus indépendants de la demande et plus la coupure tend à se marquer entre les deux pôles du champ, c'est-à-dire entre le sous-champ de production restreinte, où les producteurs n'ont pour clients que les autres producteurs, qui sont aussi leurs concurrents directs, et le sous-champ de grande production, qui se trouve symboliquement exclu et discrédité (p. 302).

Ainsi, chaque champ (camp) régit ses principes de légitimation et de consécration ; ils possèdent chacun leurs figures d'autorité, leurs lieux d'inscription et les discours critiques qui s'ensuivent — nous le constaterons dans la réception critique du *Chien*. En outre, chaque critique possède un « effet de signature » proportionnel à sa connaissance et / ou sa renommée dans son champ. Plus son effet de signature est reconnu, plus un critique contribuera à faire (re)connaître une œuvre. Cela va de soi.

C'est à l'intérieur de ce processus de légitimation et de consécration que s'insère la fonction des prix littéraires.

L'instance des prix littéraires

L'œuvre littéraire ne pouvant exister seule, étant constamment mise en relation avec l'univers social qui la produit et la reçoit (p. 268), on ne peut ignorer l'importance des prix littéraires dans le processus de reconnaissance institutionnelle des producteurs de biens symboliques. Plus le prix est prestigieux, plus l'œuvre récompensée aura préséance sur les autres œuvres et les éclipsera. Pendant un temps, du moins, car les prix littéraires, y compris le Nobel, n'assurent pas la pérennité d'une œuvre — lit-on encore aujourd'hui, à titre d'exemple, Anatole France qui le reçut en 1920 ? À l'inverse, plusieurs écrivains considérés de nos jours comme des écrivains majeurs n'ont jamais reçu de prix. Dans ce même ordre d'idées, Espmark (1986) argumente que

> [l]a faille principale du système est donc plutôt à chercher dans le mode de proposition, qui tend en général à privilégier les écrivains à la fois bien établis et haut placés dans la hiérarchie de leur région d'origine et à refréner les propositions portant sur de jeunes talents en pleine évolution. La seule solution serait que le comité Nobel intensifie ses propres enquêtes sur les normes nouvelles de littérature aux quatre coins du monde. Ceci exigerait de gros efforts de la part d'un réseau d'informateurs très dense et fonctionnant très rapidement. Les obstacles sont donc de nature à décourager les meilleures volontés. Il y aurait pourtant beaucoup à y gagner, tant en ce qui concerne le renom du prix que la littérature en général (p. 294).

La nature même du prix Nobel fait donc en sorte qu'il y entre autant, sinon davantage, de considérations géopolitiques que littéraires. En revanche, il n'en demeure pas moins qu'on ne peut nier l'importance des prix littéraires dans l'acquisition du capital symbolique d'un écrivain.

Commençons par préciser qu'il existe, évidemment, des prix littéraires propres au champ de grande production — notamment, en Ontario, le Prix des lecteurs de Radio-Canada et, au Québec, les prix dits du grand public (comme celui du Salon du livre de Montréal) —, et ceux propres au champ de production restreinte, au premier rang desquels les prix du Gouverneur général du Canada. Nous limiterons nos remarques aux prix remis par des jurys de pairs dans le champ de production restreinte, dans la mesure où Dalpé a reçu trois fois le prix du Gouverneur général, sauf pour indiquer, à la suite de Yergeau (1994), que les prix du grand public ne sont pas, contrairement à ce qu'on pourrait croire, des prix plus « purs » :

> Les « votants populaires » croient aveuglément à la croyance ; ils jouent le jeu en ne sachant pas qu'ils le jouent parce qu'« on » leur répète que leur statut, celui de lecteurs, ou leur absence de statut (ils ne sont ni critiques, ni professeurs, ni écrivains) leur conférerait une sorte de grâce divine, comme si un « simple lecteur » n'était pas la somme de ses goûts et dégoûts, comme s'il n'était pas conditionné à être conditionné (p. 77).

Soulignons également qu'il est bien rare qu'un livre primé n'ait pas fait l'objet de recension dans les journaux ou les revues :

> La plupart des lauréats des prix du Gouverneur général, de 1979 à aujourd'hui (pour me limiter à cette période récente), ne surgirent pas de nulle part, proposant à la face du monde un livre jugé essentiel. Je dirai, à ce propos, que les prix s'apparentent au patinage artistique : toute une hiérarchie préside aux choix objectifs des juges. Les néophytes devront être victimes de quelques injustices, ne seront pas évalués en fonction de leur performance sur la glace, mais à la lumière de certaines règles non écrites, avant d'espérer gravir les durs échelons vers les sommets de la gloire ! (p. 140)

Ce sera en partie le cas de Dalpé. Il a publié des recueils de poèmes (*Les murs de nos villages, Gens d'ici* ainsi que *Et d'ailleurs*) et collaboré à des pièces de théâtre (*Nickel, Hawkesbury Blues* et *Les Rogers*) avant de se lancer dans l'écriture individuelle du *Chien*. Dalpé a donc dû, comme les autres, «se faire un nom».

Il y aurait beaucoup à dire sur les enjeux qui marquent la remise d'un prix littéraire à un producteur de biens symboliques, notamment la composition du jury, qui résulte de la volonté de réunir des «agents» (professeurs, critiques, journalistes, écrivains) qui possèdent un prestige suffisamment important pour légitimer le processus menant au choix du lauréat. Plus le jury est prestigieux, plus il tend à faire passer pour objectif un choix qui ne l'est jamais, le choix d'un lauréat constituant le rejet de dizaines d'autres écrivains. Tout prix littéraire constitue donc un «acte de violence symbolique», si l'on reprend les termes de Bourdieu. Ceci dit, voyons sans plus tarder comment l'institution du prix littéraire a marqué *Le chien*.

Le chien, avant le prix du Gouverneur général

En Ontario français

Bien que Dalpé ait accumulé un certain pouvoir symbolique dans le champ culturel franco-ontarien dans les années 80, les articles et les critiques au sujet du *Chien* demeurent très peu nombreux en Ontario français avant l'obtention du prix du Gouverneur général. Il s'agit cependant peut-être d'un faux problème, dans la mesure où seulement quelques mois se sont écoulés entre la présentation de la pièce, sa sortie en livre et l'obtention du prix...

Quoi qu'il en soit, en 1987, deux articles paraissent dans la région d'Ottawa, soit un dans *Le Droit*, champ de grande production, et un autre dans *Liaison*, champ de production restreinte. En 1988, un article sera également publié dans *L'Express de Toronto*, également du champ de grande production, tandis qu'une chronique radiophonique portera sur *Le chien*, les recueils de poésie et la participation de Dalpé à d'autres pièces de théâtre. Comme nous pourrons le constater, l'interprétation de la pièce différera grandement selon la provenance de l'article (de son champ) et l'année au cours de laquelle il a été rédigé.

Dans *Le Droit*, Simard (1987) fait référence à la ville natale du dramaturge (Ottawa) et souligne qu'il a été auteur en résidence au Département des lettres françaises de l'Université d'Ottawa en 1987. La journaliste décrit ensuite les principaux protagonistes, le rôle des comédiens, de même que la « mise en lecture » de Brigitte Haentjens. Outre ces informations, un passage de l'article retient plus particulièrement notre attention, soit celui où Simard (1987) nous informe qu'

> [a]près Québec, la pièce sera ensuite présentée en lecture publique, le 8 septembre, au Théâtre d'Aujourd'hui à Montréal. *Le Chien* prendra enfin le chemin de la tournée à l'hiver 88 grâce à la collaboration du TNO et du Théâtre français du Centre national des arts. Les lectures publiques de Québec et de Montréal permettront ainsi au dramaturge et au metteur en scène de « vérifier le texte » auprès du public (p. 16).

La dernière phrase laisse entendre l'importance, pour Dalpé et Haentjens, d'obtenir le *satisfecit* du public québécois. Si tel est le cas, cette situation rejoindrait l'analyse de Paré (2001), pour qui « [l]e théâtre, en tant que discours et institution sociale, permet [...] de structurer quelque peu la présence à la fois redoutée et nécessaire du Québec dans la construction de l'identité franco-ontarienne (p. 389) ». L'essayiste ajoute qu'il était, en 1970, presque impossible d'« accéder à la représentation sans la présence fraternelle d'un Québec qui restait pour la majorité des francophones de l'Ontario la mère patrie (p. 389) ». En 1987-1988, la réception critique en Ontario français fait encore écho à ce rapport équivoque soulevé par Paré : d'une part, on applaudit à la qualité des œuvres qui témoignent d'une culture capable de se constituer par elle-même, « en train de se faire » ; d'autre part, on sent encore le besoin des auteurs, des dramaturges et des metteurs en scène franco-ontariens d'obtenir l'approbation de l'Autre, qui prend ici la figure du Québec.

Pour sa part, Fortier (1987), dans *Liaison*, considère *Le chien* comme « [u]ne pièce magnifique, la meilleure pièce franco-ontarienne à ce jour depuis celle d'André Paiement (p. 40) ». Qui plus est, « [c]ette pièce est si belle » que le critique « [s]'interdit d'en résumer l'action, tellement il [lui] semble devoir souhaiter que [nous recevions], en la voyant, un plein choc esthétique (p. 40)». Il aborde toutefois son contexte sociolinguistique et socioculturel :

> Et tout ça dans une langue très belle, parce que très vraie, une langue populaire, telle que Dalpé sait qu'on la parle, une langue bien près de celle du Québec et d'autres provinces canadiennes, avec pas moins de blasphèmes qui n'en sont pas vraiment, pas tellement plus d'anglicismes — et seulement quelques phrases entières en anglais, naturelles chez le fils qui a séjourné dans l'Ouest canadien et en Californie. Langue vivante par laquelle les personnages s'expriment fortement et véhiculent parfois une profonde pensée (p. 40-41).

Fortier (1987) aurait pu s'en tenir au passage « telle que Dalpé sait qu'on la parle » pour se référer à la culture franco-ontarienne, mais il a naturellement senti le besoin de préciser que la langue s'apparente à celle du Québec. Bien qu'il fasse allusion aux autres provinces canadiennes, il aurait pu, s'il tenait tant à comparer la langue franco-ontarienne, la comparer à la langue franco-manitobaine, par exemple, bien plus semblable. Malgré ce que nous considérons comme une remarque tendancieuse de la part du critique, il reconnaît la qualité de la langue littéraire de Dalpé. De fait,

> l'écrivain opte […] pour une variété linguistique que la tradition a rendue apte à l'expression littéraire, mais cette variété [peut être] ressentie comme étrangère par le public nouveau auquel il s'adresse ; ou il élabore son écriture à partir de variétés linguistiques proches de celles que ce public pratique dans ses activités non littéraires, mais l'écueil est ici que cette variété n'est pas porteuse de légitimité symbolique (Klinkenberg, 1991, p. 71).

Dalpé a choisi la seconde variété et, nous le verrons bientôt, cela ne lui a rien enlevé de sa légitimité symbolique. Dans le cadre de notre communication au colloque *Produire et reproduire la francophonie en la nommant*, nous avons exposé un extrait de la pièce de Dalpé qui témoigne de ce choix d'écriture et qui « reproduit » donc les variétés linguistiques du public auquel s'adressait initialement la pièce, mais les contraintes d'espace nous empêchent de le présenter ici.

Par ailleurs, Fortier (1987) compare le style de Jean Marc Dalpé à celui de Michel Tremblay : « Pour la première fois, Jean Marc Dalpé signe seul... et se révèle aussi bon dramaturge que Michel Tremblay. [...] La technique de Tremblay a-t-elle inspiré Dalpé? C'est dans l'ordre des choses (p. 41) ». Une fois de plus, nous ne pouvons nous empêcher de soulever la prédominance accordée à la culture québécoise dans un article de l'Ontario français. Certes, le théâtre de Tremblay a, pouvons-nous dire, révolutionné la dramaturgie contemporaine et cette comparaison est évidemment flatteuse pour Dalpé, mais là n'est pas la question. Est-il nécessairement « dans l'ordre des choses » qu'un auteur franco-ontarien marche dans les pas de Tremblay pour que son œuvre soit réussie ou légitime, pour reprendre les termes Bourdieu? Comme si Dalpé n'avait pas pu seulement s'inspirer de son milieu, de ses expériences personnelles et de celles des gens qui l'ont entouré pour créer *Le chien*?

L'une des réponses à nos questions se trouve sans doute dans l'analyse des rapports institutionnels entre une culture dominante et une culture minoritaire. Pour ce faire, revenons aux réflexions de Paré (2001). Nous avons mis en relief, précédemment, ce qu'il disait à propos de « la présence à la fois redoutée et nécessaire du Québec dans la construction de l'identité franco-ontarienne ». Il poursuivait ainsi son analyse :

> En Ontario français le théâtre de création de la fin des années 70 ne s'est pas institué—et c'est un fait très important qui n'allait pas de soi!—comme une extension du territoire théâtral québécois, mais comme un effort dramaturgique distinct, en concurrence même avec le Québec, tant dans son écriture que dans les détails de sa production (p. 394).

Ces deux observations ne sont pas contradictoires en ce que le phénomène observable à la fin des années 70 a pu constituer une réponse à cette présence. Par ailleurs, les discours critiques en Ontario français sont tributaires des enjeux contrastés que Paré (2001) énonce.

Les deux articles parus dans la région d'Ottawa sur *Le chien* avant l'attribution du prix du Gouverneur général sont donc élogieux. Ils mettent l'accent sur le talent de Dalpé, reconnaissent la qualité et la profondeur de l'œuvre et attribuent, malgré tout, un caractère typiquement franco-ontarien à la pièce. Doit-on considérer ce type de réception comme «attendu», compte tenu du contexte littéraire si restreint en Ontario français, qui accentue la tendance à valoriser les œuvres naissantes plutôt que de les commenter trop sévèrement? Nous sommes d'avis que l'absence de critique négative n'est pas, dans ce cas-ci, forcément liée à l'exiguïté du champ culturel de l'Ontario français. Quoi qu'il en soit, un point commun ressort des articles, c'est-à-dire le renforcement d'une croyance et d'un sentiment d'appartenance tels que le constatera Bélanger (1994) dans son article de réception critique du *Chien*: «L'adéquation entre Jean Marc Dalpé, *Le chien* et la société franco-ontarienne suggère une indiscutable convergence de liens identitaires: "on" s'y reconnaît (p. 130)».

Après Ottawa, la réception critique du *Chien* se déplace à Toronto, déplacement géographique qui coïncide avec la volonté d'accorder une plus grande portée à la pièce. Dans *L'Express de Toronto*, journal du champ de grande production, Beaulieu (1988) affirme que *Le chien*, «[c]'est aussi une pièce à la fois très américaine et bien ancrée dans la terre (p. 9)». La même semaine, O'Neill-Karch partage l'opinion de Beaulieu en exprimant sur les ondes de CJBC-Toronto que *Le chien* «[c]'est de fait une pièce très américaine, très nord-américaine». Elle est également d'avis (observation qu'elle reprendra, en 1992, dans un chapitre de son essai *Théâtre franco-ontarien. Espaces ludiques*, portant sur l'espace scénique dans *Le chien*), que

> *Le chien* témoigne de la maturation du théâtre franco-ontarien qui, avec cette pièce, s'insère dans la tradition réalistico-poétique-en-blue-jeans du cinéma et du théâtre de John Steinbeck et de Sam Shepard, espace américain que Jay transporte désormais avec lui et qui entre en collision avec l'espace de son passé, avec l'espace de son père (p. 154).

Tandis que O'Neill-Karch (1988) insère *Le chien* dans une autre tradition, une tradition plus étendue si l'on peut dire, Beaulieu (1988) semble exprimer le même point de vue, mais en présentant les choses autrement, c'est-à-dire en mettant l'accent sur la tradition à laquelle *Le chien* n'adhérerait pas: «Dalpé a su éviter l'interprétation folklorique nombrilisée et simpliste de la réalité rurale qu'il décrit (p. 9)».

Ainsi, alors que les critiques de la région d'Ottawa ont décrit *Le chien* comme étant une pièce franco-ontarienne, une prise de parole pour les Franco-Ontariens, ceux de Toronto détachent la pièce du contexte auquel elle avait été associée. Le prouve encore la remarque suivante de Beaulieu (1988) : « L'œuvre met davantage l'accent sur les ressemblances entre les personnages et le reste du monde que les différences et les particularités culturelles (p. 9) ». Enfin, tout en suggérant que le marché ontarien, c'est-à-dire anglophone, pourrait être une solution pour le financement et le développement des arts en Ontario français, il termine son article en indiquant que *Le chien* serait peut-être « [l]e prototype d'œuvres franco-ontariennes assez matures et intègres pour garder toute leur chaleur, même en anglais (p. 9) ». Ce faisant, Beaulieu boucle pour ainsi dire la boucle : après avoir promu le caractère américain de la pièce et son ouverture au monde, il considère que *Le chien* pourrait servir de modèle au théâtre franco-ontarien, voire à toute la culture de l'Ontario français.

Au Québec

Paré (2001) affirme que *Le chien* « a permis de pénétrer l'institution théâtrale québécoise, jusque-là plutôt fermée au théâtre franco-ontarien (p. 397) ». À l'opposé, Bélanger (1994) soutient que « [l]'unanimité de la réception critique ontaroise du *Chien* témoigne […] de la naissance d'une croyance, certes, mais également du silence critique de l'Autre québécois (p. 131) ». Force est de constater que cette affirmation de Bélanger tient difficilement la route. En fait, la réception critique québécoise le contredit…

Dans le quotidien du champ de grande production *Le Soleil*, Saint-Hilaire (1987) décrit la pièce comme étant « [b]ien construite. Les personnages ont du contour et chaque tableau, sa justification. Souvent crue, la langue fourche vers le franglais et l'anglais, ici et là. Ce qui ne choque pas. Ça colle au lieu de l'action (p. B9) ». D'ailleurs, tout comme Fortier (1987), Saint-Hilaire respecte le style inspiré de l'oralité de Dalpé et reconnaît, lui aussi, une adéquation entre Michel Tremblay et Jean Marc Dalpé (ce qui va davantage de soi puisqu'il s'agit d'un critique québécois) en notant qu'« [i]l y a un peu du Michel Tremblay et du Jeanne-Mance Delisle dans ce drame qu'il déploie dans un petit village de la taïga nord-ontarienne (p. B9)». Mais Saint-Hilaire va plus loin en soutenant qu'«il n'est pas forcé [*sic*] que la dramaturgie francophone d'Amérique de qualité s'arrête à quelques Québécois et à Antonine Maillet. Dalpé signe sa première œuvre solo; prions-le pour que ce ne soit pas sa dernière (p. B9)».

Cette question de la dramaturgie francophone d'Amérique comme espace culturel commun est intéressante. À ce sujet, Paré (2001) observe:

> [i]l faut comprendre et réinterpréter, du point de vue de l'Ontario français tout particulièrement, la question de l'américanité des cultures francophones au Canada. Car cette américanité, dont la culture québécoise contemporaine s'est inspirée et en laquelle elle s'est tant de fois reconnue depuis vingt ans, porte en son centre les conditions de rupture et de décentrement qui fondent tout l'espace culturel francophone en Amérique du Nord. C'est parce que cet espace canadien-français jusque-là cohérent s'est assez soudainement fracturé que la conscience d'une certaine extension continentale du Québec a pu se penser autrement par le biais d'une américanité désormais perçue comme un élément positif (p. 395).

Saint-Hilaire (1987) termine d'ailleurs dans cette même veine en décrivant la pièce de Dalpé comme «[u]ne écriture dramatique qui nous prolonge nous, Québécois (p. B9)», tout en ne cachant pas les origines de Dalpé et les valeurs culturelles qui l'animent. En indiquant les origines franco-ontariennes de Dalpé, Saint-Hilaire rend à César ce qui lui appartient.

Lépine (1988), qui pour sa part s'abstient de mentionner ces mêmes origines, poursuit avec le thème de l'américanité dans son compte rendu paru dans la revue du champ de production restreinte *Lettres québécoises.* Il avoue en être

> [v]enu à fuir comme la peste les histoires de nouveaux mâles qui s'interrogent sur leur orientation sexuelle, parlent de leur «vécu» et veulent renouer le dialogue avec leur père... Habitué à voir les mises en scène montréalaises des textes américains, plus médiocres les unes que les autres, j'en étais venu à croire que le jeu québécois, basé sur l'émotion, était incompatible avec la technique américaine... (p. 54)

Malgré ces réticences, *Le chien*, pièce à laquelle on a souvent attribué un caractère «américain», le surprend et mérite son respect:

> Tout ça pour dire que *Le chien*, pièce marquée d'une influence shepardienne, centrée sur le retour d'un fils rebelle venu régler ses comptes avec son père et jouée par des comédiens d'ici, avait tout pour me casser les pieds. Eh bien au contraire, la représentation à laquelle j'ai assisté un samedi après-midi, en compagnie de 7 autres personnes (un autre chapitre de l'histoire incompréhensible des succès et des échecs du théâtre québécois), est pour moi l'une des plus marquantes, sinon la plus exceptionnelle de la saison (p. 54).

Ainsi, bien que sa critique soit très élogieuse, Lépine ne mentionne jamais les origines de Dalpé et fait même référence aux «mises en scène montréalaises», au «jeu québécois» et au «théâtre québécois». Cette appropriation était à prévoir avec un titre tel que «Le théâtre qu'*on*[3] joue» dans une revue portant sur les lettres québécoises…

En revanche, Montessuit, du *Journal de Montréal*, quotidien du champ de grande production, s'oppose radicalement à l'opinion de Lépine dans son article «*Le chien* réussit à nous tenir éloignés»! Montessuit (1988), qui félicite tout de même Haentjens pour sa mise en scène et souligne la performance de certains comédiens, avoue: «Toutefois, est-ce à cause du texte? Mais je n'ai pas réussi à embarquer dans cette pièce tout en lui reconnaissant malgré tout de bons côtés (p. 57)». Elle critique, plus particulièrement, la vulgarité du texte de Dalpé:

> Roy Dupuis est le fils. Dans cette pièce, sa diction est mauvaise, il mâche les mots et il y a des grands bouts de phrases que l'on ne comprend pas. Ce que l'on saisit très bien, en revanche, ce sont tous les sacres (les noms d'église!) que l'auteur a mis dans la bouche de ses comédiens, comme s'il ne pouvait pas aligner deux phrases sans en placer au moins cinq ou six! Il semble qu'il y a quand même des limites (p. 57).

Bien que l'observation de Montessuit soit exacte—il y a bel et bien plusieurs sacres dans la pièce—, c'est la première fois qu'un critique s'indigne à ce sujet. D'ailleurs, les critiques ont plutôt reconnu, sinon louangé, le fait que la langue de Dalpé «colle au

---

[3] C'est nous qui soulignons.

lieu de l'action». Doit-on établir un lien entre cette remarque et son lieu d'inscription, un journal populaire? La réponse ne va pas de soi, puisque d'autres comptes rendus parus dans des journaux du champ de grande production ont fait valoir un point de vue contraire. S'agit-il donc d'un fait isolé? Surtout, aurions-nous pu nous attendre à ce que Montessuit tienne un discours contraire, *Le Journal de Montréal* étant un quotidien plus populaire que les autres journaux cités préalablement et la pièce de Dalpé ayant souvent été décrite comme écrite dans une langue populaire, la langue du peuple, pour le peuple? Montessuit a peut-être reconnu en cette pièce une critique ou du moins un manque de respect à l'égard d'un groupe, dont celui qui compose majoritairement le lectorat du journal dans lequel elle écrit...

Quoi qu'il en soit, Beaunoyer (1988), de *La Presse*, un autre journal du champ de grande production mais qu'on ne pourrait spécifiquement qualifier de «populaire», a aimé la pièce tout en déplorant que «rarement une pièce fut plus mal servie (p. C1)»:

> *Le chien* de Jean Marc Dalpé a été présentée à la salle Fred-Barry l'hiver dernier. Je me souviens d'une excellente mise en scène, d'un rare équilibre dans le jeu des comédiens et d'un drame vigoureux, excessif. D'un cri qui ressemblait à un aboiement. Roy Dupuis et Lionel Villeneuve étaient excellents dans cette pièce. Et on a oublié. Peu de publicité (p. C1).

Le manque de moyens publicitaires, peut-on en déduire, aurait empêché la pièce d'attirer plus de spectateurs, entraînant son retrait hâtif de la scène. Mais Beaunoyer met l'accent sur un autre point—il pense que la pièce connaîtra un meilleur sort en anglais:

> Cette pièce a été retenue pour être présentée au CINARS, au théâtre Maisonneuve de la Place des Arts, hier soir. Elle sera présentée dans sa version anglaise. Parce que c'est en anglais que ce drame fera sa plus belle carrière. Beaucoup de succès au Factory Lab de Toronto où la pièce était présentée jusqu'au 4 décembre. On reparlera sûrement de la carrière internationale du *Chien*, prochainement (p. C1).

Le journaliste prolonge en quelque sorte la remarque de Beaulieu (1988) précédemment citée. Au dire de Beaunoyer (1988), la pièce fera plus que «garder toute sa chaleur en anglais», c'est dans cette langue qu'elle «fera sa plus belle carrière». Le fait que la pièce ait été traduite en anglais n'est pas un problème en soi. Au contraire (bien que Dalpé ne visait pas d'abord le sous-champ de grande production), nous devrions nous en réjouir étant donné que le nombre de langues dans lesquelles une œuvre est traduite fait souvent partie des critères d'évaluation du rayonnement d'un auteur et de son prestige. Mais n'est-il pas ironique, voire dommage, qu'une pièce franco-ontarienne soit susceptible d'attirer davantage l'attention, y compris au Québec, dans sa version anglaise? Exagérerions-nous si nous étions d'avis que Beaunoyer laissait entendre, de manière concomitante, que le Québec français aurait dû réserver un meilleur sort à la pièce de Dalpé? Car l'objectif premier de Dalpé, ne l'oublions pas, était de donner la parole à ceux qui ne l'ont pas (ne l'avaient pas), voire de faire connaître leur existence, auprès de l'Autre anglophone, certes, mais d'abord et plus significativement auprès de l'Autre francophone majoritaire... Dans ce même ordre d'idées, Schütz soutient que l'

> acte social est orienté non seulement vers l'existence physique de cet *alter ego* mais vers l'acte de l'Autre que j'espère provoquer par ma propre action. Je puis donc dire que la réaction de l'Autre est l'en-vue de mon acte. Le prototype de toute relation sociale est une liaison intersubjective de motifs. Si j'imagine, lorsque je projette mon acte, que vous le comprendrez et que cette compréhension vous incitera à réagir d'une certaine manière, j'anticipe que les en-vues de mon propre agir deviendront les parce-que de votre réaction, et vice-versa (p. 100).

«L'acte de l'Autre» n'est sans doute pas ici celui qu'espérait initialement provoquer Dalpé et la visée de la pièce n'a pas tout à fait été atteinte dans ces circonstances.

Revenons au champ de production restreinte, avec le compte rendu de Pontaut (1988) dans *Le Devoir*, qui considère *Le chien* comme une pièce d'initiation au théâtre franco-ontarien : «Si l'on ne connaît pas le théâtre du Nouvel-Ontario, c'est une bonne façon de s'initier à la qualité de son travail que d'aller voir *Le chien*, de Jean Marc Dalpé, une pièce qui représentait le Canada au Sommet mondial de la francophonie en septembre 1987 (p. 9)». Cela dit, si, par moments, Pontaut se montre critique, il reconnaît largement les mérites de la pièce :

Sans cette force probante de l'affrontement et de la vie, on jugerait peut-être un peu ancienne cette esthétique théâtrale de l'effet direct ou de la tranche de vie quasi photographique, du réalisme sans transposition. Mais il y a l'intense vérité du propos. Mais le cri du cœur empêche le mélo de prendre le dessus. Mais il y a la langue, populaire et pleine de sève, la savante répartition des lumières et des ombres au cœur des personnages attachants, servis, d'ailleurs, par des comédiens de qualité, de grande spontanéité ou d'une grande expérience. Il y a la densité de conception, de construction et d'écriture d'un auteur de 30 [ans], dont cette première pièce a déjà la vigueur et l'ampleur de Steinbeck (p. 9).

Que de propos élogieux tout de même de la part d'un critique et lui-même dramaturge, « agent » du champ littéraire québécois des années 60 jusqu'à sa mort en 1991.

Enfin, une critique de la pièce jouée à Montréal est parue dans la revue du champ de production restreinte *Les cahiers de théâtre JEU*. Son auteur, Carole Fréchette[4], a surtout résumé la relation père-fils et s'est attardée à la « dimension spatiale, décrivant l'errance qui a mené le fils aux quatre coins de l'Amérique et son retour au bercail, dans son patelin du Nord de l'Ontario (p. 143) ». Comme plusieurs autres, elle a soutenu que l'on peut trouver dans l'écriture de Dalpé la présence d'une certaine dramaturgie américaine. Elle a ajouté cependant que « [c]omme spectateur, on oscille constamment entre l'agacement provoqué par la désagréable impression de "déjà vu" et la fascination pour cette voix, originale malgré tout, qui déploie, sans complaisance, sa rage et sa détresse (p. 143) ». Malgré cet agacement, elle a reconnu que « [q]uelles que soient les réserves que l'on éprouve à l'égard de ce type de théâtre, on ne peut s'empêcher de reconnaître, dans cette première pièce de Dalpé, l'émergence d'une conscience, la présence d'un auteur (p. 143) ».

Pontaut (1988) a donc vu juste : *Le chien* a réellement initié le milieu québécois au théâtre franco-ontarien.

---

[4] Membre du comité de rédaction des *Cahiers de théâtre JEU* de 1984 à 1988, elle a également reçu, en 1995, le prix du Gouverneur général pour sa pièce *Les quatre morts de Marie*.

Le chien, après le prix du Gouverneur général

En Ontario français

À la suite de l'obtention du prix du Gouverneur général, sept articles, soit six du champ de grande production et un du champ de production restreinte, ont été publiés en Ontario français au sujet du *Chien*.

Quelques jours après la remise du prix, *L'Express de Toronto* fait paraître un article en l'honneur de Dalpé. Il résume l'expérience théâtrale de Dalpé et s'attarde un peu au spectacle *Cris et blues* présenté alors à Toronto, mettant en vedette Marcel Aymar et Jean Marc Dalpé, pour enfin nommer les autres lauréats des prix du Gouverneur général.

Chose intéressante, la première phrase de l'article présente Dalpé comme un poète et dramaturge torontois, bien qu'il soit originaire d'Ottawa et ait surtout œuvré dans les régions d'Ottawa et de Sudbury : « Le poète et dramaturge Jean Marc Dalpé de Toronto, tour à tour décrit comme le "Michel Tremblay" ou le "John Steinbeck" franco-ontarien, vient de remporter le prix du Gouverneur général en théâtre pour sa pièce *Le chien* (p. 14) ». Fait ironique, Dalpé avait lui-même précisé, lors d'une entrevue accordée à *Liaison*, qu'il ne se sentait pas chez lui dans cette ville : « À Toronto, j'étais tout seul en tabarnacle ! Toronto, je savais que c'était pas ma ville, y fallait que je sorte de là (dans Fugère, p. 30) ». Ce n'est que vers la fin du texte que le journaliste précisera que Dalpé, originaire d'Ottawa et associé pendant quelques années au Théâtre du Nouvel-Ontario, ne s'est que récemment établi à Toronto.

Cette récupération est d'autant plus à noter qu'en réalité le Théâtre francophone de Toronto avait décidé de ne pas présenter *Le chien* à ses débuts, de crainte que les Torontois ne l'apprécient pas. Dans un article publié en 1993 — la pièce ayant été enfin présentée au TFT cette année-là —, John Van Burek, le directeur artistique du théâtre, a tenté de justifier sa décision d'alors : « J'ai toujours aimé *Le chien*. Mais cette année-là, lorsque la première production était en tournée, j'étais sous une pression énorme de créer un succès. Je craignais que la pièce ne plaise pas au public torontois (dans Millette, 1993, p. B2)». Ainsi, malgré plusieurs critiques élogieuses, le directeur n'avait pas eu assez confiance en la pièce, à ses débuts, pour oser miser sur elle.

Pour sa part, Renaud (1989), dans *L'Orignal déchaîné*, journal étudiant de l'Université Laurentienne, considère qu'au-delà du prestige que le prix apporte personnellement à Dalpé cet honneur représente «[u]n événement capital pour les lettres de l'Ontario français (p. 19)». Il va même jusqu'à dire que «[c]e prix est en somme la reconnaissance "officielle" de tout le mouvement culturel qui depuis tant d'années prépare l'émergence d'une pareille pièce (p. 19)». Le capital symbolique de Dalpé étant déjà très grand en Ontario, le prix du Gouverneur général allait le hisser au rang de porte-étendard de la culture franco-ontarienne. Après quelques questions posées à Dalpé, Renaud clôt son article en affirmant qu'«[e]nfin, les Franco-Ontariens sont à la mode! (p. 19)». C'est donc toute une communauté qui prit part à la réussite du dramaturge.

Dans *Liaison*, le directeur Paul-François Sylvestre, par ailleurs lui-même romancier, poète et essayiste, félicite le jeune dramaturge, TNO, les Éditions Prise de parole et, partant, la culture franco-ontarienne:

> J'étais présent lors de la remise du prix à la Place des Arts de Montréal, et fier d'entendre Jean Marc recevoir cet honneur au nom du Théâtre du Nouvel-Ontario et des Éditions Prise de parole qui œuvrent d'arrache-pied depuis quinze ans pour la diffusion de la culture en Ontario français. À l'instar de ces deux institutions, et avec leur appui continu, Jean Marc n'a cessé de bûcher dans la forêt des arts: c'est au prix d'un travail intense, sans relâche, souvent dans des conditions difficiles, qu'il a réussi à décrocher la plus haute distinction littéraire du pays (Sylvestre, 1989, p. 3).

Sylvestre met l'accent sur le dur labeur de Dalpé. Il lui rend ainsi hommage, lui qui se «sacrifie» en quelque sorte pour sa communauté. Voilà un aspect qui n'avait pas encore été mentionné par la critique. Le directeur de *Liaison* expliquera ensuite que l'une des raisons d'être des artistes, en situation minoritaire en tout cas, est de renforcer l'identité communautaire. Encore une fois, Dalpé est récupéré à des fins de promotion culturelle.

Cinq mois plus tard, Bélanger (1989) vient souligner, dans *L'Orignal déchaîné*, la dernière représentation du *Chien* à Sudbury. Il commence par énumérer les principales marques de consécration reçues par le dramaturge :

> Comme pour boucler la boucle, ce spectacle, créé à Sudbury en février 87, mettait ainsi un terme à une carrière au succès sans précédent dans la jeune histoire du théâtre franco-ontarien. Rappelons-en les principales étapes : prix de la Gouverneure générale, reconnaissance nationale et internationale, de festival en festival, de Montréal à Limoges et, enfin, consécration méritée de l'écrivain Jean Marc Dalpé (p. 12).

Bélanger termine son compte rendu en soutenant que

> [c]eux et celles qui ont assisté à la dernière du *Chien* ont été témoins d'une production de grande classe qu'il fallait voir pour observer à quel point l'efficacité d'un texte dramatique peut transposer un cri d'urgence et ce, en évitant les écueils d'un discours larmoyant (p. 12).

En faisant allusion à l'efficacité du texte et, par le fait même, au cri d'urgence qu'il transpose, Bélanger soulève à son tour le caractère identitaire de la pièce, signalé par tant d'autres critiques. Enfin, la dernière phrase de son article laisse entendre le rôle déterminant et durable de la pièce : « *Le chien* a grogné pour la dernière fois ; l'épidémie de rage, elle, persiste (p. 12) ». La pièce de Dalpé serait alors, en d'autres mots, parvenue à son but ultime, soit celui d'éveiller le sentiment d'appartenance d'une communauté. *Le chien* aurait ravivé les valeurs d'une culture, légitimé sa langue parlée, voire engendré un besoin encore plus grand de dépassement et d'actualisation.

Jimenez (1989), dans un autre article paru dans *L'Orignal déchaîné*, offre une analyse plus étendue. Elle soutient que, même si *Le chien* de Dalpé représente l'histoire et la culture francophone du Nord de l'Ontario, il n'en demeure pas moins que la portée de la pièce dépasse de loin le décor qui la définit. La journaliste nous apprend que

> [p]as plus tard qu'hier, [elle a entendu] un jeune étudiant fraîchement arrivé de son Afrique natale, dire à un autre : « On ne sort pas de cette pièce complètement sain et sauf. Le déjeuner du matin n'a plus le goût… » Et l'air semble dégager une étrange odeur de rage, une odeur nauséabonde et persistante (p. 13).

Cette ouverture sur le monde est reprise par de la Riva (1989), qui, dans *Le Voyageur*, a lui aussi publié un article afin de souligner la dernière représentation de la pièce :

> Si cette pièce a tant plu, c'est qu'elle était située dans notre réalité : le « pays à marde », le conflit père-fils, l'exode des jeunes vers les gros centres, la difficulté économique des petites villes éloignées, et la relation avec la terre, ce sont là des situations qui rejoignent la vie de plusieurs, soit à Sudbury, à Kapuskasing, en Abitibi, en Gaspé, en [*sic*] Limoges, et un peu partout dans le monde (p. 6).

Cette observation traduit la capacité de Dalpé de transmettre des sentiments « universels », notamment les sentiments de vide et de désespoir.

Malgré cette ouverture sur le monde, de la Riva n'omet pas cependant, lui aussi, de faire allusion aux traits typiquement franco-ontariens de la pièce, tels que la langue, par exemple : « Le langage de Dalpé, qui, pour certains, pourrait paraître vulgaire, a rendu cette œuvre encore plus réaliste, et plus près de chez nous. C'est la langue du Nord, écrite pour les gens du Nord (p. 6) ». La pièce de Dalpé atteindrait ainsi l'universel par l'emploi d'une langue aux forts accents régionaux. Que ce soit le cas ou non, l'importance du « chez nous » est présente dans cet article, comme c'est le cas dans presque tous les autres articles franco-ontariens répertoriés.

À sa façon, Rouyer (1993), de *L'Express de Toronto*, ne dira pas autre chose en soutenant, dans une entrevue avec Van Burek, que « [c]ette pièce est en effet une évocation de la culture franco-ontarienne (p. 7) ». À cela, Van Burek ajoutera qu'« [a]u-delà du drame, il faut voir comment la pièce se situe dans le contexte de sa société. La dureté de la pièce reflète l'incertitude quant à l'épanouissement de la communauté francophone en Ontario (cité par Rouyer, 1993, p. 7) ». Rappelons qu'après avoir refusé, au départ, de présenter la pièce, Van Burek l'a montée en 1993. Cela signifie également que *Le chien* avait entre-temps « fait ses preuves ». Désormais, « Toronto, hétérogène, multiculturel, a de la place après tout pour une création située dans le Nord de l'Ontario (p. 7) ». Bien qu'il fasse référence au multiculturalisme bien implanté à Toronto, le directeur artistique met toutefois l'accent sur la spécificité franco-ontarienne de la pièce. Il omet conséquemment de noter sa dimension américaine, comme l'avaient fait, en 1988, les critiques torontois O'Neill-Karch et Beaulieu.

La plus-value que constitue le prix du Gouverneur général aura permis à la pièce d'être jouée là où, au départ, on n'avait pas cru « rentable » de le faire. Ceci constitue, à l'évidence, une marque indéniable de consécration, en Ontario du moins. Qu'en est-il au Québec ?

Au Québec

Étonnamment, seuls deux courts textes font écho au prix remis à Dalpé en ce qui a trait à sa réception immédiate. Force nous était alors d'étendre notre recherche à sa réception lointaine.

Dans un texte annonçant tous les lauréats, *Le Devoir* nomme Dalpé, fait référence à la catégorie et donne le titre de la pièce et la maison d'édition (Ferland, 1989, p. D7).

Puis, Martel (un critique qui possède un pouvoir de légitimation considérable dans le champ littéraire, lui qui œuvre à *La Presse* depuis la fin des années 60), dans un texte qui met l'accent sur Jacques Folch-Ribas, lauréat du prix dans la catégorie « roman », accorde toutefois un peu plus d'attention à Dalpé :

> Côté théâtre, le prix vient souligner heureusement le dynamisme des écrivains de l'Ontario francophone. M. Jean Marc Dalpé, qui est aussi poète, a écrit *les Chiens* [*sic*] (Prise de parole, Sudbury), dont M. Caron a souligné « les qualités d'équilibre et de style et la technique audacieuse » (Martel, 1989, p. D3).

Bien que l'erreur de Martel (« *les Chiens* ») témoigne d'une méconnaissance de la pièce, le journaliste a, à tout le moins, précisé les origines du dramaturge... De plus, l'emploi du qualificatif *heureusement* (même si certains reconnaîtront en cet adverbe une manifestation de la relation dominants-dominés qu'entretiennent les Québécois et les Franco-Ontariens) témoigne d'un intérêt de la part du critique pour les communautés francophones minoritaires.

Quelques mois plus tard, Beaunoyer (1989) publie dans *La Presse* un long article très favorable à la pièce. Chose intéressante, le journaliste tente d'éclairer son lectorat sur la réalité francophone

de l'Ontario. Il avoue avoir appris plusieurs choses car il n'avait, en
tant que Québécois, « [a]ucune idée des misères et des préjugés que
les francophones doivent abattre pour se rendre et s'affirmer dans…
la métropole. La métropole, pour nous c'est Londres, Paris, New
York, pour eux c'est d'abord Montréal (p. D5) ». Curieusement,
malgré ces précisions, Beaunoyer ne mentionne pas le prix du
Gouverneur général, attribué quelques mois plus tôt seulement. Le
journaliste termine son article en demandant au dramaturge s'il ne
considère pas son théâtre trop régional, trop ontarien et soutient
que « Dalpé prévoit ce qu'on peut prévoir : Molière parlait de chez
lui. C'est dans le particulier qu'on rejoint tout le monde, et non
pas dans le *nowhere* universel (p. D5). » À cela, dans le but de créer
un certain pont entre le lectorat québécois et le dramaturge franco-
ontarien, Beaunoyer ajoute que « Vigneault, un Québécois, a déjà
dit ça aussi (p. D5) ».

Quelques articles paraissent ensuite, une dizaine d'années plus
tard, alors que Patric Saucier, metteur en scène, choisit de présenter à nouveau *Le chien* au public québécois. Citons celui de Guay,
du *Devoir*. Ce dernier, qui, rappelons-le, avait fait paraître en 1984,
dans *Liaison*, un article peu flatteur au sujet de *Nickel*[5], *présente
cette fois Dalpé comme un « Franco-Ontarien frondeur »* :

> Or non seulement la saison sera-t-elle occupée pour Patric Saucier
> (*Hosanna*), mais l'homme de théâtre encore jeune a décidé de s'attaquer à
> des œuvres contrastées. En effet, il y a un pas entre s'aventurer dans les
> plates-bandes du gourou radiophonique, Jacques Languirand, et celles du
> Franco-Ontarien frondeur, Jean Marc Dalpé. Pas que Saucier franchit
> aisément puisqu'il relit *Les grands départs* pour le Théâtre de la Bordée du
> 2 au 27 octobre, alors que, dès le 6 novembre, sa mise en scène du *Chien*
> prendra l'affiche au Trident (p. C5).

Deux mois plus tard, Saint-Hilaire (2001), dans *Le Soleil*, qua-
lifiant le texte de « caverneux et dense », est d'avis que

---

[5] « Si l'on veut être simple, *Nickel* se critique en deux bouts de phrase : représentation de qualité, texte à retravailler. Inévitablement, à partir de ces constatations, il
faut se référer aux standards d'acceptabilité. En dépit de tout cela, l'aventure m'apparaît comme il arrive souvent lors de la création de textes récents, comme un
mauvais numéro sur lequel aurait misé la troupe de Sudbury (Guay, 1984, p. 64) ».

la pièce du gars d'Ottawa, par ailleurs formé en jeu au Conservatoire d'art dramatique de Québec et résidant de Montréal depuis des années, est beaucoup plus forte qu'on a voulu le voir au Québec. Peut-être parce que son langage est cru et piqué d'expressions anglaises (p. C1).

La remarque à propos de l'accueil de la pièce au Québec n'est pas sans rappeler celle de Beaunoyer, qui, en 1988, considérait qu'on l'avait «sous-estimé»…

Par ailleurs, le moins que nous puissions dire est que Saucier, le metteur en scène, a élargi les perspectives de la pièce. Selon lui,

> [c]'est une grande tragédie moderne qui évoque le réalisme psychologique américain et le théâtre antique grec — Œdipe surtout —, mais aussi le réalisme magique latino-américain. Pour [lui], le chien, ce n'est ni un animal ni un personnage, c'est un état d'âme, une maladie contagieuse contractée par le Père, une fatalité, quelque chose de plus grand que soi dont les autres personnages ont à se protéger (cité par Saint-Hilaire, 2001, p. C1).

D'une pièce nord-ontarienne, puis franco-ontarienne, puis américaine, *Le chien* est maintenant passée au rang de «tragédie moderne»! Mais n'exagérons pas à ce point, car Saucier a aussi évoqué le caractère «américain» et son interprétation du symbole du chien est tout à fait juste.

Cette Amérique, telle que le metteur en scène l'a décrite, est présente, selon Paré (2001), non seulement dans *Le chien*, mais aussi dans le discours culturel franco-ontarien, qui, de ce fait, acquiert une résonance particulière au Québec:

> C'est d'ailleurs par cette antenne particulière qu'il semblait avoir sur l'Amérique «américaine», que le discours culturel franco-ontarien a commencé à se faire entendre au Québec, non pas tant comme voix parallèle issue d'un espace purement francophone, mais comme voix fantasmée d'un Québec qui serait au-delà de lui-même, le résumé de l'Amérique tout entière […] Cet espace de la frange qu'était l'Ontario français, abandonné dans les faits par le Québec et pourtant fortement investi par le discours québécois, se mettait à acquérir une valeur symbolique d'une grande intensité, puisqu'il permettait de saisir le Québec actuel dans la métonymie de la dispersion qui marquait toujours l'origine de la présence française en Amérique (p. 397).

Enfin, pour sa part, Cantin (2001) a affirmé, dans *Le Devoir*, lors d'une entrevue avec Patric Saucier, que «*Le chien* est en quelque sorte devenu un texte-culte du répertoire franco-ontarien (p. C2)». Dans ce même article, le metteur en scène est allé une fois de plus au-delà de cette frontière franco-ontarienne:

> Ce drame contient une dimension intemporelle. C'est la raison qui me pousse à savoir où était Jay lors de ces sept années sur les routes américaines. Après quelques périples dans les grandes villes, peut-être a-t-il été par le désert et la spiritualité des Navajos? Si l'on se base uniquement sur le lien de confiance qui le rapproche de sa demi-sœur métisse, on peut alors croire qu'il a cherché une manière de calmer sa violence envers la figure paternelle chez ces Indiens. [...] (Saucier cité par Cantin, p. C2).

La pièce témoigne assurément d'une certaine «américanité»; plusieurs l'ayant déjà noté, nous n'y reviendrons pas. Nous sommes aussi d'avis que le drame contient aussi une dimension intemporelle — voire interculturelle —, mais la lecture de Saucier semble, à notre avis, par moments frôler l'exagération.

Le dernier article québécois sur lequel nous allons nous arrêter a paru en 2002 dans *Les cahiers de théâtre JEU*. Christel Veyrat, professeure à la Faculté des lettres de l'Université Laval, commente la mise en scène de Saucier. Elle soutient que cette dernière «échappe heureusement au réalisme pour ne mettre en évidence que la sécheresse, la désolation et l'errance dans le temps des personnages. Le plateau est désert comme les relations entre les pères et les fils (Veyrat, 2002, p. 32)». Veyrat ajoute que l'interprétation est de grande qualité, car «le texte est haché, saccadé, difficile à interpréter avec constance, l'enchevêtrement des répliques obéissant à une autre logique que celle de la chronologie de la communication (p. 32)». Elle termine son article en reconnaissant dans *Le chien* «[u]ne exploration à coloration tchékhovienne du mal-être (p. 32)», ce qui se révèle, encore une fois, une comparaison flatteuse pour Dalpé.

Par ailleurs, le parallèle qu'elle établit entre l'Ontario français et le Québec se révèle intéressant dans le cadre de notre article:

> La salle est suspendue à cette tragédie aussi nouvelle qu'ancienne, à cet affrontement œdipien vieux comme le monde, à cette exploration des douloureuses relations manquées, à cette absence de paroles, mais aussi

sans doute à ces destins qui, pour se passer dans le Nord de l'Ontario, n'en suscitent pas moins des échos au Québec : défrichement des terres désertiques par les pauvres, dans l'espoir d'avoir quelque chose à soi, ouverture de chantiers et de colonies qui sont dès leur naissance vouées à l'échec, fuite et errance, assimilation linguistique, fascination des États-Unis pour les jeunes générations qui désertent sans pouvoir vraiment se détacher du passé [...] Même si elle date de dix ans, même si elle ne dit en fait rien de nouveau, cette pièce touche le public grâce à son rythme si particulier, au choix de mise en scène, aux comédiens qui en rendent la brutalité dépouillée et la force tragique (p. 32).

La possibilité que le public québécois se reconnaisse dans une pièce franco-ontarienne située dans le Nord de l'Ontario est un argument semblable à celui qu'avait soulevé Saint-Hilaire dès 1987 (« [u]ne écriture qui nous prolonge, nous, Québécois »). N'est-ce pas là, somme toute, la preuve irréfutable que, selon les mots de Dalpé déjà cités, « c'est dans le particulier que l'on rejoint tout le monde, et non pas dans le *nowhere* universel » ? Ce « particulier » franco-ontarien, Dalpé l'aura-t-il présenté au champ culturel québécois et par le fait même aura-t-il ouvert ce dernier à la culture francophone périphérique ?

De par ses mots et ses définitions subtilement présentées dans la pièce, Dalpé a intégré toute une communauté au sein de la francophonie canadienne (voire la « francophonie française » lors de son passage à Limoges en France) et lui a accordé la reconnaissance qu'elle nécessitait. Il n'a pas « seulement » reproduit la langue comme on la parle chez nous depuis des décennies, il a donné une parole à ceux qui n'en ont pas et produit leur parler, c'est-à-dire codifié leur oralité et, par le fait même, légitimé l'existence de cette dernière. Comme nous l'avons vu dans ce chapitre, cette production / reproduction a été reconnue et commentée par la réception critique du *Chien*.

Les discours entourant *Le chien* permettent en outre de dégager deux tendances. D'un côté, nous avons assisté à l'émergence d'une voix proprement « franco-ontarienne », symbolisée par le « nous ». Comme l'a analysé Louis Bélanger dans son étude de réception critique du *Chien*, l'adéquation entre Dalpé, son œuvre et la communauté franco-ontarienne suggère une indiscutable convergence de liens identitaires. De fait, plusieurs critiques franco-ontariens, comme nous l'avons montré dans notre chapitre, ont attiré l'attention sur ces liens. De l'autre, on a ressenti un besoin d'obtenir l'approbation de l'Autre francophone, soit un tiraillement entre la «francophonie» qu'on produit, celle qu'on veut faire connaître, celle qu'on veut faire approuver, celle qu'on cherche à reproduire, etc., que cela soit de l'ordre de la conscience ou pas. Rappelons, par exemple, les paroles de Dalpé et Haentjens, qui eux-mêmes désiraient «vérifier le texte» auprès du public québécois, ce qui peut être perçu comme «normal» étant donné l'autonomie fort restreinte du champ culturel franco-ontarien de l'époque. D'ailleurs, même si cette autonomie s'est depuis renforcée, le désir de l'approbation de l'Autre, francophone d'abord, n'a pas disparu pour autant. Peut-être a-t-il diminué, mais on ne peut soutenir, surtout dans le contexte d'une culture en situation minoritaire, qu'il n'existe plus. Ce serait illusoire. Nous sommes plutôt d'avis que la communauté franco-ontarienne, malgré les énormes pas franchis, ressent toujours, à l'heure actuelle, ce «profond besoin d'être exactement réfléchi par l'Autre, d'en recevoir sa propre affirmation et confirmation. [S]on moi aspire [encore] à être entendu, à être regardé (Berdiaeff, 1936, p. 102)», et ce, même si nous sommes d'avis que la communauté franco-ontarienne possède désormais une parole. Quoi qu'il en soit véritablement, tous s'accorderont du moins pour dire que la parution du *Chien* représente un moment marquant dans le processus de production et de reproduction de la francophonie ontarienne...

Note: Nous tenons à remercier la Fondation Baxter & Alma Ricard de son appui.

Références

Beaulieu, L. (1988), « *Le chien* : un Pit Bull franco-ontarien », *L'Express de Toronto*, semaine du 15 au 21 novembre 1988.

Beaunoyer, J. (1989), « Jean Marc Dalpé : un dramaturge ontarien qui se défend avec son théâtre français », *La Presse*, 3 juin 1989.

Beaunoyer, J. (1988), « *Le chien*, une pièce sous-estimée », *La Presse*, 8 décembre 1988.

Bélanger, L. (1994), « *Le chien* de Jean Marc Dalpé : réception critique », *Revue du Nouvel-Ontario,* (16), p. 127-137.

Bélanger, L. (1989), « *Le chien* revu et consacré. *Le chien* a grogné une dernière fois », *L'Orignal déchaîné*, 24 octobre 1989.

Berdiaeff, N. (1936), *Cinq méditations sur l'existence*, Paris, Montaigne.

Bourdieu, P. (1992), *Les règles de l'art. Genèse et structure du champ littéraire*, Paris, Seuil.

Cantin, D. (2001), « Le retour du fils. Patric Saucier reprend *Le chien* de Jean Marc Dalpé au Trident », *Le Devoir*, 3 novembre 2001.

De la Riva, P. (1989), « *Le chien* nous mord pour une dernière fois », *Le Voyageur*, 1er novembre 1989.

Dickson, R. (2003), « Portrait d'auteur : Jean Marc Dalpé », *Francophonies d'Amérique,* (15), printemps 2003.

Escarpit, R. (1970), *Le littéraire et le social. Éléments pour une sociologie de la littérature*, Paris, Flammarion.

Espmark, K. (1986), *Le prix Nobel. Histoire intérieure d'une consécration littéraire*, Paris, Balland.

Ferland, G. (1989), « Les prix littéraires du Gouverneur général », *Le Devoir*, 4 mars 1989.

Fortier, A. (1987), « Tissu riche en sentiments durs, mais vrais », *Liaison*, (54), hiver 1987.

Fréchette, C. (1988), *Le chien. Cahiers de théâtre JEU,* (48), septembre 1988.

Fugère, J. (1989), « Jean Marc Dalpé. L'urgence de se dire », *Liaison*, (53), septembre 1989.

Guay, H. (2001), « Rentrée culturelle. Le théâtre à Québec. L'automne de Patric Saucier », *Le Devoir*, 25 août 2001.

Guay, H. (1984), « *Nickel* : Les risques de la création », *Liaison* (31), juin 1984, p. 64.

Jauss, H. R. (1978), *Pour une esthétique de la réception*, traduit de l'allemand par Claude Maillard, Paris, Gallimard, coll. «Bibliothèque des idées».

Jimenez, Y. (1989), «Quand la tendresse épouse la violence. L'écho du silence», *L'Orignal déchaîné*, 24 octobre 1989.

Klinkenberg, J.-M. (1991), *Écrivain cherche lecteur: l'écrivain francophone et ses publics*, Montréal, VLB éditeur.

Lépine, S. (1988), «Le théâtre qu'on joue: *Le chien*», *Lettres québécoises*, (50).

Martel, R. (1989), «Folch-Ribas remporte le prix du roman à la remise des prix du Gouverneur général», *La Presse*, 4 mars 1989.

Millette, D. (1993), «*Le chien* aboie à Toronto après un long parcours», *Le Voyageur*, 27 octobre 1993.

Montessuit, C. (1988), «*Le chien* réussit à nous tenir éloignés», *Le Journal de Montréal*, 8 mars 1988.

O'Neil-Karch, M. (1992), «Espace scénique dans *Le chien*», *Théâtre franco-ontarien. Espaces ludiques*, Vanier, L'Interligne.

O'Neil-Karch, M. (1988), «À propos du *Chien*», *CJBC-Toronto*, le 17 novembre 1988, transcription de l'enregistrement trouvé dans le fonds d'archives des Éditions Prise de parole.

Paré, F. (2001), «Autonomie et réciprocité: Le théâtre franco-ontarien et le Québec», dans D. Lafon (dir.), *Le théâtre québécois 1975-1995*, Saint-Laurent, Fides, coll. «Archives des lettres canadiennes», tome X.

Paré, F. (1992), «Les prix littéraires», *Les littératures de l'exiguïté*, Ottawa, Le Nordir.

Pontaut, A. (1988), «*Le chien*. Un jeune auteur d'une grande force», *Le Devoir*, 7 mars 1988.

Renaud, N. (1989), «Un honneur pour nous tous», *L'Orignal déchaîné*, 7 mars 1989.

Robert, L. (1994), «La littérature en tant qu'objet social», *Littérature et société*, anthologie préparée par J. Pelletier, avec la coll. de J.-F. Chassay et L. Robert, Montréal, VLB éditeur, coll. «Essais critiques».

Rouyer, C.-A. (1993), «Venez voir *Le chien* les oreilles dressées…», *L'Express de Toronto*, semaine du 5 au 11 octobre 1993.

S.a. (1989), «Pour *Le chien*, du théâtre franco-ontarien à la Steinbeck. Jean Marc Dalpé, prix du Gouverneur général!», *L'Express de Toronto*, semaine du 7 au 13 mars 1989.

Schütz, A. (1987), *Le chercheur et le quotidien*, Paris, Méridiens Klincksieck.

Simard F. (1987), «*Le chien* de J. M. Dalpé au Sommet francophone», *Le Droit*, 1er septembre 1987.

Saint-Hilaire, J. (2001), « La pièce de Jean Marc Dalpé est beaucoup plus forte qu'on a voulu le voir au Québec. La cérémonie du *Chien* », *Le Soleil*, 3 novembre 2001.

Saint-Hilaire, J. (1987), « *Le chien* de Dalpé : un bon vent venu de l'ouest », *Le Soleil*, 4 septembre 1987.

Sylvestre, P.-F. (1989), « L'excellence n'a pas de prix », *Liaison*, (52), mai 1989.

Veyrat, C. (2002), « *Cave canem* », *Les cahiers de théâtre JEU*, (103), 2002.

Yergeau, R. (1994), *À tout prix. Les prix littéraires au Québec*, Montréal, Tryptique.

LE RAPPORT DIALOGIQUE DE L'ARTISTE ET DE SA COMMUNAUTÉ SELON LA PERSPECTIVE SYSTÉMIQUE DE L'ÉTUDE DE LA CRÉATIVITÉ

Mariette Théberge

Professeure agrégée, Faculté d'éducation, Université d'Ottawa

Introduction

Partant du postulat que la culture des minorités francophones canadiennes ne serait pas la même sans l'apport des artistes professionnels dans la communauté, ce chapitre vise à réfléchir au rapport dialogique entre l'artiste et sa communauté ainsi qu'au rôle que chacun exerce réciproquement dans le contexte de la minorité francophone canadienne. Comme le soulignait Paulette Gagnon en 2004, alors qu'elle était présidente de la Fédération culturelle canadienne-française :

> Si on enlevait, du jour au lendemain, tous les artistes et tous les organismes artistiques dans les communautés minoritaires, il n'y aurait à peu près plus rien qui permettrait aux francophones de ces communautés de vivre des expériences culturelles qui leur permettent de s'identifier et de nourrir leur enracinement identitaire.

Si les pratiques artistiques sont tenues comme partie prenante de la production et de la reproduction de la francophonie, reste cependant à s'interroger sur les processus d'inclusion et d'exclusion au sein de communautés, ainsi que sur le rapport dialogique que sous-tend l'exercice de la créativité dans la francophonie canadienne. Comment la créativité d'une personne est-elle reconnue dans ce contexte? Comment le milieu théâtral ou la communauté peuvent-ils servir de filtres? Comment est-il possible d'exercer un dialogue entre artiste et communauté quand il est question d'art, porteur de symboles «qui donnent un sens à ce qui est pensé et conçu dans la communauté» (Théberge, 2008) et qui alimente un «imaginaire collectif» (Giust-Desprairies, 2003, p. 189)?

Pour réfléchir à ces questions qui sous-tendent le rapport dialogique entre l'artiste et sa communauté, ce chapitre est subdivisé en quatre parties. Dans la première partie, je présente le cadre de réflexion, c'est-à-dire la perspective de l'étude de la créativité élaborée par Csikszentmihalyi (1999), ce qui permet d'aborder la dynamique relationnelle artiste et communauté lorsqu'il est question de créativité et d'acceptation de la nouveauté dans un contexte social. Dans la deuxième partie, je décris la procédure méthodologique et précise la pertinence des exemples choisis. Dans la troisième partie, j'illustre comment le milieu théâtral et celui de la communauté peuvent servir de filtres dans la reconnaissance de productions artistiques à partir de l'exemple de la consécration de la pièce *Le chien* de Jean Marc Dalpé (1987). Dans la quatrième partie, je fais la présentation et l'analyse des visions issues des *États généraux des arts et de la culture dans la société acadienne du Nouveau-Brunswick* (Doucet 2007; Gauvin, Gauvin, Comeau et Cormier, 2009, p. 35-51).

La perspective systémique de l'étude de la créativité comme cadre de réflexion

Csikszentmihalyi (1999) définit la créativité selon une perspective systémique où interagissent trois instances relationnelles: la personne, le milieu et le domaine. Ces trois instances participent à l'évolution de la culture conçue comme étant l'«ensemble des connaissances symboliques communes à une société donnée ou partagées par l'ensemble de l'humanité» (Csikszentmihalyi, 2006, p. 31). Les sections qui suivent reprennent chacune de ces instances et explicitent comment elles participent à la dynamique qui sous-tend la perspective systémique. Par la suite, tout au cours de ce chapitre, ce modèle servira de cadre de réflexion pour illustrer le rapport dialogique artiste et communauté, et en discuter.

La personne

La personne exerce sa créativité, conçoit la nouveauté et participe à la faire reconnaître. Dans le domaine des arts, elle joue un rôle moteur vis-à-vis tant du milieu que du domaine artistique. Par exemple, si le milieu théâtral professionnel et la communauté acceptent ce que la personne crée et lui accordent une valeur, cette reconnaissance favorise l'intégration du produit nouveau au domaine artistique et consolide peu à peu son apport. Par contre, si la communauté et le milieu théâtral rejettent ce qui est produit, il s'ensuit une remise en question identitaire pour l'artiste. En début de carrière, cela peut aller de soi puisque, comme dans tous les autres domaines, la personne a à faire ses preuves avant de pouvoir être reconnue et établie en tant qu'artiste. Cependant, si ce rapport dialogique se maintient après quelques années ou même plusieurs, cela devient critique et incite à une prise de décision de poursuivre ou non une carrière artistique.

Dans le contexte francophone minoritaire comme ailleurs, la communauté comme le milieu théâtral n'ont pas à jouer constamment le rôle d'encenseurs. Par ailleurs, il peut s'avérer que les membres de la communauté connaissent moins ou peu le domaine artistique dans lequel œuvre l'artiste et que leurs représentations de ce qu'est une œuvre d'art actuel ne corresponde pas à ce qui est reconnu internationalement. Si le milieu théâtral à l'extérieur de la communauté reconnaît la valeur de ce qui est produit, alors que la communauté refuse de le faire, l'artiste — qui veut poursuivre une carrière dans ce domaine — peut en venir à la conclusion qu'il vaut mieux quitter sa communauté et exercer son art ailleurs, là où il reçoit appui et reconnaissance.

Dans le contexte de la francophonie canadienne, l'exode des «artistes attirés par les grands centres» ainsi que le «risque de prédominance du modèle québécois souvent inadapté aux réalités des communautés» (Association des théâtres francophones du Canada, 2006, p. 4) constituent des facteurs importants de la problématique sous-jacente à la production de la personne et à la vitalité artistique des communautés.

Tout en contribuant «activement à la vie culturelle de leur milieu» (*ibid.* p. 2), les artistes font face à diverses contraintes liées à la reconnaissance de leur travail et qui peuvent entacher le rapport dialogique qu'ils entretiennent avec la communauté. Par exemple, pour certains artistes qui veulent faire carrière et gagner leur vie en exerçant leur métier, la question de la diffusion des biens culturels francophones dans un contexte majoritairement anglophone a des répercussions sur les possibilités d'emplois dans le milieu. La densité de la population entre en jeu dans le nombre de spectacles qu'il est possible de donner. Pour rejoindre la population, il faut souvent se déplacer et cela engendre des coûts. De plus, retenir l'attention des médias ne va pas nécessairement de soi et exige des efforts constants.

Le milieu

Selon la perspective systémique de la créativité (Csikszentmihalyi 1999), le milieu constitue une des instances importantes pour le développement de la créativité chez l'enfant, l'adolescent, voire l'adulte. La société dans laquelle évolue la personne joue un rôle de premier plan dans la possibilité offerte ou non d'exercer sa créativité et de la mettre en valeur. Composée d'un ensemble de milieux, la société permet aux personnes d'opérer des changements dans divers domaines. Cependant, certaines conditions s'appliquent pour que la créativité y soit reconnue, notamment le fait que la société encourage la curiosité et l'intérêt pour les choses nouvelles, accueille favorablement la nouveauté, donne la possibilité d'explorer et de se familiariser avec divers domaines, offre des occasions de prendre des risques et de vivre ses passions.

La valeur que la société accorde à la créativité revêt aussi de l'importance. La réceptivité aux changements ainsi que la capacité de les intégrer et de valoriser les personnes qui les incitent accentuent les possibilités d'innovations. Le sens d'ouverture aux autres et aux différences peut amener de nouvelles façons de faire, de penser, d'interagir et même de concevoir. L'autonomie du milieu et celle de la personne sont aussi essentielles afin de minimiser l'influence de considérations politiques, économiques et religieuses sur la reconnaissance de la créativité.

La personne peut aussi passer outre au filtre du milieu et voir à la reconnaissance de sa créativité par le domaine, ce qui est le cas quand un artiste est reconnu en France avant de l'être au Québec ou si une production franco-ontarienne est reconnue au Québec ou ailleurs avant de l'être dans le contexte où elle est créée. Le milieu est un filtre. Il peut être un levier ou un frein. Les représentations d'une population vis-à-vis d'une œuvre peuvent aussi changer avec le temps ainsi que l'ouverture d'esprit que peut démontrer cette même population. La situation entourant la reconnaissance de l'œuvre de Jean Marc Dalpé (Nutting et Paré, 2007) permettra de réfléchir à cet effet. D'autre part, l'analyse de visions issues des *États généraux sur les arts et la culture qui ont eu lieu au Nouveau-Brunswick* (Doucet 2007 ; Gauvin, Gauvin, Comeau et Cormier, 2009, p. 35-51) témoignera de la manière dont peut s'exercer le rapport dialogique entre l'artiste et sa communauté. Cet exemple permettra de réfléchir, entre autres, au fait que de plus en plus de communautés se rendent compte que la production artistique est intimement liée non seulement à la vie culturelle de leur milieu, mais également à son expansion économique. Dans ce dernier exemple, la communauté tend à devenir levier ou, à tout le moins, s'interroge au sujet de l'appui à donner à ses artistes ainsi que des différentes manières de reconnaître leur créativité et leur apport à la société.

Le domaine

Selon la perspective de Csikszentmihalyi (1999), les cultures établissent une hiérarchie parmi les domaines qu'elles reconnaissent (domaine scientifique, domaine artistique, domaine technologique, domaine sportif...). Par exemple, dans la Grèce antique, la poésie était reconnue comme très importante dans le domaine artistique et dans la société. Être reconnu comme poète pouvait donner des avantages de la part de mécènes et contribuer à une certaine gloire personnelle et professionnelle — comme cela peut être le cas de nos jours dans le domaine sportif. Selon les époques et les contextes sociaux, certains domaines prennent donc préséance sur d'autres.

La position d'un domaine à l'intérieur de la hiérarchie de l'ensemble des domaines influence également la possibilité qu'a une personne d'exercer ou non sa créativité. Par exemple, il peut y avoir des contextes sociaux où les règles de présentation sont très strictes et n'autorisent pas l'expression créative. Dans ce contexte, un contenu qui remet en question ces règles n'est pas permis dans le cadre d'une représentation théâtrale, alors qu'ailleurs ce même contenu ne suscitera aucune controverse. Si un domaine est considéré comme prioritaire et de première instance, il recevra une attention soutenue de la part d'un grand nombre de personnes dans la société, et ce, à plusieurs niveaux, dont celui touchant le financement.

De plus, certaines caractéristiques de la culture influencent le processus de création. Par exemple, la façon dont l'information est enregistrée à l'intérieur de la culture — par voie orale ou écrite — est importante. Plus l'information est stockée de façon permanente et adéquate, plus il sera facile d'assumer une filiation, de transmettre un contenu et de faciliter son intégration. La connaissance d'un domaine comme celui des arts est donc tributaire de la manière dont il est non seulement documenté mais aussi discuté et analysé dans la société. C'est ainsi qu'élaborer des études sur des œuvres favorise non seulement la diffusion, mais aussi la possibilité de discourir de l'esthétique qu'elles révèlent.

L'accessibilité à l'information sur un domaine entre aussi en jeu dans la reconnaissance artistique. Plus il y a de personnes qui sont mises au courant de l'évolution d'un domaine comme celui des arts, plus elles sont en mesure de se l'approprier. L'accès au domaine artistique et la variété de ce qui est présenté dans un contexte jouent sur cette connaissance et cette reconnaissance de la nouveauté. Plus l'information est spécialisée et plus la nouveauté peut être mise en valeur. Plus les membres de la culture acceptent d'être exposés à diverses informations et à des connaissances d'autres cultures, plus il y a de possibilités d'accepter et d'intégrer la nouveauté. Il importe cependant de souligner qu'il faut du temps avant que la nouveauté soit acceptée et intégrée à la culture. Ce qui choque à une époque dans un contexte donné ne soulève plus d'objections à une autre époque dans le même contexte.

Tout compte fait, cette perspective systémique met en lumière le fait que la créativité va au-delà des processus mentaux et inclut des considérations sociétales qui touchent la reconnaissance du produit. Dans le domaine artistique, la personne stimule la nouveauté. Elle fait preuve de créativité et est ainsi mise en lien avec un milieu qui filtre, accepte, refuse, questionne et accorde une valeur au produit créé. Le milieu procède ainsi à une sélection de la nouveauté et le domaine sert de réceptacle tout en jouant un rôle de filiation en transmettant et diffusant ce qui est reconnu comme étant nouveau. Images, symboles et métaphores sont véhiculés dans cette perspective systémique, s'inscrivent dans la pensée et prennent ancrage dans la mémoire collective. Par exemple, *Gens du pays* de Gilles Vigneault ou *Notre place* de Paul Demers sont des chansons qui font partie respectivement de la culture québécoise et de la culture franco-ontarienne : un ensemble de personnes leur accordent une importance symbolique et les ont intégrées à leur répertoire.

Dans la partie qui suit, je ferai part de l'approche méthodologique qui a donné lieu à l'analyse de deux cas : celui de la reconnaissance de la pièce *Le chien* et celui de la démarche qui a cours actuellement en Acadie. Cette approche méthodologique permettra de réfléchir à la possibilité d'instaurer un dialogue entre l'artiste et sa communauté ainsi qu'aux représentations sous-jacentes aux productions artistiques.

L'approche méthodologique

La présente recherche s'inscrit dans une approche qualitative interprétative, plus précisément une étude de cas à partir d'une analyse documentaire. Cette approche reconnaît la valeur de documents analysés et porte une attention particulière à leur contenu. Elle contribue à comprendre l'objet d'étude en approfondissant la manière dont il est traité dans un contexte donné (Savoie-Zajc, 2000, p. 172). Les paragraphes qui suivent précisent la pertinence du choix des deux cas à l'étude ainsi que celle de la procédure d'analyse suivie.

L'étude de deux cas

Il s'agit de l'étude de deux cas considérés comme des «entités différentes» (Roy, 2000, p. 162) et dont l'analyse contribue à illustrer le rapport dialogique entre l'artiste et sa communauté. Il va sans dire que ces deux cas ne représentent pas toute la réalité de ce qui peut se passer dans le contexte de la francophonie minoritaire canadienne. Ils participent cependant à en discuter et à voir comment le phénomène de la reconnaissance de la créativité est lié au rôle de l'artiste et de la communauté. Ces cas peuvent donc aider à saisir les facteurs qui entrent en jeu dans une problématique comme celle de l'exode d'artistes ou à tout le moins à réfléchir au rapport dialogique dans des contextes donnés.

Le premier cas auquel je me réfère dans le cadre de cette réflexion est celui de la reconnaissance de la pièce *Le chien* de Jean Marc Dalpé (1987). Ce cas s'avère pertinent pour discuter du rapport dialogique artiste et communauté car son analyse permet de saisir comment le milieu peut servir de filtre dans l'exercice de la production artistique. Il permet aussi de distinguer l'importance de la reconnaissance d'une œuvre d'art en théâtre par une communauté, ce qui peut être différent selon les disciplines artistiques. Par exemple, dans le milieu des arts visuels, le temps joue parfois en faveur de la reconnaissance d'une œuvre, qui témoigne en soi de ce qui a été créé. Certains artistes, peintres ou sculpteurs ne sont reconnus qu'après leur mort, ce qui mène à penser que la reconnaissance immédiate peut avoir une importance moindre dans le domaine des arts. Par contre, cela n'est pas le cas dans toutes les disciplines artistiques. Par exemple, comme le théâtre est un art collectif qui exige la présence d'un public, c'est par la reconnaissance du travail immédiat qu'un professionnel—comédien, dramaturge ou autre—en arrive à exercer son art. Même pour persévérer, le dramaturge est placé en situation d'entrée en communication avec la communauté afin, d'une part, de travailler le rapport dialogique mis en œuvre dans le texte et, d'autre part, de poursuivre un rapport dialogique avec la communauté. La pièce *Le chien* de Jean Marc Dalpé porte d'autant plus à réfléchir à ce rapport que cette œuvre a soulevé des controverses dans la communauté immédiate où elle a été d'abord présentée, alors qu'elle a été encensée ailleurs.

Le deuxième cas qui alimente la discussion dans ce chapitre est celui des *États généraux des arts et de la culture dans la société acadienne au Nouveau-Brunswick*, qui ont eu lieu en mai 2007 à Caraquet. Ce cas est aussi particulièrement pertinent dans l'étude du rapport dialogique entre l'artiste et sa communauté parce qu'il s'agit d'une démarche collective réalisée afin de réfléchir au « rôle fondamental des arts et de la culture dans l'évolution de l'Acadie » (Gauvin, Gauvin, Comeau et Cormier, 2009, p. 29). L'intérêt de cette démarche réside également dans le processus suivi qui a permis d'adopter une conception sociétale qui reconnaît l'apport de la communauté au domaine artistique et vice-versa. Les documents qui en ressortent témoignent tant des visions d'une collectivité que d'un plan d'action. Les visions spécifient les orientations que se donnent les communautés acadiennes et les actions précisent comment y parvenir.

La procédure d'analyse

La procédure d'analyse a été réalisée en trois étapes. Dans une première étape, des documents ont été analysés en relation avec la perspective systémique de la créativité (Csikszentmihalyi, 1999) afin d'illustrer la manière dont est conçu le rapport dialogique entre l'artiste et sa communauté. Dans le cas de l'œuvre de Dalpé, je me suis référée à une thèse de maîtrise, à des chapitres de livres issus d'un colloque scientifique ainsi qu'à des articles de journaux ayant servi de critiques de la pièce. Dans le deuxième cas, j'ai analysé les visions issues du document *Les actions retenues lors des États généraux des arts et de la culture dans la société acadienne au Nouveau-Brunswick* (Doucet, 2007).

Dans une deuxième étape, l'analyse de documents a fait l'objet d'échanges individualisés avec trois experts qui sont en lien depuis plus de 25 ans avec le milieu théâtral de la minorité francophone canadienne. Ils connaissent donc l'évolution du travail artistique de Dalpé. Ces experts ont également participé à la mise en œuvre des *États généraux des arts et de la culture dans la société acadienne au Nouveau-Brunswick* ou y ont assisté. Cette étape de validation de l'analyse s'est avérée particulièrement intéressante parce qu'elle a suscité en soi un rapport dialogique entre chercheuse et experts du milieu. D'une certaine façon, elle a aussi permis de faire valoir l'apport de la recherche à ce dialogue artiste et communauté puisque l'analyse a alimenté la discussion sur le rapport dialogique auprès de ceux qui poursuivent la démarche des *États généraux* en Acadie et que les commentaires de ces derniers ont contribué à approfondir le sens donné au rôle de l'artiste et de sa communauté ainsi qu'à leur contribution respective.

Dans une troisième étape, l'analyse a été révisée de manière à intégrer les commentaires reçus et les différents points de vue exprimés dans le cadre des échanges, ce qui contribue à assurer une fiabilité à la recherche. Les deux parties suivantes de ce chapitre présentent le résultat de cette analyse et de ces échanges.

Les relations mises en jeu dans la reconnaissance de la production artistique

La situation qui a entouré la reconnaissance de la pièce *Le chien* de Dalpé (1987) peut servir d'exemple afin d'illustrer comment les instances relationnelles du modèle systémique de l'étude de la créativité (Csikszentmihalyi, 1999) entrent en jeu dans la reconnaissance d'une production artistique.

Créée d'abord par le Théâtre du Nouvel-Ontario et présentée dans le contexte de la communauté de Sudbury en 1988, la pièce a suscité la controverse, car elle a été jugée par les uns comme ayant un langage trop cru et par les autres comme étant d'une théâtralité exemplaire. Consacrée par la suite par le milieu théâtral québécois et celui de la France, elle reçoit l'ovation du public lorsqu'elle revient quelques années plus tard dans la communauté. Même si à ce moment-là le langage est toujours jugé trop cru par certains, les critiques en font l'éloge et reconnaissent la beauté et la grandeur de cette production théâtrale. L'écriture de Dalpé y est associée à celle d'autres grands dramaturges et l'originalité de sa parole théâtrale est encensée (Fréchette, 1988, p. 143).

À l'instar des réactions qui ont suivi la présentation des *Belles-sœurs* de Michel Tremblay dans le contexte québécois, la spécificité de l'écriture de la pièce *Le chien* ne reflétait donc pas ce que tous rêvaient de voir et d'entendre au théâtre puisque, pendant deux ans, le Théâtre du Nouvel-Ontario essaie en vain de la diffuser en tournée dans les communautés francophones de l'Ontario français. Lorsqu'elle est traduite en anglais et jouée au Factory Theatre de Toronto, l'accueil qu'elle reçoit confronte également la représentation du public vis-à-vis d'une œuvre en provenance d'un contexte francophone minoritaire, comme l'exprime Filewod (2007) :

> [...] il me semble raisonnable de proposer que la majorité des critiques torontois avaient tendance à considérer la culture franco-ontarienne — dans la mesure où ils y pensaient — comme une extension immigrée du Québec. Les différences fondamentales d'histoire et, bien sûr, de langue entre le Québec et le Nouvel-Ontario les dépassaient complètement.
> [...] Dans cet accueil, nous voyons à l'œuvre la même pression culturelle décrite à maintes reprises par Dalpé, celle qui oblige à choisir soit l'assimilation, soit la migration au Québec (p. 270-271).

Les représentations des artistes et celles de la population ambiante au sujet de ce qu'est et se doit d'être une production artistique — théâtrale ou autres — ne concordent pas toujours et peuvent provoquer à certaines occasions des confrontations. Comme cet exemple permet de le constater, le milieu théâtral et celui de la communauté peuvent servir de filtres distincts et influer l'un vis-à-vis de l'autre.

Dans la perspective de Csikzentmihaliyi (1999), la créativité exprimée dans *Le chien* a été reconnue par le milieu théâtral, ce qui a permis à cette œuvre de s'inscrire dans les annales du domaine et de faire partie de la culture. La densité des personnages en a fait une œuvre marquante qui est passée dans les annales du répertoire dramaturgique franco-ontarien. Comme l'exprime Fréchette (1988) dans le contexte montréalais de l'époque :

> La force de cette pièce ne réside pas dans son originalité mais dans son authenticité. S'il n'évite pas complètement les clichés du genre, Dalpé réussit quand même à émouvoir ; il arrive, à certains moments, à transcender les limites de la forme par la force et l'urgence de son cri (p. 143).

Au fil des ans, différents regards portés sur l'œuvre de ce dramaturge concourent à saisir la portée de l'acte théâtral, qui va au-delà du filtre immédiat de la communauté de Sudbury (Nutting et Paré, 2007, p. 16).

En passant ainsi la rampe, d'abord dans des contextes majoritaires francophones comme ceux de Montréal et de Paris, cette production donne à réfléchir sur la reconnaissance de la dramaturgie issue du milieu francophone minoritaire canadien. À cette époque, Jean Beaunoyer (1988), critique du quotidien *La Presse* à Montréal, parle ouvertement du malaise perçu dans le contexte minoritaire : « *Le chien* c'est le théâtre d'une minorité écrasée, coincée, vivotant avec ce qui lui reste de culture française entre deux pays : celui du cœur et celui du pain » (p. E6). Pour en arriver à un niveau de reconnaissance nationale et internationale, il a fallu que Dalpé passe outre au filtre de la communauté immédiate, ce qui est exceptionnel pour un artiste et exige d'emblée une maturité dans sa pratique. La section suivante permet d'approfondir cette dynamique selon les instances relationnelles de la perspective systémique de l'étude de la créativité.

Filtres du milieu théâtral et filtre de la communauté

Le milieu théâtral agit comme un filtre parce que la reconnaissance artistique vient en grande partie de pairs dans le domaine des arts. Ce fait est indéniable, entre autres, parce que les jurys d'évaluation de demandes de subventions sont formés de praticiens de théâtre. Les bourses et les prix sont aussi octroyés en concertation avec des membres de la communauté artistique. Les possibilités d'emplois à court, moyen et long termes sont tributaires de la reconnaissance de l'artiste dans sa communauté et, à plus grande échelle, dans diverses communautés nationales et internationales. Si la production d'un artiste n'est pas reconnue par le milieu théâtral ambiant, elle doit à tout le moins l'être par un ou d'autres milieux théâtraux dans le même pays ou d'autres pays pour que la production de cet artiste s'inscrive dans la culture.

La communauté où est d'abord présentée une pièce constitue également un filtre essentiel dans la reconnaissance de la production artistique. Par exemple, en venant assister aux spectacles, les membres de la communauté encouragent les artistes et manifestent un intérêt perceptible pour leur travail. L'achat de spectacles lors de tournées est aussi une manière tangible de faciliter la diffusion de la production artistique dans une région, une province, voire plusieurs provinces et pays. Par ailleurs, le refus d'appuyer la démarche d'un artiste se fait sentir immédiatement dans la possibilité de poursuivre son travail dans sa communauté et le choix de demeurer ou non sur place se pose aussi assez rapidement.

Dans un contexte de production artistique, le modèle de Csikszentmihalyi (1999) peut contribuer à comprendre comment est reçue ou refusée la nouveauté selon le milieu et le domaine où elle a cours. Cette perspective permet de se questionner sur ce que des artistes ou des communautés conçoivent comme nouveau, créateur ou utile au développement artistique. Elle met par ailleurs à jour l'importance que la communauté reconnaisse la production artistique. En théâtre, par exemple, même si les artistes se regroupent entre eux pour produire des spectacles—le théâtre étant en soi un art collectif—, cela ne minimise en rien l'impact que peuvent avoir le filtre du milieu théâtral et celui de la communauté où est présentée cette production tant sur la production que sur les artistes.

Comme permet de l'illustrer l'exemple de la reconnaissance d'abord mitigée puis ovationnée de la pièce *Le chien* lors de la production originale, le milieu procède à une sélection de la nouveauté et le domaine lui sert de réceptacle. Une fois cette reconnaissance acquise, le domaine joue alors un rôle de filiation en transmettant et diffusant ce qui est reconnu et fait dorénavant partie de la culture. Par la suite, les images, les symboles, le langage et les métaphores contenus dans ce produit artistique et culturel continuent d'être véhiculés et prennent ancrage dans la mémoire collective. L'exemple de la pièce *Le chien* permet de réaliser que l'omniprésence du rapport de l'altérité et le besoin de recevoir «l'approbation de l'Autre» (Desabrais, 2005, p. 97) sous-tendent le processus de reconnaissance des productions artistiques. La partie qui suit donnera l'occasion de voir comment un processus de réflexion peut contribuer au rapport dialogique entre artiste et communauté.

Le rapport dialogique artiste et communauté : l'exemple de l'Acadie

Pour instaurer un rapport dialogique artiste et communauté à l'occasion des *États généraux des arts et de la culture dans la société acadienne au Nouveau-Brunswick*, sept chantiers de discussions regroupant un ensemble de représentants de la communauté ont été mis en œuvre : le chantier *Artiste créateur*, le chantier *Éducation, arts et culture*, le chantier *Communautés, arts et culture*, le chantier *Infrastructures culturelles*, le chantier *Industries et entreprises culturelles*, le chantier *Communication, arts et culture* et le chantier *Pan atlantique* (Gauvin, Gauvin, Comeau et Cormier, 2009, p. 35). Ces chantiers ont permis de discuter pendant deux ans des différents problèmes que soulève la continuité du travail artistique dans le contexte du Nouveau-Brunswick et de concevoir quels sont les rôles et la contribution de l'artiste et de sa communauté. Les *États généraux* se sont tenus à la suite de ces discussions et ont servi à préciser des visions et un plan d'action.

Dans cette quatrième partie, sont présentées les différentes visions de ces chantiers et en est dressé le tableau. Par la suite, j'en fais l'analyse synthèse en faisant ressortir la particularité de chacune d'elles et la complémentarité de leur ensemble.

Les visions issues des différents chantiers

La vision issue du chantier *Artiste créateur* reconnaît d'emblée que le rôle de l'artiste consiste à contribuer à la qualité de vie de la communauté et au rayonnement de la province du

Nouveau-Brunswick. Pour ce faire, l'artiste exprime toute la diversité de sa créativité et cultive l'excellence. Cette vision confère à l'artiste le statut de « travailleur hautement spécialisé » et affirme que le rôle de la communauté consiste à le reconnaître, à l'apprécier et à l'intégrer. C'est pourquoi il importe de mettre en œuvre des mesures qui lui permettent d'obtenir un revenu annuel « qui s'apparente à celui de la population active » et d'avoir accès à des moyens de production (Doucet, 2007).

Selon la vision *Éducation, arts et culture*, l'école acadienne et francophone du Nouveau-Brunswick intègre les arts et la culture au cœur de la formation. Elle offre des apprentissages de qualité dans toutes les disciplines artistiques. Elle permet à chaque élève de faire l'apprentissage des différentes formes d'expression artistique et lui fournit les ressources nécessaires pour se développer.

La vision issue du chantier *Communautés, arts et culture* insiste sur l'importance de « rassembler les forces vives » des communautés acadiennes du Nouveau-Brunswick afin de participer à une « vision commune ». Elle reconnaît le rôle des communautés à l'égard des arts et de la culture et le qualifie d'emblée d'interdépendant et de complémentaire dans l'appui aux artistes. C'est pourquoi il importe que les communautés élaborent ensemble des stratégies d'aménagement culturel du territoire qui contribuent « au développement économique, appuyé sur la cohésion sociale, le savoir et la créativité » (Doucet, 2007).

Les infrastructures culturelles sont des piliers indispensables à l'accompagnement et à l'appui des artistes de la communauté selon la vision du chantier *Infrastructures culturelles*. Pour ce faire, il est cependant essentiel qu'elles regroupent « un bassin de travailleurs culturels et artistiques compétents » (Doucet, 2007). Les réflexions issues de ce chantier accordent une importance justifiée aux infrastructures en regard de la reconnaissance de la créativité de la personne en lui offrant un lieu d'expression culturelle et d'évolution artistique.

La vision du chantier *Industries et entreprises culturelles* conçoit que les différentes communautés sont à même d'appuyer les manifestations artistiques afin qu'elles s'intègrent à une culture qui transcende le contexte acadien. Cette vision affirme que les industries et entreprises culturelles sont incontournables dans le domaine artistique et donnent une visibilité accrue aux communautés. Le partenariat rend encore plus percutantes les retombées de la reconnaissance de la créativité des artistes, qui, d'une part, participent à enrichir la vie culturelle des communautés et, d'autre part, les incitent à la fierté identitaire.

La vision du chantier *Communication, arts et culture* accorde un rôle de premier plan aux médias, non seulement en ce qui concerne la diffusion du produit culturel acadien, mais aussi pour favoriser le dialogue entre artistes. Elle souligne l'importance du rôle que jouent les médias nationaux dans la reconnaissance du travail d'artistes locaux.

La vision du chantier *Pan atlantique* tend à favoriser des collaborations entre artistes des communautés acadiennes des différentes provinces de l'Est canadien (Gauvin, Gauvin, Comeau, et Cormier, 2009, p. 49). Elle insiste sur la nécessité d'exercer une concertation afin de tisser des liens entre les communautés acadiennes et leurs artistes en vue de faciliter leur promotion et la diffusion des produits culturels. Comme il est possible de l'observer dans le tableau synthèse suivant, le rôle de l'artiste est spécifié principalement dans les chantiers *Artiste créateur* et *Éducation, arts et culture,* alors que les cinq autres chantiers précisent le rôle de la communauté sous l'égide d'institutions sociétales comme les écoles, les infrastructures culturelles, les industries et les médias.

Tableau I : Synthèse du rôle de l'artiste et des communautés

Rôle de l'artiste	Rôle de la communauté
Artiste créateur Contribuer à la qualité de vie de la communauté Contribuer au rayonnement de la province Exprimer toute la diversité de sa créativité Cultiver l'excellence artistique	*Artiste créateur* Reconnaître, apprécier et intégrer pleinement l'artiste émergent.e, ethnoculturel.le ou établi.e comme travailleur hautement spécialisé. Contribuer à ce que l'artiste reçoive un revenu annuel qui s'apparente à celui de la population active. Donner accès à des outils.
Communautés, arts et culture	*Communautés, arts et culture* Rassembler leurs forces vives dans l'édification d'une vision commune. Reconnaître leur interdépendance et leur complémentarité. Élaborer ensemble les stratégies et les actions qui permettent d'assurer leur développement économique, appuyé sur la cohésion sociale, le savoir et la créativité
Éducation, arts et culture Être en contact avec des jeunes de sa communauté. Contribuer au développement de la créativité des jeunes et à leur construction identitaire. Permettre aux jeunes de la communauté d'apprécier leur patrimoine culturel. Susciter une fierté. Contribuer à l'essor de la communauté en incitant à une ouverture sur le monde.	*Éducation, arts et culture* L'école acadienne et francophone du Nouveau-Brunswick intègre les arts et la culture au cœur de la formation. Elle offre des apprentissages de qualité dans toutes les disciplines artistiques. Elle permet à chaque élève de faire l'apprentissage des différentes formes d'expression artistique et lui fournit les ressources nécessaires pour se développer.
Infrastructures culturelles Faire partie du bassin de travailleurs culturels et artistiques. Être compétent.	*Infrastructures culturelles* Les infrastructures culturelles de l'Acadie du Nouveau-Brunswick sont un modèle. Elles accompagnent et soutiennent les artistes professionnels, la création, la production, la promotion, la diffusion, la conservation et la documentation de leurs œuvres. Les infrastructures permettent la rencontre du public et de l'artiste dans un cadre professionnel.

Industries et entreprises culturelles	Industries et entreprises culturelles Les industries et les entreprises culturelles acadiennes créent des emplois. Elles contribuent largement à la qualité de vie des artistes et des communautés. Elles permettent à l'Acadie de se faire connaître, de se faire entendre et de se faire voir tout en alimentant la fierté de ses communautés.
Communications, arts et culture	Communications, arts et culture Les médias acadiens favorisent le dialogue entre les artistes, leurs œuvres et la population. Ils assurent une couverture complète des arts et de la culture en Acadie. Ils contribuent ainsi à la présence des artistes acadiens dans les médias nationaux et internationaux.
Pan Atlantique	Pan Atlantique Susciter une synergie et une plus grande collaboration entre les communautés artistiques du Nouveau-Brunswick, de la Nouvelle-Écosse, de l'Île-du-Prince-Édouard, de Terre-Neuve et du Labrador.

Dans la section qui suit, l'analyse de cette mise en parallèle du rôle de l'artiste et de sa communauté permet de discuter de la manière dont s'articule le rapport dialogique dans le contexte acadien.

Analyse synthèse des visions issues des différents chantiers

Sans tenir pour acquis qu'il est facile de gagner sa vie dans le domaine des arts, la vision du chantier *Artiste créateur* fait valoir la nécessité pour l'artiste de subvenir financièrement à ses besoins pour continuer d'être à l'avant-garde. Cela sous-entend que l'artiste a des besoins financiers et que ceux-ci sont liés à sa capacité de créer et à son évolution dans le domaine des arts. Même si cela semble aller de soi, ce constat met en question une représentation misérabiliste selon laquelle, d'une part, l'artiste est un passionné qui se nourrit de son art—il n'a donc pas à être rémunéré puisqu'il tire déjà une satisfaction suffisante de ce qu'il fait—et, d'autre part, l'art ne peut évoluer que si l'artiste souffre—répondre à ses besoins risque donc d'atténuer ses souffrances et même nuire à l'évolution du domaine.

Dans le même ordre d'idées reconnaissant la possibilité d'établir un rapport dialogique entre artiste et institutions sociétales, selon la vision du chantier *Éducation, arts et culture*, l'école assume un rôle—voire une mission—de filiation et de transmission du patrimoine culturel de la francophonie (Bernard, 1997, p. 490-494). Elle est conçue comme le point d'ancrage de la francophonie dans la communauté et, dans bien des cas, selon la densité de la population, elle est aussi au cœur de la possibilité de sensibiliser les jeunes à la culture. Cette représentation rejoint la vision émise dans d'autres provinces canadiennes selon laquelle l'artiste qui est en contact avec des jeunes tend à contribuer au développement de leur créativité et de leur identité. Il devient une preuve tangible qu'il est possible d'être artiste francophone en contexte minoritaire. Il suscite la fierté et contribue à l'essor de la communauté tout en favorisant une ouverture au monde (Théberge, 2007, p. 31-34).

Cette représentation du rôle de l'artiste et de la communauté fait une place de choix à l'éducation artistique dans le contexte scolaire. Elle va dans le sens de ce que prônent diverses recherches portant sur l'apport de l'éducation artistique et sur la nécessité d'intégrer les arts au contexte des écoles (Haentjens et Chagnon-Lampron, 2004, p. 9-11). Elle donne également lieu d'inciter à une participation des artistes de la communauté à la formation et de resserrer les liens entre des domaines éducationnel et artistique. Tant la vision que les actions qui en découlent sont directement en lien avec l'évolution même du domaine de l'éducation artistique. Elles font valoir la nécessité de se doter de politiques linguistiques et culturelles qui rendent tangible ce qui unit l'éducation aux arts et à la culture. Elles rendent prioritaire une formation à l'enseignement adaptée au domaine artistique afin de contribuer à la compréhension de l'importance des arts dans la société et intègre une conception de «passeur culturel» au rôle du personnel enseignant (Zakhartchouk, 1999, p. 112; Gohier, 2002, p. 233).

Les visions issues des cinq autres chantiers : *Communautés, arts et culture, Infrastructures culturelles, Industries et entreprises culturelles, Communication, arts et culture* et *Pan atlantique* s'avèrent complémentaires de celles issues des chantiers *Artiste créateur* et *Éducation, arts et culture* puisqu'elles spécifient comment les différentes institutions de la communauté peuvent appuyer l'artiste dans l'exercice de sa profession. Si l'apport de l'artiste s'effectue sous forme symbolique, ces visions réitèrent l'importance que les principales préoccupations de l'artiste soient centrées sur la création professionnelle et non sur sa survie personnelle.

Cette manière d'affirmer le rôle de l'artiste est d'autant plus importante actuellement que le milieu artistique des minorités francophones canadiennes fait preuve de maturité. Au cours des dernières décennies, nombre de professionnels et de productions réalisées par des théâtres hors Québec ont été mis en nomination pour recevoir des prix. Qu'il s'agisse du prix du Gouverneur général, des Éloizes ou de masques reconnaissant la qualité de productions théâtrales, les artistes professionnels du Canada français font leur marque. Pour que ces artistes continuent de s'inscrire dans une lignée culturelle, il leur faut une reconnaissance tangible incluant les moyens financiers suffisants en provenance de la communauté et d'instances sociétales.

Le travail des médias est particulièrement important dans cette reconnaissance du travail artistique parce qu'il peut contribuer de façon importante à son rayonnement. Les médias constituent un filtre vis-à-vis de la créativité exercée et, selon le verdict qu'ils posent, ils participent à la reconnaissance du travail artistique produit dans la communauté ou en minimisent la valeur. Ils peuvent même l'occulter et lui nuire d'une certaine façon s'ils ne le présentent pas, en parlent peu ou le comparent constamment à des produits culturels d'ailleurs en faisant valoir que ceux-ci leur seront toujours supérieurs.

Les différents chantiers des *États généraux* alimentent donc la réflexion au sujet de la complexité de la reconnaissance des artistes en contexte de francophonie canadienne. Somme toute, l'analyse des visions qui en découlent permet de constater la complémentarité du rapport dialogique établi dans les différents chantiers et le fait que ce processus tend à faciliter l'accès à la créativité de la personne. Cet exemple permet aussi de voir comment les filtres des communautés, des institutions scolaires, des industries culturelles et des médias d'information peuvent agir comme leviers et non comme freins.

Force est cependant de reconnaître qu'il s'agit de visions à mettre en place et que l'ouverture qu'elles présupposent n'est pas nécessairement en vigueur. La controverse suscitée par la présentation de la pièce *Le filet* (Thériault, 2007), présentée par le Théâtre populaire d'Acadie à Caraquet quelques mois à peine après la diffusion du document de réflexion portant sur les *États généraux*, est la preuve qu'il y a loin de la coupe aux lèvres. Sous l'égide d'une situation familiale, le thème de la pièce remet en question les relations conflictuelles entre pêcheurs et industries. Une partie du public a réagi défavorablement à l'exposition publique de ce thème, entre autres, parce qu'il était possible de l'associer à des événements ayant eu cours et qu'il transgressait d'une certaine manière le silence qui les entourait. Tout comme la pièce *Le chien*, cet exemple illustre comment le changement peut être difficile à opérer dans une société.

Conclusion

Les deux exemples que nous avons cités au cours de ce chapitre alimentent la discussion au sujet du rapport dialogique entre l'artiste et sa communauté. D'une part, si le rôle de l'artiste consiste à exprimer toute la diversité de sa créativité et à cultiver l'excellence, cela ne peut se faire sans remise en question et sans recherche artistique, dont les résultats risquent fort de dépasser, du moins par moments, ce que la communauté est prête à accepter. D'autre part, il ne peut y avoir une allégeance forcée de la communauté à l'artiste et son rôle ne peut consister uniquement à appuyer et à reconnaître le travail accompli. C'est pourquoi une ouverture d'esprit de part et d'autre s'avère essentielle pour instaurer une communication qui permette de comprendre la démarche artistique et d'en saisir la valeur dans sa contemporanéité.

Ces exemples donnent donc lieu de s'interroger sur la place de l'artiste dans la conception sociétale et sur celle de l'adhésion de la collectivité. Si pour créer il faut explorer et affirmer un tant soit peu une singularité, une différence de contenu et de forme, il va sans dire que la reconnaissance de la créativité exige une prise de risques afin d'aller au-delà du déjà vu (Dacey et Lennon, 1998, p. 9-102). Il s'avère alors judicieux de se demander jusqu'où sont prêts à aller l'artiste et sa communauté pour comprendre le rôle qu'il est possible d'exercer l'un vis-à-vis de l'autre dans un contexte donné.

De plus, même si la francophonie canadienne conçoit de plus en plus d'intégrer l'apport de la créativité à la vie des communautés, cela ne signifie pas pour autant que l'artiste trouve aisément une manière d'évoluer sur le plan artistique dans ce contexte. Son rôle d'excellence le situe à l'avant-garde et il est fort probable que sa communauté ne partage pas toujours les mêmes référents artistiques que lui. Ce n'est pas uniquement une question de goût, mais cela touche le savoir accessible dans la communauté. Quand on parle de minorité et qu'on connaît les difficultés d'accès à la production artistique francophone dans un contexte majoritairement anglophone, on est en droit de saisir l'ampleur du travail de diffusion qu'il faut pour consolider le sens d'appartenance de l'artiste à sa communauté. Reste également à préciser les conditions de création et de production artistique qui peuvent encourager les artistes à vivre dans leur communauté et à y exercer leur créativité et leur art à long terme.

Références

Beaunoyer, J. (1988), «*Le chien* de Dalpé: décapant jusqu'à l'os», *La Presse*, 20 mars 1988, p. E6.

Bernard, R. (1997), «Les contradictions fondamentales de l'école minoritaire», *Revue des sciences de l'éducation*, 23(3), p. 509-526.

Csikszentmihalyi, M. (1999), «Implications of a system's perspective for the study of creativity», dans R. J. Sternberg (ed.) *Handbook of Creativity*, Cambridge, Cambridge University Press, p. 313-335.

Csikszentmihalyi, M. (2006), *La créativité. Psychologie de la découverte et de l'invention*, Paris, Robert Laffont.

Dacey, J. S. et K. H. Lennon (1998), *Understanding Creativity: The Interplay of Biological, Psychological and Social Factors*, San Francisco, Californie, Jossey-Bass.

Dalpé, J. M. (1997), *Le chien*, Sudbury, Prise de parole.

Desabrais, T. (2005), «Les réceptions franco-ontarienne et québécoise du *Chien*, d'*Il n'y a que l'amour* et d'*Un vent se lève qui éparpille* de Jean Marc Dalpé», thèse de maîtrise inédite, Ottawa, Université d'Ottawa.

Doucet, C. (2007), «Les actions retenues lors des *États généraux des arts et de la culture dans la société acadienne au Nouveau-Brunswick*», *La chronique du monde*, en ligne, consulté le 29 août 2008 à http://www.capacadie.com/chroniquedumonde/2007/5/7/Les_actions_396.cfm.

Filewod, A. (2007), «Au fond de la mine, au fond du théâtre: l'accueil critique de Jean Marc Dalpé dans le milieu théâtral canadien-anglais», dans S. Nutting et F. Paré, *Jean Marc Dalpé. Ouvrier d'un dire*, Sudbury, Prise de parole, p. 263-278.

Fréchette, C. (1988), «*Le chien*», *Cahiers de théâtre JEU*, (48), p. 141-143.

Gagnon, P. (2004), «L'âge de la maturité des arts au Canada français», *Culture Canada: Mon point de vue*, en ligne, consulté le 17 avril 2007 à http://www.culture.ca/perspective-pointdevue-f.jsp?data=200401/tcp01100012004f.html.

Gauvin, R., M. Gauvin, J. Comeau et R. Cormier (2009), «*États généraux des arts et de la culture dans la société acadienne au Nouveau-Brunswick. Stratégie globale pour l'intégration des arts et de la culture dans la société acadienne au Nouveau-Brunswick*», Moncton, Association acadienne des artistes professionnel.le.s du Nouveau-Brunswick.

Gohier, C. (2002), «La polyphonie des registres culturels, une question de rapports à la culture. L'enseignant comme passeur, médiateur, lieur», *Revue des sciences de l'éducation,* 28(1), p. 215-236.

Giust-Desprairies, F. (2003*), L'imaginaire collectif,* Ramonville Saint-Agne, Érès, coll. «Sociologie clinique».

Haentjens, M. et G. Chagnon-Lampron (2004), *Recherche-action sur le lien langue-culture-éducation en milieu minoritaire francophone,* Ottawa, Fédération culturelle canadienne-française.

Nutting, S. et F. Paré (2007), *Jean Marc Dalpé. Ouvrier d'un dire,* Sudbury, Prise de parole.

Roy, S. N. (2004), «L'étude de cas», dans B. Gauthier (dir.), *Recherche sociale. De la problématique à la collecte de données,* Montréal, Presses de l'Université du Québec.

Savoie-Zajc, L. (2000), «La recherche qualitative/interprétative en éducation», dans K. Thierry et L. Savoie-Zajc, *Introduction à la recherche en éducation,* Sherbrooke, Éditions du CRP de la Faculté d'éducation de l'Université de Sherbrooke, p. 171-198.

Théberge, M. (2007), «L'école comme lieu d'ancrage de la culture», *Revue de recherche en éducation musicale,* (26), p. 25-38.

Théberge, M. (2008), «Des exemples de conditions économiques qui favorisent la production théâtrale dans le contexte de la minorité francophone canadienne», *Recueil des textes du Forum international sur l'économie créative,* Ottawa, Conference Board du Canada.

Thériault, M. R. (2007), *Le filet,* pièce présentée par le Théâtre populaire d'Acadie à la Caserne Letourneux de Montréal dans le cadre de la Saison itinérante de la Salle Fred-Barry.

Zakhartchouk, J. M. *L'enseignant, un passeur culturel,* Paris, ESF.

CONCLUSION

Phyllis Dalley
Professeure adjointe
Nathalie Bélanger
Professeure agrégée
et
Tina Desabrais
Doctorante
Faculté d'éducation de l'Université d'Ottawa

Cet ouvrage cherche à saisir la francophonie, sous une forme moins spectaculaire, mondaine ou officielle que spontanée, diffuse et plurielle. Mettre en lumière et analyser l'impact des mots, des définitions, des images et des pratiques dans la construction sociale de la francophonie sont au cœur de cet ouvrage. Cette réflexion s'est engagée selon trois axes: en interrogeant d'abord le rôle des mots, des définitions, des catégories dans les processus d'inclusion et d'exclusion à l'œuvre au sein de la francophonie institutionnelle, organisationnelle et sociale; ensuite, en s'intéressant à la représentativité des définitions et des énoncés de politiques ou de productions institutionnelles de la francophonie et à leur éventuelle capacité d'être en phase avec la réalité francophone qu'elles prétendent représenter ; enfin, en examinant la réception et l'appropriation des définitions et des représentations de la francophonie et l'articulation entre la francophonie «définie» et la francophonie «vécue».

Les auteurs des chapitres rassemblés dans ce collectif proviennent de différents horizons et de diverses écoles de pensée, mais tous posent la question des contours de la francophonie.

Ce qu'est la francophonie.
Une interrogation sur les mots et les catégories

Qu'est ce que la francophonie ? Qui est francophone ? Ces interrogations soulèvent la question du pouvoir de nommer dans un contexte où la francophonie déborde les États-nations et renvoie à plusieurs histoires. La francophonie est, tel que le propose Gabrielle Parker, archipélique. Elle traverse les espaces, les langues, emprunte aux uns, inspire les autres. Cette auteure met de l'avant l'idée d'une francophonie aux multiples frontières, une île, plusieurs frontières, partageant un socle commun, la langue française et ses expressions, tels les îlots de l'archipel. Un ensemble, un archipel qui ne s'organise pas autour d'un centre, mais bien en réseaux, se délestant ainsi de la hiérarchie des États et de ses cultures. L'archipel se situe dans un certain flou définitoire, comme la francophonie. Quand la francophonie est récupérée par le politique, tel que le démontre Normand Labrie dans son analyse de la politique d'aménagement linguistique, elle cesse alors d'être floue et archipélique, elle devient projet politique. Un projet qui tente d'habiller le vocable *francophone* d'un sens élargi pour y inclure des identités multiples mais où, rapidement, l'uniformité revient et le sens se restreint. Le risque de dresser des frontières entre ceux et celles qui ont droit de cité et les Autres devient alors présent. Danielle Forget retrace ces frontières dans la presse écrite en s'intéressant aux occurrences des mots *francophonie*, et *francophone* et surtout à leurs significations différentes, contextuelles. Les logiques centre/périphérie sont à l'œuvre comme autant de processus d'inclusion et d'exclusion au sein de la francophonie. La francophonie ne peut plus alors faire

l'économie d'un questionnement au sujet de la diversité, du pluralisme. Des militants et des intellectuels se positionnent face à ces
questions. Par exemple, Christophe Traisnel et Isabelle Violette
démontrent que l'Acadie du Nouveau-Brunswick se redéfinit pour
prendre en compte la pluralité francophone, tout en recomposant
ou en actualisant un discours portant sur « l'acadianité ». De façon
similaire, Phyllis Dalley et Anne-Sophie Ruest-Paquette retracent
les débats d'intellectuels, de journalistes et de militants au sujet de
la dénomination d'une association francophone de l'Alberta et, par
là, évoquent ce que veulent dire, dans ce contexte, « la francophonie », « être francophone ». Les auteures font état d'une tension
entre une définition moderne et nationaliste de la francophonie
albertaine (histoire, langue et territoire partagés) et une autre plus
en phase avec l'image de l'archipel dont le socle commun est cette
langue ou ces répertoires que les individus partagent.

Une francophonie institutionnalisée

La francophonie est souvent celle de ses institutions. La tentation
est grande alors de vouloir expliquer la réalité d'une institution
francophone en mettant de l'avant son statut, son mandat, son
histoire, à partir d'une représentation holiste mettant aux prises des
collectivités ou des nations engagées, sur un mode plus ou moins
conflictuel, à assurer leur destin. Dans cette perspective, l'institution francophone apparaît comme un vecteur de cette volonté collective de survie, avec le risque de prendre cette « raison d'être »
hypostasiée de l'institution pour une explication de son fonctionnement.

En deçà de cette francophonie événementielle, on découvre
toutefois une francophonie plus complexe, dont les « annales » du
quotidien compliquent le rôle que l'on attribue spontanément à
l'institution francophone. C'est dans cette perspective que s'inscrit
le texte de Nicolas Garant. Si la section francophone du ministère
de l'Éducation de l'Ontario contribue à produire de la réalité
franco-ontarienne, c'est davantage en fonction d'un jeu humain
complexe non planifié, dans l'économie des échanges et des

transactions, qu'en fonction d'une politique officielle, et encore moins du mandat historique incombant à cette institution.

Ces entreprises de production de la réalité franco-ontarienne définissent alors ce que sont la langue et la culture, contribuent à façonner la francophonie et à dire qui est francophone. Elles dénombrent les « parlants français », luttent contre leur « assimilation » et visent toujours à en augmenter les nombres. Des catégorisations surgissent et ne prennent que difficilement en compte la variété, la fréquence d'usage, le statut (langue première, langue nationale, langue de scolarisation) du français d'une région ou d'un pays. Elles prennent difficilement en compte l'archipel. Pierre Foucher évoque pourtant la possibilité que des personnes non locutrices du français soient considérées francophones ou membres de la francophonie. La contribution législative à l'élaboration de contraintes sur les possibilités définitoires de la francophonie canadienne sont mises en évidence par cet auteur. La constitution canadienne, par le biais de sa *Charte des droits et libertés*, établit des critères d'inclusion à la francophonie fondés sur la scolarisation des enfants d'une famille. Ainsi, lorsqu'un enfant de parents unilingues anglais, par exemple, est accepté à l'école d'une communauté francophone, les parents et leurs enfants deviennent *ipso facto* inclus, d'un point de vue statutaire du moins, dans la francophonie ; ceci alors que l'immigrant qui a le français comme langue d'usage et de scolarisation en est, à prime abord, exclu. Les frontières se brouillent encore un peu plus dans le chapitre d'Alexandra Jaffe, qui propose un regard décentré sur la francophonie. Car, dans le contexte corse, il est plutôt question de se définir par le biais d'une distanciation du français, bien que la langue corse légitime et le projet d'une école corse se construisent en référence au modèle du français. L'appropriation du projet de l'école par les enfants, comme l'ont observé Nathalie Bélanger et Diane Farmer dans des écoles de langue française, contribue à transformer l'institution scolaire et ses catégories et, par le fait même, les pratiques pédagogiques, sociales et discursives qu'elle adopte. Grâce à une sociologie de l'enfance, elles montrent, en effet, en quoi l'institution est transformée par les enfants et comment ceux-ci s'approprient les normes et les codes de l'école. Apparaît alors un décalage entre le mandat ou la mission de l'école et ce qu'elle représente pour les enfants à un moment donné de leur vie, en tant qu'espace parmi d'autres où la socialisation des enfants et des jeunes se déploie. Ce décalage est aussi noté par Annie Pilote et Marc Molgat, qui s'inspirent d'une théorie sociologique de la mobilité et proposent une autre lecture du phénomène de «l'exode des jeunes», vécu si difficilement dans les communautés en situation minoritaire. Cette lecture propose de tenir compte des motivations et des stratégies individuelles à travers lesquelles les jeunes orientent leur parcours, conçu comme un processus de construction identitaire.

Une francophonie vécue

Une contribution à cet ouvrage insiste sur la construction sociale du francophone et de la francophonie à partir de la perspective du locuteur du français, langue seconde. Celle-ci invite à reconsidérer la francophonie à la lumière d'une définition non strictement linguistique. Lace Marie Brogden se présente comme anglophone, locutrice du français, bilingue. Par le biais d'un essai autoethnographique, elle invite les lecteurs à la complexification de la notion de francophonie pour inclure ceux et celles qui, sans être francophones, au dire de certains, ont le français comme langue d'usage. Cette auteure pose la problématique du positionnement de l'individu pour qui le français a disparu, soit entièrement ou en grande partie, de son répertoire linguistique. Cette personne perd-elle alors son droit de cité? Selon la définition de la *Charte*, non, mais selon celle fondée sur l'unique compétence linguistique, si. Qui décide de la compétence nécessaire à l'inclusion dans la francophonie? Lace Marie Brogden répond en suggérant que nous détenons tous le pouvoir de nommer et ainsi de complexifier les pourtours de la francophonie. Cette position rejoint en un sens celle de Marie LeBel, pour qui l'intellectuel n'est pas obligatoirement un savant ou un expert, mais souvent un «interprétant» qui observe, analyse et présente ses interprétations. Les artistes, notamment ceux du milieu théâtral, contribuent aussi à la définition du francophone en milieu minoritaire. Or Tina Desabrais souligne que cet acte définitoire passe souvent par un processus d'acceptation, voire d'approbation par un «Autre» francophone. Dans le cas exploré par cette auteure, il s'agit d'un «Autre» majoritaire, souvent jugé plus légitime que l'artiste en situation minoritaire. Ainsi et au contraire de l'archipel proposé par Parker, les îles de la francophonie se positionnent, ou sont positionnées, en relation à un ou des centre/s ayant un pouvoir de légitimation.

Pour la suite...

Les articles rassemblés dans ce collectif témoignent tous de la complexité de la francophonie, de ses pourtours, de ses frontières. Force est de constater qu'elle est non seulement un outil de revendication politique, mais également un terrain de lutte idéologique, un marché bourdieusien. Cette lutte pose les questions de l'appartenance et de l'exclusion, des centres et des périphéries, des revendications légitimes et illégitimes. Le lecteur est saisi d'une multiplicité de définitions qui frappent l'imaginaire de l'im/possible francophonie. Il n'existe pas une francophonie mais plusieurs que l'on ne peut circonscrire que temporairement et arbitrairement.

BIOGRAPHIE DES AUTEURS

Nathalie Bélanger

Elle est professeure agrégée à la Faculté d'éducation de l'Université d'Ottawa et titulaire de la Chaire de recherche francophone en éducation. Elle s'intéresse aux processus d'inclusion et d'exclusion à l'école. Ses recherches portent sur l'égalité et l'équité en éducation, les minorités, l'enfance en difficulté, les perspectives et les représentations des enfants et des apprenants et la question des rapports école/famille.

Lace Marie Brogden

Lace Marie Brogden, Ph. D., est professeure adjointe à la Faculté d'éducation à l'Université de Regina, où elle enseigne des cours d'études professionnelles et de méthodologie. Sa recherche porte sur des enjeux sociolinguistiques en immersion française au Canada. Elle s'intéresse particulièrement à la production des identités linguistiques en contextes éducatifs.

Phyllis Dalley

Phyllis Dalley, Ph. D., est sociolinguiste et directrice de l'unité de recherche Une école pour tous de la Faculté d'éducation de l'Université d'Ottawa. Une sociolinguistique pour le changement lui permet d'établir une interdépendance entre ses activités de recherche en éducation, son enseignement et le dialogue avec les intervenants en milieux minoritaires francophones.

Tina Desabrais

Boursière de la Fondation Ricard et de l'Association des universités de la francophonie canadienne (AUFC), Tina Desabrais est doctorante à la Faculté d'éducation de l'Université d'Ottawa et coordonnatrice d'un centre d'appui en français à La Cité collégiale. Elle s'intéresse à l'identité en milieu francophone minoritaire, à l'insécurité linguistique et à l'expérience des francophones de milieu minoritaire aux études universitaires.

Diane Farmer

Sociologue des minorités et de l'éducation, Diane Farmer est professeure adjointe à l'Institut d'études pédagogiques de l'Ontario, Université de Toronto, et directrice du Centre de recherches en éducation franco-ontarienne (CREFO). Les recherches qu'elle mène actuellement traitent du monde politique des élèves ainsi que de l'immigration francophone en relation au contexte scolaire.

Danielle Forget

Danielle Forget est professeure titulaire au Département de français de l'Université d'Ottawa. Ses recherches couvrent les domaines conjoints de la sémantique et de la pragmatique. Plusieurs de ses travaux se déploient en analyse du discours sur les imaginaires collectifs et la question de l'identité, d'autres, à l'intersection de la rhétorique et de la cognition, explorent la complexité du non-dit et du sens figuratif.

Pierre Foucher

Professeur à la Faculté de droit de l'Université d'Ottawa depuis 2008, Pierre Foucher enseignait auparavant à la Faculté de droit de l'Université de Moncton. Il est spécialiste du droit constitutionnel, du droit des minorités et des droits linguistiques en droit canadien, international, comparé ainsi que dans une perspective interdisciplinaire. Il compte de nombreuses conférences et publications à son actif.

Nicolas Garant

Détenteur d'un doctorat en science politique (Paris I), Nicolas Garant enseigne au Département de sociologie ainsi qu'à l'École d'études politiques de l'Université d'Ottawa dans le domaine de la pensée politique et de la théorie sociologique. Outre son intérêt pour la francophonie ontarienne, ses recherches portent sur le désenchantement démocratique qui émerge au tournant du XXe siècle.

Alexandra Jaffe

Alexandra Jaffe est professeure de linguistique et d'anthropologie à la California State University, Long Beach. Elle travaille depuis 1988 sur les idéologies et la politique linguistiques, les représentations langagières et les pratiques bilingues en Corse, et s'intéresse depuis 2000 à l'enseignement bilingue.

Normand Labrie

Normand Labrie est professeur titulaire et vice-doyen à la recherche et aux études supérieures à l'Ontario Institute for Studies in Education (OISE) à l'Université de Toronto depuis 2004. Il a dirigé le Centre de recherches en éducation franco-ontarienne de 1994 à 2004.

Marie LeBel

Marie LeBel est professeure d'histoire contemporaine à l'Université de Hearst. Les recherches qu'elle mène sur les intellectuels et les créateurs franco-ontariens cernent leur contribution dans la formulation d'un discours identitaire pour leur communauté d'appartenance. Elle a publié en 2007 une étude sur les usages du passé dans la crise de l'hôpital Montfort.

Marc Molgat

Marc Molgat est professeur titulaire à l'École de service social de l'Université d'Ottawa et membre de l'Observatoire Jeunes et Société. Ses enquêtes en cours portent sur la mobilité et l'insertion professionnelle des étudiants francophones minoritaires et les parcours biographiques et modes de vie des personnes vivant seules.

Gabrielle Parker

Dr Gabrielle Parker, professeure émérite, Middlesex University, Londres, s'intéresse à la langue et aux politiques linguistiques. Deux textes, « L'utopie francophone, grands desseins revus et corrigés », dans *Fractures postcoloniales. Les nouveaux visages de la société française*, sous la direction de Nicolas Bancel *et al*, (Paris, La Découverte) et « Récits de vie(s) chez Ying Chen : mise en œuvre de transduction », *Irish Journal of French Studies*, paraîtront en 2010.

Annie Pilote

Annie Pilote est professeure adjointe en sciences de l'éducation à l'Université Laval. Chercheure à l'Observatoire Jeunes et Sociétés, ses recherches portent sur les parcours universitaires, la mobilité des jeunes et la construction de l'identité. Elle a publié des articles sur les jeunes en milieu linguistique minoritaire.

Mariette Théberge

Mariette Théberge enseigne en éducation artistique à la Faculté d'éducation de l'Université d'Ottawa. Ses principaux intérêts de recherche sont l'enseignement et l'apprentissage des arts dans le contexte scolaire ou dans des écoles spécialisées en arts, le processus de création artistique et le processus identitaire en contexte de minorité linguistique.

Christophe Traisnel

Christophe Traisnel est professeur de science politique à l'Université de Moncton. Il a également été chercheur au Centre interdisciplinaire de recherche sur la citoyenneté et les minorités (CIRCEM), ainsi qu'à l'Institut canadien de recherche sur les minorités linguistiques (ICRML). Il a publié récemment, avec Pascale Dufour, « Nationalism and protest : the sovereignist movement in Quebec », dans *The Politics of Contestation* (sous la direction de Myriam Smith, Broadview Press).

Anne-Sophie Ruest-Paquette

Anne-Sophie Ruest-Paquette est une étudiante à la maîtrise sous la direction de Phyllis Dalley à la Faculté d'éducation de l'Université d'Ottawa. Sa thèse porte principalement sur les représentations sociales, les relations socioscolaires et l'identité, et ce, plus précisément en regard de ses propres expériences sociales à l'école élémentaire et secondaire.

Isabelle Violette

Isabelle Violette est doctorante en sociolinguistique à l'Université de Moncton en cotutelle avec l'Université François-Rabelais de Tours (France). Sa thèse porte sur les transformations du milieu minoritaire acadien du Nouveau-Brunswick à partir de l'immigration francophone et sur les conséquences de celles-ci dans la construction d'idéologies et de représentations linguistiques.

TABLE DES MATIÈRES

www.ingramcontent.com/pod-product-compliance
Lightning Source LLC
Chambersburg PA
CBHW050331270326
41926CB00016B/3410